Schriften zur politischen Landeskunde
Nordrhein-Westfalens

Band 8

Herausgegeben von der
Landeszentrale für politische Bildung
Nordrhein-Westfalen

Die Deutsche Bibliothek – CIP-Einheitsaufnahme

Steinberg, Heinz Günter:
Menschen und Land in Nordrhein-Westfalen: eine
kulturgeographische Landeskunde / von Heinz Günter
Steinberg. Landeszentrale für Politische Bildung NRW. –
Köln; Stuttgart; Berlin: Kohlhammer, 1994
   (Schriften zur politischen Landeskunde Nordrhein-Westfalens; Bd. 8)
   ISBN 3-17-011600-2
NE: GT

Heinz Günter Steinberg

Menschen und Land in Nordrhein-Westfalen

Eine kulturgeographische Landeskunde

Verlag W. Kohlhammer Köln

Inhaltsverzeichnis

V

VII

Karten im Text

Tabellen im Text

Abbildungen im Text

Tabellen im Anhang

Einleitung

Nordrhein-Westfalen das Bindestrichland

Nordrhein-Westfalen ist im ersten Nachkriegsjahr 1946 von der britischen Besatzungsmacht gegründet worden und besteht aus zwei nach Entwicklung und sozio-ökonomischer Struktur unterschiedlichen Landesteilen – Nordrhein und Westfalen mit Lippe. Mit gut 17,7 Millionen Einwohnern ist es das größte Land der Bundesrepublik Deutschland. Es zählt damit mehr Einwohner als die ehemalige DDR. Nur verteilt sich in Nordrhein-Westfalen (NRW) die Bevölkerung auf ein Drittel (34 072 km^2) der ehemaligen DDR-Fläche. NRW ist mit 520 E/km^2 (1993) das am dichtesten besiedelte Flächenland der Bundesrepublik. Aber Bevölkerung und Fläche verteilen sich recht unterschiedlich auf die beiden Landesteile und bestimmen ihr wirtschaftliches und politisches Gewicht mit. Nordrhein stellt mit 9,407 Mio über die Hälfte (53,3 v. H.) der Landesbevölkerung, die aber nur auf einem guten Drittel (37,1 v. H.) der Landesfläche lebt. Westfalen nimmt gut sechs Zehntel der Landesfläche ein, stellt aber mit 8,272 Mio nur knapp die Hälfte der Landesbevölkerung. Nordrhein ist also stärker besiedelt (743 E/km^2) als Westfalen (386 E/km^2). Bereits hier deuten sich all die Probleme an, die mit Raumnutzung, Raumplanung und Umweltschutz in Zusammenhang stehen. Die Betonung des Nordrheinischen und des Westfälischen überdeckt, daß nicht sie es waren, die die Besatzungsmacht zum Zusammenschluß in einem Land veranlaßten, das im Rahmen der späteren Bundesrepublik vielleicht ein wirtschaftliches Übergewicht bekommen könnte, wie es politisch Preußen im kaiserlichen und republikanischen Deutschen Reich hatte. Es war vielmehr der Kernraum des heutigen Landes,

1

das damals weithin zerstörte Ruhrgebiet, das die Gründung Nordrhein-Westfalens bewirkte und das bis heute die Klammer des Landes ist. *Deshalb macht eigentlich erst der Dreiklang Nordrhein-Ruhrgebiet-Westfalen das aus, was mit dem Kürzel NRW gemeint ist.* Der Bindestrich, die Klammer des Landes, ist also das Ruhrgebiet. Mit 5,182 Mio (1990) Einwohnern stellt das Revier drei Zehntel der Landesbevölkerung und der Beschäftigten.

Die Gliederung in einen rheinischen und einen westfälischen Landesteil war ein Ergebnis des Wiener Kongresses von 1815. Beide fielen damals an Preußen, das schon vorher am Niederrhein, der Mark und Ravensberg Fuß gefaßt hatte und nun die um 1789, dem Jahr des Ausbruchs der Revolution in Frankreich, deren Auswirkungen nachhaltig auf das Rheinland und Westfalen wirkten, knapp fünfzig rechtlich selbständigen Territorien oder Teile davon in zwei Provinzen zusammenfaßte. Die Grenzen des Landes sind deshalb ein Erbe Preußens.

Die Provinz Westfalen wurde am 30. April 1815 noch auf dem Wiener Kongreß errichtet, während die Rheinprovinz ihre endgültige Gestalt und ihren Namen erst 1829 bekam. Westfalen hat den Zweiten Weltkrieg besser überstanden als die Rheinprovinz, die mit ihrem nordrheinischen Teil der britischen Besatzungszone zugeordnet wurde. Den Südteil übernahmen im Juni 1945 die Franzosen. Die Grenze gegen Rheinland-Pfalz ist also die jüngste des Landes. Leicht übersehen wird aber oft, daß zu Nordrhein-Westfalen auch das kleine Land *Lippe* gehört, das sich seine Eigenständigkeit über die großen territorialen Flurbereinigungen des 19. Jahrhunderts hinweg erhalten hatte und sich im Januar 1947 unter Zugeständnissen – wie die Verlegung des Sitzes der Bezirksregierung von Minden nach Detmold – Nordrhein-Westfalen angeschlossen hat.

Die Grenzen des Landes gehen also auf die Preußen zurück, die wiederum an ältere Traditionen anknüpfen. Trotzdem umschließen sie mit Ausnahme von Lippe nicht historisch gewachsene Territorien. Das gilt besonders für den Landesteil Nordrhein mit seinen ehemals preußischen Regierungsbezirken Aachen, Düsseldorf und Köln. Das Gegenstück Südrhein gab es ebensowenig wie ein Territorium Rheinland. Aber auch Westfalen ist nie ein gewachsener

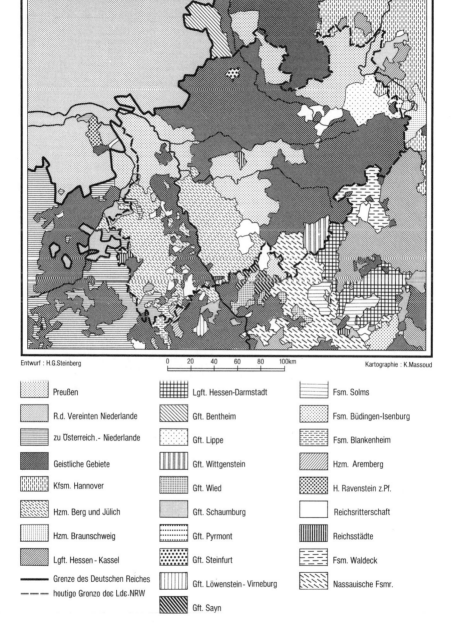

Entwurf : H.G.Steinberg   0   20   40   60   80   100km   Kartographie : K.Massoud

Preußen	Lgft. Hessen-Darmstadt	Fsm. Solms
R.d. Vereinten Niederlande	Gft. Bentheim	Fsm. Büdingen-Isenburg
zu Österreich.- Niederlande	Gft. Lippe	Fsm. Blankenheim
Geistliche Gebiete	Gft. Wittgenstein	Hzm. Aremberg
Kfsm. Hannover	Gft. Wied	H. Ravenstein z.Pf.
Hzm. Berg und Jülich	Gft. Schaumburg	Reichsritterschaft
Hzm. Braunschweig	Gft. Pyrmont	Reichsstädte
Lgft. Hessen - Kassel	Gft. Steinfurt	Fsm. Waldeck
Grenze des Deutschen Reiches	Gft. Löwenstein- Virneburg	Nassauische Fsmr.
heutige Grenze des Lds.NRW	Gft. Sayn	

Karte 1: Territorien 1789   3

historischer Raum gewesen. Das Herzogtum umfaßte bis 1806 nur Teile des Sauerlandes. Aber auch das kurzlebige Königreich Westfalen, 1807 von Napoleon geschaffen, hatte nur wenig mit dem preußischen Westfalen zu tun, das immerhin über ein Jahrhundert (1815 bis 1945) die unterschiedlichsten Landesteile in einer Provinz zusammenband. Letztlich ist es der vorindustrielle preußische Rahmen, der die Grundlagen des späteren Landes schuf, der dann über die Industrialisierung mit dem Ruhrgebiet eine Neubewertung erfuhr. Für die ehemaligen Kriegsgegner bedeutete das Revier Gefahr, löste aber gleichzeitig nach der Niederlage des Deutschen Reiches Begehrlichkeit aus. Um beiden zu begegnen, handelte die britische Besatzungsmacht und errichtete das Bindestrichland, das gar nicht so allein steht, wenn man an die übrigen denkt, unter denen nur Schleswig und Holstein als selbständige Herzogtümer seit 1460 eng verbunden sind. Baden-Württemberg, ein Großherzogtum und ein Königreich von Napoleons Gnaden, ist ebenso eine Nachkriegsgründung, wie das preußisch-hessisch-bayerische Rheinland-Pfalz und Sachsen-Anhalt, während Mecklenburg-Vorpommern ein Kind der deutschen Einheit ist. Vielleicht bewirken Neugliederungen der neuen Bundesrepublik weitere Bindestrichländer. Berlin-Brandenburg bietet sich hier zunächst an. Keines dieser Länder verfügt über eine derart struktur- und entwicklungsbestimmende Klammer wie das Ruhrgebiet, das die Mitte von NRW heute und in Zukunft einnimmt.

Legend:
- Staatsgrenze
- Landesgrenze
- Reg.Bez. Grenze
- Landkreisgrenze
- Stadtkreisgrenze

0   50km

Grafschaft Bentheim · Emsland · Vechta · Diepholz · Nienburg (Weser) · Hannover · Steinfurt · Minden-Lübbecke · Schaumburg · Osnabrück · Herford · Hameln-Pyrmont · Borken · Münster · Bielefeld · Detmold · Coesfeld · Warendorf · Gütersloh · Holzminden · Kleve · Wesel · Recklinghausen · Hamm · Paderborn · Höxter · NOM · BOT · GE · HER · Dortmund · Unna · Soest · Duisburg · OB · Krefeld · MH a.d.R. · Essen · BO · Ennepe-Ruhr-Kreis · Hagen · Viersen · Mettmann · Markischer Kreis · Hochsauerlandkreis · Kassel · MG · Düsseldorf · Wuppertal · SG · RS · Neuss · Waldeck- · Heinsberg · LEV · Rhein.-Berg.-Kreis · Oberbergischer Kreis · Olpe · Frankenberg · Köln · Erftkreis · Siegen · Schwalm-Eder-Kreis · Düren · Aachen · Rhein-Sieg-Kreis · Altenkirchen (Westerwald) · Marburg-Biedenkopf · HEF · Bonn · Euskirchen · Lahn-Dill-Kreis · Ahrweiler · Neuwied · Westerwaldkreis · Vogelsbergkreis · Gießen · Mayen-Koblenz · Koblenz · Limburg-Weilburg · Fulda · Bitburg-Prüm · Daun · Rhein-Lahn-Kreis · Hochtaunuskreis · Wetteraukreis · COC · SIM · Main-Kinzig-Kreis

Entwurf : H.G.Steinberg   Kartographie : K.Massoud

Karte 2: Verwaltungsgliederung 1990

5

I. Die »Geographische Lage« Nordrhein-Westfalens und ihre Bedeutung für die Landesentwicklung

Die »Geographische Lage« ist von grundlegender Bedeutung für die Entwicklung der Struktur eines Landes. Sie ist mehr als nur die Lage im Gradnetz und auf der Erdoberfläche. Sie beinhaltet all die Lagebeziehungen, Bindungen und räumlichen Verflechtungen, die sich aus der Landesnatur und ihrer im Laufe der historischen Entwicklung wechselnden wirtschaftlichen Inwertsetzung durch den Menschen ergeben haben.

Nordrhein-Westfalens Lage im nordwestlichen Mitteleuropa wird im wesentlichen davon bestimmt, daß dieses meerferne Land von zwei großen von der Landesnatur vorgezeichneten Verkehrsbahnen durchzogen wird: der *Rheinachse* im Westen, die das westliche Mitteleuropa weit aufschließt und ihre Fortsetzung in der Saône-Rhône-Furche findet, die seit vorgeschichtlicher Zeit die Verbindung zum mediterranen Kulturraum herstellt, und der *Bördenachse* in der Mitte des Landes, die am Fuß der Mittelgebirgsschwelle von Flandern bis nach Schlesien reicht und als bodengünstiger, frühbesiedelter Raum in geschichtlicher Zeit eine der wichtigsten west-östlichen Verkehrsbahnen in Mitteleuropa war und noch ist. Die den Rand des Rheinischen Schiefergebirges begleitende Bördenachse, die östlich des Rheins Hellweg genannt wird, konnte wegen der verkehrshemmenden Stellung des Weser-Leine-Berglandes aber nie die transkontinentale Bedeutung wie die Rheinachse erlangen, wenn auch Eisenbahn und Autobahn, die das Weserbergland im Ravensbergischen durchqueren, Anschluß an die niedersächsischen Börden und die mitteldeutschen Gefilde schaffen, um weiter nach Schlesien und Galizien zu leiten.

Wesentlicher für die jüngere Landesentwicklung war, daß sich die beiden Hauptverkehrsachsen des Landes im westlichen Ruhrgebiet kreuzen und die innere Struktur des Reviers maßgeblich beeinflußt haben. Beide Achsen unterstreichen auch die Mittelstellung Nordrhein-Westfalens. Im Nordosten wird das Land randlich von der *Weser-Leine-Achse* berührt, die als Nord-Süd-Verbindung zwar von nationaler Bedeutung ist, für Nordrhein-Westfalen aber eine geringe Rolle spielt. Sammel- und Knotenpunkt beider Hauptverkehrslinien ist bezeichnenderweise Frankfurt.

Das unterschiedliche Gewicht der zwei Hauptachsen beeinflußt auch die Stellung der beiden Landesteile. *Nordrhein* ist Teil der gewichtigeren Rheinachse, an der sich einer der führenden Ballungsräume Mitteleuropas nicht zuletzt aufgrund der Verkehrslage entwickelt hat. Das tiefe Hereingreifen der Niederrheinischen Bucht in das Mittelgebirge und die Lage am Strom hat Köln schon früh zum wichtigsten Verkehrsknotenpunkt werden lassen, der, ähnlich wie Frankfurt im Süden des Gebirges für Oberdeutschland, eine Mittlerstellung in Niederdeutschland und den angrenzenden flämisch-niederländischen Küstenländern einnimmt. *Westfalen* dagegen wird nur von der nachrangigen Bördenachse durchquert, in der sich zwar auch ein Ballungsraum entwickelt hat, der seine Entstehung aber nicht der Verkehrsgunst, sondern den Steinkohlevorkommen verdankt. Die Achse findet dann ihre Fortsetzung in der Ravensberger Ballung, deren Entwicklung in engem Zusammenhang mit dem Ruhrgebiet steht. Die Bördenachse war bis zur Teilung Deutschlands ein Ausleger der Rheinachse. In Zukunft wird sie, besonders im Hinblick auf die nach Osten ausgreifende Einigung Europas, zur gleichrangigen Entwicklungsachse des Landes. Westfalen bleibt aber weiterhin Durchgangsland, das in dem Verkehrsdreieck Köln-Frankfurt-Hannover liegt.

Die unterschiedliche »Geographische Lage« beinhaltet aber noch mehr. Nordrhein und die Rheinlande als Ganzes sind mehr auf den Strom bezogen und damit stärker auf die Verkehrsspannungen zwischen dem Nordseeküstenland und Oberdeutschland ausgerichtet; Westfalen hingegen auf die seit jeher schwächeren zwischen dem flämisch-hollandischen Küstenraum und den binnenländischen Gefilden, die über Elbe und Oder aber stärker mit den Nord-

und Ostseehäfen verbunden sind. Westfalen ist somit als Verbindungsland dem rheinischen Landesteil deutlich nachgeordnet.

Die Verkehrsachse und ihr Gewicht sind abhängig von der Landesnatur, besonders vom *Relief*. Vier große Reliefräume sind es, die dem nordwestlichen Mitteleuropa seine Eigenart geben: das Küstenland, das Tiefland, das Bergland und das Mittelgebirge. Nordrhein-Westfalen ist nur an drei beteiligt, sie sind aber von unterschiedlicher Bedeutung für die »Geographische Lage« und die sozioökonomische Struktur des Landes.

Am flächenhaftesten ist das *Tiefland* entwickelt, so daß man sagen kann, das junge Bundesland ist im küstenfernen Tiefland verankert und greift, wie es die Siedlungsgeschichte auch verdeutlicht, auf das mitteleuropäische Berg- und Mittelgebirgsland herauf. Das Tiefland war mit seinen das Land teilenden fruchtbaren altbesiedelten *Börden* von alters her ein Vorzugsraum, der sich im Zuge der industriellen Verstädterung an Rhein und Ruhr zum wirtschaftlichen und politischen Kernraum nicht allein des westlichen Deutschlands, sondern auch Kontinentaleuropas entwickelt hat. Im scharfen Gegensatz dazu stehen die übrigen tiefländischen Landschaften. Das gilt besonders für den beherrschenden Landschaftstyp, die *Geest*, die ökologisch und ökonomisch eng mit den Sand- und Moorniederungen verbunden ist. Die trockenen, aus Sanden und Geschiebelehmen bestehenden Diluvialplatten sind das klassische Verbreitungsgebiet der altertümlichen Bauernschaftssiedlungen mit dem Drubbel und der Eschflur. Es sind bis heute nur mäßig besiedelte Räume, die wegen ihrer geringen Bevölkerungszahl nie zu Kern- und Akativräumen des mitteleuropäischen Nordwestens werden konnten. Eng verschränkt mit der Wirtschaftsform des Drubbelbauerntums waren die die trockene Geest begrenzenden feuchten Niederungen, die nur dort, wo sie flächenhaft vermoort sind, später in die bäuerliche Nutzung mit einbezogen wurden. Erst in jüngster Zeit wächst diesen nur locker besiedelten Räumen eine neue Funktion zu, bieten sie doch mit ihren flachen, aber recht abwechslungsreichen Landschaften viele Möglichkeiten der Erholung für die Bewohner der nahen Ballungsräume. Das Motto »Urlaub auf dem Lande« umschreibt diese Aktivitäten. Die *Lehm- und Kleigebiete* sind flächenmäßig wenig verbreitet. Im

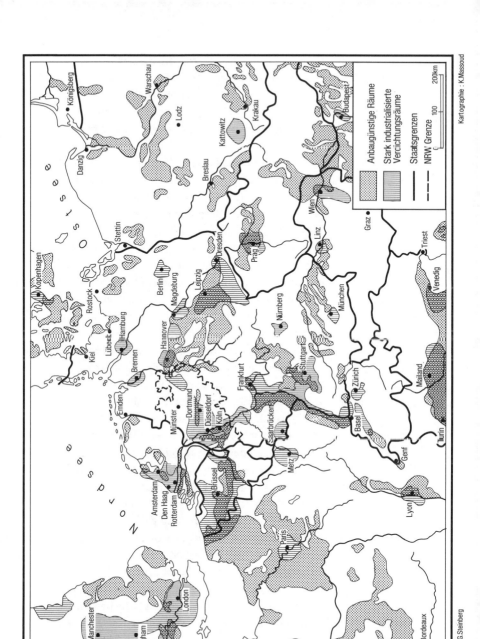

Karte 3: Die »Geographische Lage« Nordrhein-Westfalens

9

Landesbereich gehört dazu nur das Kern- oder Kleimünsterland. Tiefländische Kern- und Aktivräume sind nur die *Börden* gewesen, die nicht nur durch ihre Bodengunst stärker besiedelt, sondern auch immer Leitlinien des Fernverkehrs waren. Die Benennung der rechtsrheinischen nach der alten Heer- und Handelsstraße Hellweg weist darauf hin.

Der zweite große Reliefraum, das *Bergland*, prägt den Nordosten des Landes. Das *Weserbergland* greift keilförmig weit nach Nordwesten in das Niederdeutsche Tiefland vor. Es zählt zwar zu den deutschen Mittelgebirgen, aber als Berg- und Hügelland nimmt es mehr eine Übergangsstellung zwischen dem Tiefland und den kompakten Mittelgebirgsblöcken ein, die, wie das Rheinische Schiefergebirge und der Harz, aus paläozoischen Gesteinen aufgebaut sind. Die gefalteten und unterschiedlich widerstandsfähigen mesozoischen Sedimentgesteine haben ein abwechslungsreicheres Relief entstehen lassen als in den vom Grundgebirge bestimmten Mittelgebirgen. Die Erosion hat geräumige Becken und Täler geschaffen, die vielfach vom Löß bedeckt sind und die Durchgängigkeit erhöhen. Das Ravensberger Hügelland im unteren Weserbergland ist hier ein Beispiel. Es entspricht mit seiner geringen Höhenlage (80–120 m), der Lößauflage, der Waldarmut, der alten Besiedelung und der Durchgängigkeit der Börden. Die von Klein- und Kleinstbetrieben geprägte Landwirtschaft hat schon früh über den Flachsanbau und das vom preußischen Staat auf dem Lande geförderte Spinnen und Weben die gewerblich-industrielle Entwicklung gefördert. Sie hat zu einer Verdichtung der Bevölkerung entlang der Verkehrsachse von Rheda-Wiedenbrück bis nach Minden geführt und den zweiten Ballungsraum des Landes mit dem Zentrum Bielefeld entstehen lassen, der von Anfang an eng mit dem Ruhrgebiet verbunden war. Die günstige Verkehrslage war hier förderlich.

Das obere Weserbergland ist nicht so durchgängig für den Verkehr wie das untere; aber auch hier dehnt sich zwischen dem bewaldeten, aus steilgestellten Kreidesandsteinen aufgebauten Eggegebirge und den gegen das Wesertal abfallenden Muschelkalkplatten eine mit Lößböden ausgestattete, altbesiedelte Bördenlandschaft aus – das Oberwälder Land mit der Warburger Börde im Süden –, die bis heute von der Landwirtschaft geprägt wird. Es ist

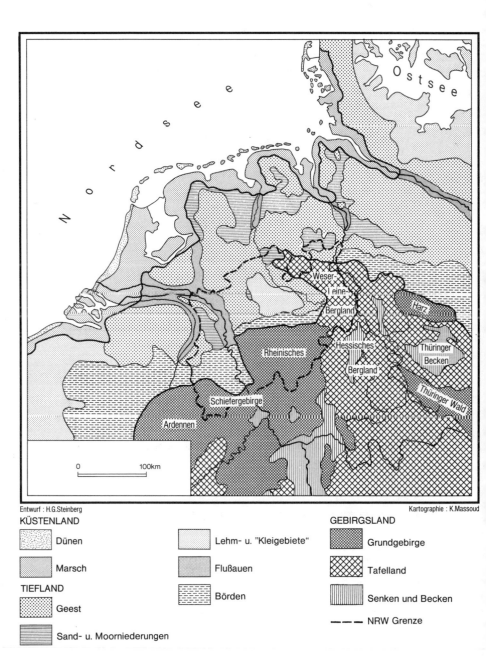

Entwurf : H.G.Steinberg

Kartographie : K.Massoud

KÜSTENLAND

⬚ Dünen

⬚ Marsch

TIEFLAND

⬚ Geest

⬚ Sand- u. Moorniederungen

⬚ Lehm- u. "Kleigebiete"

⬚ Flußauen

⬚ Börden

GEBIRGSLAND

⬚ Grundgebirge

⬚ Tafelland

⬚ Senken und Becken

––– NRW Grenze

Karte 4: Die naturräumliche Lage Nordrhein-Westfalens

11

ein Übergangsraum, der im Laufe der Geschichte immer wieder seine Leitfähigkeit erwiesen hat. Das gilt eigentlich für das ganze Weserbergland, das durch die geringe Höhe, die Durchgängigkeit und das enge Nebeneinander von alt- und jungbesiedelten Räumen eine vermittelnde Stellung zwischen Tiefland und Mittelgebirge einnimmt.

Grundlegend unterscheidet sich nach Landesnatur und kulturlandschaftlicher Entwicklung das Rheinische Schiefergebirge als *Mittelgebirge* von Tiefland und Bergland. Es sind nicht nur die paläozoischen Gesteine, die als Grundgebirge den Charakter der Mittelgebirge bestimmen, sondern auch die gegenüber dem Bergland größere Höhe. Die Mittelgebirge liegen im allgemeinen über 400 m und 500 m. Teilbereiche können auch über 800 m aufragen. Hochebenen und Rücken sowie tief eingeschnittene Täler bestimmen neben Becken heute das Relief des Rheinischen Schiefergebirges. Sie allein haben aber nicht bewirkt, daß das Gebirge ein für den Menschen von Natur aus ungünstiger Reliefraum war und noch ist. Erst in Verbindung mit den klimatischen Nachteilen verstärkt sich die Ungunst. Die hohen, schneereichen Niederschläge und die geringen mittleren Jahrestemperaturen schränken die Anbaumöglichkeiten auf den weitverbreiteten Lehm- und Sandböden ein. Deshalb blieb das Rheinische Schiefergebirge bis auf die Flußtäler, die vielfach mit Löß bedeckten Becken, die Kalkmulden mit ihren wärmeren Böden und die durch ihre Erzvorkommen seit der Eisenzeit erschlossenen Landschaften lange ein Waldgebirge, das erst seit dem Mittelalter durch Rodungen flächenhaft erschlossen wurde. Erz, Holz, Flachs, Wolle und Wasser förderten die gewerbliche Entwicklung, die im Bergisch-Märkischen und im Siegerland zur Industrie wurde und besonders am nördlichen Rand des Süderberglandes und der Eifel zur Bevölkerungsverdichtung geführt hat. Diese alten Gewerbe- und Industriegebiete sind trotz aller eigenständigen Entwicklung heute funktional dem Kernraum des Landes an Rhein und Ruhr zugeordnet.

Die Lagebeziehungen und die Landesnatur reichen aber nicht aus, um die Stellung und Bindungen des Landes im nordwestlichen Mitteleuropa zu beschreiben. Die Verteilung und Entwicklung der *Bevölkerung* müssen in die Betrachtung mit einbezogen werden, weil sie viel schärfer die regional unterschiedliche ökonomische und soziale Struktur und ihre Veränderung erkennen lassen. Die gegenwärtige Bevölkerungsverteilung ist das Ergebnis einer langfristigen, über viele Jahrhunderte wechselvollen Bevölkerungsentwicklung, die in ihren Grundzügen bis heute durchleuchtet. Die Rheinische Achse ist schon im Mittelalter ebenso angelegt wie die Bördenachse mit dem westfälischen Hellweg. Die *Rheinische Achse* ist auch aus bevölkerungsgeographischer Sicht bis heute die gewichtigere geblieben, ist sie doch Teil des kontinental-europäischen Bevölkerungsdichtezentrums, das sich um das Rhein-Maas-Schelde-Delta gruppiert und zu dessen Kernräumen außer der flämischen Agglomeration und der Randstad Holland als östlicher Pfeiler die Rhein-Ruhr-Ballung gehört. Die *Bördenachse* ist demgegenüber mehr Ausläufer dieses großen Verdichtungsraumes und leitet über zu den binnenländischen Ballungsräumen Mitteleuropas. Für das Ruhrgebiet ist sie das Rückgrat, liegen doch an ihr die großen Hellwegstädte.

In den Grundzügen lag die heutige regional unterschiedliche Verteilung der Bevölkerung schon in vorindustrieller Zeit fest, auch wenn die Bevölkerungsdichte wegen der wesentlich geringeren Bevölkerungszahl erheblich niedriger war. Im *vorindustriellen Europa* – ohne die türkischen Gebiete – lebten um 1815 gut 175,0 Mio. Menschen auf einer Fläche von rund 9,5 Mio km^2 oder 18 E/km^2. Im nordwestlichen *Mitteleuropa* wurden 11,020 Mio. Menschen auf 0,178 Mio. km^2 oder 62 E/km^2 gezählt. Die Durchschnittswerte deuten bereits an, daß das nordwestliche Mitteleuropa (die heutigen Staaten Belgien, Luxemburg und die Niederlande, die deutschen Bundesländer Nordrhein-Westfalen, Niedersachsen, Bremen, Hamburg und Schleswig-Holstein – einschließlich Nord-Schleswig – und das französische Départment du Nord) schon damals stärker besiedelt war. Das europäische Bevölkerungsdichtezentrum lag damals in Flandern. Allein in der Provinz Ostflandern wurden 222 E/km^2 (1817) gezählt. Von hier zog sich eine Achse höherer Bevölkerungsdichte (60 E/km^2 und mehr) rheinaufwärts bis zum Schweizer Mittelland, in die noch stärker verdichtete Kerne eingelagert waren: der Aachen-Krefelder Raum, das untere Bergische Land, das Koblenzer und das Mainzer Becken und das Oberrheinische Tiefland.

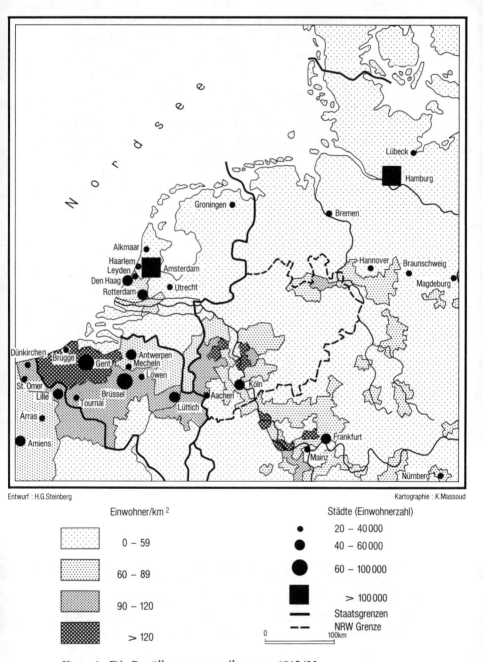

Einwohner/km ²

	0 – 59
	60 – 89
	90 – 120
	> 120

Städte (Einwohnerzahl)

●	20 – 40 000
●	40 – 60 000
●	60 – 100 000
■	> 100 000
—	Staatsgrenzen
– –	NRW Grenze

0   100km

Karte 5: Die Bevölkerungsverteilung um 1815/20

Im Niederrheinischen Raum kreuzt die Rheinische Achse die Bördenachse, die weniger geschlossen entlang der Mittelgebirge von Flandern bis nach Galizien zieht. Bezeichnenderweise treffen sich die beiden Bevölkerungsachsen im späteren Ruhrgebiet. Aber noch ein weiterer Aspekt ist für die Lage und die weitere Entwicklung Nordrhein-Westfalens von Bedeutung. Die Rheinische Achse trennt in Kontinentaleuropa den stärker besiedelten Westen vom schwächer bewohnten Osten, die Bördenachse dagegen das gut besiedelte »mittlere« Deutschland, das von Hessen über Franken, Thüringen und Obersachsen bis nach Böhmen reicht, vom schwach bewohnten Norddeutschland, das darin dem großen nur dünn bevölkerten Osteuropa ähnelt.

Damit lag das Grundgerüst der heutigen Bevölkerungsverteilung fest. Es hat sich nicht grundlegend durch die Industrialisierung und Verstädterung verändert. Im Gegenteil, es wurde noch mehr verfestigt. Ausschlaggebend waren schon damals die Verdichtungsräume. Ihr Gewicht hat sich im Laufe des 19. und 20. Jahrhunderts noch verstärkt. Nach Anlage und Entwicklung sind es drei recht unterschiedliche Verdichtungsräume: der flämische, der holländische und der deutsche an Rhein und Ruhr (Tab. 1).

Der *Flämische Verdichtungsraum* ist nach Fläche und Einwohnerzahl der größte. Um 1815 war er auch am stärksten besiedelt. Die Mehrzahl der Bewohner lebte auf dem »Platten Lande« und nur ein Viertel in den Städten. Die für die damalige Zeit hohe Bevölkerungsdichte erklärt sich durch die intensive Landwirtschaft, die »Flandrische Wirtschaft«, die schon im 17. Jahrhundert den Fruchtwechsel eingeführt hatte, und das stark entwickelte Landgewerbe, besonders die Leineweberei. Die Städte waren Sammelpunkte für das Leinen und die Fabrikation feiner Gewebe. Eine Sonderstellung nahm im französischen Flandern der Steinkohlebergbau ein.

Im Unterschied zum flämischen konzentrierte sich im *holländischen Verdichtungsraum* die Bevölkerung auf die Städte, besonders auf die Großstädte Amsterdam, Rotterdam und Den Haag, die um 1815 allein über vier Zehntel (44,5 v. H.) der Bevölkerung in dieser Dichteregion stellten. Die günstige Meer-Strom-Lage Alt-Hollands in Verbindung mit einem wirtschaftlich unterschiedlich aktiven Hinterland einerseits und dem weltweiten Seeverkehr andererseits ließen hier ganz natürlich überregionale Einrichtungen des Handels in den großen Städten entstehen, deren Gewicht mit der industriellen Entwicklung im 19. und 20. Jahrhundert zunahm. Demgegenüber tritt der deutsche Verdichtungsraum zurück. Die *Rhein-Ruhr-Ballung* und mit ihr das Ruhrgebiet waren um 1815 von untergeordneter Bedeutung. Ihr Bevölkerungsanteil entsprach noch nicht einmal dem Flächenanteil an den Verdichtungsräumen. Das lag im wesentlichen am Ruhrgebiet, das damals ein mehr ländlicher Raum war, in dem der Steinkohlenbergbau noch nicht als Motor der Bevölkerungsentwicklung und -verdichtung wirkte. Gewerblich stärker entwickelt und besiedelt war die *Niederrheinische Region*, in der zwischen Geilenkirchen und Geldern das auf dem einheimischen Flachsanbau beruhende ländliche Kleingewerbe dominierte, während in den Städten die Samt- und Seidenfabrikation sowie die Baumwollspinnerei überwogen. Aber auch der *Aachener Raum* mit seiner Tuchweberei, der Nähnadelfabrikation, dem Steinkohlenbergbau und der Messingwarenerzeugung zählte ebenso zu den stärker verdichteten Gewerbegebieten wie die begrenztere *Bergische Region* mit ihren Kernstädten Elberfeld und Solingen, die schon von den Zeitgenossen als das bergische Manchester und Birmingham angesehen wurden.

Die Entwicklung der Verdichtungsräume von 1815 bis 1925 zeigt deutlich, wie es zur Umwertung dieser drei »Eckpfeiler« des kontinentalen Kerneuropa kommt. Zur Triebfeder wird das Ruhrgebiet in der Rhein-Ruhr-Ballung. Es kann seine Bevölkerung bis 1871 mehr als verdreifachen und dann bis zum Jahre 1925 noch einmal fast verfünffachen. Vom Jahrhundertzuwachs Kerneuropas (+ 20,289 Mio. E.) stellt es 1925 3,635 Mio. oder ein knappes Fünftel (18,0 v. H.) und erhöht damit seinen Anteil an den Verdichtungsräumen von einem Zwanzigstel (1815) auf ein knappes Viertel (23,6 v. H.), mit der Rheinballung sogar auf vier Zehntel (40,0 v. H.). Im engen Zusammenhang mit der Stärkung des östlichen Pfeilers des kerneuropäischen Verdichtungsraumes ist der holländische Ballungsraum zu sehen, der mit der wachsenden rheinischen Hinterlandverflechtung, die wesentlich vom Ruhrgebiet getragen wird, ähnliche Wachstumsraten verzeichnen kann und 1925 mit einem Zuwachs von 2,564 Mio. Menschen seit 1815/18 immerhin ein

16

Achtel (12,6 v. H.) des Gesamtzuwachses stellt. Anders und weitgehend unabhängig von der Entwicklung im Bereich der Rheinachse verläuft die im flämischen Raum, wo die krisenempfindliche Textilindustrie zumindest im belgischen Teil strukturbestimmend ist. Die Bevölkerungsentwicklung bleibt hier merklich hinter der der Rhein-Ruhr und der holländischen Ballung zurück, ebenso der Verdichtungsgrad, der mit 1.295 E/km² (1925) im arbeitsintensiven Ruhrgebiet am höchsten ist.

Die relative und absolute Verstärkung dieser Entwicklung nach 1871 beruhte nicht allein auf dem Aufbau und Ausbau dieses industriellen Kerneuropa, sondern auch auf seiner Funktion als Ventil für die nach der Bauernbefreiung mehr und mehr überlasteten Agrarräume des östlichen Mitteleuropa, die ihren Überschuß an die wachsenden Verdichtungsräume, besonders das Ruhrgebiet, abgeben. Erst durch diese Masseneinwanderungen, die bis 1914 wohl über eine halbe Million Menschen in das Industriegebiet geführt haben, wird das Ruhrrevier nicht nur zum industriellen, sondern auch zum bevölkerungsgeographischen Kernraum und zur politischen Klammer des späteren Landes Nordrhein-Westfalen. Die Gründung des Siedlungsverbandes Ruhrkohlenbezirk (1920) hat diese bindende Funktion des Ruhrgebietes zwischen dem Rheinland und Westfalen schon vorweggenommen. Aber nicht nur im regionalen, auch im kontinentalen Rahmen wurden neue Lagebeziehungen geschaffen. Die zum Ausbau des Ruhrgebiets notwendige Binnenwanderung ließ kontinentale Verflechtungen zwischen dem agrar-konservativen Osten und dem industriell-liberalen Westen Mitteleuropas entstehen. Die Klammer, und das ist politisch aufschlußreich, war der preußische Staat. Über Kontinentaleuropa hinaus wurden Verbindungen geknüpft durch den Rohstoffbezug und den Absatz der Erzeugnisse der Ruhrwirtschaft. Die wachsende weltwirtschaftliche Bedeutung des Deutschen Reiches nach 1870 ist ohne die Entwicklung des Ruhrgebiets nicht denkbar.

Bemerkenswert in diesem kontinentalen Kerneuropa sind aber nicht nur die Veränderungen in den Verdichtungsräumen. Die »übrigen« Räume verhalten sich in der Tendenz ähnlich (1815/71) und dann genauso (1871/1925) und können deshalb ihren Anteil an der Gesamtbevölkerung des kontinentalen Kerneuropas über ein Jahrhundert halten. Das ist im wesentlichen eine Folge der über die Verdichtungsräume hinausgreifenden Industrialisierung und Verstädterung sowie des inneren Landesausbaues im Bereich der Rheinachse. Flandern bleibt demgegenüber zurück.

Mit dem Ersten Weltkrieg, der in der Tabelle 1 aus statistischen Gründen mit dem Jahr 1925 umschrieben werden muß, da 1914 keine Volkszählung stattfand, endet diese für Kerneuropa »wachsende« Bedeutung des Ruhrgebietes und damit auch der Rheinlande und Westfalens. Weltwirtschaftskrise, Zweiter Weltkrieg, Kohlen- und Strukturkrise lassen das Ruhrgebiet relativ zurückfallen, auch wenn in dem über halben Jahrhundert bis 1987 die Verdichtung weiter fortschreitet. Das Revier ist nicht mehr der Schrittmacher. Das beeinträchtigt die Stellung Nordrhein-Westfalens merklich. Das vordem relativ zurückgebliebene alte Gewerbe- und Industriegebiet Flandern strukturiert sich im Zuge der europäischen Einigung um und übernimmt die Spitze, gefolgt von den holländischen Hafen- und Gewerbestädten, die ihr wirtschaftliches Gewicht erheblich verstärken können. Es wundert deshalb nicht, wenn von dem 8,132 Mio. Einwohner ausmachenden Zuwachs der Verdichtungsräume (1925–1987) nur ein knappes Zehntel (0,767 Mio.) auf das Revier entfällt. Die zurückgehende ökonomische Bedeutung des Ruhrgebietes und damit Nordrhein-Westfalens findet, trotz des steigenden Verdichtungsgrades, hier ihren sichtbaren Ausdruck.

Der langfristige und großräumige Vergleich läßt erkennen, welcher ökonomische und soziale Wandel sich seit dem Ersten Weltkrieg vollzogen hat. Das Ruhrgebiet hatte seine Schlüsselstellung im Rahmen der Entwicklung des kontinentaleuropäischen Kernraumes schon in den 1920er Jahren eingebüßt. Das wird deutlich an der Bevölkerungszunahme des Reviers. Vom gesamten Zuwachs in diesem Zeitraum (1815–1987) entfallen 3,635 Mio. oder über acht Zehntel auf die Zeit vor 1925 (vgl. Tab. 1). Das waren aber drei Zehntel des Gesamtzuwachses aller drei Verdichtungsräume bis 1925. Demgegenüber gewinnt der flämische Verdichtungsraum die Mehrzahl (+ 58,0 v.H.) seiner heutigen Bewohner erst nach 1925. Auch im holländischen (+ 44,0 v.H.) sind die Zunahmen nach 1925 erheblich. Gemessen an der allgemeinen Entwicklung des kontinentaleuropäischen Kernraumes wird das noch deutlicher: Dem

Tabelle 1: Verdichtungsräume im nordwestlichen Mitteleuropa von 1815/18 bis 1987[1]

Verdichtungsraum	Fläche km²	Fläche v.H.	Bevölkerung (in Mio. und v.H.) 1815/18	v.H.	1871	v.H.	1925	v.H.	1987	v.H.	Einwohner/km² 1815/18	1871	1925	1987
Flandern[2]	21.870	64,5	3,109	68,6	5,167	63,3	5,482	39,7	10.020	41,0	142	236	296	458
Holland[3]	5.575	16,4	0,748	16,5	1,294	15,8	3,312	20,3	5.575	22,8	134	232	594	1.000
Rhein-Ruhr[4]	6.452	19,1	0,674	14,9	1,707	20,9	6,528	40,0	8.859	36,2	104	265	1.012	1.373
(Ruhrgebiet)[4]	(2.977)	(8,8)	(0,219)	(4,8)	(0,728)	(8,9)	(3,854)	(23,6)	(4.621)	(18,9)	74	245	1.295	1.552
Verdichtungsräume	33.897	100,0	4,531	100,0	8,168	100,0	15,332	100,0	24.454	100,0	134	241	482	721
Anteil an Kerneuropa		32,6		55,6		57,2		57,4		56,0				
Kerneuropa[5]	104.132	100,0	8,149		14,282		23,438		43.700	100,0	78	137	273	420
ohne Verdichtungsräume	70.235	67,4	3,618	44,4	6,114	42,8	12,116	42,6	19.246	44,0	52	87	173	274

Tabelle 1 Fortsetzung: Die Veränderung der Bevölkerung von 1815/18 bis 1987[1]

Verdichtungsraum	1815/18-71 in Mio.	v.H.	1871-1925 in Mio.	v.H.	1925-87 in Mio.	v.H.	1815/18-1987 v.H.	1815/18-1925 in Mio.	v.H.	1815/18-1987 in Mio.	v.H.	Anteil an Gesamtbevölkerungsveränderung v.H.
Flandern[2]	2,058	66,2	1,315	25,4	3,538	54,6	222,3	3,373	108,5	6,911	222,3	34,7
Holland[3]	0,546	73,0	2,018	156,0	2,263	68,3	645,3	2,564	342,8	4,827	645,3	24,2
Rhein-Ruhr[4]	1,033	153,3	4,821	282,4	2,331	35,7	1.214,4	5,854	868,5	8,185	1.214,4	41,1
(Ruhrgebiet)[4]	(0,509)	(232,4)	(3,126)	(429,4)	(0,767)	(19,9)	(2.010,0)	(3,635)	(1659,8)	(4,402)	(2.010,0)	(22,1)
Verdichtungsräume	3,637	80,3	8,154	99,8	8,132	49,8	439,7	11,791	260,2	19,923	439,7	56,0
Kerneuropa[5]	6,133	75,3	14,156	99,1	15,262	53,7	436,2	20,289	249,0	35,551	436,2	100,0
ohne Verdichtungsräume	2,496	69,0	6,002	98,2	7,130	58,8	432,0	8,498	234,9	15,628	432,0	44,0

1 Berechnet nach: H. Haufe (1936), H. G. Steinberg (1985), K. Pfeiffer (1982) und Volkszählungsergebnissen
2 *Flandern:* Prov. Antwerpen, Brabant, Hennegau, Ost-Flandern, West-Flandern und das franz. Dépt. du Nord
3 *Holland:* Prov. Nord- und Südholland
4 *Rhein-Ruhr* und *Ruhrgebiet* in der Abgrenzung nach Pfeiffer 1982
5 *Kerneuropa:* Belgien, Luxemburg, Niederlande, Nordrhein-Westfalen und franz. Dépt. du Nord

zunehmenden ökonomischen und bevölkerungsmäßigen Gewicht des Ruhrgebietes im 19. Jahrhundert steht ein stetig abnehmendes im 20. Jahrhundert gegenüber. An Bedeutung gewinnen seitdem nicht nur die anderen Verdichtungsräume, sondern auch die Industriegebiete und die ländlichen Räume.

Nordrhein-Westfalen ist Teil eines der wichtigsten Verdichtungsräume in Europa, ja auf der Erde. Es verdankt diese Entwicklung nicht allein den natürlichen Ressourcen, so wichtig sie in den einzelnen Landesteilen auch für die Konzentration der Bevölkerung waren; gleichbedeutend sind im Laufe der Geschichte die Lage und wechselnde Stellung des rheinisch-westfälischen Raumes in Mitteleuropa gewesen. Im wesentlichen waren es folgende Voraussetzungen und Entwicklungsimpulse, die von der »Geographischen Lage« bestimmt oder beeinflußt wurden und die das gegenwärtige sozio-ökonomische Gefüge des Landes begründet haben:

1. Nordrhein-Westfalen liegt im küstenfernen Teil des nordwestlichen Mitteleuropa und greift vom Tiefland auf das Bergland und das Mittelgebirge hinauf: Die Fußflächen vor dem Mittelgebirge, die Börden, wurden als Gunst- und Altsiedelräume zu einer Entwicklungsachse des Landes. Die Steinkohlevorkommen verstärkten diese Vorrangstellung. Die zweite natürliche, vom Rheinstrom gebildete Achse wurde schon früh die gewichtigere, durchbrach sie doch den Mittelgebirgsblock und verband die Küstenländer über die Rheinlande mit dem Süden Deutschlands. Die Kreuzung der beiden Achsen im Niederrheinisch-Westfälischen und die gerade hier besonders hohe Verdichtung von Menschen bestimmt gegenwärtig und auch in Zukunft die Grundstruktur des Landes.
2. Die in der ersten Hälfte des 19. Jahrhunderts einsetzende Industrialisierung und die von ihr ausgelöste Verstädterung verstärken dieses Achsenkreuz, nicht zuletzt durch das Ruhrgebiet, das zum Kernraum des Landes und zum östlichen Eckpfeiler des kontinentalen Industrie-Europa wird.
3. Durch das Ruhrgebiet entstehen in dem jungen Deutschen Reich, das gerade durch das Revier zu einem der führenden Industriestaaten der Erde wird, neue Lagebeziehungen. Da ist zum einen

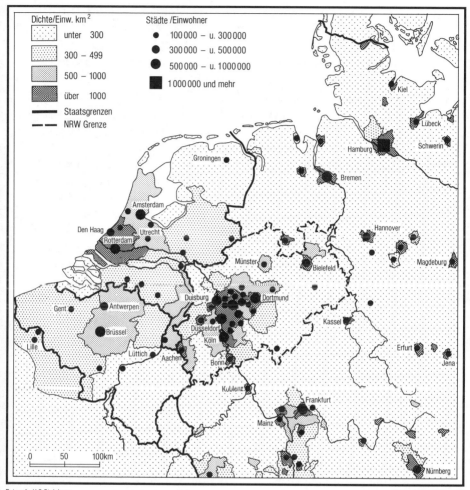

Entwurf : H.G.Steinberg

Kartographie : K.Massoud

Karte 6: Die Bevölkerungsverteilung 1987

die stärkere Anbindung des süd-westdeutschen Raumes durch die Rheinschiffahrt und zum anderen die Verknüpfung Mitteldeutschlands und Berlins mit dem Ruhrgebiet. Die engen wirtschaftlichen Verflechtungen mit dem thüringisch-obersächsischen Raum sind nach dem Zweiten Weltkrieg unterbrochen und erst 1990 wieder angeknüpft worden. Der süddeutsche Raum hat deshalb nach dem Kriege im Rahmen der innerstaatlichen Neuorientierung mit seiner vielseitigen Wirtschaftsstruktur ein ganz anderes Gewicht bekommen.

4. Aus der stärker west-östlichen Wirtschaftsverflechtung im Deutschen Reich ist nach dem Kriege eine mehr nord-südlich gerichtete in beiden deutschen Staaten geworden, die in der alten Bundesrepublik besonders den süd-westdeutschen Industrie- und Verdichtungsräumen zugute gekommen ist. Sie verstärkt sich hier noch seit der 1957 einsetzenden Kohlen- und der seit 1973 anhaltenden allgemeinen wirtschaftlichen Krise. Eine neue Phase der Wirtschaftsentwicklung beginnt nun mit der Vereinigung Deutschlands, die nicht nur den Kernraum des Landes, das Ruhrgebiet, sondern auch die übrigen Landesteile erfaßt.

Die natürlichen Lagebeziehungen Nordrhein-Westfalens und die Bevölkerungsentwicklung in diesen etwas über anderthalb Jahrhunderten haben gezeigt, daß die das Achsenkreuz von Rhein und Börden einnehmende Rhein-Ruhr-Ballung zum Schicksalsraum des Landes geworden ist. So wird es auch in Zukunft bleiben, nicht zuletzt aufgrund ihrer »Geographischen Lage«. Nur wird ihr nördlicher Teil, die Ruhr-Ballung, eine andere Stellung im Rahmen der europäischen Wirtschaftsentwicklung einnehmen als bisher. Er wird nicht mehr der große Motor der Entwicklung sein. Im Gegenteil: Die Landespolitik muß alles tun, um die wachsende Ungleichheit zwischen der Rhein- und der Ruhr-Ballung sowie zwischen den übrigen Landesteilen auszugleichen. Dies um so mehr, als das Ruhrgebiet auch weiterhin das Bindeglied zwischen den unterschiedlich strukturierten Landesteilen Nordrhein und Westfalen bleibt.

II. Die Landesnatur

Die Lagebeziehungen des Landes werden nun nicht allein von den Bindungen und Verflechtungen im nordwestlichen Mitteleuropa bestimmt; gleichbedeutend ist die Eigenart der nordrheinwestfälischen Landesnatur. Sie wird grundlegend vom Relief, seiner Höhenlage und Formenwelt bestimmt. Dazu kommen die Bodenverhältnisse, der Wasserhaushalt, der vom Grund- und dem Oberflächenwasser geprägt wird und die alle wiederum vom Klima ebenso abhängig sind wie die natürlichen Pflanzengesellschaften. Die Formengemeinschaften des Reliefs ergeben bodenplastische Naturlandschaften. Werden Boden, Wasser und natürliche Vegetation in den Vordergrund gerückt, um die Landschaften mit unterschiedlichen Naturhaushalten abzugrenzen, ergeben sich ökologische Naturlandschaften. Bodenplastische und ökologische Landschaften decken sich nicht immer. Die bodenplastischen kann der Mensch nicht verändern. Sie setzen den Rahmen für alles menschliche Tun. Wie sie aber von den menschlichen Gruppen und Gesellschaften genutzt werden, hängt vom sozio-ökonomischen Entwicklungsstand und den sich wandelnden Zielsetzungen ab. Weitaus labiler sind die ökologischen Landschaften. Die Eingriffe des Menschen sind hier nachhaltiger und können bis zur Zerstörung des Landschaftshaushaltes führen.

Drei große Reliefräume sind es, die den bodenplastischen Rahmen Nordrhein-Westfalens bestimmen: Tiefland, Bergland und Mittelgebirge. Sie unterscheiden sich in den Oberflächenformen, der tektonischen Entwicklung, dem Gesteinskörper und dem Alter.

Die wesentlichen Unterschiede der Großräume sollen vorangestellt werden.

Das *Tiefland* ist ein im Quartär geformter glazialer, fluvioglazialer oder periglazialer Aufschüttungsraum, der besonders der fluviatilen Abtragung unterliegt[1]. Weit verbreitet ist der äolische Formenkreis[2]. Vermittelndes Glied zwischen dem von Lockermaterialien aufgebauten Tiefland und dem von anstehenden Gesteinen geprägten Bergland ist der Löß, der den Gürtel der Börden bestimmt und sie mit zu altbesiedelten Vorzugslandschaften machte. Aber auch als Begleitsediment tritt er im Bergland auf.

Das *Bergland* wird im wesentlichen von mesozoischen und tertiären Sedimenten gebildet, die durch die vom Jura bis zum Tertiär anhaltende saxonische Gebirgsbildung großräumig gefaltet und kleinflächig zerbrochen wurden. Deshalb wird das Bild der Oberflächenformen im Wechsel von sanften Hängen und Ebenheiten einerseits und schroffen Steilhängen andererseits geprägt.

Das *Mittelgebirge* besteht aus paläozoischen Gesteinen, die im Zuge der alten und jungen Gebirgsbildung vielfältig beansprucht und gehärtet wurden. Aber auch das Relief wurde maßgeblich von der jungen und alten Gebirgsbildung geformt. Die variskische Gebirgsbildung im Karbon hat Sättel und Mulden geschaffen, die durch tertiäre Rumpfflächen eingeebnet wurden. Die unterschiedliche tektonische Beanspruchung wird überdeckt durch die Einheitlichkeit des Gesteinskörpers im Rheinischen Schiefergebirge. Zusätzliche Abwechslung im Formenbild schaffen vulkanische Ereignisse und die Hauptgewässer Rhein, Mosel, Lahn und Ruhr, die mit ihren Einzugsgebieten und den verschiedenen Abflußrichtungen die Reliefentwicklung mitbestimmen.

---

[1] Vom Eis, Wasser und Frost geformt.
[2] Vom Wind geformt.

1. Das Niederdeutsche Tiefland

Drei große Formenelemente sind es, die das Niederdeutsche und das anschließende Niederländische Tiefland bestimmen: die Geestplatten, die in sie eingetieften Gewässerrinnen und die sich über die Platten erhebenden sog. »Berge«. Die weit verbreiteten Geestplatten erreichen Höhen zwischen 40 und 50 m über NN und senken sich zu den sie begrenzenden jungquartären Talrändern – vielfach Terrassen – bis auf 15 bis 20 m ab. Die in ihrer Höhenlage relativ gleichförmigen Platten werden begrenzt durch Gewässer unterschiedlicher Wasserführung. Ihre breitflächigen Talauen liegen 5 bis 10 m tiefer, ohne daß dadurch die Weitflächigkeit der Geestlandschaften eingeschränkt wird.

Im Unterschied dazu: die sog. »Berge« mit ihren Steilhängen, die deutlich sichtbar die Ebenen überragen und Höhen zwischen 90 und 150 m über NN erreichen können, wie die Dammer oder Fürstenauer Berge oder die Veluwe.

Nach den Höhenverhältnissen, den Oberflächenformen, der geologischen Entwicklung und der Hydrographie läßt sich das Tiefland in drei Großräume untergliedern:

Niederrheinische Bucht
Westfälische Bucht
Niederdeutsche Geest

Allen drei ist die Ausprägung im Jungtertiär gemeinsam, wenn auch tektonische Bewegungen seit dem ausgehenden Erdmittelalter zu unterschiedlichen Entwicklungen geführt haben, wie z. B. die Aufbiegung der Ränder in Verbindung mit morphologisch wirksamen Verwerfungen, die zu Sonderentwicklungen des Reliefs wie im Teutoburger Wald und in der Egge geführt haben. Aber auch im Sedimentinhalt unterscheiden sich die Tiefengebiete deutlich. Während der Tertiärzeit lagerten sich am Niederrhein reiche Vorkommen von Braunkohle, Quarzsand und Ton ab, die den anderen Großräumen fehlen.

Von ausschlaggebender Bedeutung für die heutige Formenwelt sind aber die glazialen, fluvioglazialen und periglazialen Ablage-

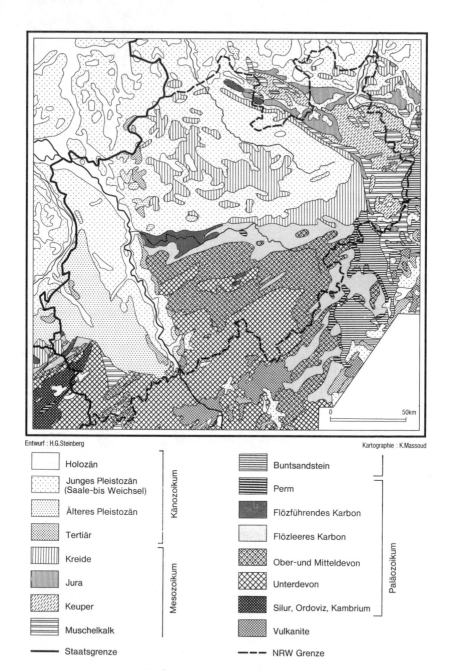

Entwurf : H.G.Steinberg
Kartographie : K.Massoud

	Holozän	
	Junges Pleistozän (Saale-bis Weichsel)	Känozoikum
	Älteres Pleistozän	
	Tertiär	
	Kreide	
	Jura	Mesozoikum
	Keuper	
	Muschelkalk	

	Buntsandstein	
	Perm	
	Flözführendes Karbon	
	Flözleeres Karbon	
	Ober-und Mitteldevon	Paläozoikum
	Unterdevon	
	Silur, Ordoviz, Kambrium	
	Vulkanite	

——— Staatsgrenze

– – – NRW Grenze

Karte 7: Geologische Übersicht Nordrhein-Westfalens

rungen des Pleistozäns geworden. Die vom vorrückenden Inlandeis ausgelösten glazialen und fluvioglazialen Prozesse und ihre Zeitdauer sind bis heute für die Entwicklung der Oberflächenformen von Bedeutung. Endmoränen, wie die Dammer und Fürstenauer Berge, Grundmoränen, Sander oder Urstromtäler gehen auf die Einwirkungen des Inlandeises zurück. Aber auch die Flußtäler verdanken ihre Gestalt im wesentlichen dem Wechsel von Kalt- und Warmzeiten im Pleistozän, der zur Ablagerung von ausgedehnten Schotterterrassen geführt hat. Periglazialformen haben dann das Relief ausgeglichen oder betont. Das gilt auch für die äolischen, vom Wind geschaffenen Formen, die entweder als Flugsanddecken und Lösse das Altrelief ausgeglichen haben oder sich als Dünen vorwiegend auf den Ostufern der größeren Flüsse, wie Rhein und Ems, entwickelt haben und dem Landschaftscharakter eine besondere Note verleihen. Der jüngste, der holozäne Formenwandel ist besonders wirksam in den engeren Bereichen der Flüsse. Die Ausgestaltung der Talsohle, die Breite und die Formen der Auen in Abhängigkeit von der Wasserführung des Gewässers und der Einfluß des Menschen sind hier zu nennen.

2. Das Bergland

Das Bergland ist der zweite große Reliefraum und prägt mit dem Weserbergland den Nordosten des Landes. Die Berg- und Hügelländer von Niederdeutschland bis nach Hessen liegen im allgemeinen über 150 m hoch. Im Weser-Leine-Bergland liegen Becken und größere Ausraumgebiete um 200 m über NN. Eine ähnliche Häufung von Flachformen findet sich auch noch um 280 bis 300 m. Geländeteile über 400 m treten demgegenüber zurück. Die höchsten Erhebungen liegen im Solling bei 500 m. Das Gelände dacht sich nach Norden allmählich ab. Ebenso lösen sich die mesozoischen Schichten in ihrer Vorherrschaft ab: Als älteste Schicht bestimmt der Buntsandstein den Süden, ihm folgt der Muschelkalk, darauf Keuper, Jura und Kreide, die im Tiefland von den jüngsten Schichten des Tertiärs und Pleistozäns überlagert werden. Die Vielfalt der Höhen und der Gesteine weisen nicht nur auf eine vielschichtige Genese des Berglandes hin, sondern unterstreichen auch, daß es sich hier nicht nur im natur-, sondern auch kulturgeographischen Sinne um einen Übergangs- und Durchgangsraum handelt, der zwischen der Mittelgebirgsschwelle und dem Tiefland vermittelt.

Die im Zuge der saxonischen Gebirgsbildung[1] aufgerichteten, überschobenen oder zerbrochenen Schichten haben in Verbindung mit den unterschiedlich widerstandsfähigen mesozoischen Sedimentgesteinen zu einem bunten Netz von Platten, Rücken, Kuppen, Eggen, Mulden, Ausräumen, Talweiten und Talengen geführt, die im nördlichen Bergland mehr herzynisch, also nordwestlich-südöstlich gerichtet sind (Teutoburger Wald oder die Piesberg-Bad-Pyrmont-Achse). Im oberen Weserbergland und im angrenzenden Hessischen Bergland überwiegen mehr die von Norden nach Süden gerichteten Störungungslinien, die rheinischen. Sie bestimmen die Aufwölbung des Solling und die Hebungsachse des Reinhardswaldes. Wo sich rheinische und herzynische Störungsrichtungen verzahnen, kommt es zu den mannigfachsten Reliefformen, wie in Teilen des Lipper und des Waldecker Berglandes. Von Bedeutung für die Oberflächenformen ist aber nicht nur das Streichen der Verwerfungen, sondern auch ihre Stärke, d.h. die Sprunghöhe.

Diese geologisch-tektonische Vielfalt der Gesteinsstruktur hat den Abtragungskräften so viele Ansatzmöglichkeiten geboten, daß sich ein reicher Formenschatz entwickeln konnte, der sich dem Betrachter als Tafel, Stufe, Schichtkamm, Schichtrippe, Ausraum oder unterschiedlicher Talraum darbietet. Zu diesen Strukturformen gehören aber auch Reste von tertiären Rumpfflächen und vulkanische Erscheinungen, wie die widerstandsfähigen Basaltgesteine im nördlichen Hessen zeigen. Das Pleistozän ist mit Lößablagerungen, periglazialen Fließerden und Terrassen vertreten. Die jüngste Abtragung und die in den Auelehmdecken der Flüsse sich

---

[1] Vom Jura bis zum Tertiär reichende Gebirgsbildung.

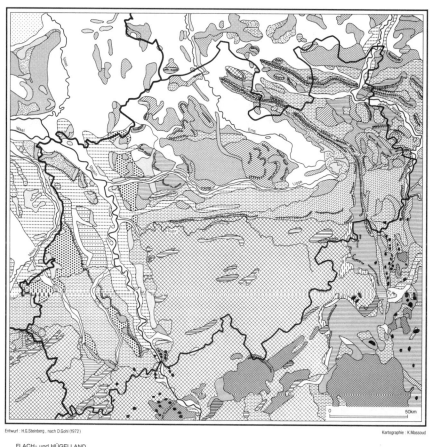

Entwurf : H.G.Steinberg , nach D.Gohl (1972)   Kartographie : K.Massoud

FLACH- und HÜGELLAND

Talsandebenen der Urstromtäler	Niederterrasse	Hochflächen aus Kalk
Marsch	Mittelterrasse	**SCHICHTSTUFENLAND**
		Zechstein- Senke
Geest	Hauptterrasse	Welliges Flach- u. Bergland aus Sandstein
Endmoränen	**TERTIÄRES HÜGELLAND**	
	Sandstein, Mergel, Ton, Kalk	Welliges Flach- und Hügelland aus Mergel- u. Tonstein
Sander	**MITTELGEBIRGE**	Welliges Flach- u. Hügelland aus Kalk und Dolomit
Bördelandschaft	Schiefergebirge	**BERG- und HÜGELLÄNDER aus ERGUßGESTEINEN**
Flugsand und Dünengebiete	Härtlingsrücken und - Berge aus Quarzit	Vulkanisches Gestein
Schichtrippen	Schichtstufen u. Steilhänge	Härtlingskuppen aus vulkanischen Gesteinen

Karte 8: Die Oberflächenformen Nordrhein-Westfalens

29

widerspiegelnde Akkumulation deuten auf die fortschreitende Veränderung der Landesnatur hin.

3. Das Mittelgebirge

Grundlegend unterscheidet sich das Mittelgebirge von Tiefland und Bergland. Es sind nicht nur die paläozoischen Gesteine, die mehrfach in Phasen der tektonischen Unruhe verändert worden sind, sondern zwei entscheidende *tektonische Vorgänge* sind es, die die Entwicklung der Oberflächenformen bestimmt haben. Die variskische Gebirgsbildung im Karbon, die zur Bildung der von Südwesten nach Nordosten streichenden Leitachsen geführt hat, und in der die heutige Großstruktur angelegt wurde. Von der Bochumer und Wittener Mulde im Norden bis zum Siegener Hauptsattel im Süden Nordrhein-Westfalens bestimmen variskisch streichende Mulden und Sättel die Struktur des Süderberglandes. Die heutigen Ausraumzonen entsprechen aber keineswegs immer den variskischen Mulden; entscheidender ist die Widerstandsfähigkeit des ausstreichenden Gesteins. Der zweite wichtige tektonische Vorgang war die vom Ende des Mesozoikums bis in das Jungtertiär andauernde Hebung des Mittelgebirgsblocks. Dabei entstanden zahlreiche Verwerfungen, die alle Teile des Gebirges von den Ardennen im Westen bis zum Kellerwald im Osten durchziehen. Im Tertiär kam es durch den Wechsel von Hebung und Abtragung in Verbindung mit einem die flächenhafte Abtragung begünstigenden randtropischen Klima zur Ausbildung von Rumpftreppen. Die tektonische Beanspruchung des Gebirges löste *vulkanische Vorgänge* aus, die teilweise bis ins Quartär anhielten. Die Basaltergüsse im Westerwald und die Maare in der Eifel sind hier zu nennen. Die Heraushebungen haben aber auch mit zu den heutigen *Höhen* geführt. Sie liegen in den Mittelgebirgen allgemein zwischen 400 und 500 m, einzelne Teilgebiete ragen darüber hinaus, im Sauerland über 800 m über NN. Diese Höhen werden im allgemeinen von besonders harten, metamorphen Gesteinen aufgebaut, die auch wie die übrigen Gesteine silurischen und devonischen Alters dem Paläozoikum angehören. Noch ältere Formationen und Gebirgsbildungen finden sich in den benachbarten Ardennen. Die Höhe der Mittelgebirge hat auch im *Pleistozän* zu anderen Abtragungsformen geführt als im Berg- und Tiefland. Die Wirkungen des Frostes in Verbindung mit der Steilheit der Hangpartien hat zu tiefgreifenden Zerstörungen des Gesteinskörpers und damit zur Bereitstellung großer Schuttmassen geführt, die von den Flüssen in die Vorländer transportiert und hier abgelagert wurden. In den Zwischeneiszeiten zerschnitten die ständig Wasser führenden Flüsse die Schotterpakete und formten sie zu Terrassen um, wie sie besonders den Rhein begleiten. Heute sind die Mittelgebirge besonders niederschlagsreiche Hochgebiete und damit auch wichtige Wasserspendergebiete. Gliedern läßt sich der nordrhein-westfälische Anteil am Mittelgebirge, dem *Rheinischen Schiefergebirge*, in das *Süderbergland* und die *Eifel*. Der *Westerwald* greift von Süden über die Landesgrenze herüber.

Zum Abschluß dieser Übersicht über die Landesnatur stellt sich die Frage: Welchen Anteil haben die drei großen Reliefräume an der Landesfläche Nordrhein-Westfalens? Die Hälfte nimmt das Tiefland, ein Drittel das Mittelgebirge und den Rest das Bergland ein. Bei der Bevölkerungsverteilung ist das Gewicht des Tieflandes noch größer. Hier wohnen sieben Zehntel, im Mittelgebirge zwei und im Bergland ein Zehntel der Landesbürger (Tab. 2). Nordrhein-Westfalen ist also im rheinischen und westfälischen Tiefland verankert und greift von hier auf Bergland und Mittelgebirge herauf.

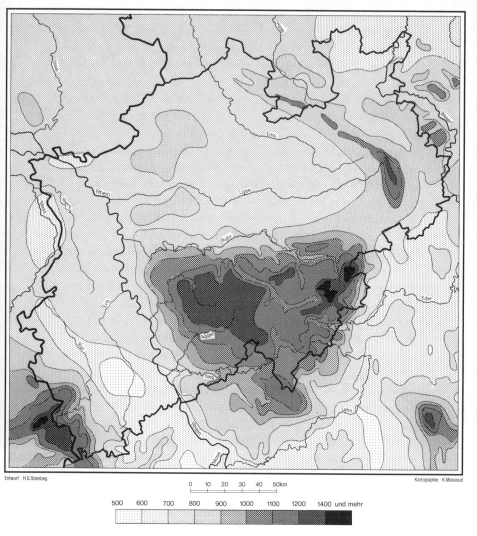

Entwurf : H.G.Steinbeg

Kartographie : K.Massoud

0   10   20   30   40   50km

500   600   700   800   900   1000   1100   1200   1400 und mehr

Karte 9: Die mittlere jährliche Niederschlagshöhe (mm)

III. Die Naturlandschaften

1. Das Niederdeutsche Tiefland

1.1. Die Niederrheinlande

Die Niederrheinlande nehmen mit 8200 km² ein knappes Viertel der Landesfläche ein. Sie beginnen bei Mehlem (55 m über NN), wo der Strom aus dem Rheinischen Schiefergebirge tritt, und reichen bis Pannerden (10 m ü. NN), wo der Rhein sich unmittelbar hinter der deutsch-niederländischen Grenze zu gabeln beginnt. In einem 200 km langen Lauf durchzieht er mit einer Breite zwischen 300 und 400 m den Raum, der in der Luftlinie zwischen Mehlem und Pannerden nur 155 km mißt.

Das Relief verdankt seine Entstehung im wesentlichen vier Faktorenkomplexen, die auch mit für die Zweiteilung der Niederrheinlande verantwortlich sind: die tektonischen Bewegungen, der Strom, das Inlandeis und der Wind. Den Süden des Raumes nimmt die *Niederrheinische Bucht* ein, die trichterförmig in das Schiefergebirge hineingreift und damit die westlichste der großen Buchten ist, die als Westfälische, Leipziger und Schlesische das niederdeutsche Tiefland weit nach Süden in die Mittelgebirgsschwelle vorschieben. Den größeren Teil der Niederrheinlande nimmt aber das *Niederrheinische Tiefland* ein, das sich frei nach Norden öffnet. Bestimmend ist hier der Strom. Die Grenze zwischen den beiden recht unterschiedlichen Natur- und Kulturlandschaftsräumen wird vom Löß markiert.

Die Niederrheinische Bucht ist Teil eines großen tektonischen Einbruchsfeldes. Die seit dem Tertiär anhaltenden Hebungs- und Senkungsvorgänge haben nicht nur den Einbruch bewirkt, sondern die Bucht in zahlreiche Südsüdost-Nordnordwest gerichtete Schwellen zerlegt, die in recht unterschiedlicher Form von der Absenkung betroffen wurden. Der Ville-Horst blieb dabei relativ zurück, so daß hier und auch andernorts das Tertiär mit seinen Lagerstätten (Braunkohle, Ton, Sand, Quarzit) oberflächennah ansteht. Die Ville teilt die Niederrheinische Bucht in zwei recht unterschiedliche Naturräume: die *Kölner Bucht* im Osten und die *niederrheinischen Börden* von Zülpich und Jülich im Westen. Das die Ville bestimmende Hauptbraunkohlenflöz sinkt unter den Börden an großen Brüchen bis etwa 500 m ab und nähert sich erst in der Nähe des Eifelrandes wieder der Oberfläche. Zum Tiefland hin taucht die Braunkohle nach Norden hin in noch größere Tiefen ab.

Wichtiger für die Landformen sind die *Terrassenbildungen* während des Pliozäns und des Pleistozäns. Der Rhein-Maas-Schuttfächer senkt sich hier nach Norden, und ihn hat der Rhein durch den eis- und nacheiszeitlichen Klimawechsel ebenso geformt wie die tektonischen Bewegungen. Es entstand eine mehrere Stockwerke umfassende Terrassentreppe. Im östlichen Teil der Bucht wird der Rhein von Nieder- und Mittelterrassen begleitet. Während die niedere von alten Hochflutlehmen bedeckt wird, unterscheidet sich die mittlere. Östlich des Stromes überwiegen von westlichen Winden während der letzten Eiszeit angewehte Sande in der Schlebusch-Wahner Heide, während linksrheinisch die Mittelterrassen mit Löß überdeckt wurden. Hier herrscht ein intensiver Acker- und Gartenbau vor, im Osten überwiegen ausgedehnte Kiefernforste.

Der westliche und ausgedehntere Teil der Bucht senkt sich von 200 m ü. NN am Gebirgsfuß ziemlich gleichmäßig auf 80 bis 60 m ab und wird überwiegend von der Rhein-Maas-Hauptterrasse eingenommen, deren Schotter und Sande von einer ein bis zwei Meter maximal bis zu 20 m mächtigen Lößdecke überdeckt werden. Sie ist die Grundlage der vorherrschend guten bis ausgezeichneten Ackerböden der *Zülpicher* und *Jülicher Börde*. Weizen und Zuckerrüben bestimmen den Anbau. Rur und Erft zerschneiden entlang tektonisch vorgezeichneter Linien diese Altsiedellandschafen. Die Niederrheinische Bucht liegt im Regenschatten von Nordeifel und Hohem Venn. Die jährlichen *Niederschläge* liegen deshalb unter 700 mm. Um Euskirchen und Zülpich sinken sie sogar auf 550 mm ab. Die Lößböden sind ein ausgesprochenes Wassermangelgebiet, was auch für die bevölkerungsstarke Kölner Bucht gilt. Die Talsperren am Rande der Eifel sind hier deshalb von lebenswichtiger Bedeutung.

Die Niederrheinische Bucht läßt sich untergliedern in die Schlebusch-Wahner Heide, die Kölner Bucht, die Ville, die Zülpicher und die Jülicher Börde.

Die *Schlebusch-Wahner Heide* (60–130 m) am Rande der Bergischen Hochflächen wird von den Kiesen und Sanden der Mittelterrasse gebildet, die von Flugsand und Dünen überweht ist. Sie ist leicht zertalt. Wupper und Sieg queren sie. Ausgedehnte Hochwälder aus Buchen, Eichen und Kiefern bedecken sie. Auf den geringwertigen Sandböden sind flächenbrauchende Industriebetriebe und der Flughaften Köln-Bonn entstanden.

Die *Kölner Bucht* öffnet sich trichterförmig vom innersten gebirgsnahen Winkel nach Norden bis auf 25 km Breite. Der durchschnittlich 300 bis 500 m breite Rhein wird von einer Terrassenlandschaft begleitet, die mit Lehm und Löß bedeckt ist. Ein mildes Klima und geringe Niederschläge (600 mm) bestimmen den dichtbesiedelten Raum der südlichen Rheinschiene oder Rheinballung. Weite Ackerebenen und fruchtbare, den Garten- und Obstbau begünstigende Böden am Hang der Ville bestimmen die Landnutzung. Bonn, Köln und Leverkusen sind die größten Städte.

Die *Ville* ist Teil der Hauptterrassenplatte (180–100 m), die nach Norden geneigt ist und mit steilen Flanken die Erftniederung (40–50 m) im Westen und die Rheinebene (um 100 m) im Osten überragt. Der Untergrund besteht aus tertiären Sanden, Kiesen, Tonen und besonders mächtigen Braunkohleflözen, die im Tagebau heute nur noch im Nordteil abgebaut werden. Der östliche Steilabfall wird von Löß überdeckt, der die Grundlage für den Vorgebirgsgartenbau bildet. Die mittlere und nördliche Ville ist durch den Braunkohleabbau stark verändert worden.

Die *Zülpicher Börde* ist eine waldfreie Lößplatte, die von 200 auf 100 m nach Osten und Nordosten zur Erftniederung abfällt. Durchzogen wird sie von asymmetrischen trockenen Rinnen und Tälern. Die Niederschläge betragen aufgrund der Leelage nur 600 mm. Das Klima ist wintermild und sommerwarm. Haufendörfer bestimmen das Bild der Altsiedellandschaft. Auf den Ackerflächen herrscht die Getreide- und Hackfruchtwirtschaft vor. Wiesen finden sich nur in der Talaue der Erft.

Die *Jülicher Börde* ist auch eine waldarme Lößplatte, die sich vom Gebirgsrand (200 m) zur Niederrheinebene (80 m) im Norden absenkt. Der Löß überdeckt stellenweise bis zu 20 m den aus Schottern und Sanden bestehenden Untergrund, der nur östlich an die Oberfläche kommt. Auf ihm stockt der Hambacher Forst, der seit 1978 dem Braunkohlebergbau (Tagebau Hambach I) weichen muß. Die Lößplatte wird durch die breitsohligen, terrassierten Täler der Erft und Rur gegliedert. Die Altsiedellandschaft wird von Haufendörfern mit einer intensiven Getreide-Hackfruchtwirtschaft bestimmt. Grünland findet sich nur in den Tälern.

Das Niederrheinische Tiefland

An die Niederrheinische Bucht schließt sich im Norden das in wesentlichen Zügen anders gestaltete Niederrheinische Tiefland an. Im Gegensatz zur Bucht beherrschen hier die jüngeren und tieferen Terrassen das Bild der Oberflächenformen. Aber auch der Strom verändert sich unterhalb der Lippemündung. Die hier beginnende Niederrheinebene wird zur breiten Flußmarsch, die der bis zu einer Breite von 600 m unterhalb Emmerich anwachsende Rhein durchströmt, begleitet von zahlreichen Totarmen und verlandenden Altwässern, die auf die künstliche Verkürzung des Flusses hinweisen. Etwa ab Rees fließt der Rhein zwischen ganz flachen Ufern und auf der untersten Strecke dämmt er sein Bett sogar selbst auf. Die gesamte Niederung liegt, abgesehen von 2 bis 3 m höher gelegenen Niederterrassen bei Xanten, im Hochwasserbereich und wird seit dem vergangenen Jahrhundert durch umfangreiche Deichbauten geschützt.

Entwurf : H.G.Steinberg

Kartographie : K.Massoud

DAS NIEDERDEUTSCHE TIEFLAND

NIEDERRHEINISCHE BUCHT

1 Schlebusch-Wahner Heide
2 Kölner Bucht
3 Ville
4 Zülpicher Börde
5 Jülicher Börde

NIEDERRHEINISCHES TIEFLAND

1 Selfkant
2 Schwalm-Nette Platten
3 Kempen-Aldekerker Platten
4 Niersniederung
5 Niedrrheinische Höhen
6 Mittlere Niederrheinebene
7 Isselebene
8 Niederrheinebene
9 Niederrheinische Sandplatten

WESTFÄLISCHE BUCHT

1 Kernmünsterland
2 Ostmünsterland
3 Westmünsterland
4 Emscherland
5 Hellwegbörden

DAS BERGLAND

UNTERES WESERBERGLAND

1 Bielefelder Osning
2 Ravensberger Hügelland
3 Östliches Wiehengebirge
4 Lübbecker Lößland
5 Tecklenburger Osning
6 Osnabrücker Hügelland
7 Westliches Wiehengebirge

OBERES WESERBERGLAND

1 Warburger Börde
2 Oberwälderland
3 Paderborner Hochfläche
4 Egge
5 Lipper Bergland
6 Pyrmonter Bergland
7 Rinteln-Hamelner-Weserland
8 Holzmindener Wesertal
9 Weserengtal von Bodenwerder

DAS MITTELGEBIRGE

SÜDERBERGLAND

1 Hochsauerland
2 Wittgensteiner Land
3 Ostsauerländisches Oberland
4 Westsauerländisches Oberland
5 Siegerland
6 Mittelsieg-Bergland
7 Oberbergisches
8 Bergische Hochflächen
9 Bergisches Unterland
10 Unteres Sauerland

VENNVORLAND

1 Vennfußfläche
2 Aachener Hügelland

WESTEIFEL

1 Westliche Hocheifel
2 Rureifel
3 Hohes Venn

OSTEIFEL

1 Östliche Hocheifel
2 Ahreifel
3 Münstereifeler Wald
4 Mechernicher Voreifel
5 Kalkeifel

Karte 10: Die Naturlandschaften Nordrhein-Westfalens 37

Die höheren älteren Terrassen sind von untergeordneter Bedeutung. Eine niederrheinische Besonderheit sind die *Stauchendmoränen* mit sanderähnlich angelagerten Glazialterrassen. Sie entstammen dem Drenthe-Stadium der Saaleeiszeit und ziehen sich linksrheinisch von Nymwegen bis zum Hülser Berg bei Krefeld nach Südosten in einem konkaven Bogen hin.

Hydrographisch ist das Tiefland die grundwasserreichste Landschaft Nordrhein-Westfalens. Die größte Bedeutung für die Wasserversorgung haben hier die Niederterrassen mit ihren wasserdurchlässigen Sanden und Kiesen so wie die holozäne Talaue. Bis zu 500 m vom Strom entfernt steht der Grundwasserstrom in Niederterrassen und Flußaue in direkter hydraulischer Verbindung. Versorgt wird von hier besonders das westliche Ruhrgebiet.

Im Unterschied zur Bucht ist das Tiefland allen vom Meer her kommenden *klimatischen* Einflüssen vollkommen offen. Die jährlichen Niederschläge liegen zwischen 700 und 750 mm. Die sommerlichen Temperaturen (Juli 17,0°–17,5°) sind niedriger als in der Bucht. Die Winter sind ähnlich maritim mild. Insgesamt ist das Klima aber eben wegen der Offenheit ozeanischer, entsprechend größer sind auch die Windeinwirkungen. Das ozeanische Klima beeinflußt auch die *Böden*. Das kommt in den Flußmarschen ebenso zum Ausdruck wie in den weit verbreiteten sandigen und sandig-kiesigen, mehr oder weniger stark verarmten und podsolierten Böden auf den Terrassen und den Stauchendmoränen. Von Natur aus wären diese Böden mit Eichen-Birkenwald bestockt, der sich mit der atlantischen Zwergstrauchheide als Sekundärvegetation in Resten auf Sanden findet. Der größere Teil des Tieflandes ist der natürliche Lebensraum feuchter Auen- und Bruchwälder sowie von Eichen-Hainbuchenwäldern mit der für den atlantischen Klimabereich charakteristischen Stechpalme (Ilex aquifolium).

Die *Wirtschaftsflächen* lehnen sich großräumig der Terrassengliederung an. Die feuchten Auen dienen der Grünland- und Viehwirtschaft. Die guten Ackerböden der Nieder- und Mittelterrassen und linksrheinisch teilweise auch die Hauptterrasse dienen dem Ackerbau mit Getreide und Futterpflanzen. Der Steinkohlebergbau ließ das Ruhrgebiet in das Tiefland vorgreifen. Der Steinsalzbergbau beruht auf den Zechstein-Vorkommen, die in 750 m Tiefe abgebaut werden.

Das Niederrheinische Tiefland läßt sich in folgende Naturräume untergliedern: das Selfkant, die Schwalm-Nette Platten, die Kempen-Aldekerker Platten, die Niersniederung, die Niederrheinischen Höhen, die Mittlere Niederrheinebene, die Isselebene, die Niederrheinebene und die Niederrheinischen Sandplatten.

Das *Selfkant* ist eine Ackerebene zwischen der Maas und der unteren Rur. Der Untergrund besteht aus Kiesen und Sanden, die im Süden anstehen und mit Flugsand überzogen sind (Teverener Heide). Der größte Teil der Oberfläche ist dünn mit Löß bedeckt. Getreide- und Hackfruchtbau herrschen vor. In den feuchteren Niederungen der Rur und Wurm findet sich Grünland und Auewald.

Die *Schwalm-Nette Platten* werden aus trockenen Terrassen (50–80 m) gebildet, die steil zur Maas (30 m) abfallen. Kiesig-lehmige Sande, Dünen und Flugsande bedecken die Oberfläche. Die Platten werden durch breite mit Seen und Sümpfen gefüllte Täler getrennt. Den Westteil nehmen große birkendurchsetzte Kiefernwälder ein. Im Osten reicht mit Mönchengladbach und Viersen die Rheinballung in den Naturraum herein.

Die *Kempen-Aldekerker Platte* ist eine durch die obere Niersniederung und alte Rheinarme zerschnittene Niederterrassenebene, in die feuchte Niederungen mit Flachmooren, Erlenbrüchen und Grünland eingeschnitten sind. Die Niederterrassenplatten sind mit einer dünnen sandigen Lößlehmdecke überzogen, die als Ackerland (Getreide-Hackbau, bei Straelen Gemüsebau) genutzt werden. Krefeld mit seiner Altstadt und Mönchengladbach und Viersen sind die größten Städte.

Die *Niersniederung* schließt sich im Norden daran an. Es ist eine von der Niers und ihren Zuflüssen zerschnittene Terrassenebene, in die bis zu 200 m breite Niederungen mit Bruchwald und Grünland eingesenkt sind. Ackerland findet sich auf den trockeneren Terrassenkernen, die Donken genannt werden. Zur Maasniederung hin finden sich höhere Terrassenreste mit Dünen. Kiefernwald herrscht hier vor. Gemüseanbau und Hackfrucht-Getreidebau findet sich auf den mäßigen Ackerböden. Der Grünlandanteil ist hoch.

Deutlich über die Niederungsgebiete erheben sich die *Niederrheinischen Höhen*. Der 58 Kilometer lange und etwa sieben Kilometer breite Höhenzug, der sich mit einem 90 m hohen Steilabfall bei Kleve über 100 m erhebt, ist im wesentlichen das Ergebnis des am weitesten südwestwärts über den Niederrhein vorgedrungenen saaleeiszeitlichen Gletschervorstoßes. Die Böden der bogenförmig angeordneten Moränen und der westlich darin anschließenden Sanderplatten bestehen aus Kiesen und Sanden und sind wenig fruchtbar. Deshalb herrschen weithin Mischwälder vor. Kleve ist der städtische Vorort.

An die Platten und Höhen schließt sich im Osten das Niederungsgebiet des Rheinstromes an. Der südliche Teil wird Mittlere Niederrheinebene genannt. Die *Mittlere Niederrheinebene* wird von dem sich stromabwärts weitenden Hochwasserbett gebildet, in dem der eingedeichte Strom pendelt. Bodenfeuchte Niederungen bestimmen mit trockenen Donken, etwa 15 bis 35 m hoch, den Landschaftscharakter. Die Donken werden vom Ackerbau genutzt, die Niederungen sind Grünland und werden bei Hochwasser überschwemmt. Linksrheinisch sind die Donken stärker entwickelt als rechtsrheinisch. Die Niederungen sind hier trockener und vielfach Ackerland. Den Rand zum Bergischen Unterland bilden Laub- und Mischwälder. Die größten Städte dieses Naturraumes sind Düsseldorf, Neuß, Duisburg, Oberhausen und Mülheim an der Ruhr.

Die *Issel-Ebene* ist eine vom Fluß durchzogene Niederterrassenebene (17 bis 25 m), die sich nach Norden durch die Einschaltung einer tieferen Terrasse beiderseits von Issel und Aa inselförmig auflöst. Das Grundwasser liegt hier knapp unter der Oberfläche. Den Sockel der Terrasse bilden Sande mit einer lehmig-sandigen Decke, die oft von Flugsand und Dünen überlagert wird. Auf der trockenen Terrasse finden sich Kiefernwälder und Ackerland, auf dem vorwiegend Roggen und Kartoffeln angebaut werden. Nach Osten begrenzt der 40 bis 70 m ansteigende Steilhang der Niederrheinischen Sandplatten diesen Naturraum, nach Westen setzt er sich mit einem vier Meter hohen Steilabfall gegen die Untere Niederrheinebene ab. Die größte Stadt ist Bocholt.

Die *Niederrheinebene* ist eine weite Schwemmlandebene des

Stromes, der sich von 20 m bei Xanten auf 11 m bis zur Landesgrenze senkt. Als Insel ragt aus ihr 100 m hoch der Moränenberg von Elten heraus. Beherrschend ist hier der unterhalb 600 m breite, künstlich begradigte Strom, der sich zwischen seinen Deichen stellenweise wieder einschneidet. Der Niederungsbereich ist dank des oberflächennahen Grundwassers bodenfeucht und wird als Grünland genutzt. Emmerich ist die wichtigste Stadt.

Die *Niederrheinischen Sandplatten* sind Teil der Hauptterrassenplatte (40 bis 70 m), die sich mit einem Steilrand über die Isselebene erhebt. Sie ist aus tertiären Tonen und Sanden aufgebaut, die lükkenhaft mit Decken aus Kies und Sand, Grundmoränen mit Geschiebelehm sowie Flugsanden und Dünen bedeckt ist. Die Lippe und die Aa mit ihren Zuflüssen zerlegen die Sandplatte in zahlreiche Einzelplatten, trockene Hochgebiete und vermoorte Niederungen bestimmen deshalb das naturlandschaftliche Gefüge. Nadel-, Mischwald, Heide und Grünland bestimmen die Bodennutzung im nördlichen Bereich. Das Ruhrgebiet reicht um Oberhausen-Sterkrade in diesen Naturraum herein.

1.2. Die Westfälische Bucht

Die Westfälische Bucht als Ausbuchtung des Tieflandes in das Bergland und Mittelgebirge unterscheidet sich deutlich von den Niederrheinlanden. Über die karbonen Steinkohlenvorkommen ist es verwandt mit dem paläozoischen Grund- und Mittelgebirge. Die ausgedehnten Kreidevorkommen verbinden die Bucht mit der saxonischen Bruchfaltengebirgsbildung des Berglandes. Die eiszeitlichen Ablagerungen hingegen, die bis an den Haarstrang und die untere Ruhr reichen, verbinden sie wie Höhenlage und Klima mit dem Tiefland. Die Westfälische Bucht wird so zum Übergangsraum in horizontaler und vertikaler Hinsicht. Die Höhen bewegen sich zwischen 40 und 80 m, darüber hinaus ragen nur die Beckumer Berge und die Baumberge (100–170 m).

Die Bucht ist *geologisch-tektonisch* eine große aus Kreidegesteinen aufgebaute Schüssel, deren Ränder Bergkämme und -ketten vom Norden über den Osten bis zum Süden bilden. Im Norden hat die vom Piesberg bei Osnabrück bis zum Kessel von Bad Pyrmont verlaufende Aufwölbungsachse und die ihr parallel nordwestlich-südöstlich verlaufende Teutoburger-Wald-Achse die Entwicklung der Oberflächenformen entscheidend in der Form beeinflußt, daß die Gesteine der Kreideformation zwischen 20° und 70° gekippt wurden. Das gilt auch für das Egge-Gebirge, das die Bucht nach Osten geologisch begrenzt. Hier stehen die Kreideschichten stellenweise fast senkrecht (Extern-Steine), während sie auf der anschließenden Paderborner Hochfläche etwa horizontal liegen und im südlich die Bucht begrenzenden Haarstang mit 2°–3° nach Norden einfallen. Nach Westen ist die Grenzziehung gegen die Niederlande unscharf. Tertiäre Sande und Tone, überlagert von Schottern der Haupt- und Mittelterrasse, leiten hier über. Im Nordwesten bilden Kreideschichten schmale Höhenrücken. Daran schließt sich dann der Bentheimer Sattel, eine Kreide-Jura-Aufragung an. Aber auch innerhalb der Bucht finden sich mit den Baumbergen und den Beckumer Bergen Höhenrücken aus Gesteinen der Oberkreide, die durch Schichtstufen begrenzt werden.

Von Bedeutung ist auch hier die *glaziale* Überformung der Bucht. Die Gletscher der Saale-Eiszeit stießen bis zum Haarstrang und zur unteren Ruhr vor und hinterließen Geschiebelehme, Sande und den von Sendenhorst bis Münster verlaufenden Kiessandrükken, ein wichtiger Wasserspeicher für Münster und sein Umland. Lößdecken und Flottsande sowie nacheiszeitliche Flugsanddecken und Dünen ergänzen die Ablagerungen, die die unterschiedlichen Bodenarten bestimmen. Der Löß lagert vorwiegend südlich der Lippe. Sande und lehmige Sande herrschen im östlichen und westlichen Münsterland vor, Kleiböden im Kernmünsterland.

Die *Entwässerung* ist nicht einheitlich. Die Lippe strebt nach Westen zum Rhein, während die Ems den Weg nach Norden zur Nordsee sucht. Das *Klima* wird von einer von Westen nach Osten abnehmenden Maritimität und zunehmenden Kontinentalität bestimmt.

Der unterschiedlichen naturräumlichen Ausstattung entspricht auch die kulturlandschaftliche Entwicklung. Die Hellwegbörden waren als Altsiedelräume von jeher Vorzugsräume. Die auf den

Steinkohlenvorkommen beruhende Entwicklung des Ruhrgebietes hat diese Vorrangstellung nur weiter gefestigt. Die übrigen Teilräume, lange im agrar-bäuerlichen Lebens- und Wirtschaftsgefüge verharrend, treten demgegenüber zurück. Nach dem naturlandschaftlichen Gefüge läßt sich die Westfälische Bucht in fünf Untereinheiten gliedern: das Kernmünsterland, das Ostmünsterland, das Westmünsterland, das Emscherland und die Hellwegbörden.

Das *Kernmünsterland* ist eine 60 bis 80 m hohe Platte aus flachlagernden Kalksandsteinen, mergeligen Sandsteinen und tonhaltigen Mergeln der Oberkreide, die weithin von Geschiebelehm überlagert werden. Die Oberfläche ist flachwellig mit zur Vernässung neigenden Böden. Nur die Baumberge im Nordwesten und die Beckumer Berge im Südosten bilden bis zu 180 m ansteigende Platten, die von Schichtstufen begrenzt werden. Vorherrschend sind tonig-lehmige sog. Kleiböden, die bei Regen klebrig-schmierig werden und schwer zu bearbeiten sind. Deshalb nannten die Katasterbeamten des vorigen Jahrhunderts diesen Landstrich auch *Kleimünsterland*.

Das Klima ist atlantisch geprägt mit milden Wintern und mäßigwarmen Sommern. Die Jahresniederschläge liegen zwischen 700 und 750 mm. Der Getreidebau (Roggen, Hafer und Weizen) überwiegt in der von Bauernschaftsdrubbeln, von Wassergräben umgrenzten Einzelhöfen (Gräftenhöfe) und kleinen Landstädten geprägten Kulturlandschaft. Die größte Stadt ist Münster.

Das *Ostmünsterland* ist eine an der oberen Lippe und Ems gelegene Sandebene zwischen 200 und 100 m, die vom Fuß des Teutoburger Waldes bis auf 50 m nach Südwesten abfällt. Durchzogen werden die Sandplatten, denen vielfach Dünen aufgesetzt sind, nur von wenige Meter tiefen flachen Tälern, deren Feuchtböden als Grünland genutzt werden oder vermoort sind. Die höheren trockeneren Platten tragen Nadelwälder, Heiden, Ackerfluren und bäuerliche Eichen- und Birkenwälder. Am trockensten ist die Senne, eine Sandebene über in geringer Tiefe anstehenden undurchlässigen Mergeln und Lehmen. Die Ortsteinbildung ist hier verbreitet. Das Klima ist wintermild. Die Niederschläge steigen von 700 mm im Westen auf 850 mm im Osten an. Drubbel,

Einzelhöfe und vereinzelte Kirchorte bestimmen das Siedlungsgefüge. Größere Städte sind Gütersloh, Lippstadt, Warendorf und Rheine.

Das *Westmünsterland* ist ein zwischen 40 und 70 m liegendes ebenes, sandreiches Tieflandgebiet mit allgemein zur Vernässung neigenden Böden. Den Nordteil bestimmen Sandebenen mit vereinzelten Dünen. Aus dem Untergrund ragen Kreideschichten auf. Der südliche von der Lippe durchflossene Teil ist mannigfaltiger gestaltet. Auf fast 150 m steigen hier mit Nadelwald und Heide überzogene Kreidesandhöhen auf. Verbreitet sind moorige Niederungen. Die Niederschläge liegen zwischen 700 und 800 m. Drubbel und Landstädte bestimmen das Siedlungsbild. Das nördliche von Bergbau und Großchemie (Marl) geprägte Ruhrgebiet reicht bis in den Lipperaum.

Das *Emscherland* ist eine nach Norden von 140 auf 90 m abfallende Lößplatte, die von der im undurchlässigen Kreidemergel angelegten Emscher geteilt wird. Das geringe Gefälle im sandgefüllten Emschertal hat zu einer die bergbauliche Erschließung im 19. Jahrhundert behindernden Vermoorung geführt. Die regulierte Emscher ist heute der Hauptabwasserkanal des Ruhrgebietes. Unter den Kreide-Deckschichten liegen die nach Norden absinkenden Steinkohlen, die entscheidend für die Entstehung des Reviers waren. Das Klima ist wintermild und sommerwarm. Die Niederschläge liegen um 800 mm. Die Naturlandschaft ist hier durch die Industrialisierung grundlegend verändert worden. Die Städte entlang des Hellwegs von Mülheim an der Ruhr bis Dortmund und entlang der Emscher von Bottrop bis Castrop-Rauxel bilden heute den Hauptteil des Kernreviers.

Die *Hellwegbörden* als östliche Fortsetzung des Emscherlandes und am Fuß des Süderberglandes neigen sich vom aus wasserdurchlässigen Plänerkalken aufgebauten Haarstrang (300–400 m), der eine nach Osten dünner werdende und dann auslaufende Lößdecke trägt (oberer Hellweg), bis zum Lippetal (60–80 m). Der untere Hellweg wird auch vom Löß bedeckt, ist aber feuchter als der obere, weil der Untergrund aus undurchlässigen Emschermergeln besteht. Das Klima ist sommerwarm und wintermild. Die Niederschläge sinken von 800 mm im Westen auf 700 m im Osten. Das Altsiedelland ist eine ausgesprochene Getreidebörde (Weizen) mit Haufendörfern und alten Städten wie Soest und Unna. Seit alters sind die Börden wegen ihrer Offenheit aber auch wichtige Verkehrslinien (Bördenachse) und Kornkammern, hier besonders für die gewerblich-industriellen Gebiete des Süderberglandes gewesen. Von der Industrialisierung des Ruhrgebietes wurde nur der äußere Westen erfaßt, der Steinkohlenvorkommen barg.

1.3. Die Niederdeutsche Geest

Nordrhein-Westfalen greift nur randlich in die Niederdeutsche Geestregion vor. Die Verwaltungsgrenzen zerschneiden hier einen Natur- und gewachsenen Kulturlandschaftsraum, der von W. Müller-Wille »Westfälisches Tiefland« genannt wurde und im wesentlichen die Dümmer-Geestniederung umfaßt.

Die Dümmer-Geestniederung

Talsandflächen, Moore und kleine Grundmoräneplatten kennzeichnen das weithin ebene Tiefland, das sich nach Norden und Westen von 60 m auf unter 20 m neigt. End- und Stauchmoränen der Saaleeiszeit erheben sich wie die Dammer- oder Ankumer Berge über 100 m. Der Kreideuntergrund erhebt sich nur in einzelnen Schichtrippen wie in den Stemmer Bergen (bis 140 m) und in den Sandsteinhöhen bei Bentheim (bis 50 m) über die Ebene. Die breiten Talsandflächen sind weithin vermoort und mäßig in die Ebenen eingetieft. Die Meernähe bedingt ein maritimeres Klima. Die Niederschläge sind über das ganze Jahr verteilt und liegen je nach der Exposition zwischen 620 und 780 mm. Die Bodenarten werden von Sand und Moor bestimmt. Der größte Teil dieser Geestregion wurde noch bis in das vorige Jahrhundert von Heiden und Mooren eingenommen, die in Ackerland oder Kiefernforste umgewandelt wurden. Das alte räumlich begrenzte Altackerland (Esch) der Bauernschaftsdrubbel verfügt aufgrund der vielhundertjährigen Plagendüngung über einen bis zu ein Meter mächtigen Humushorizont. Heute überwiegen Grünlandflächen und Viehzucht im Westen und Getreidebau im Osten.

2. Das Niederdeutsche Bergland

2.1. Das Weserbergland

Das Weserbergland ist die zweite Großlandschaft Nordrhein-Westfalens, die eine Zwischenstellung im doppelten Sinne einnimmt. Naturlandschaftlich vermittelt sie zwischen Tiefland und Mittelgebirge, kulturlandschaftlich zwischen Nieder- und Mitteldeutschland. Verkehrsgeographisch bildet sie den Durchgang von Nord- nach Süddeutschland.

Der Aufbau des Weserberglandes ist deutlich zweigeteilt in das um 300 m hohe Oberland im Süden und das dem Tiefland näherstehende, zwischen 100 und 200 m hohe Unterland. Dieser Zweiteilung entspricht auch die Kulturlandschaft. Das Oberland ist mäßig besiedeltes offenes Bauernland mit Dörfern und kleinen Städten. Das Unterland gehört zur niederdeutschen Drubbelregion und ist sehr früh gewerblich angereichert worden. Heute ist es ein dichtbesiedeltes Industrieland.

Das Untere Weserbergland

Das Unterland schiebt sich wie ein Keil in das Tiefland vor, unter dessen Einfluß es aufgrund der geringen Höhe und Breite (Lengerich-Bramsche 25 km) steht. Trotzdem setzt es sich deutlich durch das Weser-Wiehe-Gebirge und den Teutoburger Wald ab. Aufgeschlossen werden diese mauerartig wirkenden Bergketten durch zahlreiche Pforten, die sog. Dören. Insgesamt macht aber das Unterland mehr den Eindruck eines Hügellandes.

Die *Oberflächenformen* werden von den beiden Hebungsachsen,

46

der Piesberg-Bad Pyrmonter im Norden und der Teutoburger-Wald-Schafberger im Süden, bestimmt. Ältere Gesteine vom Karbon bis zum Keuper stehen hier an. Besonders im Osnabrücker Hügelland wechseln durch die stärkere Bruchschollenbildung die Gesteine rasch und rufen ein bewegtes Relief hervor. Zwischen den Hebungsachsen lagern leicht abtragbare Liastone (Karte 7), so daß es zur Ausbildung von weiten Mulden und Senken kommt, die von den Flüssen wie der Hase benutzt werden. Die steilen Schichtköpfe der härteren Dogger- und Malmgesteine des Weser-Wiehengebirges fallen nach Norden ein, während an der Südflanke des Teutoburger-Waldsattels die Kreideschichten aus Pläner, Kalk, Sandstein und Mergel steilgestellt und teilweise überkippt sind und markante Formen bilden.

Wichtige *Lagerstätten* haben mit zur Industrialisierung des Unterlandes beigetragen. Die Karbonschichten am Schafberg in Ibbenbüren sind flözführend. Gefördert werden aus 700 bis 1400 m Tiefe Anthrazit, Mager- und Eßkohle. Weitere kleinere, aber aufgegebene Vorkommen gibt es in den Wealdenschichten der unteren Kreide am Dörenberg bei Bad Iburg, am Hüggel bei Georgsmarienhütte und am Piesberg bei Osnabrück. Am Schafberg und Hüggel wurden früher auch Braun- und Spateisen aus dem Zechstein abgebaut. Aber auch im Weser-Wiehengebirge zwischen Lübbecke und Rödinghausen und im Bielefelder Osning fanden sich Eisensteine und Brauneisenoolithe, die zeitweise zur Verhuttung genutzt wurden. Von Bedeutung sind zudem die zahlreichen Mineralquellen, die Grundlage von Kurorten wie Bad Salzuflen, Bad Oeynhausen, Bad Iburg, Bad Essen und Bad Rothenfelde sind.

Das *Klima* hat einen maritimen Charakter, was mit auf die weit nach Nordwesten vorgeschobene Lage zurückzuführen ist. Hohe Wintertemperaturen und gemäßigte Sommertemperaturen in Verbindung mit relativ hohen Jahresniederschlägen (700–850 mm) verdeutlichen das. Abgesehen von den mehr bewaldeten Randgebirgen, werden auf den guten Böden vorwiegend Getreide und Hackfrüchte angebaut. Bestimmend ist aber heute die Industrie, die als metallverarbeitende sich auf den Kohle- und Eisenvorkommen entwickelte, und die Textil- und Wäscheindustrie, die aus der alten vom Flachsanbau getragenen Leineweberei erwachsen ist.

Gliedern läßt sich das Untere Weserbergland in das Osnabrücker und das Ravensberger Hügelland, die vom Wiehengebirge und vom Teutoburger Wald begrenzt werden. Dem östlichen Wiehengebirge vorgelagert ist das Lübbecker Lößland.

Das *Osnabrücker Hügelland* (100–230 m) verfügt aufgrund seiner geologisch-tektonischen Entwicklung über ein bewegtes Relief mit unterschiedlichen Böden. Das maritime Klima beeinflußt auch den Landbau. Das Dauergrünland und der Feldfutterbau nehmen nach Nordwesten zu. Der Flachsanbau und die Spinnerei und Weberei waren noch im 19. Jahrhundert weit verbreitet. Die Industrialisierung wurde hier aber stärker als im benachbarten Ravensberger Hügelland vom Bergbau und der Eisenindustrie getragen. Die größte Stadt ist der alte Bischofssitz Osnabrück.

Das *Ravensberger Hügelland* (100–130 m) ist eine waldarme Löß- und Getreidebörde, die zur altniederdeutschen Drubbelregion gehört. Die flachen Rücken und Kuppen sind von Löß und Sandlöß überzogen. Die aus Keupergesteinen aufgebauten Randhöhen (über 200 m) sind mit Wäldern bedeckt. Sie schirmen das Muldeninnere gegen maritime Einflüsse ab und machen es zu einem Leegebiet. Das Ravensberger Hügelland ist altbesiedelt. Die Landwirtschaft wird von Klein- und Kleinstbetrieben bestimmt, die vielfach schon im 19. Jahrhundert nur im Nebenerwerb geführt werden konnten. Die Kleinlandwirte haben über den Flachsanbau, die Spinnerei und Weberei die Grundlagen der späteren Industrialisierung mitgelegt. Tabakverarbeitung, Maschinenbau, Wäsche- und Möbelherstellung in den Städten wurzeln im ländlichen Bereich. Nach dem Rhein-Ruhrgebiet ist diese Industriebörde der dritte Verdichtungsraum des Landes. Bielefeld ist sein Vorort, der alte Bischofssitz Minden sein gegen das Tiefland vorgeschobener nordöstlicher Pfeiler.

Im Südwesten begrenzt der *Teutoburger Wald* die beiden Hügelländer. Der Südflügel, der *Bielefelder Osning* (300–440 m), ist ein Schichtkamm- und -rücken-Höhenzug aus steilgestellten Kreide-, Jura- und Triasschichten, die besonders im Westteil bewaldet sind. Nach Nordwesten schließt sich der *Tecklenburger Osning* (130–330 m) an, der ebenfalls aus steilgestellten und bewaldeten Kreide- und Juraschichten besteht. Im Norden bildet das *Wiehen-*

gebirge eine markante Grenze. Hier erheben sich im Osten die Lübbecker Eggen (bis über 300 m) als Waldgebirge unvermittelt und steil aus der Ravensberger Mulde. Steilgestellte sandige und kalkige Gesteine des mittleren und oberen Juras bauen diese Eggen auf, die im Osten nur 1.000 m breit sind. Das westliche Wiehengebirge, die *Wittlager Eggen*, sind ein bis zu zwei Kilometer breiter Waldrücken (100–200 m), der nach Norden steil abfällt und auch von steilgestellten Juragesteinen aufgebaut wird.

Das *Lübbecker Lößland*, nördliches Vorland der Lübbecker Eggen, gehört aufgrund seines von Kreide- und Juraschichten gebildeten Untergrundes, der mit kleinen Horsten westlich Minden über den Löß herausragt, zum Weserbergland. Landschaftsbestimmend ist aber der Löß, der hier die Grundlage für eine intensive Landwirtschaft mit Haufendörfern ist. Es ist ein altbesiedeltes Bördenland, das seine Fortsetzung östlich der Weser findet.

Das Obere Weserbergland

Das Oberland unterscheidet sich deutlich vom Unterland nach der Höhe, es liegt im Mittel zwischen 150 und 500 m, und geologisch. Hier herrschen Muschelkalk und Keuper vor. Nur der Kamm der Egge und die Paderborner Hochfläche bestehen aus Kreideablagerungen. Letztere wird deshalb von einigen Autoren der Westfälischen Bucht zugeordnet, aber ihre Höhe zwischen 200 und 300 m weist sie mehr dem Bergland als dem Tiefland zu. Die Oberflächengestalt des Oberlandes ist vielgestaltig. Weiträumige Platten mit tiefeingeschnittenen Kastentälern und von der Tektonik vorgestaltete Berg-, Hügel-, Becken- und Tallandschaften sowie der gebirgsartige Kamm der Egge machen die Vielgestaltigkeit aus.

Das *Klima* ist mit milden Wintern und mäßig warmen Sommern atlantisch geprägt. Die Niederschläge liegen über 700 mm, in den höchsten Lagen der Egge überschreiten sie sogar 1.000 mm, während sie im Lee dieses Gebirgszuges bis auf 600 mm absinken.

Das Oberland läßt sich in folgende Naturräume gliedern: die Warburger Börde, das Oberwälder Land, die Paderborner Hochfläche, die Egge, das Lipper und das randlich nach Nordrhein-

Westfalen hereinreichende Pyrmonter Bergland sowie das Wesertal.

Die *Warburger Börde* ist eine Muschelkalkplatte (250 bis 350 m),
die von einzelnen Basaltkuppen überragt wird und deren Ebenheiten von Löß bedeckt werden. Nur im Westen sind Relief und
Untergrund vielgestaltiger. Das atlantisch getönte Klima ist sommerwarm. Die Niederschläge liegen um 600 mm. Aufgrund der
Ebenheiten, der durchgängigen Täler und der günstigen Bodenverhältnisse ist es ein Altsiedelraum mit Haufendörfern. Weizen- und
Hackfruchtanbau herrschen vor. Warburg ist der größte Ort.

Im *Oberwälder Land* setzt sich die Muschelkalkplatte (260 bis
360 m) fort und wird durch die 150 m tief eingeschnittenen, breiten
Sohlentäler der Aa und Nethe zweigeteilt. Nach Osten ist die
Platte stark zerlappt und fällt 200 m in Stufen gegen das Wesertal
hin ab. Die Mitte des Raumes wird von zwei lößbedeckten Mulden
eingenommen. Hier herrschen Getreide- und Hackfruchtbau vor.
Die Ränder gegen die Egge und das Wesertal mit ihrem bewegt-
eren Relief sind bewaldet, Buchenwälder herrschen vor. Das Klima im Lee der Egge ist sommerwarm. Die Niederschläge nehmen
von 1.000 mm im Westen bis auf 700 mm im Osten ab. Die größten
Städte sind Brakel und Bad Driburg.

Die *Paderborner Hochfläche* setzt sich mit Steilhängen, die von
200 m bis auf 400 m ansteigen, deutlich von der Westfälischen Tieflandsbucht ab. Es ist eine nach Nordwesten geneigte Kreidekalk-
platte, die gegen das Diemeltal mit einer steilen Schichtstufe abfällt. Nur wenige steile, teilweise bis 100 m tiefe Kastentäler zerschneiden die flachwellige Hochfläche. Die Böden aus den durchlässigen Kalken und Mergeln sind lehmig-steinig, vielfach trocken
und flachgründig. Getreide- und Feldfutterbau herrschen vor. Nur
im Sindfeld finden sich Lößböden. Es war einst eine wichtige
Kornkammer. Die Wasserversorgung der großen Haufendörfer
war wegen der durchlässigen Kalke bis in die jüngste Zeit schwierig. Das versickernde Wasser tritt erst am Nordwestrand der
Hochfläche in teilweise wasserreichen Quellen (Paderquellen)
wieder aus. Das Klima ist ozeanisch. Die Niederschläge liegen
zwischen 800 und 900 mm und nehmen gegen die Egge hin zu.
Große Teile sind waldfrei, trotzdem finden sich noch größere ge-

schlossene Buchenwaldbestände. Sie verbinden die Hochfläche mit dem Bergland.

Die *Egge* bildet als bewaldeter Sandsteinrücken (350–430 m) die südliche Fortsetzung des Teutoburger Waldes. Geologisch ist sie das äußerste Glied der nach Westen flach einfallenden Schichten der Münsterischen Kreidemulde, die nach Osten in einer 150 m hohen Neocom-Sandsteinstufe abfallen. Die südlich anschließende Buntsandsteintafel des Hardehausener Forstes fällt ebenso hoch und steil gegen das Diemeltal ab. Nördlich von Altenbeken geht der Sandsteinrücken in einen schmalen Grat über. Das submontane Züge aufweisende Klima zeichnet sich durch hohe, über 1.000 mm im Jahr ansteigende Niederschläge aus. Auf den sandigen Böden stocken vorwiegend Fichtenforste. Der Raum ist nur spärlich besiedelt. Siedlungs- und verkehrsgeographisch stellt die Egge eine deutliche Sperre dar.

Das *Lipper Bergland* besteht aus dem östlichen bewaldeten, aus Rücken und Platten bestehenden Bergland (300–400 m) und dem westlichen, nur wenig reliefierten Hügelland um Detmold (200–300 m). Die Oberflächenformen werden im wesentlichen von den tektonischen Störungen, den vorherrschenden Keupergesteinen und den pleistozänen Ablagerungen bestimmt. Das höhere Bergland wird von Keupersandstein-und Muschelkalkschollen aufgebaut, die teilweise mit Grundmoränen überdeckt sind. Die hier ehemals beheimateten Buchen- und Eichenwälder mußten Fichtenforsten weichen. Das niedere Detmolder Hügelland ist aus den gleichen Gesteinen aufgebaut, die aber weithin mit einer Geschiebelehmdecke und Löß überzogen sind. Den Westen des Hügellandes bildet das Einzugsgebiet der Werre und der unteren Bega. Der nur um 110 m hohe Raum wird von ausgedehnten pleistozänen Ablagerungen bedeckt. Die Mulden, Becken und Hügelländer werden von einer mehr oder weniger mächtigen Lößdecke überzogen, die den Landbau seit alters begünstigt. Der Gegensatz von bewaldeten Hochgebieten und intensiv genutzten und besiedelten Tiefgebieten ist bestimmend für den Kulturlandschaftscharakter des Lipper Landes. So wird auch das eher maritime Klima durch die Vielfalt des Reliefs abgewandelt. Die Niederschläge liegen zwischen 750 und 850 mm. Die größten Städte sind die alte Residenzstadt Detmold und Lemgo.

Das *Pyrmonter Bergland*, ein aus Triasplatten unregelmäßig aufgebautes, geologisch-tektonisch eigenständiges Bergland (300– 500 m) ragt nach Nordrhein-Westfalen ebenso nur randlich herein, wie das *Wesertal* von Hameln bis zur Porta Westfalica. Das breite Tal ist aus den weichen Liastonen ausgeräumt, in dem der Fluß zwischen von Löß bedeckten Terrassen pendelt. Der Getreidebau herrscht auf den trockenen, die Grünlandnutzung auf den feuchten Böden vor.

3. Das Mittelgebirge

3.1. Das Süderbergland

Das Süderbergland oder das Sauerland liegt durchweg 400 m hoch und steigt im Hochsauerland bis über 800 m an. Die Grenzen des Waldgebirges sind gegen das Niederrheinland, die Hellwegbörden und das Hessische Bergland deutlich ausgeprägt, weniger im Süden zu den vulkanischen Decken des Westerwaldes. Hochebenen und Rücken und tiefeingeschnittene Täler bestimmen das Relief des Gebirges. In den Hochgebieten spiegeln sich die tektonischen Leitlinien wider, die im Erdaltertum (variskische Gebirgsbildung) angelegt wurden und von Südwesten nach Nordosten verlaufen. Es sind langgezogene Falten, deren harte und weiche Gesteine höhergelegene Sättel und tiefergelegene Mulden entstehen ließen. Von Norden nach Süden werden die Abstände der tektonischen Hauptachsen immer größer. Beteiligt sind paläozoische Schichten vom Obersilur bis zum Unterkarbon (Culm).

Diese tektonischen Leitlinien beeinflussen auch die *Höhengliederung* des Süderberglandes. Im bis zum Ruhrtal reichenden Nordteil liegen die Höhen um 400 m. Nur in härteren Gesteinen wird die 500 m Isohypse überschritten. Im mittleren Sauerland nehmen die Hochflächen Höhen um 500 m ein. Sie werden nur von erzgebirgisch streichenden Härtlingszügen (über 600 m) überragt. Langenberg (843 m), Kahler Asten (841 m) und die Hunau (818 m) liegen im

Zuge weitgezogener Erhebungen: Sie erheben sich deshalb nicht so stark aus ihrer Umgebung heraus wie Homert, Ebbe und Rothaar-Gebirge. Die Reliefenergie, die relative Höhe innerhalb eines Gebietes, beträgt bis zu 200 m. Außer den Hochflächen und Höhenrücken wird das Süderbergland von 200 bis 300 m tief eingeschnittenen Tälern bestimmt. Die Entstehung des Gewässernetzes ist nicht einheitlich, sondern das Ergebnis von zeitlich und regional recht unterschiedlichen Vorgängen. Das hängt eng mit den seit dem Tertiär anhaltenden Heraushebungen und Verbiegungen des Gebirgsblockes zusammen.

Die vom Relief vorgegebenen Ungunstfaktoren für die menschliche Nutzung des Gebirgslandes werden noch verstärkt durch die *klimatischen Verhältnisse*. Die Hochlage des weit nach Nordwesten vorgeschobenen Gebirges zwischen der tiefgelegenen Niederrheinischen und Westfälischen Bucht bestimmen den atlantisch-ozeanischen Klimacharakter: hohe, schneereiche Jahresniederschläge, starke Bewölkung, hohe Luftfeuchtigkeit und geringe jährliche Temperaturschwankungen, also relativ milde Winter und nicht zu heiße Sommer. Diese Elemente wandeln sich mit zunehmender Höhe und vom Hochsauerland nach Osten und Süden. Die Ozeanität nimmt von West nach Ost ab. Die Frostgefahr nimmt mit der Höhe zu. Die winterliche Schneedecke hält sich über 500 m im Mittel über 79, im Hochsauerland 90–120 Tage. Frost und Schnee schränken deshalb in den Hochlagen die Vegetationszeit erheblich ein und behindern die Feldarbeit im Vorfrühjahr und im Herbst. Von Bedeutung für die Teilräume des Süderberglandes ist nun, daß die Niederschlagsverteilung nicht allein durch das Relief bestimmt wird, sondern auch durch die Lage zu den Hauptwindrichtungen (Karte 9). Der größte Teil des Gebirges wird von der 1.000 mm Isohyete umschlossen, die im Süden bis in den Westerwald reicht. Darüber steigen die Niederschläge im Bereich der Hochflächen um die obere Wupper und Agger und dem Ebbe-Gebirge auf über 1.200 mm an. Im Rothaargebirge um den Kahlen Asten oder auch den Langenberg werden im Jahresmittel 1.400 und mehr mm erreicht. Deutlich ausgeprägt ist aber auch die Luvlage am West- und die Leelage am Ostrand des Gebirges.

Die beachtliche Höhenlage, die tiefeingesenkten Täler, die hohen

Niederschläge, die beschränkten Anbaumöglichkeiten auf geringwertigen Böden und der vorherrschenden Wälder haben das Gebirge erst spät für die menschliche Besiedlung interessant gemacht. Es
war nicht in erster Linie die bäuerliche Erschließung, die den Menschen in das Süderbergland zog, sondern die Erzlagerstätten. Die
einzelnen heute nicht mehr abbauwürdigen Vorkommen ließen
eine Vielzahl von kleinen und zerstreut liegenden Bergbau- und
Gewerbegebieten entstehen, die alle ihren ländlichen Charakter bis
in das Industriezeitalter nicht verloren haben. Der Wasserreichtum
und das Gefälle der Bäche und Flüsse begünstigten die Verarbeitung
der Erze und anderer Rohstoffe. Das gilt für den Bergischen Klein-
eisen- und Textilbezirk, den Märkischen Kleineisenbezirk an der
Lenne von Iserlohn bis Meggen, den Oberbergischen Bezirk, den
Siegener und Olpener Spateisenbezirk, die ehemaligen Blei-Zink-
Vorkommen von der oberen Lenne über Hilchenbach bis Burbach
und andere. Die notwendige Holzkohle für viele der verarbeitenden
Gewerbe kam aus den großen Wäldern. Auch wenn seit der zweiten
Hälfte des 19.Jahrhunderts ein erheblicher Teil der Eisengewinnung und -verarbeitung in das entstehende Ruhrgebiet abwanderte,
gelang es vielerorts doch den Schritt vom Gewerbe- zum Industrie-
betrieb zu vollziehen, so daß heute eine vielgestaltige, regional
unterschiedliche Gewerbe-Industriestruktur charakteristisch für
den gesamten Gebirgsraum ist.

Die Vielgestaltigkeit des Süderberglandes spiegelt sich in der
Landschaftsgliederung wider: Hochsauerland, Wittgensteiner
Land, Ostsauerländisches Oberland, Westsauerländisches Ober-
land, Siegerland, Mittelsieg-Bergland, Oberbergisches um die obere
Agger und Wiehl, Bergische Hochflächen, Bergisches Unterland
und Unteres Sauerland.

Das *Hochsauerland* hebt sich allseitig aus seiner Umgebung mit
einer 200 bis 400 m hohen Stufe heraus. Das Hochland ist ein Sattel,
der aus devonischen Schiefern, Sandsteinen, Grauwacken, Quarziten mit Porphyr und felsenbildenden Diabasen besteht. Tiefeingeschnittene Täler (200–300 m) gliedern das Bergland. Im Nordosten
finden sich mit dem Langenberg (843 m) die größten Höhen, die
nach Südwesten im Rothaargebirge im Härdler-Gebiet auf 756 m
und gegen das Siegerland auf 600–700 m absinken. Die Wasser-

scheidenregion zwischen Rhein und Weser wird von ebenen Hochflächen eingenommen. Die Böden sind flachgründig. Das Mittelgebirgsklima ist feucht (1.100–1.400 mm Jahresniederschlag) und schneereich (über 100 Schneetage). Die Winter sind mäßig kalt, die Sommer kühl. Die Vegetationsperiode ist kurz und schränkt die Landwirtschaft ein. Wälder herrschen vor. Das Hochsauerland ist nicht nur eine Wasser-, sondern auch eine Höhen-, Wetter- und Klimascheide ersten Ranges. Für viele atlantische Florenelemente ist es eine Vegetationsscheide. Aber auch kulturräumlich bildet das Hochsauerland eine deutliche Stammes-, Siedlungs-, Mundart- und Territorialgrenze. Der größte Ort ist Winterberg.

Das *Wittgensteiner Land* ist ein waldreiches Bergland (500–700 m), das durch die über 200 m tief eingeschnittenen, in breiten Sohlentälern fließende Eder und Lahn aufgeschlossen wird. Nach Osten bricht das Land in einem 200 bis 300 m hohen Steilabfall gegen das Hessische Bergland ab. Devonische Schiefer, Grauwacken und Quarzite bestimmen den Gesteinsaufbau. Steinige und sandig-lehmige Böden bedecken das weithin hängige Gelände, Schwemmland die Talauen. Kühle Sommer und lange schneereiche Winter bestimmen das Klima. Trotz der Lage im Lee des Rothaar sind die Niederschläge hoch (1.100 mm). Sie nehmen nach Osten (800 mm) hin ab. Buchen- und Eichenwälder und ausgedehnte Fichtenforste nehmen weite Flächen ein. Der Holzreichtum machte das Wittgensteiner Land zu einem wichtigen Rohstoffgebiet für die Gewerbe- und Industriegebiete. Einst war es die Holzkohle für die Kleineisenbezirke, später das Gruben- und Nutzholz für das Ruhrgebiet. Kulturell ist der Raum ein typisches Hinterland, das wegen der mauerartigen Absperrung des Rothaar nach Hessen hin geöffnet ist und von hier auch erschlossen wurde. Bad Berleburg ist die größte Stadt.

Das *Ostsauerländische Oberland* ist ein Bergland (300–650 m), das von südwestlich-nordöstlich, den tektonischen Leitlinien folgenden Schwellen und Senken bestimmt wird. Die Schwellen erheben sich 200 bis 300 m über die Senken. Nur der Arnsberger Wald weicht als Platte davon ab. Sie ist eine flachwellige Waldhochfläche, die zur Ruhr hin steil und nach Norden zur Möhne hin allmählich abfällt. Schiefer, Sandsteine, Grauwacken und Quarzite herrschen vor. Der Wald fehlt nur da, wo Kalke vorherrschen (Attendorner Mulde, Warsteiner und Briloner Hochfläche), die den Landbau begünstigen. Ein gemäßigtes Mittelgebirgsklima mit Niederschlägen zwischen 900 und 1.100 mm herrscht vor. Die Senken sind trockener und wärmer, die Höhen feuchter und kühler. Der Raum wird von ausgedehnten Buchenwäldern bedeckt. Die landwirtschaftlichen Nutzflächen liegen vorwiegend in den Senken. Über ein Drittel ist Grünland, auf dem Ackerland werden Kartoffeln, Roggen und Hafer angebaut. Von wirtschaftlicher Bedeutung waren und sind auch zahlreiche Erzvorkommen wie die Meggener Schwefelkies-Schwerspatlager, die Roteisenerzgruben im Briloner Raum, der Kupferbergbau von Waldeck bis Medebach, Blei-Zink-Vorkommen um Brilon, Eisenerze am Homert und andere. Auch die Dachschiefergewinnung bei Fredeburg und Schmallenberg sind hier zu nennen. Brilon ist die größte Stadt.

Das *Westsauerländische Oberland* ist die Fortsetzung des Ostsauerländischen. Es ist auch ein in Schwellen und Mulden gegliedertes Land (400–650 m), das in einer bis zu 300 m hohen Geländestufe gegen das Bergische Bergland abfällt. Der Norden wird von der Schwelle des Altenaer Sattels (400–500 m) eingenommen, der von der Lenne durchbrochen wird. Daran schließt sich im Süden die Lüdenscheider Mulde (420–450 m) an. Ihr folgt die bewaldete Ebbeschwelle (500–650 m). Den Südteil des Westsauerlandes bildet die westliche, kalkfreie Attendorner Mulde und das Land um die obere Bigge. Die Böden aus Schiefer und Grauwacke sind meist flachgründig und steinig. Das Klima ist wintermild und sommerkühl. Die Niederschläge steigen von 950 mm im Balver Wald bis auf 1.300 mm in der westlichen Ebbe an. Weithin wird das Landschaftsbild von Laubwäldern und Fichtenforsten bestimmt, die landwirtschaftliche Nutzfläche wird überwiegend vom Grünland eingenommen. An Bodenschätzen ist das Westsauerland arm, aber trotzdem hat sich hier seit dem 15. Jahrhundert entlang der Wasserläufe, ausgehend vom Landgewerbe der Iserschmitten, eine umfangreiche Eisenverarbeitung entwickelt. Lüdenscheid und Plettenberg sind die größten Städte.

Deutlich unterscheidet sich davon das an der südwestlichen Abdeckung des Hochsauerlandes gelegene *Siegerland*, das mit dem

Einzugsgebiet der oberen Sieg und dem nassau-oranieschen Fürstentum Siegen mit dem Freien Grund etwa übereinstimmt. Naturlandschaftlich handelt es sich um eine aus Kämmen, Riedeln und Rücken aus unterdevonischen Schichten aufgebautes, an Spateisengängen (Siegener Schichten) reiches Bergland (350–500 m), das wie eine Kammer in das rechtsrheinische Schiefergebirge eingebaut ist. Das Gewässernetz ist mit Kerb- und Sohlentälern 100 bis 200 m in das Bergland eingeschnitten und gleichsam wie eine große Quellmulde der Sieg entwickelt. Das überall starke Gefälle wurde schon in vorindustrieller Zeit von den vorwiegend eisenverarbeitenen Gewerben genutzt. Klimatisch liegt das Siegerland im Luv des Hochsauerlandes und empfängt deshalb reichlich Niederschläge (900–1.200 mm), ist aber thermisch wegen der tieferen Lage begünstigt. Die natürliche Vegetation würde in den höheren Lagen (über 300 m) vom Rotbuchenwald bestimmt, in den unteren vom Eichenmischwald. Die weit in vorgeschichtliche Zeit zurückreichende bergbaulich-gewerbliche Nutzung des Siegerlandes hat hier aber eine enge Verschränkung von Landnutzung, Bergbau und Eisenverarbeitung bewirkt, die zu einer Sonderform der Niederwaldnutzung, der heute weitgehend aufgegebenen Haubergwirtschaft geführt hat. Auch das ehemals kunstvoll betriebene Bewässerungssystem der Wiesen ist der fortschreitenden industriellen Verstädterung der Gegenwart zum Opfer gefallen, weil die alte enge Bezogenheit und gegenseitige Abhängigkeit von Klein- und Zwergbauerntum auf der einen und Eisenbergbau und -verarbeitung auf der anderen Seite nicht mehr bestehen. Die Täler sind heute eine dichtbesiedelte Industrielandschaft, dessen städtisches Zentrum Siegen ist.

Nach Westen flußabwärts schließt sich das *Mittelsieg-Bergland* an, das eine vermittelnde Stellung zwischen dem höheren Siegerland im Osten und dem tieferen Niederrheingebiet im Westen, dem Bergischen Land im Norden und dem Westerwald im Süden einnimmt. Es ist ein bewaldetes Bergland (350 bis 450 m), in das die Gewässer bis zu 200 m eingeschnitten sind. Aufgebaut wird es vorwiegend aus unterdevonischen Sandsteinen, Grauwacken, Tonschiefern und Quarziten mit Eisenerzgängen. Die Böden sind tonig-lehmig auf den Hochflächen, an den Hängen flachgründig und steinig. Auf den Terrassenresten der Sieg findet sich vielfach fruchtbarer Lößlehm. Laub- und Nadelwälder nehmen große Flächen ein. Der Grünlandanteil ist hoch. Für die kulturlandschaftliche Entwicklung waren die heute erschöpften Eisenerzgruben von Bedeutung. Sie haben die gewerblich-industrielle Entwicklung von Eitorf bis Betzdorf maßgeblich beeinflußt.

Das Bergland um die mittlere Sieg gehört schon zum rheinischen Teil des Süderberglandes, dem sog. *Bergischen Land*, dem ehemaligen Territorium der Herren von Berg, denen es gelang, das Gebirgsland zwischen Sieg und Ruhr bis zur bergisch-märkischen Wasserscheide in ihre Hand zu bekommen. Das *Oberbergische* umfaßt das Bergland um die obere Agger und Wiehl, das aus meist mitteldevonischen Tonschiefern, Grauwacken, die vorherrschen, und Sandsteinen aufgebaut wird. Aber auch Kalke sind von Bedeutung. Flachgründig-steinige und lehmig-tonige Böden überwiegen. Nördlich der Agger bedingt der stärkere Gesteinswechsel ein unruhiges Relief (350–450 m, teilweise über 500 m). Südlich des Flusses herrscht ein welliges Hochland vor. Höhe und Exposition zu den vorherrschenden Westwinden bedingen hohe Niederschläge (1.100–1.300 mm). Der Wasserreichtum förderte den Bau der Aggertalsperre (19,3 Mio cbm). Eichen- und Buchenwälder im Norden und Fichtenforste im Süden bestimmen mit dem hohen Grünlandanteil die Bodennutzung. Die gewerblich-industrielle Entwicklung leitete der Eisenbahnbau ein, besonders im Aggertal. Das städtische Zentrum ist Gummersbach.

Nördlich an das Oberbergische Bergland um die obere Agger und Wiehl schließen sich die *Bergischen Hochflächen* an. Es handelt sich um von 160 bis 400 m gestuft ansteigende Hochflächen, die auf einer Breite von 40 Kilometer den Anstieg vom Niederrheinischen Tiefland zum höheren Gebirgsblock vermitteln. Die rheinnahen Teile (160 bis 200 m) werden von ebenen, mit Löß bedeckten Terrassen eingenommen, die durch die Gewässer stark zertalt sind. Die mittleren und östlichen Teile bestehen aus Abtragungsflächen. Die Gesteinsunterschiede und die Faltung des devonischen Untergrundes bestimmen die Oberflächenformen. Die widerstandsfähigeren Grauwacken und Quarzite mit ihren flachgründigen und steinigen Böden bilden die Höhen, Tonschiefer und die gering verbreiteten

Kalke die Mulden. Die Niederschläge nehmen durch die Stauwirkung der nach Westen abfallenden Hochflächen von Westen nach Osten von 800 mm auf 1.300 mm zu. Die milden Winter sind schneereich, die Sommer nicht zu kühl. Wälder sind nur an den Talhängen und auf den Höhen (Fichtenforste) erhalten. Das Gewässernetz ist wegen der hohen Niederschläge dicht. Hauptfluß ist die Wupper mit ihrem eigenartigen viereckigen Mittellauf. Die Boden- und Klimaverhältnisse beeinflussen auch die landwirtschaftliche Nutzung. Das Grünland nimmt von Westen nach Osten auf Kosten des Ackerlandes zu. Einzelhöfe und Weiler bestimmen das Siedlungsgefüge, das im Zuge der gewerblich-industriellen Entwicklung mehr und mehr verstädtert ist, besonders gegen das mittlere Wuppertal hin. Die größten Städte sind Remscheid und Solingen.

Den Gebirgsfuß, gleichsam das Unterland des Südergebirges, bilden das Bergische Unterland und das Untere Sauerland. Das *Bergische Unterland* ist der nördlichste Teil des ehemaligen Herzogtum Berg und greift nach Osten über die rheinisch-westfälische Grenze hinaus. Es ist ein Hügelland, das von Westen nach Osten und von Norden nach Süden ansteigt. Es erhebt sich aus der Niederrheinebene deutlich mit einem 40 bis 70 m hohen Steilanstieg. Über breite Terrassen steigt das Gelände stufenförmig über gefalteten karbonischen Sandsteinen, Grauwacken und Schiefertonen bis über 300 m an. Nach Norden fällt das Unterland zum Ruhrtal ab, das noch mit seinen ausstreichenden flözführenden Karbonschichten, die seit dem Mittelalter abgebaut werden, zu dieser Landschaftseinheit zählt. Der größte Teil des Gebietes ist ein dicht zertaltes Hügelland, das von südwestlich-nordöstlich variskisch streichenden schmalen, mit steinigen Böden bedeckten Hügeln und mehr lehmbödigen Mulden durchzogen wird. Im Bereich des Wuppertales finden sich mitteldevonische abbauwürdige Massenkalke. Die Niederschläge (1.000 bis 1.100 mm) sind hoch. Das Hügelland wird vom Laub- und Mischwald bestimmt, die Lößplatte um Mettmann vom Getreide-Hackfruchtbau. Mit den nach Osten zunehmenden Niederschlägen nimmt das Grünland zu. Das Bergische Unterland ist heute aber weithin verstädtert, ausgehend von Wuppertal und den aus dem Tiefland herübergreifenden Kernstädten der Rhein-Ruhr-Ballung. Das *Untere Sauerland* ist der westfälische, aber deutlich unterschiedene Gebirgsfuß des Süderberglandes, der bis zu Höhen von 200 bis 300 m ansteigt. Der Untergrund wird überwiegend von Schichten des Karbons gebildet, die aber nur im Nordwesten, besonders im Ardeygebirge, flözführend sind und maßgeblich mit zur bergbaulich-industriellen Entwicklung des östlichen Ruhrgebietes beigetragen haben. Die Ruhr mit ihrem breiten Sohlental ist 100 bis 200 m tief in die Hochflächen eingeschnitten, die selbst nur wenig zertalt sind. Im Süden wird diese Landschaftseinheit durch die Iserlohner Senke mit ihrem verkarsteten Massenkalkzug begrenzt. Der Kalk wird abgebaut. Das Klima ist aufgrund der niederen Höhenlage und der Exposition günstiger als im übrigen Süderbergland. Die Niederschläge liegen unter 900 mm. Die landwirtschaftliche Nutzung wird durch die Böden ebenfalls begünstigt. Neben Lößdecken im Norden finden sich lehmreiche Terrassenböden und Lehmböden in der Kalkzone. Laubwald, Getreideanbau und Grünland, besonders in den Tälern, bestimmen die Landnutzung. Wesentlicher ist aber die auf der Wasserkraft und dem Steinkohlenbergbau beruhende Industrialisierung, die die Kleineisenindustrie um Hagen, dem Ennepetal, um Iserlohn und im Lennetal gefördert hat. Der Steinkohlenbergbau ist heute längst aufgegeben worden, die sich immer mehr spezialisierende Industrie aber blieb.

3.2. Das Mittelrheingebiet

Nordrhein-Westfalen ist nur im Bonner Raum an dieser naturräumlichen Einheit beteiligt, die ja von wahrhaft grundlegender Bedeutung für die Lagebeziehungen des Landes war und noch immer ist. Der Strom durchbricht das Rheinische Schiefergebirge und verbindet damit das niederdeutsche Tiefland mit den oberdeutschen Rheinlanden.

Landschaftsbestimmend ist der Strom, der mit einem nur geringen Gefälle – von der Moselmündung bis zum Austritt aus dem Gebirge nur 0,4 m pro km – einen in seiner Breite wechselnden, ebenen, weithin gradlinigen Talboden entwickelt hat. Der Rhein berührt in seinem Lauf bald die eine, dann die andere Seite des Tales mit seinen Steilhängen, so daß halbmondförmige Ausschnitte des Talbodens entstehen, die bevorzugte Standorte von Siedlungen sind, wie als Beispiel die Honnefer Bucht. Der Talboden wird von Schottern gebildet, in die sich der Strom eingeschnitten hat. Es ist die jungeiszeitliche Niederterrasse mit der in sie eingeschachtelten Inselterrasse. Bei Rolandswerth ist der Rhein durch die Inseln Nonnenwerth und Grafenwerth gespalten, und die Entfernung von Ufer zu Ufer steigt von allgemein 300 m auf 900 m an. Die Hänge der Talflanken werden von Überresten des mehrstufigen Mittelterrassen- und Hauptterrassensystems eingenommen. Das anstehende Gestein des Grundgebirges tritt besonders auf der rechten Talseite auf. Eine besondere Stellung nimmt das *Siebengebirge* ein, das seine vulkanische Entstehung tektonischen Vorgängen verdankt. Tertiäre Trachyttuffe, Latite und Basalte bestimmen die Oberflächenformen. Im benachbarten Gebiet des Rodderberges, das vulkanisch schon zum quartären Laacher Vulkangebiet gehört, setzen sich diese Relieformen fort. Klimatisch ist der Raum begünstigt. Es ist trocken und warm, was dem Wein- und Obstbau förderlich ist. Die Rebkultur, die im Siebengebirge am Rhein ihren nördlichsten Ausläufer erreicht, beschränkt sich fast nur auf die rechte Talseite. Die Südwest-Exposition begünstigt hier die Weingärten. Wesentlicher als die landwirtschaftliche Nutzung ist aber die vom alten Regierungssitz Bonn ausgehende Verstädterung, die heute über Remagen und Unkel stromaufwärts greift, begleitet von den dichtbefahrenen Eisenbahnlinien und dem lebhaften Schiffsverkehr. Die internationale Bedeutung der Rheinachse findet hier ihren sichtbaren Ausdruck.

3.3. Die Eifel

Nur der äußerste Südwesten Nordrhein-Westfalens gehört zur Eifel, der größere Teil ist Rheinland-Pfalz zugeordnet. Die Gliederung der Eifel nach der Höhe ist einfach. Den Hochgebieten der westlichen Eifel stehen Tiefgebiete der östlichen Eifel gegenüber. Verantwortlich dafür ist weniger die abtragende Wirkung der Gewässer, sondern mehr sind es die Tektonik und die Gesteinsstruktur. Deshalb sind die unterschiedlichen Reliefräume des Gebirges entweder tektonisch-vulkanisch oder gesteinsbedingt. Die bestimmende Reliefform sind besonders in der Nordeifel alttertiäre Ebenheiten. Sie liegen um 600 m über NN. Unterbrochen werden diese einförmigen Flachformen durch Höhenzüge, die auf tektonischen Achsen liegen und von Südwesten nach Nordosten streichen. Zu ihnen zählen das aus kambrischen Schichten aufgebaute Hohe Venn und der aus unterdevonischen Quarziten bestehende Härtlingszug der Schneifel. Im Miozän wurde die Eifelmasse verstärkt gehoben, und es entstanden neue Zwischenflächen, so daß nach allen Seiten hin eine Rumpftreppe entstand. Gegen die Niederrheinische Bucht wurde sie schräggestellt. Die Trennung der einzelnen Ebenheiten wird durch die Verschüttung mit pleistozänen Wanderschuttdecken oder durch Terrassenablagerungen im rheinischen Teil erschwert. Eine Besonderheit der Eifel sind die variskisch streichenden Mulden mit mitteldevonischen Kalkgesteinen und der Vulkanismus der Hohen Eifel.

Nach Höhe und Oberflächenformen läßt sich das Gebirge in einen östlichen und westlichen Teil untergliedern. Die *Östliche Eifel* ist der tiefere, durch jüngere Zerschneidung aufgegliederte Bereich des Gebirges. Die Lage im Lee der Westlichen Hocheifel bestimmt das Klima. Die Niederschläge nehmen gegen das Rheintal hin ab. Die Böden sind nährstoffarm. Ihre Erträge sind gering. Wälder herrschen vor.

Nordrhein-Westfalen hat an folgenden Naturräumen der Osteifel Anteil: Der Mechernicher Voreifel, der Kalkeifel, dem Münstereifeler Wald und der Ahreifel.

Die *Mechernicher Voreifel* ist ein Teil der gestuften Fußfläche, die von der Hocheifel zum Tiefland überleitet. Die Flächen liegen um 300 m und 400 m. Der Untergrund wird zu zwei Dritteln von nordwärts einfallenden mesozoischen und ein Drittel devonischen Schichten gebildet. Das Gebiet liegt im Lee des Hohen Venn, deshalb betragen die Niederschläge nur 600 bis 700 mm. Die Böden werden vom wechselnden Gesteinscharakter bestimmt. Der größere nördliche Teil wird landwirtschaftlich genutzt, der südliche ist um Mechernich waldreicher. Hier wurde früher im Hauptbuntsandstein Bleibergbau betrieben.

Die *Kalkeifel* bildet mit Höhen von 500 bis 600 m die Mitte des

Eifelhochlandes. Landschaftsprägend sind auch hier variskisch streichende, mitteldevonische, verschieden große, offene Kalkgebiete, die von waldreichen Schiefer- und Grauwackengebieten, in denen auch Buntsandstein vorkommt, voneinander getrennt werden. Vulkanische Kuppen und Tuffe finden sich bei Gerolstein und Hillesheim. Die muldenförmig gelagerten Schichten der Kalkgebiete sind verkarstete trockene Dolomite und Kalke. In den Trockentälern finden sich gute Ackerböden. Die Randschichten haben feuchtere Böden, die überwiegend als Wiesen und Weiden genutzt werden. Die Kalkgebiete sind offenes Altsiedelland mit großen Dörfern. Feldfutterbau und Grünland herrschen vor. Die Schiefer- und Grauwackengebiete mit ihren flachgründigen, zur Versauerung neigenden Böden sind durchweg Waldland. Die größte Stadt ist Gerolstein.

Der *Münstereifeler Wald* wird im wesentlichen von den stark bewaldeten Randhöhen eingenommen, die von 500 auf 300 m gegen die Niederrheinische Bucht hin abfallen. Die tiefgründigen sandig-lehmigen Verwitterungsböden über Grauwacken und Tonschiefer tragen ausgedehnte Laub- und Mischwälder, in die Rodungsinseln eingefügt sind.

Südlich daran schließt sich die *Ahreifel* an. Die Ahr hat hier mit ihren Nebenflüssen die zwischen 500 und 600 m liegenden Hochflächen des Schiefergebirges tief zerschnitten und in zahlreichen Rücken und Riedel aufgelöst. Die steilen Talhänge werden von Tonschiefern, Grauwacken und Quarziten gebildet. Weithin sichtbar erhebt sich über dem Ahrtal der Basaltschlotkegel des Aremberg (623 m). Klimatisch besteht ein deutlicher Gegensatz zwischen den mäßigwarmen, waldreichen und dünn besiedelten Hochflächen und den sommerwarmen, den Weinbau begünstigenden siedlungsreichen Tälern. Der Rebenbau konzentriert sich auf die unteren Sonnenhänge.

Die *Westliche Eifel* nimmt den Grenzraum zu Belgien und Luxemburg ein und wird im wesentlichen von zwei flachwelligen Hochflächen unterschiedlichen Niveaus bestimmt, die sich über den recht gleichartigen, variskisch gefalteten Untergrund hinziehen, der aus unterdevonischen Tonschiefern, Grauwacken und Sandsteinen besteht. Das höhere, besonders in der Westlichen

Hocheifel verbreitete Niveau liegt um 600 m, das tiefere um 500 bis 540 m. Über diese Hochflächen erhebt sich der kambrosilurische Sattel des Hohen Venn. Das Klima hat einen starken atlantischen Einschlag, da das Gebiet im schwachen Lee der Hochardennen liegt. Die Niederschläge liegen im Bereich der Landesgrenze über 1.000 mm, sinken im Nordteil aber nach Osten schnell unter 800 mm ab. Die Winter sind im Norden kühl, feucht und relativ schneereich; die Sommer feucht und mäßig warm. Die nährstoffarmen Böden neigen deshalb zur Vernässung. Nadelhochwälder herrschen heute vor.

Der nordrhein-westfälische Anteil der Westlichen Eifel umfaßt die Westliche Hocheifel, die Rur-Eifel und das Hohe Venn.

Die *Westliche Hocheifel* bildet den zentralen und höchsten Teil der Westeifel. Über die Hochflächen des oberen Niveaus (über 600 m) erheben sich die breiten Quarzitrücken der Schneifel (bis 697 m), des Weißen Steins (690 m) und des Prümer Kopfes (646 m). Die Hauptwasserscheide zwischen Maas und Rhein durchzieht die Hocheifel. Der Untergrund besteht aus Tonschiefern, Grauwakken, Sandsteinen und Quarziten und wird von steinig-lehmigen, mäßig entwickelten und verarmten Böden bedeckt. Die Hochflächen sind meist waldfrei, die schuttreichen Hänge der Quarzitrükken mit Nadelwald bedeckt. Das Klima ist feuchtkühl. Die Niederschläge liegen über 1.000 mm und sind besonders ergiebig im Winter. In der Schneifel werden im Mittel 60 Schneefalltage gezählt. Die Schneedecke liegt im Durchschnitt 90 Tage. Die Vegetationszeit umfaßt nur 120 bis 130 Tage. Der Frühlingsbeginn verzögert sich um drei bis vier Wochen gegenüber dem rheinischen Tiefland. Die Grünlandnutzung bestimmt die Landwirtschaft.

Die *Rur-Eifel* ist eine durch die Rur und die untere Urft in zahlreiche Riedel und Rücken zerlappte Hochflächentreppe, die von 600 m nach Nordosten gegen den Gebirgsrand bis auf 360 m absteigt. Den Untergrund bilden Tonschiefer und Sandsteine mit Grauwacken- und Quarziteinlagerungen, denen am Ostrand Buntsandstein angelagert ist. Die Rur-Eifel liegt klimatisch im Lee des Hohen Venn. Die Niederschläge, die vorwiegend im Winter fallen, sinken von über 1.000 mm nach Osten schnell auf unter 700 mm ab. Sandig-tonige, vielfach flachgründige und steinige Böden tragen besonders in den Tälern ausgedehnte Fichtenforste, die im Zweiten Weltkrieg zerstört waren. Die Hochflächen sind weithin offenes Kulturland, das überwiegend als Grünland genutzt wird. Die locker gebauten Siedlungen schützen sich gegen die Unbilden der Witterung durch ein planmäßig angelegtes Netz von Rotbuchenhecken. Der deutsche Anteil des *Hohen Venns* umfaßt nur das schmalere nordöstliche Ende dieses breitflächigen, auf fast 700 m östlich der Grenze ansteigenden, aus kambro-silurischen Gesteinsserien aufgebauten Sattels, der mit Wald, Moor und Heide bedeckt ist und gegen das nördliche Vorland stufenförmig bis auf etwa 300 m über NN abfällt. Das Hohe Venn liegt im Luv der vorherrschenden, von Südwest bis Nordwest wehenden Winde. Die Niederschläge sind mit 1.100 bis 1.300 mm auf dem Vennplateau hoch. Sie fallen vorwiegend im Sommer, trotzdem ist das Hohe Venn das schneereichste Gebiet der Eifel. An 70 bis 75 Tagen liegt eine Schneedecke, die im Durchschnitt 50 cm hoch ist. Die Höfe der Bauern schützen sich dagegen durch Schnee- und Windschutzhecken. Die tiefgründig verwitterten Böden sind stark versauert, vernäßt und anmoorig. Das Vennplateau wird weithin von Fichtenforsten eingenommen, während die Talböden überwiegend als Wiesenland genutzt werden. Der Raum ist siedlungsarm.

3.4. Das Vennvorland

Das Vennvorland ist ein Übergangsraum zwischen Hochardennen-Eifel und der tiefländischen Niederrheinischen Bucht, wie er weiter östlich nicht besteht. Hier stößt das Mittelgebirge der Eifel unmittelbar an die tiefländische Bucht. Untergrund und Oberflächenformen sind deutlich zweigeteilt in die sog. Venn-Fußfläche, einer nach Norden sich langsam von 300 auf 200 m abdachenden Verebnungsfläche, die aus stark gefalteten Schichten des Mitteldevons bis zum Oberkarbon besteht, und dem Aachener Hügelland, ein Tafel- und Hügelland aus Gesteinen der Kreideformation. Die Übergangsstellung gilt auch für das Klima. Die ausgesprochene Luvlage vor dem Anstieg zum Hohen Venn bedingt die hohen

Niederschläge zwischen 800 und 900 mm, die im Sommer überwiegen. Die winterlichen Schneetage schwanken zwischen 15 und 40. Die *Venn-Fußfläche* nimmt die unterste Stufe des treppenförmigen nordwestlichen Abfall des Hohen Venn ein. Der Untergrund besteht aus verkarsteten Kohlenkalken, Sandsteinen, Konglomeraten und anstehenden flözführenden Schichten des Karbon, über die sich eine von Rücken und Mulden gepräge Oberfläche hinzieht, die von Tälern der vom Hohen Venn kommenden Gewässer durchbrochen werden. Quergerichtete, teilweise mit tertiären Sanden gefüllte Gräben gliedern die Fußfläche, die randlich von Sand und Löß überdeckt wird. Laub- und Mischwälder finden sich auf den Konglomeraten und Sandsteinen, in der südlichen Kalkbodenzone überwiegt die Grünlandwirtschaft. Nach Nordosten hin nimmt das Ackerland zu. Die Steinkohlenflöze wurden um Eschweiler und Stolberg bis zum Ersten Weltkrieg abgebaut, während die alte Eisen- und Messingindustrie in und um Stolberg früher auf den zahlreichen Eisen-, Zink- und Bleierzvorkommen basierte.

Das *Aachener Hügelland* stellt die östliche Fortsetzung des mehr im benachbarten Belgien und Holland entwickelten Limburgischen Kreidemassivs dar. Es ist der hügelige Teil des Vennvorlandes mit dem durch den Wurmbach und seinen Nebenbächen ausgeräumten Aachener Kessel, der im Süden und Südwesten von Höhenzügen aus Kreidesanden (Aachener Wald 300–360 m) umgeben wird. Nach Norden schließt der bewaldete Lousberg (264 m), ein isolierter Kreidesand-Auslieger, den Kessel ab, während er im Nordwesten in das flache Hügelland um Vaals übergeht. Der Ostteil des Hügellandes wird von einem breiten Horst eingenommen, in dem der gefaltete Untergrund aus oberdevonischen und karbonischen Schiefern, Sandsteinen und Kalken zutage tritt. Am Nordrand des Hügellandes hat sich die Wurm bis in die flözführenden Karbonschichten eingeschnitten und damit den Abbau von Steinkohle ermöglicht. Eine dünne Lößdecke begünstigt hier den Ackerbau, während im Süden die Hochflächen und Mulden der Grünlandwirtschaft dienen und die Sandsteinhügel bewaldet sind. Aachen hat sich in der Mitte des Kessels, der hier nochmals eingetieft ist, entwickelt, anknüpfend an die hier auftretenden Thermalquellen, die den Ruf der Stadt als Bad begründet haben.

Tabelle 2: Die Naturlandschaften Nordrhein-Westfalens

Naturraum	Fläche in km²	in v. H.	Bevölkerung in v. H.
I. *Tiefland*	*18.928*	*50,9*	*71,5*
1. Dümmer Geestniederung			
davon Mindener Flachland	855	2,3	1,7
2. Westfälische Bucht	9.875	26,6	32,9
3. Niederrheinisches Tiefland	4.614	12,4	14,1
4. Niederrheinische Bucht	3.584	9,6	22,8
II. *Bergland*	*6.354*	*17,1*	*5,9*
1. Weserbergland	6.354	17,1	
III. *Mittelgebirge*	*11.901*	*32,0*	*22,6*
1. Süderbergland	9.079	24,4	⎫ 19,0
Unteres Mittelrheintal	110	0,3	⎭
2. Eifel	2.497	6,8	0,5
2.1. Östliche Eifel	1.472	4,0	
davon Mechernicher Voreifel	223		
Kalkeifel	681		
Münstereifeler Wald	160		
Ahreifel	408		
2.2. Westliche Eifel	1.025	2,8	
davon Westliche Hocheifel	249		
Rureifel	652		
Hohes Venn	124		
3. Vennvorland	215	0,5	3,1
Insgesamt	37.183	100,0	100,0

1 Berechnet nach Statistik der Bundesrepublik Deutschland. Band 35, 1954 (Fläche der naturräumlichen Einheiten). Die Bevölkerung nach den Ergebnissen der Volkszählung 1987.

Auch wenn die Außengrenzen der Nordrhein-Westfalen bestimmenden Naturräume nicht mit den Landesgrenzen übereinstimmen – der Naturraum Nordrhein-Westfalen ist etwas größer, besonders im Nordosten und Süden –, so wird doch deutlich, daß dieses Bundesland zur Hälfte vom Tiefland eingenommen wird. Hier im rheinischen und westfälischen Tiefland liegen auch die wirtschaftlichen Kernräume, auf die sich die Bevölkerung konzentriert. Fast sieben Zehntel der Landesbevölkerung lebt in den Niederrheinlanden und der Westfälischen Bucht, besonders eben im Bereich der Rhein-Ruhr-Ballung. Ein knappes Drittel der Fläche nehmen die Mittelgebirge ein, allein fast ein Fünftel das Süderbergland, das hier ganz zu Nordrhein-Westfalen gezählt wird. Der starke industrielle Verstädterungsgrad einiger Gebirgslandschaften bewirkt den relativ hohen Anteil an der Landesbevölkerung. Das randliche Hereinreichen der Eifel spiegelt sich im geringen Flächen- und Bevölkerungsanteil wider. Der hinter dem Flächenanteil zurückbleibende Anteil der Bevölkerung in den Mittelgebirgen weist auch auf den gegenüber den verstädterten Tieflandsgebieten größeren Freiraum hin, der vielfach bewaldet ist und der Erholung der Ballungsbewohner dient. Auch im Bergland ist der um ein Sechstel betragende Flächenanteil deutlich größer als der nicht einmal ein Zehntel ausmachende der Bevölkerung, obwohl der Ravensberger Verdichtungsraum und das Osnabrücker Land – hier zu NRW gezählt – ähnlich volkreich sind wie andere Industrieräume. Maßgeblich für den Unterschied ist, daß das mehr ländliche Obere Weserbergland fast sechs Zehntel der Berglandfläche einnimmt.

Die küstenferne Lage im nordwestlichen Mitteleuropa und die Verteilung der strukturbestimmenden Naturräume Tiefland, Bergland und Mittelgebirge haben Nordrhein-Westfalen zu einem Land gemacht, das im Kreuz zweier Achsen von kontinentalem Rang liegt und daraus gestern, heute und in Zukunft wesentliche Entwicklungsimpulse erhält.

IV. Menschen und Räume

Die Betrachtung der geographischen Lage, der Landesnatur und der naturlandschaftlichen Gliederung hat den Eindruck entstehen lassen, daß Eigenart und Gefüge des Landes von dem Dreiklang Tiefland, Bergland und Mittelgebirge so stark geprägt wären, daß sich daraus die regionale Entwicklung und Struktur der einzelnen Landesteile erklären ließen. Nordrhein-Westfalen ist aber mehr als ein Produkt seiner dreigliedrigen Landesnatur. Wenn man von dem Bindestrichland spricht, denkt man zuerst an die Menschen, die in ihrer Eigenart und Lebensform unterschiedlichen Rheinländer und Westfalen. Das Land ist in erster Linie ein vom Menschen gestalteter Raum, der sich aus unterschiedlichen Kulturlandschaften zusammensetzt. Nur aus dieser Sicht lassen sich Inhalt, Eigenart und Grenzen begründen und verstehen. Die Landesnatur setzt den Rahmen, in dem sich der Mensch bewegen kann. Die menschlichen Gruppen sind es dann, die im Laufe der historischen Entwicklung recht unterschiedliche Ansprüche an den Naturraum stellen und ihn nutzen. Daraus ergeben sich wechselnde Bindungen und Verflechtungen der Kulturlandschaften. Nordrhein-Westfalen besteht deshalb aus einem Netzwerk dieser vom Menschen gestalteten Landschaften. Inhalt, Grenzen, Bindung und räumliche Verflechtung wechseln im Laufe der Geschichte und müssen immer wieder neu bestimmt werden. Es ist deshalb die Aufgabe der folgenden Kapitel, das menschliche Wirken in seiner regionalen Vielgestaltigkeit herauszuarbeiten, die sich nicht auf die Unterschiedlichkeit von rheinisch und westfälisch reduzieren läßt.

1. Die Bevölkerung

1.1. Die Bevölkerungsentwicklung[1]

Nordrhein-Westfalen zählte Anfang 1993 17,679 Mio Einwohner, die auf einer Fläche von 34.071 km² lebten. Im Durchschnitt waren das 520 auf einem Quadratkilometer. Damit übertrifft das Land das europäische Mittel (67 E/km²) um über das Siebenfache und das gesamtdeutsche um über das Doppelte (225 E/km²). Nordrhein-Westfalen ist aber auch das bevölkerungsreichste deutsche Bundesland. Hier wohnten auf weniger Raum mehr Menschen als 1989 in der ehemaligen DDR (16,614 Mio E). Mehr als jeder fünfte Bürger (21,8 v. H.) der heutigen Bundesrepublik lebt in Nordrhein-Westfalen, obwohl das Land nur knapp ein Zehntel (9,5 v. H.) der bundesdeutschen Fläche einnimmt. NRW ist also ein dicht besiedeltes Land und übertrifft darin auch seine westlichen Nachbarn, die Niederlande (363 E/km²) und Belgien (325 E/km²), die zu den stark besiedelten europäischen Staaten gehören und Teil des kontinentaleuropäischen Verdichtungsraumes im nordwestlichen Mitteleuropa sind. NRW ist aber nicht nur der östliche Eckpfeiler dieses länderübergreifenden großen Verdichtungsraumes, sondern gleichzeitig auch Übergangsraum zu den anschließenden norddeutschen und ost-mitteleuropäischen Ländern. Diese doppelte Verflechtung spiegelt sich in der Zweiteilung des Landes wider. Der nur ein knappes Drittel einnehmende Landesteil Nordrhein zählt auf 12.653 km² 9,407 Mio. Einwohner und ist damit noch stärker verdichtet (743 E/km²), während das flächenhaftere Westfalen auf 21.418 km² nur 8,272 Mio Einwohner beherbergt (386 E/km²). Es ist also nur etwa halb so stark besiedelt wie Nordrhein. Das zeigt sich auch in der Bevölkerungsverteilung innerhalb der beiden Landesteile. Sie wird wahrhaft grundlegend von der Rhein-Ruhr-Ballung bestimmt, die über die Hälfte der Landesbevölkerung stellt und im rheinischen Teil flächenhafter und stärker verdichtet ist als im westfälischen. Dieser Unterschied war bereits in vorindustrieller

---

[1] Im historischen Rückblick wird immer vom gegenwärtigen Land Nordrhein-Westfalen und seiner Gliederung ausgegangen.

Tabelle 3: Die Bevölkerung in Nordrhein-Westfalen 1818 und 1987

| | Bevölkerung | | | | Veränderung | | Anteil an der Veränd. |
| | 1818 | | 1987 | | 1818–1987 | | |
	absolut in 1.000	v.H.	absolut in 1.000	v.H.	absolut in 1.000	v.H.	v.H.
Nordrhein-Westfalen	2.357	100,0	16.712	100,0	+14.355	+ 609,0	100,0
Stadtbevölkerung	1.094	46,4	10,884	65,1	+ 9.790	+ 894,9	68,2
Landbevölkerung	1.263	53,6	5.828	34,9	+ 4.565	+ 361,4	31,8
Nordrhein	1.213	51,5	8.924	53,4	+ 7.711	+ 635,7	53,7
Westfalen	1.144	48,5	7.788	46,6	+ 6.644	+ 580,8	46,3
Rhein-Ruhr-Ballung	674	28,6	8.859	53,0	+ 8.185	+1.214,4	57,0
NRW ohne Rhein-Ruhr-Ballung	1.683	71,4	7.853	47,0	+ 6.170	+ 366,6	43,0
Bundesrepublik Deutschland (Gebiet 3.10.1990)	18.620	100,0	77.757	100,0	+59.137	+ 317,6	100,0
Nordrhein-Westfalen		12,7		21,5			24,3

Quelle: K. Pfeiffer (1982) u. H. G. Steinberg (1973 u. 1991)

Zeit angelegt und hat sich dann nur noch verstärkt (Karte 5). Trotzdem hat sich der Bevölkerungsanteil der beiden Landesteile in den siebzehn Jahrzehnten nicht grundlegend verändert. Der Anteil Westfalens ist nur um zwei Punkte zurückgegangen. Viel entscheidender war nämlich die Rhein-Ruhr-Ballung, der eigentliche Motor der Landesentwicklung. Sie konnte ihre Bevölkerung verzwölffachen, das übrige Land nur gut verdreifachen wie die spätere Bundesrepublik auch. Damit konnte der größte mitteleuropäische Ballungsraum seinen Anteil an der Landesbevölkerung von einem guten Viertel auf über die Hälfte steigern. Aber auch im gesamtdeutschen Rahmen nimmt der Rhein-Ruhrraum eine beachtliche Stellung ein, wohnt hier doch heute fast jeder neunte Bundesbürger.

Getragen wurden diese grundlegenden Veränderungen im 19. und beginnenden 20. Jahrhundert von der sich aus kleinen gewerblichen Ansätzen entwickelnden Industrie, deren wachsender Arbeitskräftebedarf eine bis dahin nicht gekannte Verstädterung einleitete. Das markanteste Beispiel für die *industrielle Verstädterung* ist das Ruhrgebiet. Aber nicht nur hier, sondern im ganzen Land sind die Hauptträger der Bevölkerungsentwicklung die Städte. Um einen durchgehenden Vergleich zu ermöglichen, wurde nicht jede Stadt mit ihrer Bevölkerung in die Betrachtung einbezogen, sondern nur die bis in unsere Zeit erfolgreichen, d. h. die 1961, im Jahr der scheinbar endgültigen Teilung Deutschlands, 30.000 und mehr Einwohner zählten[2]. Während diese erfolgreichen Städte ihre Bürgerzahl von 1818 bis 1987 mehr als verneunfachen und damit ihren Anteil an der Landesbevölkerung auf fast zwei Drittel steigern konnten, gelingt den übrigen, hier kurz Landgemeinden genannt, nur eine Verdreifachung.

Die Entwicklung der Bevölkerung verlief nun seit dem frühen 19. Jahrhundert nicht gleichmäßig und auch regional recht unterschiedlich. Um beiden Aspekten gerecht zu werden, wurde neben der zeitlichen auch eine regionale Untergliederung zur besseren Durchleuchtung des Befundes gewählt. Als räumlicher Bezugsrahmen wurde die von der Bundesanstalt für Landeskunde und Raumordnung entwickelte wirtschaftsräumliche Gliederung herangezogen[3]. Die gegenwärtige Abgrenzung der Wirtschaftsräume wurde bewußt gewählt, um die unterschiedliche Bevölkerungsentwicklung mit ihren Auswirkungen auf die *heutige Regionalstruktur* des Landes deutlich werden zu lassen.

Ausgangspunkt für die Entwicklung der Bevölkerung ist ihre *Verteilung um 1815/20.* Sie wurde im mitteleuropäischen Zusammenhang von der Rheinischen und der Bördenachse bestimmt, die sich bezeichnenderweise im späteren westlichen Ruhrgebiet kreuzen. Schärfer werden die sozio-ökonomischen Unterschiede des Landes in vorindustrieller Zeit, wenn die Bevölkerungsdichte der Wirtschaftsräume betrachtet wird. Im größeren mittel- und westeuropäischen Zusammenhang läßt sich erkennen, daß die Untergrenze der damaligen Verdichtungsräume bei 90 E/km^2 liegt, heute wird die Untergrenze der Ballungsräume bei 300 E/km^2 gezogen. Diesem Durchschnitt von damals entsprechen die traditionellen Indu-

---

[2] Zur eingehenden Begründung siehe H. G. Steinberg (1991), S. 18 ff.
[3] Siehe eingehend Kap. IV. 2. 1.

striegebiete, zu denen auch der am stärksten verdichtete Wirtschaftsraum der damaligen Zeit, das Bergische Land (196 E/km²), gehört, der heute Teil der Rhein-Ballung ist und der mit seinen 0,153 Mio damals ein Drittel der Einwohner stellte. Aber auch Aachen und der Krefeld-Mönchengladbacher Raum weisen wegen ihrer Metall- und Textilgewerbe höhere Dichten auf, während die im Gebirge liegenden, sich auf die Täler konzentrierenden, von der Metallgewinnung und -verarbeitung geprägten Wirtschaftsräume Mark und Siegerland, naturlandschaftlich bedingt, niedere Dichtewerte aufweisen. Wie bedeutsam diese gewerblich verdichteten Räume für die weitere Entwicklung und die schon damalige Sonderstellung Nordrhein-Westfalens waren, verdeutlicht ein Vergleich. Auf dem Gebiet des späteren Deutschen Reiches (Gebietsstand 1914) lebten elf Prozent der deutschen Bevölkerung in diesen Verdichtungsräumen (90 E/km² u.m.), die nur drei Prozent der Reichsfläche einnahmen. In Nordrhein-Westfalen waren es über drei Zehntel (31,1 v.H.) der Bevölkerung auf einem Sechstel der Fläche (15,9 v.H.). Gleichbedeutend für die Bevölkerungsverteilung in Deutschland war aber, daß von der Bevölkerung in Verdichtungsräumen 0,732 Mio Einwohner oder ein Drittel in entsprechenden nordrhein-westfälischen Gebieten lebte, obwohl es das Ruhrgebiet als Industrieraum noch nicht gab!

Die Masse der deutschen Bevölkerung, sieben Zehntel, wohnte in Gebieten, die unter 60 E/km² aufwiesen, also noch unter dem für die Achsen charakteristischen Dichtewert. In Nordrhein-Westfalen sind es das Münsterland, die östliche Hellwegbörde mit dem dünner besiedelten Paderborner Land und das ländliche Obere Weserbergland ebenso wie die süderbergländischen Wirtschaftsräume und die Eifel, die, wenn sie kaum mit Gewerbe angereichert sind, nur um die 33 E/km² zählen, während die übrigen durch die besseren natürlichen Bedingungen oder eine stärkere gewerbliche Entwicklung um die 50 E/km² aufweisen. Die hier nur angedeuteten Unterschiede lassen erkennen, daß damals zwischen der Bevölkerungsverteilung und dem von der Landesnatur abhängigen Nahrungsspielraum ein viel engerer Zusammenhang als heute bestand. Eine höhere Bevölkerungsdichte oder höhere *Tragfähigkeit* war nur da möglich, wo es zusätzliche Erwerbsmöglichkeiten gab, das konnten

Tabelle 4: Die Bevölkerungsentwicklung in Nordrhein-Westfalen nach Wirtschaftsräumen von 1818 bis 1925

	Bevölkerung			Veränderung in 1.000		Veränderung in v.H.		Bevölkerungsdichte E/km²					Anteil an der Gesamtbevölkerung (in v.H.)		
	1818	1871	1925	1818–71	1871–1925	1818–71	1871–1925	1818	1843	1871	1895	1925	1818	1871	1925
Rhein-Ruhr-Ballung	674	1.707	6.528	1.033	4.821	153,3	282,4	104	153	265	500	1.011	28,6	40,1	59,5
Ruhrgebiet	219	728	3.854	509	3.126	232,4	429,4	74	113	245	537	1.294	9,3	17,1	35,1
Rhein-Ballung	455	979	2.674	524	1.695	115,2	173,1	131	187	282	467	769	19,3	23,0	24,4
Trad. Industriegebiete	624	1.156	2.314	532	1.158	85,3	100,2	90	123	166	235	333	26,5	27,2	21,1
Ravensberg-Lippe	224	337	652	113	315	50,4	93,5	83	112	125	166	241	9,5	7,9	5,9
Mark	78	191	478	113	287	144,9	150,3	57	92	139	217	347	3,3	4,5	4,4
Aachen	157	282	512	125	230	79,6	81,6	144	185	257	343	468	6,7	6,6	4,7
Krefeld-Mönchengladbach	120	270	518	150	248	125,0	91,9	136	188	305	453	585	5,1	6,3	4,7
Siegerland	45	76	154	31	78	68,9	102,6	50	65	85	118	171	1,9	1,8	1,4
Ländl.-Gewerbl. Gebiete	1.010	1.330	2.044	320	714	31,7	53,7	52	63	68	79	105	42,9	31,3	18,6
Rheinische Börden	141	198	266	57	68	40,4	34,3	79	97	111	122	149	6,0	4,7	2,4
Niederrhein	124	174	249	50	75	40,3	43,1	71	89	99	114	142	5,2	4,1	2,3
Münsterland	263	324	622	61	298	23,2	92,0	50	60	62	77	119	11,2	7,6	5,6
Östl. Hellwegbörde – Paderborner Land	137	191	286	54	95	39,4	49,7	48	62	67	76	101	5,8	4,5	2,6
Tecklenburg	42	49	79	7	30	16,7	61,2	54	63	62	75	101	1,8	1,1	0,7
Ober. Weserbergland	91	104	125	13	21	14,3	20,2	57	68	65	72	78	3,8	2,4	1,1
Sauerland	64	93	145	29	52	45,3	55,9	32	41	48	56	75	2,6	2,2	1,3
Oberbergisches Land	96	128	192	32	64	33,3	50,0	51	62	68	78	101	4,1	3,0	1,7
Eifel	52	69	80	17	11	32,7	15,9	33	47	53	56	62	2,2	1,6	0,7
Randgebiete	49	60	78	11	18	22,4	30,0	39	56	48	55	62	2,1	1,4	0,7
Nordrhein	1.213	2.391	6.018	1.178	3.627	97,1	151,7	96	130	189	281	475	51,5	56,2	54,9
Westfalen	1.144	1.862	4.946	718	3.084	62,8	165,6	53	70	87	131	231	48,5	43,8	45,1
Nordrhein-Westfalen	2.357	4.253	10.964	1.896	6.711	80,4	157,8	69	92	125	189	321	100,0	100,0	100,0
Deutsches Reich (Grenzen 31.12.1937)	21.989	36.323	63.181	14.334	26.858	65,2	74,0	47	63	77	101	134			–

Quelle: K. Pfeiffer (1982) u. H. G. Steinberg (1991)

Intensivkulturen, wie der Weinbau, oder in NRW Gewerbebetriebe sein.

Die Bevölkerungsentwicklung von 1818 bis 1914 (1925)

Die Bevölkerungsentwicklung in Mitteleuropa wird von zwei gegensätzlichen, aber miteinander verbundenen Tendenzen bestimmt: der Verdichtung in den alten Kern- und den neuentstehenden Industriegebieten und der Abwanderung aus den Agrarräumen. Erstere liegen vorwiegend in der Mitte und im Westen des Reiches, letztere vorwiegend im Osten. Bezugsrahmen für diese Entwicklung ist hier das Deutsche Reich in den Grenzen von 1914. Es konnte in der ersten, der *Aufbauphase* (1818–1871) des grenzübergreifenden Industriesystems seine Bevölkerung um zwei Drittel erhöhen. Nordrhein-Westfalen gelingt es, dank seiner gewerblichen Kernräume, einen Zuwachs von vier Fünftel zu erzielen. Ein Wert, der um das Mittel der traditionellen Industriegebiete und der Verdichtungsräume im nordwestlichen Mitteleuropa spielt (Tab. 1). Darüber hinaus schießen mit einer Verdoppelung die Ballungsgebiete, in erster Linie das Ruhrgebiet. Die Bevölkerungszunahme in den voll ausgebauten ländlich-bäuerlichen Räumen, die dem Sog der wachsenden Industriegebiete ausgesetzt sind, liegen im Durchschnitt zwischen drei und vier Zehntel. Damit gleichen sie in ihrer Entwicklung dem ländlichen altdeutschen Raum zwischen Nordsee und Alpen westlich der Elbe. Geringere Zunahmen wie im Münsterland oder im oberen Weserbergland weisen auf Abwanderung hin. Wesentlicher für NRW wird aber die Entwicklung in den entstehenden Industriegebieten, die sich zwei unterschiedlichen Bewegungstypen zuordnen läßt: dem auf der Steinkohlengrundlage erwachsenen Großindustrierevier und der Bürgerstadt, deren Gewerbe sich zur Industrie auswächst. In der Minderzahl ist ein dritter, in reiner Form kaum auftretender Typ, der aufgrund seiner sich verstärkenden zentralörtlichen Einrichtungen am überdurchschnittlichen Wachstum teilnimmt. Den ersten Typ vertreten das Saar- und das Ruhrgebiet. Der zweite findet sich am Niederrhein um Krefeld, im Bergischen, Märkischen und Ravensberger Raum.

Für den dritten Typ steht Münster stellvertretend für die zahlreichen kleineren Zentralorte im Lande. An der Spitze des Wachstums stehen die Schwerindustriegebiete in Mitteleuropa, allen voran das *Ruhrgebiet*. Der Übergang zum Kohlentiefbau, die Einführung des Kokshochofens (1849) und der Bau der ersten Eisenbahnen Ende der 1840er Jahre ließen in wenigen Jahrzehnten einen Großindustrieraum entstehen, dessen Bevölkerungszahl sich bis 1871 um 0,509 Mio Einwohner (232,4 v. H.) erhöhte, allein 0,390 Mio (115,4 v. H.) im Zeitraum von 1843 bis 1871. In diesen Jahren wurde die Hellwegzone voll vom Bergbau und der Eisenindustrie erschlossen. Hier entstanden die Mittel- und Großbetriebe, auf die sich die Zuwanderung aus den benachbarten rheinischen und westfälischen ländlichen Räumen richtete. Auch das heute zur Rhein-Ballung zählende ältere von der Textil- und Metallindustrie geprägte *Bergische Land* (1818: 0,153 Mio E, 1871: 0,362 Mio E + 0,209 Mio E oder 136,6 v. H.) und das *Märkische Industriegebiet* (+ 0,113 Mio E oder 144,9 v. H.) können ihre Bevölkerung mehr als verdoppeln, wenn auch nicht in dem Umfang wie das Ruhrgebiet. Der arbeitsintensive und damit bevölkerungsverdichtend wirkende Steinkohlenbergbau bewirkt den Vorsprung des Reviers. Zwischen die relativ zurückbleibenden ländlichen Gebiete vom Niederrhein bis zum Nordrand der Eifel schieben sich die Agglomerationen von *Krefeld* und *Aachen*, die ihre Einwohnerzahl deutlich erhöhen können. Während um Krefeld das Textilgewerbe zur Industrie umgewandelt wird und schon 1849 im Landkreis Gladbach fast die Hälfte (49,0 v. H.) und im Landkreis Krefeld über ein Drittel (37,2 v. H.) der Bevölkerung in Fabriken arbeiten, lösen der Steinkohlenbergbau im Landkreis und die Textilindustrie in der Stadt Aachen einen weniger starken Bevölkerungsschub aus. Das gilt auch für das *Siegerland* und besonders für das unter Umstellungsschwierigkeiten (Leinengewerbe) leidende *Ravensberg-Lippe*. Ähnlich ist es in den *ländlichen Gebieten* Westfalens und der Rheinlande, in denen, wie im Münsterland oder Tecklenburg, die Leineweberei zusammenbrach und die Sogwirkung des Ruhrreviers immer größer wurde. Im Oberen Weserbergland, im östlichen Hellwegraum und dem Paderborner Land begünstigen das Anerbenrecht und die Verschuldung der Höfe die Abwanderung in das

Ruhrgebiet und in die sich industrialisierenden Städte. Ähnliche Gründe waren es auch am linken Niederrhein und in der Eifel. Das Wachstum der großen Städte, in denen sich der Übergang vom Handwerk zur Industrie vollzieht, bestimmt hier – wie in weiten Teilen Deutschlands – die regionale Bevölkerungsentwicklung. Sie können ihre Bürgerzahl verdoppeln oder verdreifachen, wenn sie die Industrialisierung mit dem Ausbau der zentralen Einrichtungen verstärken können. Das gilt besonders für *Köln* (1816: 49.300, 1871: 129.200 Einwohner oder 162,1 v.H.) und *Düsseldorf* (1816: 22.500, 1871: 69.400 Einwohner oder 208,4 v.H.). Demgegenüber bleiben »reine« Zentralorte wie die Provinzialhauptstadt *Münster* (1816: 15.100, 1871: 24.800 Einwohner oder 64,2 v.H.) deutlich zurück. Den entscheidenden Anstoß zu dieser ersten großen Bevölkerungswelle im nordwestlichen Mitteleuropa gab die von Großbritannien herübergreifende *Industrielle Revolution*. Sie veränderte die sozioökonomische Struktur besonders in den Steinkohlenrevieren, aber auch in den alten Gewerbegebieten und den verkehrsgünstig gelegenen Bürgerstädten. Die um die entstehenden Industriegebiete gelegenen ländlichen Gebiete stellten die zum Aufbau der Industrie notwendigen Arbeitskräfte. Von Bedeutung für die weitere Entwicklung ist nun, daß die um 1815 bereits angelegten Verdichtungsräume sich weiter verfestigt und ausgedehnt haben. In der Rhein-Ruhr-Ballung wohnten 1871 bereits 1,707 Mio Menschen oder vier Zehntel der Landesbevölkerung. Zu Beginn der Industrialisierung um 1843 waren es 0,998 Mio oder ein knappes Drittel. Die Zunahme um 0,719 Mio Einwohner bis 1871 machte zwei Drittel des Landeszuwachses aus.

Die Bevölkerungsentwicklung von 1871 bis 1914/25 steht nun ganz im Zeichen des Auf- und Ausbau des kontinentalen Industrie-Europa. Es ist die *Ausbauphase* des industriellen Systems. Im Vordergrund dieses halben Jahrhunderts steht das Ausgreifen der industriellen Großstädte in den Ballungsräumen, die eingebunden sind in die allgemeine Verstädterung Deutschlands. Für die regionale Bevölkerungsentwicklung bedeutet das, daß deutlich zwischen einer positiven und negativen Bewegung unterschieden werden kann. Die positive gilt in erster Linie für die Kernräume der industriellen Verstädterung, die negative für die ländlichen Gebiete, die die Zuwanderer für jene stellen. Für die Regionalentwicklung bedeutet das grob vereinfacht, die westlichen Kernräume, allen voran das Ruhrgebiet, aber auch Berlin, weniger das mitteldeutsche Industriegebiet, ziehen Arbeitskräfte an, die vorwiegend aus den preußischen Ostprovinzen und dem angrenzenden Polen kommen. Erstmals werden in dieser Phase weit entfernte Räume über die Binnenwanderung miteinander verbunden. Für die Entwicklung Nordrhein-Westfalens wird nun strukturbestimmend, daß die dem vollen Ausbau zustrebende Rhein-Ruhr-Ballung zum östlichen Eckpfeiler des um das Rheindelta und den Englischen Kanal entstehende Industrie-Europa wird. Der kontinentale Teil kann seine Bevölkerung verdoppeln (Tab. 1). Entscheidend wird die Entwicklung vom Ausbau der *Rhein-Ruhr-Ballung* bestimmt, die ihre Bevölkerungszahl fast vervierfachen kann (1871: 1,707 Mio E, 1925: 6,528 Mio E) und die damit fast sechs Zehntel (59,1 v. H.) des Gesamtzuwachses der Verdichtungsräume stellt. Dieses für ganz Europa beispiellose Spitzenwachstum wird in erster Linie vom Ruhrgebiet getragen, das seine Bevölkerung mehr als verfünffachen kann (1871: 0,728 Mio E, 1925: 3,854 Mio E).

Der volle Ausbau des *Ruhrgebietes* erfolgte erst nach 1890, und der damit verbundene starke Zustrom von Arbeitskräften stand im unmittelbaren Zusammenhang mit dem Ausbau der Emscherzone. Ausgelöst wurde diese wichtigste Zuwanderungswelle des Reviers durch den nach Norden über die Emscher bis zur Lippe vorstoßenden Bergbau und der mit ihm verbundenen großbetrieblich organisierten Metallindustrie. Ähnlich wie in den 1960er Jahren bei den Gastarbeitern war es eine gelenkte Zuwanderung. Der Unterschied bestand nur darin, daß Großunternehmer selbst Werber in das agrare Hinterland Industrie-Europas schickten. Die preußischen Ostprovinzen, die in der ersten Phase aufgrund der Bauernbefreiung ihre Bevölkerung verdoppelt hatten, Kongreß-Polen, die Steiermark und Krain waren die wichtigsten Anwerbebezirke. Die stärkste Zuwanderergruppe stellten die Ostpreußen (1907: 0,230 Mio), gefolgt von den Polen, deren Zahl bis 1914 auf eine Viertelmillion anstieg.

Erst durch diese Masseneinwanderung wurde das Ruhrgebiet nicht nur der industrielle, sondern auch der bevölkerungsgeographische Kernraum der Rhein-Ruhr-Ballung. Es kann seinen Anteil an der wachsenden Landesbevölkerung von einem Sechstel auf über ein Drittel steigern. Demgegenüber bleibt die *Rhein-Ballung*, trotz der über dem Landesdurchschnitt liegenden Zunahme, zurück. Im Unterschied zum Ruhrgebiet knüpft die Industrialisierung hier bei Köln (1871: 0,202 Mio E, 1925: 0,700 Mio E) und Düsseldorf (1871: 87.000 E, 1925: 0,466 Mio E) an gewerbliche Ansätze in bestehenden Städten an, die allein mit 0,877 Mio über acht Zehntel des Zuwachses der Rhein-Ballung stellen. Verstärkt wird hier das Wachstum besonders durch den weiteren Ausbau der Arbeitsplätze im Bereich der zentralen Einrichtungen. Demgegenüber bleibt das gewerblich-industriell verstädterte *Bergische Land* (+ 0,434 Mio E, + 120,0 v. H.) deutlich zurück. Die fehlenden oberzentralen Einrichtungen und die Besonderheiten der Industriestruktur sind hierfür verantwortlich zu machen. Das gilt auch für die übrigen traditionellen Industriegebiete, die alle ihre Bevölkerung etwa verdoppeln können. Noch stärker ist das Bevölkerungswachstum im Märkischen Industriegebiet mit seiner Metallindustrie, die von der Entwicklung im Ruhrgebiet profitiert. Auffallend ähnlich im Wachstum sind sich die von der Textilindustrie bestimmten tiefländischen Wirtschaftsräume Krefeld-Mönchengladbach, das Münsterland und das mit zusätzlichen auf das Ruhrgebiet bezogenen Industrien (Möbel) ausgestattete Ravensberg mit Lippe, das zu einem bodenständigen Ballungsraum heranwächst. Das ferne Siegerland blüht ebenfalls im Verbund mit dem Ruhrgebiet auf.

Merklich unter dem Reichsdurchschnitt bleiben die Agrargebiete. Die geringen Zunahmen deuten darauf hin, daß hier weithin die ländlichen Gemeinden Bevölkerungsverluste erleiden. Die geringen Zunahmeraten der Eifel, im Oberen Weserbergland, aber auch am Niederrhein und in den Rheinischen Börden weisen darauf hin. Die Sogwirkung der benachbarten wachsenden Industriegebiete ist zu groß. Die starke vom Osten auf das Ruhrgebiet gerichtete Binnenwanderung ist die Ausnahme. Die Regel ist, daß die überwiegende Mehrzahl der Neubürger in den Traditionellen Industrieräumen aus den benachbarten Agrarlandschaften kommt.

Tabelle 5: Die Bevölkerungsentwicklung in Nordrhein-Westfalen nach Wirtschaftsräumen von 1925 bis 1987[1]

	Bevölkerung in .000						Veränderung in 1.000					Veränderung in v.H.					Bevölkerungsdichte E/km²					
	1925	1939	1950	1961	1970	1987	1925–1939	1939–1950	1950–1961	1961–1970	1970–1987	1925–1939	1939–1950	1950–1961	1961–1970	1970–1987	1925	1939	1950	1961	1970	1987
Rhein-Ruhr-Ballung	6.528	6.942	7.145	9.028	9.411	8.859	414	203	1.883	383	-552	6,3	2,9	26,4	4,2	-5,9	1.011	1.074	1.107	1.399	1.459	1.373
Ruhrgebiet	3.854	3.979	4.141	5.104	5.080	4.621	125	162	963	-24	459	3,2	4,1	23,3	-0,5	-9,0	1.295	1.337	1.391	1.715	1.707	1.552
Rhein-Ballung	2.674	2.963	3.004	3.924	4.331	4.238	289	41	920	407	93	10,8	1,4	30,6	10,4	-2,1	769	852	864	1.129	1.246	1.219
Tradit. Industriegeb.	2.314	2.603	3.022	3.524	3.786	3.796	289	419	502	262	10	12,5	16,1	16,6	7,4	0,3	333	374	343	506	544	546
Ravensberg-Lippe	652	767	1.020	1.125	1.214	1.233	115	253	105	89	19	17,6	33,0	10,3	7,9	1,6	241	284	377	416	449	456
Mark	478	534	635	759	808	803	56	101	124	49	-5	11,7	18,9	19,5	6,5	-0,6	347	387	461	551	586	583
Aachen	512	574	564	695	747	754	62	-10	131	52	7	12,1	-1,7	23,2	7,5	0,9	468	525	516	635	683	689
Krefeld-Mönchen-gladbach	518	553	590	697	738	728	35	37	107	41	-10	6,8	6,7	18,1	5,9	-1,4	585	624	666	787	833	821
Siegerland	154	175	213	248	279	278	21	38	35	31	-1	13,6	21,7	16,4	12,5	-0,4	171	195	237	276	310	310
Ländl.-gewerbl. Gebiete	2.044	2.316	2.888	3.196	3.609	3.964	272	572	308	413	355	13,3	24,7	10,7	12,9	9,8	105	119	149	164	186	204
Rheinische Börden	266	281	337	392	451	556	15	56	55	59	105	5,6	19,9	16,3	15,1	23,3	149	157	189	220	253	312
Niederrhein	249	263	273	317	351	385	14	10	44	34	34	5,6	3,8	16,1	10,7	9,7	142	151	156	182	201	220
Münsterland	622	745	899	1.038	1.190	1.326	123	154	139	152	136	19,8	20,7	15,5	14,6	11,4	112	134	161	186	214	238
Östl. Hellwegbörde	286	328	438	463	513	537	42	110	25	50	24	14,7	33,5	5,7	10,8	4,7	101	116	154	163	181	189
Tecklenburg	79	92	131	142	156	165	13	39	11	14	9	16,5	42,4	8,4	9,9	5,8	101	118	168	182	200	211
Ober. Weserberg-land	125	132	190	176	196	194	7	58	-14	20	-2	5,6	43,9	-7,4	11,4	-1,0	78	83	119	111	123	122
Sauerland	145	171	231	245	275	276	26	60	14	30	1	17,9	35,1	6,1	12,2	0,4	75	88	119	126	142	142
Oberbergisches Land	192	213	293	322	364	402	21	80	29	42	38	10,9	37,6	9,9	13,0	10,4	101	112	154	170	192	212
Eifel	80	91	96	101	113	123	11	5	5	12	10	13,8	5,5	5,2	11,9	8,8	62	70	75	79	87	95
Randgebiete	78	79	117	117	124	93	1	38	0	7	-31	1,3	48,1	0	6,0	-25,0	62	63	93	93	99	74
Nordrhein	6.018	6.548	6.733	8.420	9.039	8.924	530	185	1.687	619	-115	8,8	2,8	25,1	7,4	-1,3	475	517	531	665	714	705
Westfalen	4.946	5.392	6.439	7.445	7.891	7.788	446	1.047	1.006	446	-103	9,0	19,4	15,6	6,0	-1,3	231	251	300	347	368	363
Nordrhein-Westfalen	10.964	11.940	13.172	15.865	16.930	16.712	976	1.232	2.693	1.065	-218	8,9	10,3	20,4	6,7	-1,3	321	350	386	465	496	490
Bundesrep. Deutschland (3.10.1990)	53.533	59.756	69.187	73.254	77.709	77.757	6.223	9.431	4.067	4.455	48	11,6	15,8	5,9	6,1	0,6	150	167	194	205	218	218

Quelle: siehe Tab. 4
1 Als letztes Stichjahr wurde 1987 gewählt, um einen direkten Vergleich der Bevölkerungs- mit den Beschäftigungszahlen in Tabelle 17 zu ermöglichen.

Mit dem Jahr 1914 endet diese Entwicklung, und ein Wendepunkt ist erreicht. Aufbau und Ausbau der Kernräume des Landes sind in den Grundzügen abgeschlossen. Der folgende Zeitabschnitt von 1914 bis 1945 unterscheidet sich von den vorausgegangenen grundlegend. Er wird bestimmt vom Ersten Weltkrieg, der Inflation, der Ruhrbesetzung, der Weltwirtschaftskrise und dem Zweiten Weltkrieg, der nach bis dahin nicht gekannten Zerstörungen zum totalen Zusammenbruch des Reiches im Jahre 1945 führt. Die wirtschaftlichen und politischen Veränderungen beeinflussen wahrhaft grundlegend die Bevölkerungsentwicklung in jenen Jahren. Der wichtigste Unterschied gegenüber den vorausgegangenen Phasen ist der, daß das scheinbar ungehemmte Wachstum der industriellen Großstädte, besonders im Ruhrgebiet, sich verlangsamt und ab 1930 sogar rückläufig ist. Dieser Einwohnerverlust setzt sich verstärkt im Zweiten Weltkrieg fort. Diese von der Weltwirtschaftskrise und der nationalsozialistischen Wirtschaftspolitik beeinflußte Entwicklung führt dazu, daß die Ballungsräume absolut und relativ hinter den übrigen Wirtschaftsräumen zurückbleiben.

Für NRW ergibt sich folgender Befund: Das relative Wachstum der drei ökonomischen Strukturzonen kehrt sich um. Galt nach der Stärke des Wachstums bis dahin die Abstufung Ballungen – Industriegebiete – ländlich-gewerbliche Gebiete, so ist es nun genau umgekehrt. Die Rhein-Ruhr-Ballung erzielt den relativ geringsten Zuwachs. Das Ruhrgebiet wurde voll von der Weltwirtschaftskrise ergriffen. Ein großer Teil der Erwerbstätigen wurde arbeitslos. Allein im Steinkohlenbergbau ging die Beschäftigtenzahl von 0,409 Mio (1925) auf 0,190 Mio (1933) zurück. In den Emscherstädten, in denen der Bergarbeiteranteil besonders hoch war, war jeder Dritte arbeitslos. In den Städten entlang des Hellwegs war ein Viertel bis ein Drittel der Erwerbspersonen arbeitslos. Aber auch die Rhein-Ballung bleibt leicht, im Dritten Reich aber spürbar hinter den Industrie- und ländlichen Gebieten zurück. Deutlich zeigt sich hier, daß die einseitige schwerindustrielle Struktur des Reviers viel abhängiger von der Konjunktur ist als die vielseitigere der rheinischen Großstädte. Zusätzlich beeinflußt wird dieser Unterschied durch die Arbeitsbeschaffungsprogramme und die Wiederaufrüstung der nationalsozialistischen Regierung. Die besonders vom Steinkohlenbergbau geprägten Emscherstädte büßen zwischen 1933 und 1939 drei Prozent ihrer Einwohner ein, während die Bürgerzahl der Hellwegstädte stagniert. Auch so einseitig strukturierte Städte wie Wuppertal oder die ländlichen Gemeinden am Niederrhein und im Oberen Weserbergland verringern ihren Bevölkerungsstand, während die sich durch eine vielseitigere Industrie auszeichnenden Gemeinden im märkischen und Ravensberger Raum, aber auch im Siegerland teilweise erhebliche Gewinne verzeichnen können. Die stärksten Zunahmen erzielen die Grenzkreise in der Eifel. Verantwortlich für diese nur kurzfristige Zunahme ist der Bau des *Westwalles*. Die staatliche Lenkung der Arbeitskräfte, besonders der Arbeitslosen aus den Großstädten, bestimmt die regionalen Unterschiede. Das gilt auch für den Bau der Reichsautobahnen, für Betriebsverlagerungen in das Reichsinnere und die Wiederaufrüstung. Viele Mittelstädte verdanken ihre teilweise beachtlichen Bevölkerungszunahmen Industrieverlagerungen oder neueingerichteten Garnisonen.

Der Zweite Weltkrieg

Mit dem Jahre *1939* wird eine neue große Wendemarke des deutschen Bevölkerungsgeschehens erreicht. In den kommenden Kriegsjahren werden die Grundlagen für eine bis dahin unbekannte Entwicklung gelegt, die zunächst in der Verkleinerung und Teilung Deutschlands 1961 endet. Bestimmend für die deutsche Bevölkerung werden vier entscheidende Vorgänge:
1. Die kriegsbedingte *Stadt-Land-Wanderung* der Evakuierten im Zuge des sich seit 1942 verschärfenden Luftkrieges, von dem besonders die nordrhein-westfälischen Ballungsräume in Mitleidenschaft gezogen werden. Der Kriegseintritt der USA (1941) und der Übergang der feindlichen Luftflotten zum area bombing (1942), dem ungezielten Flächenangriff, der gegen die Zivilbevölkerung gerichtet ist, bringt die Wende im Luftkrieg. Allein in der Rhein-Ruhr-Ballung wird fast jede zweite Wohnung (47,0 v. H.)

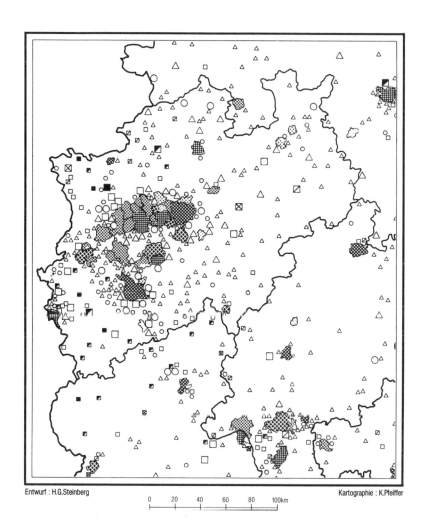

Entwurf : H.G.Steinberg

0 20 40 60 80 100km

Kartographie : K.Pfeiffer

Anzahl der zu über 50% zerstörten Wohnungen auf jeweils 100 Wohnungen

Stadtkreise	Gemeinden über 20.000 E..	Übrige				
⬜	△	△	1 bis 9	▦	⊠	50 bis 59
▦	○	○	10 bis 19	▨	◢	60 bis 79
▦	⊔	⊔	20 bis 39	■	■	80 und mehr
▦	▨	◹	40 bis 49			

Karte 11: Kriegszerstörungen 1939–1945   83

zerstört, das sind mit 0,943 Mio über vier Zehntel aller im Kriege vernichteten Wohnungen im alten Bundesgebiet. Über die Hälfte, 0,495 Mio, allein im *Ruhrgebiet*. Das war fast die Hälfte des Vorkriegsbestandes. Mit 0,352 Mio stellten die Hellwegstädte von Duisburg bis Dortmund den größten Anteil. Am schwersten getroffen wurden hier Dortmund (65,8 v. H.) und Duisburg (64,8 v. H.), die im Zerstörungsgrad im alten Bundesgebiet nur von Köln (70,0 v. H.) übertroffen wurden. Im Rahmen des alten Bundesgebietes wurden aber nicht nur die Städte, sondern ganz Nordrhein-Westfalen am schwersten von allen Ländern in Mitleidenschaft gezogen. Der schon 1940 einsetzende Luftkrieg und der seit Ende 1944 schrittweise die Rheinlande überziehende Landkrieg führte zu schweren Zerstörungen auch in ländlichen Bereichen, besonders entlang der Reichsgrenze. Nur die Landkreise Ostwestfalens und einige im Süderbergland blieben verschont.

2. Die Zuwanderung von *Vertriebenen*. Die starken Zerstörungen ließen es nicht zu, daß Nordrhein-Westfalen unmittelbar nach Kriegsende einen größeren Anteil aufnahm. Von den 9,938 Mio Vertriebenen in den vier Besatzungszonen und Groß-Berlin im Jahre 1946 wohnten nur 0,701 Mio in Nordrhein-Westfalen. Das waren nur sieben Prozent der in Restdeutschland lebenden Vertriebenen und sechs Prozent der Landesbevölkerung. Bis 1950 steigt in den beiden Teilen Deutschlands die Vertriebenenzahl auf 12,055 Mio an, in Nordrhein-Westfalen auf 1,332 Mio. Im Zuge der gelenkten Umsiedlung erhöht sich dann bis 1961 ihre Zahl auf 2,298 Mio. Damit lebte jeder vierte Vertriebene in der Bundesrepublik Deutschland in Nordrhein-Westfalen. Ihr Anteil an der Landesbevölkerung war auf ein Siebentel (14,5 v. H.) angestiegen.

3. Die Aufnahme von *Flüchtlingen* aus der DDR, von denen im Bundesgebiet über 3,0 Mio aufgenommen wurden. Ihre Zahl stieg in Nordrhein-Westfalen von 0,153 Mio (1946) auf 0,909 Mio (1961) an.

4. Einen gewissen Einfluß auf die regionale Bevölkerungsentwicklung übte auch die sich in den Kriegs- und unmittelbaren Nachkriegsjahren veränderte *natürliche Bevölkerungsbewegung*.

Vor diesem Hintergrund der kriegsbedingten Stadt-Land-Wanderung, der Vertriebenenwanderung, der Flüchtlingsaufnahme und der natürlichen Bevölkerungsbewegung vollzieht sich die regionale Entwicklung. Von 1939 bis 1946 steht sie ganz im Zeichen des Zweiten Weltkriegs. Die *Kriegsjahre* werden durch die Volkszählungen von 1939 bis 1946 begrenzt. Im Kriegsverlauf erfährt die regionale Bevölkerungsentwicklung einen grundlegenden Wandel. Vom Mai 1939 bis zum März 1943 nimmt die mit Lebensmittelkarten versorgte Zivilbevölkerung im ganzen Reichsgebiet ab, weil bis 1943 bereits 11,2 Mio Männer und Frauen zur Wehrmacht oder anderen halbmilitärischen Organisationen eingezogen worden waren. Im heutigen NRW ging die Zivilbevölkerung um 1,256 Mio oder um über ein Zehntel (– 10,5 v. H.) zurück. Das war stärker als im übrigen Reichsgebiet. Die ersten Auswirkungen des Luftkrieges werden hier spürbar. Die britische Luftwaffe griff seit Mai 1940 die Großstädte der Rhein-Ruhr-Ballung an. Die Schäden und Verluste hielten sich aber noch in Grenzen. Die Wende im Luftkrieg erfolgte erst nach dem Eintritt der USA in den Krieg Ende 1941 und durch den Beschluß des britischen Kabinetts im Februar 1942, das *area bombing*, d. h. den ungezielten Flächenangriff, einzuführen. Allein gegen die Zivilbevölkerung gerichtete Bombenangriffe bestimmen nun den Luftkrieg. Köln wurde in der Nacht vom 30. zum 31. Mai 1942 das erste Opfer eines »1.000-Bomber-Angriffes«. Essen folgte am 1. Juni. Doch alle diese schweren Angriffe dienten nur der Vorbereitung der anglo-amerikanischen Hauptoffensive (Januar 1943 bis Juni 1944). Drei strategische Ziele wurden dafür ausgewählt: Das Ruhrgebiet als »Waffenschmiede des Reiches«, die Reichshauptstadt Berlin und die Großstädte im Reichsinnern. Alle Zielgebiete sollten nacheinander total zerstört werden.

Die »*Schlacht um die Ruhr*« dauerte vom 5. Februar bis zum 29. Juni 1943. Trotz der flächenhaften Zerstörungen wurde das strategische Ziel, die Ausschaltung der Ruhrindustrie, nicht erreicht. Die Steinkohlenförderung ging nur von 128,5 Mio t (1943) auf 110,9 Mio t (1944) und die Rohstahlerzeugung von 12,5 auf 10,9 Mio t zurück. Getroffen wurde in erster Linie die Bevölkerung.

Die regionale *Bevölkerungsentwicklung von März 1943 bis März 1944* unterscheidet sich nun grundlegend von der vorausgegange-

nen Phase. Sie wird im wesentlichen von der planmäßigen *Evaku-*
ierung von Teilen der Zivilbevölkerung bestimmt. NRW verliert in
diesem Jahr allein 0,510 Mio Einwohner, das war jeder zwanzigste.
Die größten Verluste erleiden die besonders luftkriegsgefährdeten
Kernstädte der Rhein-Ruhr-Ballung (– 0,797 Mio E), vor allen
Köln (– 0,146 Mio E), Essen (– 0,123 Mio E) und Düsseldorf (–
93.000 E). Hier sind die Auswirkungen der zunehmenden und sich
verstärkenden Flächenangriffe deutlich spürbar. Ein Teil der Bevölkerung floh in weniger gefährdete Landkreise oder wurde evakuiert. Von den bis Ende September 1944 aus dem Reichsgau Essen
165.200 Evakuierten kam über die Hälfte in den Reichsgau Würt-
temberg-Hohenzollern, ein Fünftel in den Gau Schwaben und ein
Zehntel sogar in den Gau Niederdonau, das heutige Niederöster-
reich. Aus dem Reichsgau Düsseldorf kam über die Hälfte der
177.300 Evakuierten nach Thüringen und ein Fünftel nach Mainfranken. Aber auch fernerliegende Reichsgaue nahmen Menschen
aus NRW auf, so Pommern 65.000 aus dem Gau Westfalen-Süd
oder Niederschlesien 38.700 aus dem Gau Köln-Aachen. Insgesamt
wurden bis Ende September 1944 mehr als 0,883 Mio Evakuierte
aus NRW gezählt, das war gemessen an der versorgten Zivilbevölkerung Anfang März 1943 von 10,689 Mio immerhin jeder zwölfte
Einwohner. Nach Berlin (1,116 Mio) stellte NRW im Deutschen
Reich die größte Evakuiertenzahl.

Nach der Invasion und dem Vorrücken der alliierten Truppen bis
an die Grenzen des Reichsgebietes im Westen verschärfte und stei-
gerte sich der Luftkrieg. Im Osten stieß im Oktober 1944 die Rote
Armee bis nach Ostpreußen vor. Die Flucht vor den Bomben und
vor der Roten Armee bestimmen die Bevölkerungsentwicklung in
dieser vorletzten Phase des Krieges vom März 1944 bis zum Januar
1945. NRW verliert nochmals 407.100 (– 4,0 v.H.) seiner Bürger.
Dieser Durschschnittswert umschreibt aber eine gegensätzliche Regionalentwicklung. Die größten Verluste erleiden die nun Frontgebiet werdenden westlichen Grenzkreise und weiterhin die Kernstädte der Rhein-Ruhr-Ballung. Die außerhalb der Verdichtungsräume liegenden Klein- und Mittelstädte werden nun auch voll in
das Zerstörungswerk einbezogen, das gilt besonders für die linksrheinischen Gebiete. Auch die Rhein-Ballung liegt nun im unmit-

telbaren Wirkungsbereich der feindlichen Waffen. Ihre Kernstädte büßen 0,374 Mio oder ein weiteres Fünftel (20,9 v. H.) ihrer Einwohner ein. Im Januar 1945 zählen Köln (0,455 Mio E) und Düsseldorf (0,321 Mio E) über vier Zehntel weniger Einwohner als 1939.

Die *letzte Phase des Krieges* und die unmittelbare Nachkriegszeit vom Januar 1945 bis zum Oktober 1946, eine Stunde Null gab es bei der Bevölkerungsentwicklung nicht, werden in Deutschland davon bestimmt, daß die Flucht im Osten in die Vertreibung der deutschen Bevölkerung übergeht. In Restdeutschland, den vier Besatzungszonen und Groß-Berlin, korrigieren die Evakuierten durch ihre Rückwanderung die kriegsbedingte Entwicklung. Eine neue Wanderungstendenz wird in der sowjetischen Besatzungszone (SBZ) ausgelöst, indem nicht nur Vertriebene, sondern auch Einheimische vor der nach Westen vorrückenden Roten Armee fliehen. Der deutsche Flüchtling aus der SBZ tritt nun bis in die sechziger Jahre an die Stelle des Vertriebenen.

Wiederaufbau, Strukturkrise und Strukturwandel

Im ersten Nachkriegsjahr wird in NRW die Bevölkerungsentwicklung aber nicht von der Zuwanderung von Vertriebenen geprägt, wie in den übrigen Ländern der britischen, amerikanischen und sowjetischen Besatzungszone, sondern von den heimkehrenden Evakuierten. Die flächenhaften Zerstörungen ließen keine höhere Vertriebenenbelastung zu. Während in den norddeutschen Ländern im Oktober 1946 bereits jeder Fünfte ein Vertriebener war, war es in NRW nur jeder 16.! NRW ist deshalb das einzige Flächenland in Restdeutschland mit einer Zunahme der Einheimischen[4] um 0,924 Mio. Das war fast die Hälfte (47,0 v. H.) des Landeszuwachses in dieser Zeit. Von der allgemeinen Bevölkerungszunahme von 1,964 Mio Einwohner stellen allein die Kernstädte des Ruhrgebietes 0,460 Mio. Essen (0,105 Mio Einwohner, + 25,1 v. H.), Düsseldorf (0,100 Mio Einwohner, + 31,0 v. H.), Duisburg (57.300 Einwohner, + 19,2 v. H.) und Wuppertal (55.500 E, +

---

[4] Personen, die bereits am 1. 9. 1939 in NRW gewohnt haben.

20,5 v. H.) können die Kriegseinbußen teilweise wieder ausgleichen. Auch in die Ende des Krieges von den Bodenkämpfen schwer heimgesuchten niederrheinischen Landkreise wandern die Menschen wieder zurück z. B. Kempen-Krefeld (+ 67.400 Einwohner oder 51,7 v. H.). Hier war die Belastung mit Vertriebenen gering. Von besonderer Bedeutung für NRW war, daß schon unmittelbar nach Kriegsende der Steinkohlenbergbau im Ruhrgebiet von der britischen Besatzungsmacht übernommen und weitergeführt wurde. Das erklärt mit die Zunahmen in den Kernstädten des Reviers. Überblickt man die Gesamtentwicklung von *1939 bis 1946,* dann zeigt sich, daß die schweren Einbußen in den Kriegsjahren bis zum Oktober 1946 noch nicht ausgeglichen waren, im Gegenteil.

NRW glich in seiner Regionalstruktur Restdeutschland: die kriegszerstörten Städte hatten gegenüber 1939 ihren Bevölkerungsstand erst wieder auf gut neun Zehntel angehoben, während die Landgemeinden fast ein Viertel (23,3 v. H.) mehr Einwohner als vor dem Kriege beherbergten. In absoluten Zahlen ausgedrückt: den Städten fehlten noch 0,832 Mio (8,9 v. H.) ihrer Vorkriegseinwohner, während auf dem Lande 0,606 Mio (23,3 v. H.) mehr Menschen als 1939 wohnten. Übertragen auf die sozio-ökonomischen *Strukturzonen* bedeutet das, der große Verlierer war mit 0,731 Mio Einwohner (− 10,5 v. H.) die Rhein-Ruhr-Ballung, die Gewinner waren die ländlich-gewerblichen Gebiete mit 0,364 Mio Einwohner (+ 15,2 v. H.). Die traditionellen Industriegebiete sind gespalten, die weniger von den Kriegseinwirkungen betroffenen wie Ravensberg-Lippe (+ 20,8 v. H.) und die Mark (+ 8,7 v. H.) können Gewinne erzielen, während die vom Luftkrieg und den Bodenkämpfen stärker in Mitleidenschaft gezogenen wie Aachen (− 14,0 v. H.) und der Krefeld-Mönchengladbacher Raum (− 5,9 v. H.) Verluste erleiden. Deutlich wird hier aber auch ein Unterschied der Landesteile. Das noch stärker ländliche und schon damals stärker mit Vertriebenen belegte *Westfalen* konnte seine Bevölkerung um 0,407 Mio (7,5 v. H.) erhöhen, während im stärker verstädterten und zerstörten *Nordrhein* die Bevölkerung um 0,664 Mio (− 10,1 v. H.) zurückging.

In den folgenden Jahren von *1946 bis 1950* wird die kriegsbedingte Entstädterung durch eine neue Phase der Verstädterung abgelöst, die man wohl besser als *Wiederauffüllphase* bezeichnen sollte. Die Evakuierten kehrten in ihre alten Wohnorte zurück, die ja überwiegend auch industriell-gewerbliche Zentren waren. Dazu kommen noch die Vertriebenen und die ersten Flüchtlinge aus der SBZ. Das Land kann in diesen vier Jahren seine Einwohnerzahl von 11,683 Mio auf 13,172 Mio oder um 1,489 Mio (12,7 v. H.) steigern. Fast neun Zehntel (85,2 v. H.) dieses Zuwachses – 1,268 Mio – kommt den Städten zugute, allen voran denen in der Rhein-Ruhr-Ballung (+ 0,884 Mio E). Hier wird das Wiederauffüllen der Städte mit Evakuierten und neuen Zuwanderern deutlich. Das wird noch deutlicher beim Vergleich der drei *Strukturzonen*. Das relative Wachstum ist deutlich abgestuft von der Ballung (+ 15,0 v. H.), die allein über sechs Zehntel des absoluten Zuwachses von 1,489 Mio Einwohner gewinnt, bis zu den ländlich-gewerblichen Gebieten (+ 8,9 v. H.), deren Wachstum nicht allein von den in ihnen liegenden Gewerbestädten getragen wird, sondern auch von der nun auch in NRW wachsenden Vertriebenenzahl. Immerhin war 1950 jeder zehnte Landesbürger ein Heimatvertriebener. Ihr Anteil war besonders groß in den ländlichen Kreisen Ostwestfalens, im Sauerland und im Münsterland.

Die starke Zunahme in diesen vier Jahren spiegelt sich auch in der Regionalentwicklung wider. Die Rhein-Ruhr-Achse und der niederrheinische Grenzraum werden von der starken Zuwanderung ähnlich wie in der industriellen Ausbauphase im 19. Jahrhundert bestimmt. Gebunden sind die Zunahmen an den Wiederaufbau des industriell-verstädterten Kernraumes des Landes. Damit werden trotz aller Zerstörungen alte Strukturen wieder neubelebt und verfestigt. Deutlich von den stärker zunehmenden Landesteilen unterscheiden sich die östlich der Linie Ahaus – Lüdinghausen – Soest – Arnsberg – Wetzlar gelegenen Gebiete, die im Zweiten Weltkrieg zu den großen Aufnahmeräumen für Evakuierte zählten. Sie nehmen trotz der Abwanderung der Evakuierten dank der Vertriebenen-Zuwanderung weiter zu. Nur im Büren-Warburger Raum, der seine Fortsetzung in Waldeck findet, treten bereits erste Verluste durch Abwanderung in die Industriegebiete auf. Entlang der Ravensberger Achse von Gütersloh bis Minden setzt sich die schon vor dem Kriege zu beobachtende Bevölkerungsverdichtung weiter

fort. In dem übrigen vorwiegend ländlich-gewerblich strukturierten Raum gelingt es nur den Städten, die wie Münster oder
Paderborn schwer zerstört waren, stärkere Zunahmen zu erzielen.
Im bundesdeutschen Zusammenhang gilt für NRW wie für die
anderen Länder auch, daß in jenen ersten Nachkriegsjahren die
regionale Bevölkerungsentwicklung von den gegensätzlichen Zie-
len zustrebenden Evakuierten und Vertriebenen bestimmt wird.

Die Jahre von *1950 bis 1961* stehen in der Bundesrepublik ganz im
Zeichen des sog. »Wirtschaftswunders«. Die Jahre von 1950 bis
1956 werden vom Wiederaufbau bestimmt, dessen großer Motor in
NRW das aufblühende Ruhrgebiet ist. Es sind im ganzen Land die
alten Wirtschaftszentren, die ihre Arbeitsplätze gegenüber der Vorkriegszeit erheblich erhöhen können und auf die die Zuwanderung
gerichtet ist. Sie wird seit Ende November 1949 noch durch die
staatlich gelenkte Umsiedlung von Vertriebenen verstärkt, die 1955
weitgehend und 1961 endgültig abgeschlossen wird. NRW nahm
die Hälfte (497.000 von 999.800) der Umgesiedelten aus den Abga-
beländern Schleswig-Holstein, Niedersachsen und Bayern auf. Das
relative Bevölkerungswachstum des Landes ist deshalb siebenmal
stärker als im übrigen Bundesgebiet!

Wiederum wird die Entwicklung von der Sogwirkung der Rhein-
Ruhr-Ballung gesteuert. Allein das Ruhrgebiet kann seine Bevölkerungszahl um 0,752 Mio (18,2 v. H.) erhöhen. Die Zahl der Bergar-
beiter steigt von 0,433 Mio auf 0,485 Mio an. Die Steinkohlenförderung erreicht 1956 mit 124,6 Mio t den später nie mehr erreichten
Höchststand. Aber auch die Städte der Rhein-Ruhr-Ballung, besonders Köln und Düsseldorf, können ihre Bürgerzahl kräftig erhöhen. Die traditionellen Industriegebiete (+ 10,9 v. H.) bleiben demgegenüber ebenso zurück wie die ländlich-gewerblichen Gebiete (+
4,5 v. H.). Hier zeigt sich bei der regionalen Entwicklung, daß sie
besonders in Ostwestfalen und dem anschließenden Niedersachsen
und Hessen Teil des großen Abgaberaumes sind, aus dem die umgesiedelten Vertriebenen ebenso kommen wie die Einheimischen, die
Arbeit in den Industriegebieten in Nordrhein-Westfalen suchen
und finden. Entscheidend für die Landesstruktur ist aber die fortschreitende Konzentration der Bevölkerung in der Rhein-Ruhr-
Ballung, die fast drei Viertel (74,3 v. H.) des Bevölkerungszuwach-

ses des Landes gewinnen und ihren Anteil an der Landesbevölkerung von 54,2 v. H. auf 56,7 v. H. steigern kann, aber damit noch nicht den Vorkriegsstand (1939: 58,1 v. H.) wiederereicht hat, obwohl 1956 1,544 Mio mehr Menschen in diesem Verdichtungsraum wohnen als 1939. Hier spiegelt sich die durch Heimatvertriebene, Flüchtlinge und Zuwanderer bedingte allgemeine Erhöhung der Bevölkerungszahl wider.

Die Abwanderung aus den ländlichen Räumen in die Industrie- und Ballungsgebiete, die Zuwanderung von Flüchtlingen aus der DDR und die zahlenmäßig noch geringe von Gastarbeitern aus dem europäischen Ausland sowie die sich abzeichnende Nord-Süd-Wanderung bestimmen die allgemeine Entwicklung im Bundesgebiet *von 1956 bis 1961.* Ausschlaggebender für NRW ist aber, daß der Steinkohlenbergbau im Ruhrgebiet 1957/58 durch den wachsenden Zustrom von Erdöl in eine Absatzkrise gerät, die sich in den folgenden Jahren zu einer allgemeinen Krise der Schwerindustrie ausweitet und den notwendigen Strukturwandel des Reviers einleitet. Im Unterschied zu den vorausgegangenen Phasen erhöht sich die Einwohnerzahl des Landes nur um 0,887 Mio (+ 5,9 v. H.). Sieht man vom krisengeschüttelten Ruhrgebiet ab, das seine Bevölkerung nur um 0,211 Mio (4,3 v. H.) steigern kann, so bestimmen in NRW die gleichen Tendenzen die Regionalentwicklung wie im übrigen Bundesgebiet. Die großen Verdichtungsräume sind weiterhin die Hauptzuwanderungsziele – die Rhein-Ballung gewinnt allein weitere 0,321 Mio E (8,9 v. H.) –, aber gegenüber den vorangegangenen Phasen verlagert sich das stärkste relative Wachstum.

Waren es bis 1956 die Kernstädte wie Bielefeld, Köln oder Düsseldorf, die ihre Bevölkerung relativ am stärksten erhöhten, so sind es jetzt die angrenzenden verstädterten Landkreise des Umlandes. Die Kernstädte bleiben relativ zurück. Mehrere Gründe sind hierfür verantwortlich zu machen: der sich abzeichnende Abschluß des Wiederaufbaues, die steigenden Baulandpreise sowie die immer breitere Schichten ergreifende Motorisierungswelle in Verbindung mit der Förderung des sozialen Wohnungsbaues, besonders des von Eigenheimen, begünstigen die stärkere Bevölkerungsentwicklung im Umland der Kernstädte. Diese Tendenz setzt sich aber voll nur im Bereich der Rhein-Ballung durch, die aufgrund ihrer industriellen Verdichtung und der Konzentration hoher und höchster Zentralfunktionen hohe Zuwachsraten im Umland der Kernstädte aufweist. Die *traditionellen Industriegebiete* bleiben demgegenüber zurück (+ 5,2 v. H.). Das liegt im wesentlichen daran, daß das besonders von der Textilindustrie geprägte Krefeld-Mönchengladbacher Gebiet (4,7 v. H.) und Ravensberg-Lippe (3,5 v. H.) merklich zurückbleiben. Bei Ravensberg-Lippe erklärt es nicht allein die sozio-ökonomische Struktur, sondern hier deutet sich auch die Übergangsstellung des ostwestfälischen Verdichtungsraumes an, steht er doch zwischen der aktiven Rheinischen Achse und dem großen Abwanderungsraum zwischen Elbe und Donau, in den nur räumlich eng begrenzte Aktivräume eingelagert sind. Er greift mit Ausläufern bis in das Paderborner Land, die östlichen Hellweg-Börden, das östliche Süderbergland, Teile des Münsterlandes und der Eifel vor. Die deutlichere Beschränkung des starken Wachstums auf die Umlandkreise der rheinischen Ballungsstädte, das Zurückbleiben des Ruhrgebietes und die schrittweise Verringerung der Zunahmeraten nach Osten bis hin zu den Abwanderungsgebieten des Oberen Weserberglandes erklären mit die nur wenig über dem übrigen Bundesdurchschnitt liegende Bevölkerungsentwicklung Nordrhein-Westfalens.

Mit dem *Jahre 1961* endet die gesamtdeutsche Bevölkerungsentwicklung, die beide deutsche Staaten schicksalhaft über die Flüchtlingswanderung miteinander verband. NRW hatte bis zum Juni 1961 allein 0,909 Mio der 3.099 Mio in der Bundesrepublik registrierten Flüchtlinge aufgenommen. Das war immerhin jeder zwanzigste Bürger des Landes. Gleichbedeutend war aber auch, daß der Wiederaufbau der bundesdeutschen Wirtschaft abgeschlossen und die Eingliederung von Vertriebenen und Flüchtlingen voll gelungen war. Die Vollbeschäftigung war längst einer Überbeschäftigung gewichen. Im Bundesgebiet zählte man 1961 nur 0,189 Mio Arbeitslose (NRW: 28.000), aber 0.552 Mio offene Stellen (NRW: 0,175 Mio) und 0,472 Mio Gastarbeiter (NRW: 0,187 Mio). Die Unterbrechung des Flüchtlingsstromes durch die Absperrmaßnahmen am 13. August 1961 in Berlin führte dazu, daß bis 1970 die Zahl der Gastarbeiter auf 1,807 Mio (NRW: 0,513 Mio), die der offenen Stellen, trotz der Rezession 1966, auf 0,795 Mio (NRW: 0,236 Mio) anstieg, während die Arbeitslosenzahl auf 0,149 Mio (NRW: 37.000) zurückging.

Vor diesem Hintergrund vollzieht sich nun die Regionalentwicklung. In der *ersten Phase (1961–1966)*, die von der unmittelbaren Teilung Deutschlands bis zur Rezession reicht, setzen sich dank der fortschreitenden Motorisierung, der sprunghaften Zunahme der Bodenpreise, der Verbesserung des öffentlichen Personenverkehrs und nicht zuletzt der staatlichen Förderung des Eigenheimbaues die schon vorher beobachteten Tendenzen fort. Für das Land gilt aber, daß es deutlich hinter der Entwicklung im übrigen Bundesgebiet zurückbleibt. Das kaum wachsende, krisengeschüttelte Ruhrgebiet – es konnte seine Bevölkerung nur um 0,107 Mio Einwohner (2,1 v. H.) erhöhen – und die stärker wirksam werdende Nord-Süd-Wanderung, die besonders auf die Rhein-Main-Ballung, Baden-Württemberg und die Region München gerichtet war, wirken hier zusammen. Nur die Rhein-Ballung mit einer Zunahme von 0,343 Mio Einwohnern (8,7 v. H.) erreicht eine Wachstumsrate wie die süddeutschen Ballungsräume. Die traditionellen Industriegebiete spielen um das Landesmittel (+ 6,0 v. H.), während die ländlich-gewerblichen Gebiete deutlich darüber liegen (+ 9,0 v. H.). Verantwortlich dafür sind einmal die hier liegenden Städte, die wie Münster (11,3 v. H.) hochzentrale Orte von besonderer Bedeutung oder einfach nur industriell-zentral-örtliche Mittelpunkte ihres Bereiches sind; zum anderen ist es aber auch die allgemeine Verdichtung und Verstädterung, die über die Rhein-Ruhr-Ballung hinaus in die ländlichen Bereiche am Niederrhein und im Münsterland übergreift.

Die übrigen Landkreise entsprechen mit ihren Zuwachsraten etwa dem Landes- und übrigen Bundesdurchschnitt, nur in Ostwestfalen, gegen Niedersachsen und Hessen hin, bleiben die Landkreise zurück. Sie sind immer noch Teil des großen strukturschwachen Raumes im östlichen Bundesgebiet. Ausschlaggebend bleibt für NRW aber das Ruhrgebiet. Strukturkrise und Rezession haben hier von 1962 bis 1966 zu einem Wanderungsverlust von 0,130 Mio Einwohner geführt, der sich innerhalb des Reviers unterschiedlich auswirkt. Die mehr vom Steinkohlenbergbau geprägten Emscherstädte erlitten größere Verluste als die über eine vielseitigere Wirtschaftsstruktur verfügenden entlang des Hellwegs. Die regionale Entwicklung Nordrhein-Westfalens in dieser Phase zeigt, daß die strukturellen Unterschiede die Veränderungen bestimmen. Dies um so mehr, als hier das einseitig strukturierte Ruhrgebiet den multifunktionalen, in ihrem Industriegefüge vielseitigeren Großstädten der Rhein-Ballung gegenübersteht. Sie sind es, die die Landesentwicklung vorantreiben und den westfälischen Landesteil in ihren Schatten treten lassen.

In der Phase von *1966 bis 1970* verringert sich das Bevölkerungswachstum deutlich. Im Bundesgebiet erhöht sich die Bevölkerung zwar nochmals um 0,865 Mio (1,5 v.H.), aber es war doch nur ein gutes Viertel der vorausgegangenen Jahre. Wiederum wurde der überwiegende Teil des Zuwachses vom Geburtenüberschuß gestellt, der in dieser Phase ständig zurückgegangen ist (1966: + 6,1 v. Tsd. NRW: + 6,3 v. Tsd. 1970: + 1,3 v. Tsd. NRW + 1,2 v. Tsd.).

Für die Regionalentwicklung bleiben nun die gleichen Tendenzen im Bundesgebiet wirksam: Zurückbleiben der strukturschwachen Gebiete – allen voran das Ruhrgebiet – und der Kernstädte in den Ballungsräumen, überdurchschnittliche Zunahme in den sich ausdehnenden verstädterten Umlandbereichen der Großstädte sowie die weitergehende, alles überlagernde Nord-Süd-Wanderung. NRW bleibt gerade deshalb hinter der allgemeinen Bevölkerungsentwicklung im übrigen Bundesgebiet zurück. Während die süddeutschen Länder[5] erheblich größere Zuwachsraten (3,6 v.H.) erzielen können, verändern die norddeutschen[6] (0,7 v.H.) ihre Bevölkerungszahl kaum. NRW (+ 0,6 v.H.) gehört nach der Tendenz zu Norddeutschland, das ist im wesentlichen eine Folge der weiterhin negativen Entwicklung im Ruhrgebiet, das nochmals 0,131 Mio (− 2,5 v.H.) seiner Bürger verliert. Die Rhein-Ballung kann zwar 64.300 (1,5 v.H.) Neuburger hinzugewinnen, bleibt damit aber immer noch hinter der Entwicklung im übrigen Bundesgebiet zurück (+ 1,9 v.H.). Das ist im wesentlichen eine Folge der gegenüber dem deutschen Südwesten unterschiedlichen Entwicklung in der Rhein-Ballung. Das überdurchschnittliche Wachstum konzentriert sich nur auf die Umlandkreise der rheinnahen Kernstädte Bonn,

---

[5] Baden-Württemberg und Bayern.
[6] Bremen, Hamburg, Niedersachsen und Schleswig-Holstein.

Köln und Düsseldorf, die Saumkreise im Norden und Osten des Ruhrgebietes, die Landkreise Münster und Warendorf und, in abgeschwächter Form, die münsterländischen Textilkreise. Im Ruhrgebiet dagegen setzen sich nun als Folge der Strukturkrise und Rezession flächenhafte Bevölkerungsrückgänge durch. Der Kernraum des Landes ist damit immer noch der größte und wichtigste Problemraum der Bundesrepublik. Die übrigen Landkreise des Landes zeigen eine unterschiedliche Entwicklung. Nach Osten hin stuft sich das Wachstum ab. Die Übergangsstellung Nordrhein-Westfalens wird hier wieder sichtbar. Nordrhein als Teil der alten und hochverdichteten Rheinischen Achse, Westfalen das Bindeglied zum mehr ländlich-agraren deutschen Nordwesten. Die Klammer ist das Ruhrgebiet.

Die *Bevölkerungsentwicklung nach 1970* im Bundesgebiet und NRW unterscheidet sich deutlich von der vorausgegangenen. Die fünfziger und sechziger Jahre standen im Bundesgebiet ja ganz im Zeichen des wirtschaftlichen Wachstums. Es waren die Jahre des deutschen »Wirtschaftswunders«. Das Ruhrgebiet mit seiner Kohlenabsatzkrise war ein Sonderfall. Die industrielle Produktion und die Beschäftigung stiegen stark an, die Arbeitslosigkeit sank von 1,869 Mio 1950 (NRW: 0,196 Mio) auf den nie wieder erreichten Tiefstand von 0,149 Mio im Jahre 1970 (NRW: 36.600). Die Zahl der offenen Stellen nahm im gleichen Zeitraum von 0,119 Mio auf 0,795 Mio zu und das bei einer wachsenden Bevölkerung, die bis 1970/71 vom Geburtenüberschuß und vom Zuwanderungsgewinn getragen wurde. Dem Geburtenüberschuß von 7,072 Mio (NRW: 1,946 Mio) stand ein Zuwanderungsgewinn von 9,814 Mio gegenüber, von dem fast die Hälfte (4,606 Mio) auf die ersten Nachkriegsjahre (1946–1950) mit seiner Vertriebenenwanderung entfällt. Das wirtschaftliche Wachstum in jenen Jahren wurde nur einmal unterbrochen durch das Krisenjahr 1967, in dem die Arbeitslosigkeit auf 0,460 Mio (NRW: 0,119 Mio) anstieg.

Die siebziger und achtziger Jahre unterscheiden sich nun deutlich von den Jahren des Wirtschaftswunders. Zwei weltweite Krisen führen 1974/75 und 1980/83 zu einem gebremsten Wirtschaftswachstum, besonders in den Regionen mit alten Industriezweigen, unter denen ja das Ruhrgebiet schon seit 1957 in eine Strukturkrise geraten war. Die Arbeitslosigkeit stieg im Bundesgebiet sprunghaft von 0,582 (1974) auf 1,074 Mio (1975) oder um mehr als acht Zehntel (84,5 v. H.) an, in NRW allein von 0,179 Mio auf 0,300 Mio oder nur um zwei Drittel (67,6 v. H.). In der folgenden Krise erhöht sich die Arbeitslosenzahl nochmals um mehr als das Doppelte und erreicht 2,304 Mio (1985). In NRW ist der Anstieg auf 0,713 Mio relativ sogar noch stärker. Das Land stellt damit drei Zehntel aller Arbeitslosen im Bundesgebiet. Aber auch in der Bevölkerungsentwicklung vollzieht sich ein Wandel. Wurde bis 1971 in Bund und Land die natürliche Bevölkerungsentwicklung vom, wenn auch immer geringer werdenden, Geburtenüberschuß bestimmt, so treten nun an seine Stelle Gestorbenenüberschüsse, allein von 1971 bis 1980 im Bundesgebiet – 0,950 Mio. Ihnen steht ein Zuwanderungsgewinn von 1,571 Mio gegenüber, der vorwiegend von Ausländern getragen wird. Die Zahl der ausländischen Arbeitnehmer war ja sprunghaft nach den Absperrmaßnahmen am 13. August 1961 in Berlin angestiegen und überschritt bereits 1965 die Millionengrenze, die zweite Million wurde schon 1971 erreicht, und mit ihren Angehörigen zählten die Ausländer in der Bundesrepublik 3,439 Mio. Bis 1987 erhöhte sich ihre Zahl auf 4,630 Mio. Die Ausländer waren die Hauptträger der Zuwanderung, die seit 1982 aufgrund des begrenzten Zuzuges von Familienangehörigen zunächst rückläufig war. Dazu kam die weiterhin negative natürliche Bevölkerungsentwicklung in den achtziger Jahren. Von 1981 bis 1987 betrug der Gestorbenenüberschuß 0,668 Mio, der Zuwanderungsüberschuß nur 0,218 Mio. Die Folge war, daß die Bevölkerung der Bundesrepublik erstmals nach dem Zweiten Weltkrieg rückläufig war. Von dieser allgemeinen Entwicklung unterscheidet sich Nordrhein-Westfalen. Der Gestorbenenüberschuß von 0,258 Mio (1971–1980) wird im Unterschied zum gesamten Bundesgebiet durch einen geringen Wanderungsgewinn von + 0,280 Mio gerade ausgeglichen. Von 1981 bis 1987 steigt dann wie im Bundesgebiet der Gestorbenenüberschuß an und erreicht 0,176 Mio, während der Wanderungsgewinn von 0,179 Mio wiederum im Unterschied zum Bundesgebiet gerade den Gestorbenenüberschuß ausgleichen kann.

Vor diesem allgemeinen Hintergrund vollzieht sich die regionale Entwicklung. Der Bevölkerungsgewinn des Landes von 0,128 Mio

Einwohner ist das Ergebnis einer gegensätzlichen Bewegung: die Ballungen büßen einen Teil ihrer Bürger ein, während das »Land« beachtliche Zunahmen verzeichnen kann. Die Industriegebiete scheinen hier ein Scharnier für die gegensätzliche Bewegung zu sein. Dem ist aber nur scheinbar so. Die Ballungsverluste gehen nämlich auf Kosten des Ruhrgebietes. Es verliert 0,297 Mio seiner Bürger, während die Rhein-Ballung 86.000 Neubürger hinzugewinnen kann. Die Anziehungskraft der Regierungshauptstadt Bonn und der hochzentralen-industriellen Großstädte Düsseldorf und Köln bestimmen maßgeblich das Bevölkerungswachstum in ihrem Umland, das über das engere Ballungsgebiet herausgreift und die angrenzenden Landkreise mit erfaßt. Das erklärt mit die starke Zunahme in den Ländlich-Gewerblichen Gebieten (+ 8,5 v.H.). Die Kernstädte hingegen, besonders die im Ruhrgebiet, das weithin unter der Strukturkrise leidet, büßen weiter einen Teil ihrer Einwohner ein. Zurück bleiben aber auch die traditionellen Industriegebiete, die ihre Bevölkerung gerade halten können (+ 0,6 v.H.). Während das Märkische Gebiet und der Krefeld-Mönchengladbacher Raum leichte Verluste erleiden, können die übrigen Gewinne erzielen.

Die Phase von *1980 bis 1987* wird von den gleichen Tendenzen wie in den siebziger Jahren bestimmt. Sie verstärken sich noch. In der Bundesrepublik Deutschland geht erstmals nach dem Zweiten Weltkrieg die Bevölkerung um 0,667 Mio (− 1,1 v.H.) zurück. In NRW setzt dieser Prozeß schon 1974 ein, als das Land mit 17,230 Mio seinen bisherigen Bevölkerungshöchststand erreichte. Die Bürgerzahl sank bis 1987 auf 16,712 Mio ab und ging damit von 1980 um 0,346 Mio Einwohner (− 2,0 v.H.) zurück. Das war doppelt so viel wie im übrigen Bundesgebiet (0,8 v.H.).

Verantwortlich dafür war die sich verstärkende negative Entwicklung in der Rhein-Ruhr-Ballung. Betroffen davon sind alle Teilräume. Das Ruhrgebiet stellt mit einem Verlust von 0,162 Mio Einwohner (− 3,4 v.H.) fast die Hälfte, weitere 0,100 Mio (− 4,3 v.H.) der Kölner Raum und 50.300 (− 5,0 v.H.) der Bergische Raum, während Düsseldorf mit seinem Umland knapp 30.000 Einwohner (− 2,7 v.H.) relativ die geringsten Verluste erleidet. Wiederum werden von den Einbußen in erster Linie die Kernstädte betrof-

fen, besonders die Hellwegstädte des Ruhrgebietes, die 97.400
(– 4,6 v. H.) ihrer Bürger verlieren. Die Bevölkerungsentwicklung
in den traditionellen Industriegebieten stagniert (– 0,3 v. H.). Außer
dem Märkischen und Ravensberg-Lippe, die leichte Gewinne verzeichnen können, verlieren die übrigen. Auch hier beeinflussen
Kernstädte wie Krefeld, Aachen oder Bielefeld die Regionalentwicklung. Deutlicher unterscheiden sich die ländlich-gewerblichen
Gebiete voneinander, zunächst die rheinischen von den westfälischen. Die Rheinischen Börden, der Niederrhein und in geringerem
Umfang die Eifel geraten in das Ausstrahlungsfeld der Rhein-Ballung. Nach Osten, nach Westfalen stuft sich das Wachstum vom
westlichen über das östliche Münsterland und Sauerland ab, um
dann mit Ostwestfalen Anschluß zu finden an den niedersächsisch-
hessischen, stärker ländlich strukturierten Raum, der flächenhafte
Verluste erleidet. Nur Paderborn mit seinem Kreis zeichnet sich
durch eine positive Entwicklung aus.

Die jüngste Entwicklung von der letzten Volkszählung am
25. Mai 1987 bis zum 1. Januar 1992 läßt sich nur in Umrissen
skizzieren. Sie steht ganz unter dem Vorzeichen der Vereinigung
der beiden deutschen Staaten, der eine steigende Fluchtbewegung
vorausging. Dazu kommt die besonders 1989 stark zunehmende
Zahl von Übersiedlern, Aussiedlern und Ausländern, die als nach-
wandernde Familienangehörige der Gastarbeiter oder als Asylanten
in die Bundesrepublik kommen. Die Bevölkerung der Bundesrepublik erhöht sich deshalb von 1987 bis 1990 um 1,469 Mio Einwohner (NRW 0,204 Mio), allein 1,178 Mio Neubürger, das sind acht
Zehntel, auf die Zeit von Juli 1988 bis Dezember 1989. Gespeist
wird dieser starke Zustrom in erster Linie durch die Zuwanderung
von 39.800 *Übersiedlern* aus der DDR im Jahre 1988 und 343.900
1989. In NRW steigt die Zahl von 7.500 auf 77.700 an! Zu den
Umsiedlern kommen die *Aussiedler*. Ihre Zahl steigt im alten Bundesgebiet von 202.700 (1988) um über acht Zehntel auf 377.100
Personen (1989) an. Im Jahre 1990 kommen nochmals 397.100
Aussiedler, in der Mehrzahl aus der ehemaligen UdSSR (0,147
Mio), aus Polen (0,113 Mio) und aus Rumänien (0,107 Mio). Nach
NRW kommen 1989 51.100 Personen. Zu den Über- und Aussied-
lern kommen noch die *Ausländer*. Ihre Mobilität ist sehr hoch. 1991

kommen 896.600 in die Bundesrepublik und nur 474.700 verlassen sie wieder. Der Wanderungsgewinn beträgt also 421.300 Ausländer, davon stellt NRW 106.600. Waren es bis Mitte der 80er Jahre vorwiegend nachziehende Familienangehörige von Gastarbeitern, so sind es nun vorwiegend *Asylbewerber*, die 1991 vorwiegend aus Rumänien, der Türkei und Jugoslawien kommen. Die starke Zuwanderung dieser drei recht unterschiedlichen Bevölkerungsgruppen wirkt sich – wenn man den sich abzeichnenden Tendenzen folgt – auf die Regionalentwicklung wohl so aus, daß außer Teilen der Rhein-Ballung besonders die ländlich-gewerblichen Gebiete mit ihren günstigeren Unterbringungsmöglichkeiten relativ stärkere Zunahmen verzeichnen als die übrigen Gebiete. Für die Rhein-Ruhr-Ballung gilt, daß die Kernstädte relativ zurückbleiben, während die Umlandkreise und hier besonders die in ihnen liegenden Städte besonders stark zunehmen. Lang- und kurzfristige Tendenzen scheinen die Regionalentwicklung in NRW zu beeinflussen, so daß ein abschließendes Urteil nicht gefällt werden kann. Was sich aber schon heute absehen läßt ist, daß Aussiedler und Ausländer in Zukunft wohl stärker die allgemeine und die regionale Entwicklung der Bevölkerung bestimmen werden.

Die Bevölkerungsentwicklung in Deutschland und Nordrhein-Westfalen läßt sich in drei große Abschnitte untergliedern. Der *erste*, der das ganze 19. Jahrhundert umfaßt und bis Ende des Ersten Weltkrieges reicht, steht ganz im Zeichen der industriellen Verstädterung, die vorwiegend aus den ländlichen Räumen des östlichen Mitteleuropas gespeist wird. Das Deutsche Reich wandelt sich nicht zuletzt durch das entstehende Ruhrgebiet vom Agrar- zum Industriestaat. Wachsende Konzentration der Bevölkerung in den ausufernden Stadtregionen und zunehmenden Entleerung der ländlichen Räume werden zum Wesensmerkmal dieser Periode.

Der *zweite Abschnitt* steht im Zeichen des Ersten Weltkrieges und der folgenden wirtschaftlichen Wechsellagen, unter denen die Weltwirtschaftskrise den bis dahin tiefsten Einschnitt bedeutet. Das stürmische Wachstum der Großstädte bricht ab. Sie werden am stärksten von der Massenarbeitslosigkeit in der Weltwirtschaftskrise erfaßt. Der Tiefpunkt ist das Jahr 1930. Die nach 1933 folgende nationalsozialistische Wiederaufrüstung kommt aber nicht den Bal-

Tabelle 6: Bevölkerungsbilanz der Bundesrepublik Deutschland von 1815 bis 1990

Region	1815 abs.	1815 v.H.	1939 abs.	1939 v.H.	1990 abs.	1990 v.H.	Veränderung 1815–1939 abs.	1815–1939 v.H.	1939–1990 abs.	1939–1990 v.H.	1815–1990 abs.	1815–1990 v.H.
Nordwesten[1]	3.033	16,3	8.442	14,1	12.178	15,4	5.409	178,3	3.736	44,3	9.145	301,5
Westen[2]	5.059	27,2	19.349	32,3	27.531	34,8	14.290	282,5	8.162	42,3	22.472	444,2
(NRW)[3]	(2.357)	(12,7)	(11.940)	(19,9)	(17.104)	(21,6)	(9.583)	(406,6)	(5.164)	(43,2)	(14.747)	(625,7)
Süden[3]	5.649	30,3	12.646	21,1	20.839	26,3	6.997	123,9	8.193	64,8	15.190	268,2
Bundesgebiet	13.741	73,8	40.437	67,5	60.548	76,5	26.696	194,3	20.111	49,7	46.807	340,6
Nordosten[4]	1.664	8,9	8.212	13,7	8.086	10,2	6.548	393,5	−126	−1,5	6.422	385,9
Mitte[5]	3.215	17,3	11.271	18,8	10.346	13,1	8.056	250,6	−925	−8,2	7.131	221,8
SBZ/DDR[6]	4.879	26,2	19.483	32,5	18.430	23,3	14.604	299,3	−1.003	−5,1	13.601	278,8
B.R. Deutschland	18.620	100,0	59.920	100,0	79.113	100,0	41.300	221,8	19.193	32,0	60.493	324,9

Quelle: H. G. Steinberg (1991)

1 Schleswig-Holstein, Hamburg, Bremen und Niedersachsen
2 Nordrhein-Westfalen, Hessen, Rheinland-Pfalz und Saarland
3 Baden-Württemberg und Bayern
4 Mecklenburg-Vorpommern, Brandenburg und Berlin
5 Sachsen-Anhalt, Sachsen und Thüringen
6 Mit Groß-Berlin

lungsgebieten zugute, sondern mehr den ländlichen und den Industriegebieten, in denen neue Betriebe für die Aufrüstung lagen und Garnisonen der Wehrmacht entstanden.

Die eigentliche Wendemarke wird aber erst *1939* erreicht. Bis dahin hatte sich die Bevölkerung auf dem Gebiet der heutigen Bundesrepublik Deutschland von 1815 bis 1939 mehr als verdoppelt, in Nordrhein-Westfalen dank der Sonderentwicklung im Ruhrgebiet sogar vervierfacht. Nur der deutsche Nordosten mit dem zur Reichshauptstadt anwachsenden Berlin erfuhr eine ähnlich starke relative Entwicklung. Gewichtiger war aber die absolute Zunahme von 9,583 Mio Einwohner, die Nordrhein-Westfalens Anteil an der bundesdeutschen Bevölkerung von einem Achtel auf über ein Fünftel ansteigen ließ.

Mit dem Ausbruch des Zweiten Weltkrieges beginnt der *dritte Entwicklungsabschnitt*, der sich grundlegend von den vorausgegangenen unterscheidet. Eingeleitet wird er durch den Luftkrieg, der zu ungeahnten Zerstörungen führt und die Evakuierung großer Bevölkerungsgruppen bewirkt. Eine Stadt-Land-Wanderung größten Stils setzt ein und leitet erstmals eine Entstädterungsphase ein. Dazu kommen Ausländer als Kriegsgefangene, Häftlinge oder Zwangsverpflichtete in das Reichsgebiet und nach Nordrhein-Westfalen. Mit der sich abzeichnenden Niederlage und dem Zusammenbruch des nationalsozialistischen Regimes beginnt die Flucht und Vertreibung der Deutschen aus den Ostgebieten des Reiches und den deutschen Siedlungsgebieten in Europa. Die Vertriebenen und die zurückkehrenden Evakuierten werden zu den wichtigsten Zuwanderungsgruppen in den ersten Nachkriegsjahren. Sie ersetzen nicht nur zahlenmäßig die Kriegsverluste. Die schrittweise Teilung Restdeutschlands löst eine zahlenmäßig umfangreiche Fluchtbewegung aus der SBZ/DDR aus, die erst durch die Absperrmaßnahmen am 13. August 1961 unterbunden wird. An die Stelle des Vertriebenen tritt bis 1961 der Flüchtling. Im scheinbar endgültigen Teilungsjahr 1961 war von 56,175 Mio Einwohnern der Bundesrepublik *jeder Fünfte* ein Vertriebener und Flüchtling (8,956 Mio Vertriebene und 3,099 Flüchtlinge).

NRW als größtes Land der Bundesrepublik hatte mit 2,298 Mio Vertriebenen und 0,909 Mio Flüchtlingen den größten Anteil. Mit

dem Jahre 1961 endet die eigentliche Nachkriegszeit. Der Wiederaufbau neigte sich dem Abschluß zu und die Eingliederung der
Vertriebenen und Flüchtlinge war dank des wachsenden Arbeits-
kräftebedarfs gelungen. Die Wirtschaft war aber weiterhin auf neue
Arbeitskräfte angewiesen. An die Stelle des Flüchtlings tritt nun der
Gastarbeiter mit seinen Angehörigen. Ihre Zahl wächst nach 1961
sprunghaft an. Nordrhein-Westfalen wird auch hier das wichtigste
Aufnahmeland. 1988 lebt unter den wachsenden wirtschaftlichen
und politischen Schwierigkeiten die Flüchtlingswanderung wieder
auf, die sich 1989 verstärkt und mit zur Öffnung der Mauer führt.

Der Zusammenbruch der DDR umschreibt den Beginn des *vierten Abschnittes* der deutschen Bevölkerungsentwicklung der schon
anfangs der 80er Jahre sich abzeichnet. Er wird von zuwandernden
ausländischen Asylbewerbern und deutschen Aussiedlern bestimmt. Ihre Zahl wird zunehmen und sie werden die Regionalentwicklung beeinflussen. Das Ende der deutsch-deutschen Bevölkerungsentwicklung zeichnet sich bereits heute mit unübersehbaren
Konturen ab.

1.2. Die Bevölkerungsstruktur

Im Vordergrund der bisherigen Betrachtungen stand die regionale Entwicklung der Bevölkerung. Entscheidend sind aber auch der
Altersaufbau, die Gliederung nach dem Geschlecht, der Familienstand, die Religionszugehörigkeit, die Staatsangehörigkeit, die
wirtschaftliche und soziale Stellung, die die Bevölkerungsstruktur
im wesentlichen bestimmen. Von wahrhaft grundlegender Bedeutung ist die Altersgliederung, sind doch von ihr der Familienstand,
d. h. die Zahl der Ledigen, Verheirateten, Geschiedenen und Verwitweten ebenso abhängig wie die Haushalts- und Familienzahl, die
der Erwerbspersonen, der Rentner und der Auszubildenden.
Gleichbedeutend ist die Kenntnis des Altersaufbaus einer Bevölkerung auch für den Umfang der natürlichen Bevölkerungsbewegung,
beeinflußt sie doch in hohem Maße die Zahl der Geburten, Sterbefälle, Eheschließungen und Wanderungen. In Verbindung mit der

natürlichen Bevölkerungsbewegung und der Geschlechtsgliederung ermöglicht die Altersgliederung eine Berechnung des gegenwärtigen Arbeitskräftepotentials, d. h. der Zahl der im erwerbsfähigen Alter stehenden Personen. Das sind alle Personen zwischen 15 und 65 Jahren. Aber nicht nur Arbeitslosigkeit und Beschäftigung werden davon beeinflußt, auch der Wohnungsbedarf, das Ausbildungswesen und vieles andere mehr.

Altersaufbau und Geschlechtsgliederung

Der Altersaufbau und die Geschlechtsgliederung einer Bevölkerung sind von wahrhaft grundlegender Bedeutung, beeinflussen sie doch alle menschlichen Lebensbereiche. Die Anzahl der Personen im erwerbsfähigen Alter bestimmt die Qualität und den Umfang des Arbeitskräftepotentials und damit wesentlich das Volkseinkommen. Der Anteil der Alten belastet hingegen die Erwerbstätigen durch Renten und Pensionen. Der Anteil der Kinder, Jugendlichen und noch nicht erwerbstätigen jüngeren Erwachsenen, deren materielle Bedürfnisse vorwiegend von den Eltern getragen werden, entscheidet darüber, wie groß die Zahl der Erwerbstätigen von morgen sein wird. Der Altersaufbau läßt deshalb ziemlich klare Schlußfolgerungen für die zukünftige Entwicklung des Arbeitsmarktes zu, wie der zu versorgenden älteren Menschen, der Ausbildungsstätten für die Nachwachsenden, vom Kindergarten bis zur Universität, und mehr. Vorausgesetzt wird dabei, daß nicht unvorhergesehene Zuwanderungsschübe die Altersgliederung verändern. Eine derart »stabile Bevölkerung«, die nur durch Geburten und Sterbefälle verändert wird, strebt drei Grundtypen zu: der *Pyramide*, der *Glocke* oder der *Urne*. Die *Pyramide* ist Ausdruck einer wachsenden Bevölkerung, d. h. jeder Jahrgang Neugeborener ist stärker besetzt als der vorhergehende. Die Gliederung der deutschen Reichsbevölkerung im Jahre 1910 entsprach dieser Grundform, die heute für viele schnell wachsende Bevölkerungen in den Entwicklungsländern gilt. Die *Glockenform* steht für eine stationäre Bevölkerung, d. h. die absoluten Geburtenzahlen sind konstant. Der gleichbleibende Sockel der jüngsten Altersjahrgänge unterliegt einer konstanten Verringerung durch die Sterblichkeit. Die *Urnen-form* dagegen umschreibt eine schrumpfende Bevölkerung, d. h. sie geht absolut nicht nur durch die natürliche Absterbeordnung zurück. Sie schrumpft auf lange Sicht in viel stärkerem Maße durch den ständigen Rückgang der Neugeborenen. Die schrumpfende wird gleichzeitig zu einer immer mehr überalternden Bevölkerung.

Die Altersgliederung Nordrhein-Westfalens Ende 1989 gleicht deutlich der Urnenform. Erst durch die allerjüngsten Jahrgänge scheint sich ein Wandel anzudeuten. Die starke Zuwanderung von Aussiedlern und Ausländern wirkt sich hier wahrscheinlich positiv aus. Der deutsche und damit auch der nordrhein-westfälische Altersaufbau werden aber in viel einschneidenderer Form von den Auswirkungen der beiden Weltkriege betroffen. Da sind zunächst die *Gefallenen*. Ihre Zahl hat sich besonders auf die männlichen Geburtsjahrgänge von 1927 und älter ausgewirkt. Dem Männerausfall stehen entsprechende Frauenüberschüsse gegenüber. Die Frauen sind Ende 1989 zwar alle über 60 Jahre, aber in jungen Jahren wurden sie entweder Witwen oder konnten nicht heiraten. Damit fiel ein erheblicher Teil dieser nach dem Zweiten Weltkrieg im gebärfähigen Alter stehenden Frauen für die Gebürtigkeit aus. Die beiden Weltkriege und die Ende der zwanziger/Anfang der dreißiger Jahre ausbrechende Weltwirtschaftskrise führen zu einem spürbaren *Geburtenausfall* in den Jahrgängen von 1916 bis 1921, 1931 bis 1935, 1941 bis 1946 und nochmals in den Hungerjahren von 1946 bis 1949. Der starke Rückgang vom Jahrgang 1964 bis 1974 hängt ursächlich mit der fast halbierten Gebürtigkeit zusammen. Das konnte nicht ohne Auswirkungen auf die Altersgruppen bleiben.

Der Anteil der Rentner, der über 65-jährigen, vermehrt sich relativ um über sieben Zehntel, absolut stieg ihre Zahl von 1,165 Mio (1950) auf 2,569 Mio (1989), also um 1,404 Mio oder über das Doppelte (120,5 v.H.) an! Damit zählen die Bundesrepublik und NRW zu den Staaten der Erde mit dem höchsten Rentneranteil. Beeinflußt wird dieser hohe Anteil besonders von den Frauen. War 1950 erst knapp jede zehnte Frau in Bund und NRW 65 und mehr Jahre alt, so ist es 1989 jede fünfte. Ihre Zahl stieg von 0,339 Mio (1950) auf 1,344 Mio, also verdreifachte sich mit 1,005 Mio! Das

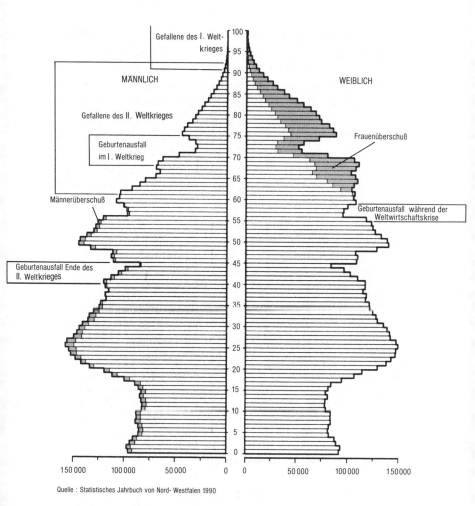

Abb. 1: Die Altersgliederung der Bevölkerung in Nordrhein-Westfalen
am 31. Dezember 1989

heißt, die starke Zunahme der Rentner in diesen vier Jahrzehnten wird von den Frauen getragen. Sie stellen über sieben Zehntel des Zuwachses und das erklärt auch den Frauenüberschuß in diesen Altersgruppen. Das Verhältnis der 65 Jahre und älteren Männer und Frauen ist 1:2. Dieses Mißverhältnis findet seine Erklärung durch die starken Verluste der Männer in den beiden Weltkriegen.

Diese wachsende Alterung der Bevölkerung wird verstärkt durch den drastischen Rückgang der Gebürtigkeit seit den siebziger Jahren. Wurden 1950 noch 2,976 Mio Kinder und Jugendliche unter 15 Jahre in NRW gezählt, so ging ihre Zahl bis 1989 um 0,403 Mio zurück. Der absolute Rückgang wird relativ verstärkt durch den zunehmenden Rentneranteil. Trotz der rückläufigen Kinder- und Jugendlichen- und der zunehmenden Rentnerzahlen erhöht sich leicht der Anteil der Personen im *erwerbsfähigen Alter*. Absolut stieg ihre Zahl von 9,054 Mio auf 11,961 Mio, also um 2,907 Mio (32,1 v. H.) an, die der Männer um 1,378 Mio (32,8 v. H.) und die der Frauen um 1,529 Mio (31,5 v. H.). Die von 1950 bis 1989 um 3,908 Mio sich erhöhende Landesbevölkerung wird also in erster Linie von Menschen im erwerbsfähigen Alter getragen. Der Zustrom von Vertriebenen, Flüchtlingen, Ausländern und Aussiedlern bewirkt die positive Entwicklung. Die Rentner tragen mit 1,404 Mio Personen bei, während die Kinder- und Jugendlichenzahl um 0,403 Mio zurückging.

Familienstand und Privathaushalte

Die Gliederung der Bevölkerung nach dem Familienstand, d. h. nach Ledigen, Verheirateten, Verwitweten und Geschiedenen ist nach dem Alter und dem Geschlecht das dritte Hauptmerkmal der Bevölkerungsstruktur. Zwischen Alter, Geschlecht und Familienstand besteht ein enger Zusammenhang. Die Ledigen finden sich mehr unter den Jüngeren, die Verwitweten mehr unter den Älteren, während die Verheirateten vor allen Dingen die Altersgruppe zwischen 25 und 70 Jahre bestimmen. In zunehmendem Maße muß hier unterschieden werden, ob die Ehepartner zusammen oder getrennt leben.

Die grobe Gliederung der Bevölkerung nach dem Familienstand ergab nach dem Mikrozensus April 1993, daß 9,063 Millionen oder mehr als die Hälfte (51,2 Prozent) der Landesbevölkerung verheiratet, mehr als ein Drittel (36,8 Prozent) mit 6,512 Millionen ledig waren, die Mehrheit Kinder und Jugendliche, weit weniger als ein Zehntel (8,3 Prozent oder 8,74 Millionen) war verwitwet. Dazu kommen noch 0,657 Millionen (3,7 Prozent) Geschiedene. Wesentlicher ist, wie sich weiter der Familienstand im einzelnen aufgliedern läßt, um die Zusammenhänge zwischen den Erwachsenen und den Kindern deutlich werden zu lassen. Die zusammenlebenden Verheirateten stellen 65 Prozent der Familien. Über die Hälfte von ihnen haben Kinder (54,5 Prozent). 85,3 Prozent der Familien (verheiratet Zusammenlebende mit Kindern) haben ein oder zwei Kinder. Die Gruppe der Kinderlosen ist mit 45,5 Prozent beachtlich. Neu und von zunehmender Tendenz ist die Zahl der getrennt lebenden Verheirateten, die mehrheitlich von den Frauen gestellt werden (51,0 Prozent), die überwiegend keine Kinder haben.

Die *Geschiedenen* ähneln in dieser Hinsicht den Getrenntlebenden. Wenn Kinder in einer geschiedenen Ehe vorhanden sind, dann werden sie mehrheitlich wohl den Frauen zugesprochen, wie der hohe Anteil von Frauen mit Kindern zeigt. In der Gruppe der *Ledigen* dominieren Frauen mit einem Kind. Bei den *Verwitweten* überwiegen wegen der besonderen Altersstruktur die alten Frauen, die in der Regel wie die wesentlich geringere Zahl der Männer ohne Kinder sind.

Der Familienstand gibt nun bereits wichtige Hinweise auf die Struktur der *privaten Haushalte*. Ihre Kenntnis ist von ausschlaggebender Bedeutung für das Zusammenleben der Menschen, besonders für das Wohnen. Aber auch alle öffentlichen und privaten Gemeinschaftseinrichtungen (z. B. Schulen) sind abhängig von der Zahl und Größe der Haushalte. Sie sind aber nicht nur Subjekte, sondern auch Objekte des staatlichen Handelns. Die Lohn-, Sozial- und Steuerpolitik ist familien- und haushaltsbezogen.

Erstaunlich hoch ist die Zahl der *Einpersonenhaushalte* (34,4 v. H.), die mit anwachsender Gemeindegröße zunehmen und in den Großstädten vier von zehn Haushalten stellen. Diese hohe Zahl – 1939 war es im Reichsgebiet erst jeder zehnte und bis 1961 im

Bundesgebiet jeder fünfte – verschärft mit die Wohnungsnot in den großen Städten. Umgekehrt finden sich die Haushalte mit fünf und mehr Personen mehr in den kleineren Gemeinden, ohne daß sie hier dominieren; im Gegenteil, auch hier überwiegen die Ein- und Zweipersonenhaushalte deutlich. Das liegt im wesentlichen daran, daß der Einpersonenhaushalt nicht allein vom jungen Single, sondern auch von den vorwiegend älteren weiblichen Verwitweten und den Geschiedenen bestimmt wird. Die zweitgrößte Gruppe stellt der Zweipersonenhaushalt (31,2 v. H.), der wohl mehrheitlich aus kinderlosen Ehepaaren besteht. Er ist gleichmäßig über alle Gemeindegrößenklassen verteilt. Die Drei- und Vierpersonenhaushalte finden sich mehr in den kleineren Gemeinden. Bäuerlich ländliche Haushalte spielen hier sicher eine Rolle. Aber nicht nur die Familienstandsgliederung spiegelt sich indirekt in der Haushaltsstruktur wider, sondern auch die negative natürliche Bevölkerungsbewegung. Die geringe Kinderzahl und die zunehmende Überalterung führten dazu, daß heute die Haushalte mit Kindern in der Minderheit sind. Sie stellen nicht einmal vier Zehntel (37,4 v. H.) aller Haushalte. Die Veränderungen der Wirtschaftsstruktur, der kulturellen Verhältnisse, besonders der ethischen und religiösen Anschauungen und der Wandel der politischen Vorstellungen beeinflussen Familienstand und Haushaltsstruktur.

Die Religionszugehörigkeit

Die Gliederung der Bevölkerung nach der Religionszugehörigkeit ist in Nordrhein-Westfalen von besonderer Bedeutung, weil es sich aus historischen Gründen um ein konfessionell gemischtes Land handelt. Bestimmend sind noch immer die beiden großen christlichen Kirchen. Die *katholische* stellte mit 8,260 Mio Gläubigen im Mai 1987 knapp die Hälfte (49,4 v. H.) der Landesbevölkerung, die *evangelische* Kirche mit 5,979 Mio ein gutes Drittel (35,8 v. H.). Die drittgrößte Gruppe mit 1,105 Mio Personen wird von den *keiner Religionsgesellschaft* Angehörenden gestellt. Nach der Zahl der Kirchenaustritte zu urteilen, von 1970 bis 1987 verringerte sich die Zahl der Katholiken um sieben Prozent, die der Evangelischen sogar um fast ein Sechstel (– 15,6 v. H.), wird diese Gruppe in Zukunft noch größer werden. Das gilt wahrscheinlich auch für die Anhänger des *Islam*, die mit 0,573 Mio Gläubigen nur eine Minderheit (3,4 v. H.) der Landesbevölkerung sind und im wesentlichen von den Türken im Lande getragen werden. Den übrigen Religionsgesellschaften gehören gut 0,341 Mio Personen an. Von ihnen bekennen sich 7.216 zur *jüdischen* Religionsgemeinschaft. Sie wohnen vorwiegend in Düsseldorf (1.476) und in Köln (1.235).

Die *regionale Verteilung* der beiden christlichen Konfessionen entspricht in den Grundzügen weithin noch der nachreformatorischen territorial-konfessionellen Gliederung des Landes. Das Münsterland und das Paderborner Land, das zum kurfürstlichen Köln gehörende ostsauerländische Herzogtum Westfalen und weite Teile der linksrheinischen Landesteile vom Kreis Kleve bis in den Kreis Euskirchen sind vorherrschend (über zwei Drittel) katholisch. Das ostwestfälische Ravensberg und Lippe, aber auch Tecklenburg, die ehemalige Grafschaft Mark und das Herzogtum Berg, Siegen und Wittgenstein und die reformierten Gebiete am Niederrhein sind überwiegend evangelisch. Deutliche Veränderungen hat erst die industrielle Verstädterung gebracht. Ehemals überwiegend katholische Städte wie Bonn, Köln, Aachen und Münster weisen heute große evangelische Anteile ebenso auf wie Gelsenkirchen, das erst durch die Zuwanderung von evangelischen Ostpreußen zur industriellen Großstadt geworden ist. Diese gewachsene und sich im Zuge der industriellen Verstädterung verändernde konfessionelle Grundstruktur erfährt in jüngster Zeit durch die keiner Religionsgemeinschaft angehörenden Personen und die Anhänger des Islam eine neue Orientierung.

Der Anteil der *Konfessionslosen* ist besonders hoch in den stärker evangelischen Teilen der Rhein-Ballung. In Düsseldorf (13,5 v. H.), Wuppertal (13,6 v. H.), Solingen (15,2 v. H.), Remscheid (13,5 v. H.) und dem Landkreis Mettmann (11,8 v. H.) gehören bereits über ein Zehntel keiner Religionsgemeinschaft mehr an. Es sind die Städte, die wie Düsseldorf (– 36,0 v. H.) oder Wuppertal (– 31,2 v. H.) über drei Zehntel ihrer evangelischen Bevölkerung seit 1970 eingebüßt haben. Die übrigen Religionsgemeinschaften haben hiervon nicht profitiert, auch wenn sie in Düsseldorf (3,6 v. H.), Wup-

Tabelle 7: Die Entwicklung der Zahl der Ausländer in Nordrhein-Westfalen von 1951 bis 1993 (in 1.000)

Staatsangehörigkeit	1951	1961	1970	1980	1987	1993
Türkei	0,08	1,24	135,50	515,58	517,00	639,13
Jugoslawien	7,83	6,15	104,80	144,99	134,40	250,22
Italien	8,55	48,00	150,00	170,78	143,40	141,72
Griechenland	0,23	13,20	111,20	100,86	93,40	110,79
Spanien	0,20	13,26	82,70	65,74	52,90	45,95
Niederlande	58,44	49,91	71,20	69,00	66,10	65,26
Portugal	0,02	10,24	23,30	48,36	32,10	35,48
Österreich	5,19	0,21	23,00	25,80	25,50	25,08
Sonstige	64,06	62,44	124,20	236,50	336,90	563,89
Insgesamt	144,60	204,75	825,90	1.377,61	1.401,70	1.812,26
Bundesgebiet	485,76	686,16	2.976,50	4.453,30	4.630,20	5.882,3
NRW in v. H. der BRD	29,8	29,8	27,7	30,9	30,3	30,8

Quelle: Statistische Jahrbücher der Bundesrepublik Deutschland

pertal (3,0 v. H.), Hagen (3,2 v. H.) und im Märkischen Kreis (3,0 v. H.) einen über dem Landesdurchschnitt liegenden Bevölkerungs-anteil dank der vielfältigen, besonders christlichen Gemeinschaften erreichten. Noch stärker als die Konfessionslosen sind die *Moslems* ballungsraumbezogen. Ihr Anteil steht im ursächlichen Zusammen-hang mit der Verteilung der türkischen Bevölkerung. Sie ist beson-ders hoch in Köln (1993: 73.600), Duisburg (50.200), Dortmund (24.900) und Gelsenkirchen (24.300). Hier bekennen sich über ein Zwanzigstel der Bevölkerung zum Islam.

Die Staatsangehörigkeit

Die Mehrzahl der Ausländer kam zunächst als Gastarbeiter nach Deutschland und zog dann später ihre Familienmitglieder nach. Der stärkere Zuzug setzt erst nach den Absperrmaßnahmen am 13. August 1961 in Berlin ein, als der Zustrom von Flüchtlingen unterbrochen wurde und der steigende Arbeitskräftebedarf der deutschen Wirtschaft nur durch ausländische Arbeiter gedeckt wer-den konnte. Es steigt deshalb nach 1961 nicht nur die Zahl der

Ausländer, sondern es verändert sich auch ihre Zusammensetzung nach der Staatsangehörigkeit. Zu Beginn der fünfziger Jahre wurde die noch geringe Zahl von den Niederländern bestimmt, die vorwiegend in den Kreisen entlang der niederländischen Grenze wohnten. Als besondere Gruppe kamen noch die Polen (17.100) hinzu, die vielfach nach dem Kriege nicht in ihre Heimat zurückkehren wollten.

Bis 1961 verstärkt sich die Gruppe der aus den europäischen Mittelmeerländern stammenden Gastarbeiter, unter denen die Italiener die stärkste waren. Weiterhin sind die Niederländer die führende Ausländergruppe. Das ändert sich bis 1970 grundlegend. Die Zahl der Ausländer vervielfacht sich in Land und Bund. Die Anwerbung von Arbeitern konzentriert sich nun nicht mehr allein auf die bisherigen Abgabestaaten, sondern dehnt sich auf die Türkei aus, die nach Italien und vor Griechenland ein Sechstel aller Ausländer stellt. Bis 1993 verfünffacht sich knapp, trotz des Anwerbestopps 1973, die Zahl der Türken, vor allem durch den Nachzug von Familienangehörigen. Sie werden damit mit einem Anteil von über einem Drittel (35,3 v. H.) an der ausländischen Bevölkerung zur wichtigsten Gruppe in Land und Bund. Rückläufig war die Entwicklung der Zahl der Italiener, Spanier und der Portugiesen seit 1980, was auf die zunehmende Rückwanderung zurückzuführen ist. Etwa gleichbleibend ist die Zahl der Niederländer. Die ausländische Bevölkerung wird 1993 also in erster Linie von Türken, Jugoslawen, Italienern und Griechen bestimmt. Das beeinflußt auch die *regionale Verteilung*.

Ein deutliches Übergewicht hat zunächst der nordrheinische Landesteil. Hier leben über sechs Zehntel der 1993 gezählten Ausländer, mehrheitlich (0,703 Mio) in den kreisfreien Städten. Köln weist mit 174.300 die meisten Ausländer auf. Sie stellen fast ein Fünftel (18,1 v. H.) der Stadtbevölkerung. Düsseldorf (99.700), Duisburg (88.100), Essen (56.000), Wuppertal (52.500), Bonn (38.600) und Aachen (31.400) sind die rheinischen Städte mit der größten Ausländerzahl, die bis auf Essen 1987 bereits ein Zehntel und mehr der Bevölkerung ausmachten, was auch für Remscheid und Solingen gilt. Die mit vielseitigen Industrie- und Gewerbezweigen ausgestatteten, mehrheitlich über hochzentrale Einrichtungen verfügenden Großstädte sind es, auf die sich die Ausländer konzentrieren. Sie fehlen weitgehend im westfälischen Landesteil. Hier sind es nur Dortmund (65.600), Gelsenkirchen (38.700), Bielefeld (37.500), Bochum (35.400), Hagen (28.200) und Herne (21.900), die einen stärkeren Ausländeranteil aufweisen, der aber nur in wenigen Städten ein Zehntel der Bevölkerung erreicht. Mit Ausnahme des Märkischen Kreises (12,1 v. H.) mit seiner vielfältigen Industrie liegen in den übrigen Landkreisen die Ausländeranteile unter dem Landesdurchschnitt (10,3 v. H.).

Auch in der Zusammensetzung der ausländischen Bevölkerung nach Nationalitäten gibt es deutliche regionale Unterschiede. Die Türken stellen besonders in den nördlichen Kernstädten und Landkreisen des Ruhrgebietes von Duisburg bis Hamm die absolute Mehrheit der Ausländer. Die Italiener konzentrieren sich mehr auf die südbergländischen Stadt- und Landkreise von Solingen bis in den Hochsauerlandkreis. Die Griechen sind in den westfälischen Kreisen von Hagen bis Olpe stärker am Ausländeranteil beteiligt.

Wirtschaftliche und soziale Gliederung

Für die Beurteilung einer Bevölkerung ist es bedeutsam, Auskunft zu bekommen über die Art des Lebensunterhaltes, den Umfang der Erwerbstätigkeit und der Arbeitslosigkeit, die Gliederung der Erwerbstätigen nach wirtschaftlichen und sozialen Aspekten unter besonderer Berücksichtigung der schulischen und beruflichen Ausbildung.

Der Lebensunterhalt

Ausgangspunkt der Betrachtung kann nur der überwiegende Lebensunterhalt der Bevölkerung sein, weil sich nie alle zusätzlichen Einkommensmöglichkeiten erfassen lassen. Im einzelnen werden als Unterhaltsquellen unterschieden: Erwerbstätigkeit, Arbeitslosengeld oder -hilfe, Renten und Pensionen, eigenes Vermögen, Vermietung oder Verpachtung, Altenteil, Lebensunterhalt

Tabelle 8: Der überwiegende Lebensunterhalt der Bevölkerung in Nordrhein-Westfalen am 25. Mai 1987 (in 1.000)

Lebensunterhalt durch	insgesamt absolut v. H.		weiblich absolut v. H.		Verhältnis männl.-weiblich v. H.
Erwerbstätigkeit	6.346	38,0	2.108	24,2	66,8 : 33,2
Arbeitslosengeld/-hilfe	458	2,7	157	1,8	65,7 : 34,3
Rente, Pension	3.146	18,8	1.873	21,5	40,5 : 59,5
eigenes Vermögen, Vermietung, Verpachtung, Altenteil	119	0,7	76	0,9	36,1 : 63,9
durch Eltern, Ehegatten u. a.	6.180	37,0	4.236	48,7	31,5 : 68,5
Sonstige Unterstützung	463	2,8	250	2,9	46,0 : 54,0
Insgesamt	16.712	100,0	8.700	100,0	47,9 : 52,1

Quelle: Statistisches Jahrbuch Nordrhein-Westfalen 1990

durch Eltern, Ehegatten u. a. und sonstige Unterstützungen wie z. B. Sozialhilfe und BAFöG.

Dreiviertel der Bevölkerung bestreiten ihren Lebensunterhalt durch Erwerbstätigkeit oder sind als Ehegatte oder Kind davon abhängig. Das erscheint ziemlich hoch, allerdings nicht, wenn bedacht wird, daß noch von 1925 bis 1939 im Reichsgebiet und bis 1956 im Bundesgebiet über die Hälfte der Bevölkerung zu den Erwerbstätigen zählte. Das relative Absinken der Erwerbstätigen wird durch den Anstieg der Zahl der Personen bewirkt, die eine Altersversorgung beziehen. Ihr Anteil an der Gesamtbevölkerung, hierbei besonders der der Frauen, ist ja nach dem Kriege stark angestiegen. Demgegenüber treten die übrigen Gruppen zurück. Die »sonstige Unterstützung« erfahrenden Personen sind u. a. BA-FöG- und Sozialhilfeempfänger, deren Anteil ähnlich hoch ist wie der der Arbeitslosen.

Zahlenmäßig unbedeutend sind die über ein eigenes Vermögen oder ähnliches verfügenden Personen. In dieser Gruppe und auch bei den Rentnern/Pensionären und den versorgten Familienangehörigen überwiegen die Frauen.

Die Unterhaltsstruktur der Bevölkerung erscheint im Spiegel der Volkszählungsergebnisse günstig angesichts der geringen Zahl von Arbeitslosengeld/-hilfe oder sonstige Unterstützung beziehenden

Personen, unter denen die Sozialhilfeempfänger zu finden sind. Die Zahlen beider Gruppen sind aber wesentlich höher, wenn nicht wie bei der Volkszählung im Mai 1987 nur nach dem überwiegenden Lebensunterhalt gefragt wird.

Die Zahl der Arbeitslosen in NRW betrug im September 1991 0,545 Mio Personen, die laufende Hilfe zum Lebensunterhalt erfahrenden Sozialhilfeempfänger 1,210 Mio Personen. Beide Gruppen stellten mit 1,755 Mio Personen ein Zehntel (10,1 v. H.) der Landesbevölkerung. Für die regionale Bevölkerungsverteilung ist nun bedeutsam, daß diese im Schatten der wirtschaftlichen Entwicklung stehenden Gruppen nicht gleichmäßig über das Land verteilt sind, sondern sich besonders auf die Kernstädte der Rhein-Ruhr-Ballung konzentrieren. Arbeitslose und die genannten Sozialhilfeempfänger stellten 1991 in Dortmund (13,9 v. H.), Essen (13,1 v. H.) und Köln (12,9 v. H.) mehr als ein Zehntel der Stadtbevölkerung. Aber auch in den Emscherstädten, Hagen und Mönchengladbach wurden ähnlich hohe Werte registriert. Erheblich geringer sind sie dank der niedrigeren Zahl von Sozialhilfeempfängern in den ländlich-gewerblichen Kreisen und den traditionellen Industriegebieten.

Erwerbstätigkeit und Arbeitslosigkeit

Bei der Beteiligung der Bevölkerung am Erwerbsleben wird in der amtlichen Statistik unterschieden nach Erwerbspersonen und Nichterwerbspersonen. Die Erwerbspersonen setzen sich aus den Erwerbstätigen, also denen die einem Erwerb nachgehen, und den Erwerbs- oder Arbeitslosen zusammen.

Die Entwicklung der Erwerbspersonen hat nun in NRW nach dem Kriege grundlegende Veränderungen erfahren. Die 1950 noch je über ein Zehntel stellende Land- und Forstwirtschaft und der Bergbau sind bis 1987 beschäftigungsmäßig zur Bedeutungslosigkeit abgesunken, im Gegensatz zu ihrem politischen Einfluß in Land und Bund. Die Landwirtschaft verlor mit der zunehmenden Verflechtung der EU-Staaten acht Zehntel ihrer Erwerbspersonen, der Bergbau über die Hälfte, besonders in den sechziger Jahren, als die Auswirkungen der vom wachsenden Einfluß des Erdöls ausgelösten Steinkohlenabsatzkrise spürbar wurde. Auch das verarbei-

Tabelle 9: Die Entwicklung der Erwerbspersonen nach Wirtschaftsabteilungen von 1950 bis 1987

Wirtschaftsabteilung	absolut				v. H.				Veränderung			
	1950	1961	1970	1987	1950	1961	1970	1987	1950–61	1961–70	1970–87	1950–87
1. Land- u. Forstwirtschaft, Fischerei	674.349	458.805	241.478	137.484	11,7	6,4	3,5	1,0	−32,0	−47,4	−43,1	−79,6
2. Energie, Wasserversorgung und Bergbau	601.807	517.093	514.241	268.303	10,5	7,2	4,5	3,9	−14,1	−39,2	−14,6	−55,4
3. Verarbeitendes Gewerbe	2.052.810	2.953.383	2.904.507	2.299.580	35,7	41,2	41,8	33,2	43,9	−1,7	−20,8	12,0
4. Baugewerbe	456.659	528.870	520.529	451.762	7,9	7,4	7,5	6,5	15,8	−1,6	−13,2	−1,1
5. Handel, Kreditinstitute u. Versicherungsgewerbe	630.916	1.023.117	1.107.235	1.091.130	11,0	14,3	15,9	15,7	62,2	8,2	−1,5	72,9
6. Dienstleistungen	929.148	1.270.269	1.517.637	2.301.637	15,2	17,7	21,8	33,2	36,7	19,5	51,7	147,7
7. Verkehr u. Nachrichtenübermittlung	330.462	372.866	551.016	383.193	5,8	5,2	5,0	5,5	12,8	−5,9	9,2	16,0
8. Ohne Angaben	68.676	39.281	–	–	1,2	0,5	–	–	−42,8	–	–	–
Erwerbspersonen insgesamt	5.744.827	7.163.684	6.556.643	6.933.089	100,0	100,0	100,0	100,0	24,7	−2,9	−0,3	20,7
Erwerbsquote (Erwerbspers. in v.H.d. Wohnbevölkerung)	43,50	45,02	41,13	41,49								

Quelle: Statist. Jahrbücher Nordrhein-Westfalen 1952, 1964 u. 1973 (Ergebnisse der Volkszählungen 1950, 1961)
Volkszählung 1987 Sonderreihe zur Volkszählung 1987 in Nordrhein-Westfalen, Bd. 2.9

tende Gewerbe, die tragende Säule der NRW-Wirtschaft, büßte aufgrund von Umstellungs- und Rationalisierungsmaßnahmen ein Fünftel seiner Erwerbspersonen in den siebziger und achtziger Jahren ein. Wesentlicher für die Landesentwicklung ist aber, daß die unterschiedliche Entwicklung der Wirtschaftsabteilungen von 1950 bis 1987 den Strukturwandel des Landes nach dem Kriege sichtbar werden läßt. Stellten 1950 noch Bergbau und verarbeitendes Gewerbe knapp die Hälfte aller Erwerbspersonen, so sind es 1987 die vom Handel über die Dienstleistungen bis zum Verkehr reichenden Sektoren, die über die Hälfte (54,4 v. H.) aller Erwerbspersonen ausmachen. Der eigentliche Umbruch vollzog sich nach 1970 als die Dienstleistungen i.e.S. ihre Erwerbspersonenzahl um über die Hälfte vermehren konnten, während das verarbeitende Gewerbe, der Bergbau und besonders die Landwirschaft erhebliche Einbußen hinnehmen mußten. Dem Gewinn von 0,784 Mio Erwerbspersonen in den Dienstleistungen bis 1987 stand ein Verlust von 0,604 Mio in den verarbeitenden Gewerben, 0,104 Mio in der Landwirtschaft und 46.000 in Energie, Wasserversorgung und Bergbau gegenüber. Nicht mehr die Industrie, und da besonders die Grundstoffindustrie, ist die Grundlage Nordrhein-Westfalens, sondern der Dienstleistungssektor i.w.S. Da diese Wirtschaftsabteilungen unterschiedlichen räumlichen Verteilungsmustern unterliegen, wirkt sich dieser Strukturwandel natürlich auch auf die Regionalstruktur des Landes aus.

Der Strukturwandel setzt sich in den letzten Jahren weiter fort, wie es die Ergebnisse des Mikrozensus[7] verdeutlichen. Gegenüber den vorangegangenen Jahrzehnten zeichnen sich neue Entwicklungen ab, die zu einer deutlichen Zunahme der Erwerbstätigen führen. Davon profitieren nicht nur alle Dienstleistungsbereiche, sondern erstmals seit den sechziger Jahren auch das verarbeitende Gewerbe und seit den siebzigern das Baugewerbe. Zum Wachstum des verarbeitenden Gewerbes haben besonders die Kunststoffverarbeitung und der Maschinenbau beigetragen, während die Eisen- und Stahlverarbeitung und das Textilgewerbe Einbußen erlitten.

---

[7] Der Mikrozensus ist eine Repräsentativstatistik, die auf einer jährlichen Befragung von ein Prozent aller Haushalte im Bundesgebiet beruht. Die Ergebnisse lassen sich nur bedingt mit denen der Volkszählungen vergleichen.

Tabelle 9a: Die Entwicklung der Erwerbstätigen in NRW von April 1988 bis April 1992 (in 1.000)

Wirtschaftsabteilung	absolut		in v.H.				Veränderung 1988–1992		
			1988		1992		abs.	v.H.	
	1988	1992	NRW	BRD[1]	NRW	BRD[1]		NRW	BRD[1]
1. Land- u. Forstwirtschaft, Fischerei	147,1	146,7	2,1	4,5	1,9	3,6	− 0,4	− 0,2	−17,5
2. Energie, Wasserversorgung u. Bergbau	264,9	231,7	3,8	0,9	3,0	0,8	− 33,2	−12,2	+ 0,6
3. Verarbeitendes Gewerbe	2.326,5	2.489,5	33,9	29,7	32,7	28,5	+163,0	+ 7,0	+ 1,2
4. Baugewerbe	436,1	491,4	6,3	6,6	6,5	6,4	+ 55,3	+12,7	+ 0,6
5. Handel	871,4	970,0	12,6	13,6	12,8	14,1	+ 98,6	+11,3	+ 8,8
6. Kreditinstitute, Versicherungsgewerbe	233,3	270,5	3,4	3,6	3,6	3,8	+ 37,2	+15,9	+10,4
7. Verkehr u. Nachrichtenübermitlung	370,3	400,3	5,4	5,9	5,3	6,1	+ 30,0	+ 8,1	+ 7,9
8. Dienstleistungen v. Unternehmen u. freie Berufe	1.416,3	1.705,0	20,5	22,8	22,4	25,0	+288,7	+20,4	+15,5
9. Organisationen ohne Erwerbszweck	148,1	204,1	2,2	2,1	2,7	2,1	+ 56,0	+37,8	+ 4,6
10. Gebietskörperschaften, Sozialversicherung	678,1	692,4	9,8	10,3	9,1	9,6	+ 14,3	+ 2,1	− 1,9
Erwerbstätige insgesamt	6.892,1	7.601,6	100,0	100,0	100,0	100,0	+709,5	+10,3	+ 5,1

Ergebnisse des Mikrozensus: Statist. Jahrbücher Nordrhein-Westfalen 1990 u. 1993
1 ohne NRW.

117

Mit dieser Entwicklung unterscheidet sich NRW deutlich vom übrigen Bundesgebiet. Das gilt noch stärker für die Dienstleistungen von Unternehmen und die freie Berufe, Organisationen ohne Erwerbszweck, die Kreditinstitute und Versicherungen, aber auch für das Baugewerbe. Vielfach handelt es sich hier in NRW um ein Gleichziehen mit dem übrigen Bundesgebiet und um Sonderentwicklungen, die im Zusammenhang mit der Konzentration von multizentralen Einrichtungen im Bonn-Kölner und Düsseldorfer Raum stehen. Das gilt besonders für die Organisationen ohne Erwerbszweck, die absolut die stärkste positive Veränderung erfuhren. Rückläufig waren weiter die Land- und Forstwirtschaft – im übrigen Bundesgebiet deutlich mehr als in NRW – und in der Wirtschaftsabteilung Energie, Wasserversorgung und Bergbau, die in NRW stärker als in den übrigen Bundesländern vom Bergbau getragen wurde (Bergleute und Mineralgewinner 1988: 89.294; 1992: 68.455). Er stellte mit 20.389 (– 23,4 v. H.) allein ein Achtel des Verlustes dieser Wirtschaftsabteilung.

Das ganze Ausmaß des Strukturwandels läßt sich an wenigen Ziffern verdeutlichen: Im Jahre 1950 zählte noch über die Hälfte (54,1 v. H.) aller Erwerbspersonen zum Wirtschaftsbereich Industrie und Handwerk und nur ein gutes Drittel (34,2 v. H.) zu den Dienstleistungen. Bis 1992 hat sich das Verhältnis umgekehrt. Zu den Dienstleistungen gehören weit über die Hälfte (55,9 v. H.) der Erwerbstätigen und nur gut vier Zehntel (42,2 v. H.) zu Industrie und Handwerk. Dieser sich fortsetzende Wandel hat sich bis in die allerjüngste Zeit vor dem Hintergrund wachsender Beschäftigungsmöglichkeiten bzw. einer wachsenden Zahl von Beschäftigungssuchenden vollzogen. Allein von 1950 bis 1987 stieg die Zahl der Erwerbspersonen um 1,188 Mio oder um ein Fünftel (+ 20,7 v. H.), die der Erwerbstätigen von 1988 bis 1992 um 0,710 Mio oder um ein Zehntel (+ 10,2 v. H.).

Ein Spiegel der allgemeinen wirtschaftlichen Entwicklung und der Strukturkrise in bestimmten Wirtschaftsbereichen ist die gerade in den achtziger Jahren stark angestiegene *Arbeitslosigkeit*. Der Bergbau, das Baugewerbe, die Textil- und Bekleidungs- und die Stahlindustrie sind die großen Verlierer der allgemeinen Entwicklung und des Strukturwandels, nicht zu vergessen die Landwirtschaft, die aber bei den Arbeitslosenzahlen nicht zum Tragen kommt. Die langfristige Betrachtung der Arbeitslosigkeit zeigt, daß der im Bundesgebiet Anfang der fünfziger Jahre bestehende Sockel der Arbeitslosigkeit schrittweise bis in die siebziger Jahre abgebaut werden konnte. In NRW war die Arbeitslosigkeit immer geringer als im Bund, weil die Schwerindustrie, besonders der arbeitsintensive Bergbau, sofort nach Kriegsende von der britischen Besatzungsmacht gefördert wurde. Die Kohlenabsatzkrise 1957/58 setzte dem ein Ende. Trotzdem gelang es in NRW aber bis 1961 nicht nur die Arbeitslosigkeit zu beseitigen, sondern die Erwerbspersonenzahl um ein Viertel zu steigern. Auch in den sechziger Jahren war die Arbeitslosigkeit bedeutungslos, trotz des nun immer spürbarer werdenden Strukturwandels und leicht rückläufiger Erwerbspersonenzahlen. Im Jahre 1970 lag die Arbeitslosenquote in der Rhein-Ballung, im östlichen Münsterland und in Ravensberg deutlich unter dem Landesdurchschnitt. Deutlich darüber lag sie aber in den Kernstädten des Ruhrgebietes, die von der Krise im Steinkohlenbergbau getroffen waren. Eine ähnliche Entwicklung zeigten die von der Textilindustrie geprägten westlichen Kreise des Münsterlandes.

Die eigentliche Wende auf dem Arbeitsmarkt der Bundesrepublik und Nordrhein-Westfalens tritt mit der Ölpreiskrise 1974/75 ein. Die Arbeitslosenzahlen steigen sprunghaft an, und in den achtziger Jahren übersteigt die Arbeitslosenquote des Landes die der Bundesrepublik. Die zurückgehenden Zahlen der Erwerbspersonen von 1970 bis 1987 deuten bereits darauf hin, daß es nicht allein die rückläufige Landwirtschaft (– 0,104 Mio EP) und der Bergbau mit Energie- und Wasserversorgung (– 46.000 EP) war, sondern in erster Linie das verarbeitende Gewerbe (– 0,605 Mio EP), das Baugewerbe (– 68.800 EP) und auch der Handel (– 16.100 EP) waren es, die zusammengenommen einen Rückgang von 0,840 Mio Erwerbspersonen bewirkten, der nicht durch den Zuwachs von 0,816 Mio in den Dienstleistungen und im Verkehr aufgewogen werden konnte. Besonders betroffen wird von dieser Entwicklung das Ruhrgebiet, weil nach dem Steinkohlenbergbau in den achtziger Jahren besonders die Stahlindustrie große Arbeitsplatzverluste hinnehmen muß. Hier finden sich deshalb 1990 wie auch 1987 die

Arbeitsamtsbezirke mit den höchsten Arbeitslosenquoten (Gelsen-kirchen 12,5, Essen 12,2, Dortmund und Bochum je 11,9 und Duisburg 11,8). Weitere Arbeitsplätze im Bergbau und in der Stahl-industrie werden hier in den neunziger Jahren zur Disposition gestellt. Die Arbeitsplatzverluste haben nicht nur die Arbeitslosig-keit erhöht, sondern auch die Nord-Süd-Wanderung mit gefördert und dazu geführt, daß die wirtschaftliche Entwicklung in Baden-Württemberg, Bayern und Hessen günstiger verläuft und die Ar-beitslosenquote geringer ist. Um das auch in NRW zu erreichen, muß der Strukturwandel des Landes fortgesetzt und gefördert wer-den.

Die soziale Gliederung der Erwerbstätigen

Die wirtschaftliche Gliederung der Erwerbstätigen findet ihre Ergänzung und Vertiefung durch die soziale Gliederung nach der Stellung im Beruf. Im traditionellen Sinne wird in der Statistik unterschieden nach Selbständigen, mithelfenden Familienangehöri-gen, Beamten, Angestellten und Arbeitern mit den jeweiligen Aus-zubildenden. So unbefriedigend diese Gliederung auch ist, so gibt sie doch einen groben Überblick über die unterschiedlich definier-ten sozialen Gruppen des Landes. NRW ist in erster Linie ein Land der abhängig arbeitenden Angestellten und Arbeiter.

Daß die Angestellten heute die Arbeiter zahlenmäßig übertref-fen, die 1950 noch knapp sechs Zehntel (58,6 v. H.) aller Erwerbstä-tigen stellten, hat arbeitsrechtliche Gründe, aber auch die zuneh-mende Qualifikation der abhängigen Arbeitnehmer ist hier von Bedeutung. Die Beamten mit den Angestellten stellten 1950 erst ein gutes Fünftel (22,6 v. H.) der Erwerbstätigen. Rückläufig sind aber auch die Selbständigen und die mithelfenden Familienangehörigen, die vorwiegend von der Landwirtschaft gestellt wurden. Ihre Zahl hat sich in diesen Jahren um 0,440 Mio (− 40,7 v. H.) verringert, die der Erwerbspersonen in der Land- und Forstwirtschaft sogar um 0,537 Mio. Der Strukturwandel des Landes spiegelt sich also auch in der sozialen Gliederung wider.

Tabelle 10: Die Entwicklung der Arbeitslosigkeit in Nordrhein-Westfalen und im Bundesgebiet von 1949 bis 1993 (in 1.000)

Jahr	NRW		Bundesrepublik Deutschland	
	absolut	Arbeitslosen-quote	absolut	Arbeitslosen-quote
1949	196	4,5	1.238	8,7
1950	174	3,8	1.690	10,7
1951	174	3,6	1.325	8,3
1952	159	3,1	1.240	7,6
1953	144	2,7	1.073	6,4
1954	151	2,7	1.008	5,8
1955	92	1,6	495	2,7
1956	74	1,2	411	2,2
1957	62	1,0	367	1,9
1958	83	1,3	327	1,7
1959	57	0,9	184	0,9
1960	36	0,5	240	1,3
1961	28	0,4	160	0,8
1962	28	0,4	154	0,7
1963	34	0,5	186	0,8
1964	32	0,5	169	0,8
1965	28	0,4	147	0,7
1966	41	0,6	161	0,7
1967	119	1,9	459	2,1
1968	68	1,2	323	1,5
1969	36	0,6	179	0,9
1970	37	0,6	149	0,7
1971	48	0,8	185	0,8
1972	73	1,2	246	1,1
1973	83	1,3	273	1,2
1974	179	2,9	582	2,6
1975	300	4,8	1.074	4,7
1976	304	4,9	1.060	4,6
1977	310	5,0	1.030	4,5
1978	312	5,0	1.214	4,3
1979	289	4,6	993	3,8
1980	291	4,6	889	3,8
1981	403	6,4	1.272	5,5
1982	567	8,6	1.833	7,9
1983	706	10,6	2.258	9,1
1984	717	10,7	2.266	9,1
1985	733	11,0	2.304	9,3
1986	725	10,9	2.228	9,0
1987	737	11,0	2.229	8,9
1988	752	11,0	2.242	8,7
1989	688	10,0	2.038	7,9
1990	630	9,0	1.883	7,2
1991	561	7,9	1.689	6,3
1992	582	8,0	1.808	6,6
1993	716	9,8	2.223	8,0

Quelle: Stat. Jahrbücher der BRD und von NRW

Tabelle 11: Erwerbstätige nach der Stellung im Beruf am 25. Mai 1987
(in 1.000)

	absolut	v. H.
1. Selbständige, mithelfende Familienangehörige	641,4	9,3
2. Beamte, Richter, Soldaten	609,2	8,8
3. Angestellte, kaufm.-technische Auszubildende	2.914,4	42,0
4. Arbeiter, gewerbl. Auszubildende	2.768,1	39,9
Erwerbstätige	6.933,1	100,0 (41,5)[1]
davon Ausländer	499,2	7,2

Quelle: Statist. Jahrbuch Nordrhein-Westfalen 1990

1 v. H. der Gesamtbevölkerung

1.3. Die natürliche Bevölkerungsbewegung

Die natürliche Bevölkerungsbewegung wird von den Geburten-
und Sterbefällen bestimmt und im weiteren Sinne von den Eheschließungen und den Ehescheidungen beeinflußt. Die Höhe der
Gebürtigkeit und Sterblichkeit bestimmt neben den Wanderungen
die regionale Bevölkerungsentwicklung. Geborene und Gestorbene
beeinflussen aber auch den Altersaufbau, der umgekehrt wiederum
von entscheidender Bedeutung für die Anzahl der Geburten und
Sterbefälle ist. Bei einem Vergleich der Lebendgeborenen mit der
Zahl der Sterbefälle zeigt sich, daß von 1938 bis 1971 in der Regel
Geburtenüberschüsse zu verzeichnen waren, die seit 1965 ständig
abgesunken sind und von 1972 an von einem Gestorbenenüberschuß abgelöst wurden. Das war nicht eine Folge der zunehmenden
Überalterung der Bevölkerung, was zu einer höheren Sterbeziffer
(die Zahl der Sterbefälle bezogen auf je 1.000 Einwohner) führen
müßte. Die Sterbeziffer liegt seit Mitte der sechziger Jahre um die
11,5 je 1.000 Einwohner. Ausschlaggebender ist, daß die Geburtenziffer (die Zahl der Lebendgeborenen je 1.000 der Bevölkerung) seit
1965 ständig abgesunken ist. Wurden 1964 noch 300.425 Lebendge-
borene registriert – es war die höchste Zahl nach dem Kriege –, so
halbierte sie sich fast bis 1978 mit 158.478 Lebendgeborenen. Die

Geburtenziffer war von 18,2 je 1.000 Einwohner auf 9,8 abgesunken.

Die rückläufige Gebürtigkeit hat vielfältige Erklärungen gefunden, was in unserem Zusammenhang nicht von Bedeutung ist. Wesentlicher ist hier, welchen Beitrag der Geborenenüberschuß zur Entwicklung der Landesbevölkerung beigetragen hat. Von 1950 bis 1961 erhöhte sie sich um 2,705 Mio Einwohner. Davon stellte allein der Geborenenüberschuß mit 0,915 Mio ein Drittel (33,8 v.H.). Von 1961 bis 1970 kann das Land nochmals 1,002 Mio Neubürger hinzugewinnen, von denen 0,892 Mio oder fast neun Zehntel (89,0 v.H.) dem Geburtenüberschuß zu verdanken sind. Die großen Zuwanderungen von Vertriebenen und Flüchtlingen in den fünfziger Jahren, die den hohen Zuwachs bedingt hatten, waren beendet und die Bevölkerungsentwicklung des Landes wurde mehr und mehr von der Gebürtigkeit abhängig. Ging sie zurück, dann überwog die relativ konstante Sterblichkeit. Die Landesbevölkerung sank deshalb zwischen 1970 und 1987 nur um 0,203 Mio Einwohner (– 1,2 v.H.), obwohl der Gestorbenenüberschuß in diesen Jahren 0,412 Mio ausmachte. Die Differenz wurde durch Zuwanderung gedeckt. 1986/87 stieg die Zahl der Lebendgeborenen langsam wieder an und erreichte 1992 mit 196.899 wieder die Werte der sechziger Jahre, die mit über 0,250 Mio den zahlenmäßigen Erhalt der Landesbevölkerung garantierten. Von Bedeutung für die zukünftige Entwicklung ist, daß die Säuglingssterblichkeit ebenso drastisch gesenkt werden konnte wie die Zahl der Totgeborenen. Starben bis in die beginnenden siebziger Jahre noch 25 von 1.000 Lebendgeborenen unter einem Jahr – 1950 waren es noch 62 –, so zählte man 1992 nur noch acht. Die Totgeborenenziffer ging von 23,2 je 1.000 Lebend- und Totgeborenen 1950 auf 3,8 (1990) zurück. Geboren werden die meisten Kinder immer noch ehelich, auch wenn die Zahl der nichtehelich Geborenen seit Mitte der sechziger Jahre langsam zunimmt, so daß 1992 fast jedes zehnte Kind ein nichtehelich geborenes war. Die Mehrzahl der Frauen bekommen ihre Kinder zwischen dem 26. und 29. Altersjahr. Das dritte Lebensjahrzehnt ist es auch, in dem die meisten Frauen eine Ehe eingehen.

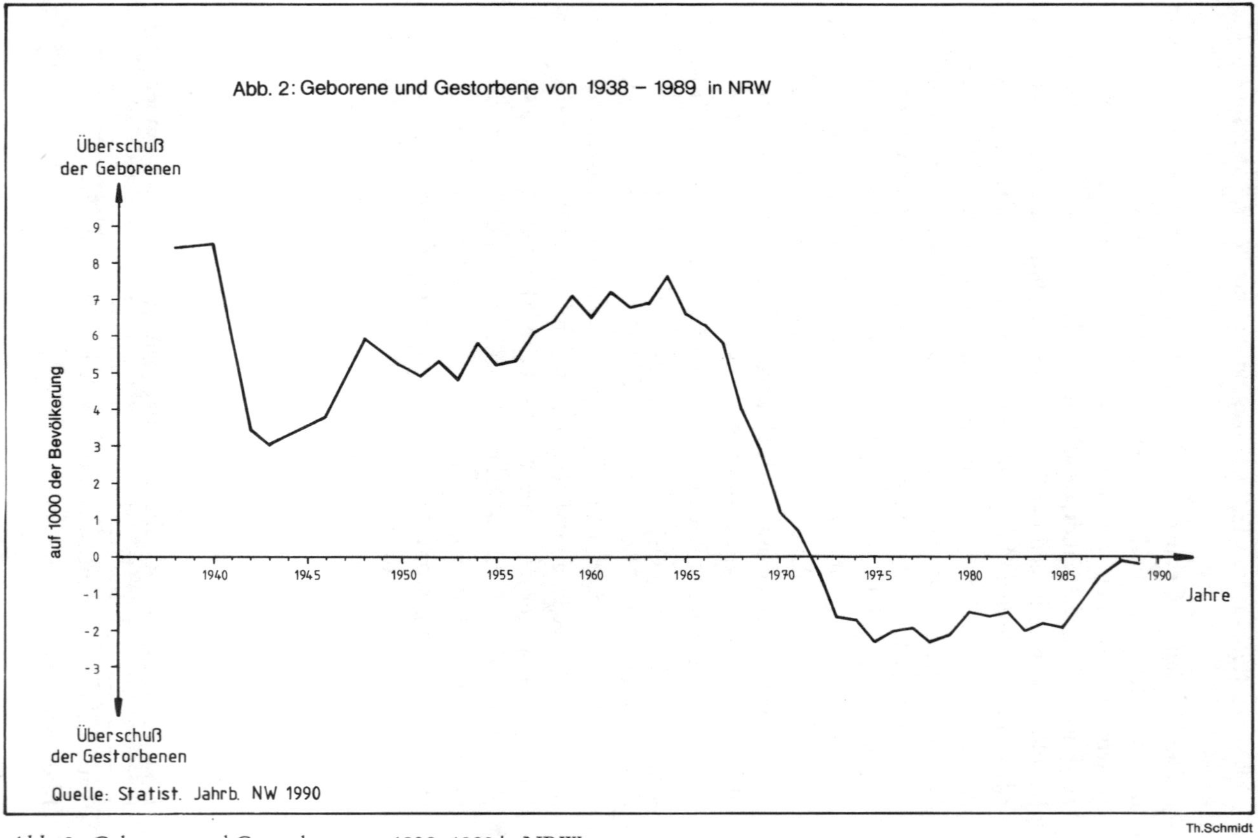

Abb. 2: Geborene und Gestorbene von 1938–1989 in NRW

1.4. Die räumliche Bevölkerungsbewegung

Die räumliche Bevölkerungsbewegung oder Mobilität wird von den Wanderungen und der Pendelwanderung bestimmt. Wird der Wohnort auf Dauer verändert, spricht man von Wanderung. Unter Pendelwanderung versteht man den täglichen oder in größeren Zeitabschnitten erfolgenden Wechsel zwischen Wohnort und Arbeits- oder Ausbildungsort, ohne daß damit eine Veränderung des Wohnortes verbunden ist.

Die Wanderungen

Die Wanderungen nehmen eine zentrale Stelle bei der Analyse der Bevölkerungsentwicklung ein. Der Bevölkerungsstand wird ja nicht nur durch die Geburten und Sterbefälle verändert, sondern auch durch die Zu- und Fortzüge. Für ihre Beurteilung ist von Bedeutung, ob es sich um Binnen- oder Außenwanderung handelt. Erstere meint die Umzüge innerhalb des Landes, letztere die Zu- und Fortzüge über die Landesgrenzen.

Für die Entwicklung der Landesbevölkerung ist die Außenwanderung wichtiger. Sie hat NRW von 1949 bis 1989 einen Zuwanderungsgewinn von 3,475 Mio Menschen gebracht. Gemessen am Bevölkerungsstand von 1949 ist das ein Zuwachs von über einem Viertel (27,6 v. H.). Für die sozo-ökonomische Entwicklung des Landes ist aber ausschlaggebend, daß über drei Viertel (76,5 v. H.) des Gewinnes vor der scheinbar endgültigen Teilung Deutschlands, also bis 1961, erzielt wurde. Es ist dafür bezeichnend, daß fast die Hälfte (44,2 v. H.) der von 1949 bis 1961 Zugezogenen aus Berlin und der SBZ/DDR kamen. Die zweitgrößte Gruppe waren die Vertriebenen, die aus den überlasteten ländlichen Bereichen der anderen Bundesländer Anfang der fünfziger Jahre planmäßig nach NRW umgesiedelt wurden. Dazu kommen noch diejenigen, die im Zuge des Wiederaufbaues der Wirtschaft besonders in die Wirtschaftszentren an Rhein und Ruhr strebten. Niedersachsen, Schleswig-Holstein und Bayern, die mit Vertriebenen besonders überlasteten Bundesländer, stellten die meisten Zuwanderer. Die Zuwanderung von Ausländern war noch gering, die von Vertriebenen aus den Gebieten östlich der Oder-Neiße-Linie lief in den fünfziger Jahren aus, und auch die letzten Kriegsgefangenen kehrten heim. Nach der Steinkohlenabsatzkrise und dem Mauerbau in Berlin ändert sich bis 1970 die Wanderungsstruktur grundlegend. Der Wanderungsgewinn ging seit 1962 deutlich zurück und wurde Mitte der sechziger Jahre, bedingt durch Strukturkrise und Rezession, von einem Wanderungsverlust abgelöst. Wesentlich für die sechziger Jahre war, daß die bis dahin führenden Gruppen, die Zuwanderer aus der DDR und die Vertriebenen, ihr zahlenmäßig überragendes Gewicht verloren hatten. Sie stellten zwar mit 98.100 Personen ein Viertel der positiven Wanderungsbilanz, ausschlaggebender war aber die negative Wanderungsbilanz gegenüber den süddeutschen Ländern Bayern und Baden-Württemberg sowie Hessen, die zusammengenommen einen Überschuß von 0,207 Mio Fortzügen erzielten. Aber auch gegenüber den übrigen Bundesländern war die Wanderungsbilanz negativ oder nur gering positiv.

Daß NRW überhaupt einen Wanderungsgewinn erzielen konnte, ist auf die nach dem Mauerbau verstärkte Zuwanderung von Ausländern zurückzuführen. Sie waren an die Stelle der Flüchtlinge aus der DDR getreten. Von hier kamen nur noch wenige Personen, zumeist ältere Übersiedler. Das gilt auch für die geringer werdende Zahl von Zuzügen aus den ehemaligen Ostgebieten des Deutschen Reiches. Ihre Zahl steigt in den siebziger Jahren aufgrund der sich verbessernden Aussiedlungsmöglichkeiten deutlich an, während die Wanderungsbewegung über die Grenzen des Bundesgebietes deutlich von der Ölpreiskrise (1974/75) beeinflußt wird. Betrug der Wanderungsgewinn 1973 noch 92.000 Personen, so fiel er 1974 auf 15.500, um 1975 in einen Wanderungsverlust von − 38.800 überzugehen, der erst schrittweise von einem Gewinn abgelöst wurde.

Die frühen siebziger Jahre mit der Ölpreiskrise spiegeln mit der Entwicklung der Außenwanderung indirekt den wirtschaftlichen Wandel wider, den NRW erlebt hat. Nach der Steinkohlenabsatzkrise war die Schwerindustrie nach einem Stahlboom (1968–1973) auch in die Krise geraten und verstärkte die im Ruhrgebiet. Die Folge war, daß NRW hinter der allgemeinen wirtschaftlichen Entwicklung des Bundesgebietes zurückblieb, was sich nicht nur in der

Tabelle 12: Zu- (+) und Fortzüge (–) über die Grenzen des Landes NRW von 1949 bis 1992 nach Herkunft und Ziel. Wanderungsgewinn bzw. -verlust

Herkunft (+) bzw. Ziel (–)	1949–61	1962–70	1971–80	1981–92	insgesamt
Schleswig-Holstein	+273.685	– 19.375	– 22.036	+ 16.792	+249.066
Hamburg	– 4.206	– 4.816	– 6.076	– 12.991	– 28.089
Niedersachsen	+561.332	+ 3.381	– 27.842	+ 63.688	+600.559
Bremen	– 3.818	– 2.815	– 4.237	– 1.975	– 12.845
Hessen	+ 45.094	– 74.123	– 46.857	– 42.058	–117.944
Rheinland-Pfalz	+ 61.969	– 30.692	– 18.282	– 32.166	– 19.171
Saarland	+ 4.500	+ 4.756	+ 9.244	+ 5.104	+ 23.604
Baden-Württemberg	– 16.263	– 67.513	– 41.857	– 70.644	–196.277
Bayern	+160.310	– 65.201	– 60.056	– 87.855	–373.422
Berlin u. SBZ/DDR	+1.174.528	+ 50.237	+ 53.269	+208.732	+1.486.766
(SBZ/DDR u. Berlin-Ost)	–	(+ 43.168)	(+ 35.849)	(+119.616)[1]	(+198.633)[1]
(Berlin-West)	–	(+ 7.069)	(+ 17.420)	(– 26.223)[1]	(– 1.734)[1]
Ostgebiete	+109.093	+ 47.851	+105.367	(+158.685)[1]	(+420.996)[1]
Ausland	+207.209	+611.741	+335.798	+539.132	+1.693.880
Kriegsgefangene	+105.481	–	–	–	–
Sonstige	– 18.888	+ 1.503	+ 4.398	– 1.493	– 14.480
Insgesamt	+2.660.026	+454.934	+280.833	+584.266[2]	+3.291.647

Quelle: Statist. Jahrbücher Nordrhein-Westfalens 1962, 1968, 1972, 1978, 1984 und 1993
1 198.–89
2 ohne SBZ/DDR, Berlin-Ost u. -West und Ostgebiete

127

Tabelle 13: Gesamtwanderungen von 1953 bis 1992 (je 1.000 Einwohner). Überschuß der Zu- (+) oder Fortzüge (−)

| Jahr | Binnen-wanderung | Außenwanderungen | | |
		insgesamt	aus/nach dem übrigen Bundesgebiet	über die Grenzen d. Bundesgebietes
1953	42,0	+23,0		
1954	41,0	+14,5		
1955	41,1	+14,8		
1956	42,4	+14,2		
1957	41,4	+14,7		
1958	39,9	+10,6		
1959	40,3	+ 5,2		
1960	39,0	+ 6,0		
1961	39,4	+ 7,7		
1962	38,0	+ 3,4	− 1,5	+ 4,9
1963	39,1	+ 2,5	− 1,7	+ 4,2
1964	41,7	+ 4,1	− 1,9	+ 6,0
1965	41,0	+ 4,3	− 1,9	+ 6,2
1966	42,1	− 0,4	− 2,3	+ 1,9
1967	42,1	− 5,4	− 2,3	− 3,2
1968	42,2	+ 2,4	− 1,8	+ 4,2
1969	41,1	+ 7,6	− 1,2	+ 8,8
1970	39,9	+ 8,7	− 0,5	+ 9,2
1971	40,9	+ 5,9	− 0,6	+ 6,5
1972	41,1	+ 3,4	− 1,5	+ 4,9
1973	41,4	+ 4,4	− 1,3	+ 5,7
1974	40,1	0,0	− 0,9	+ 0,9
1975	31,4	− 2,8	− 0,5	− 2,3
1976	32,3	− 1,3	− 0,6	− 0,7
1977	32,7	− 0,7	− 1,2	+ 0,5
1978	32,0	+ 0,9	− 1,5	+ 2,4
1979	31,8	+ 2,7	− 1,8	+ 4,5
1980	32,3	+ 3,9	− 1,9	+ 5,8
1981	32,1	+ 0,9	− 2,0	+ 2,9
1982	31,1	− 3,5	− 1,8	− 1,7
1983	27,4	− 5,4	− 2,2	− 3,2
1984	26,2	− 6,1	− 1,9	− 4,2
1985	29,3	+ 0,2	− 1,2	+ 1,4
1986	27,4	+ 1,3	− 1,7	+ 3,0
1987	26,5	+ 2,1	− 2,0	+ 4,1
1988	28,3	+ 7,8	− 2,1	+ 9,9
1989	30,6	+13,7	+ 0,1	+13,6
1990	28,9	+13,9	+ 1,9	+12,1
1991	26,7	+ 8,9	+ 2,8	+ 6,1
1992	27,9	+ 9,2	+ 1,3	+ 7,8

Quelle: siehe Tabelle 24

ansteigenden Arbeitslosigkeit und der rückläufigen Erwerbspersonenzahl, sondern auch in der negativen Wanderungsbilanz gegenüber den anderen Bundesländern und des zurückgehenden ausländischen Wanderungsgewinns ausdrückt. Wesentlich ist aber, daß bis auf das ebenfalls krisengeschüttelte Saarland und West-Berlin alle anderen Bundesländer Gewinner der Abwanderung aus NRW waren.

Das gilt auch für die achtziger Jahre, die mit einer weltweiten Krise (1980–83) beginnen, die sich besonders in der Außenwanderung widerspiegelt. Einhergeht damit eine verstärkte Abwanderung aus NRW in die übrigen Bundesländer. Erst gegen Ende der achtziger Jahre wandelt sich das Bild. Die ausländischen Wanderungsgewinne steigen von 1987 (+ 48.000) auf 1988 (+ 117.300) dank der deutschen Aussiedler aus dem östlichen Europa und der Asylbewerber sprunghaft an[8]. Noch stärker ist aber der Gewinn aus der DDR. Die beginnende Fluchtbewegung und die Öffnung der Grenzsicherungen verzehnfachen den Zuzugsgewinn (1988: 1 7.500, 1989: + 77.700), um bis 1992 auf 15.900 abzusinken.

Wenn NRW 1989 auch erstmals wieder seit den sechziger Jahren gegenüber den übrigen Bundesländern einen leichten Gewinn (+ 1.700) erzielen konnte, wird der Hauptzuwachs von den Zuwanderern aus der DDR und dem Ausland gestellt.

Aus Polen kommen 67.800 deutsche Aussiedler und 24.200 polnische Zuwanderer. Aber auch gegenüber der Sowjetunion ist der Wanderungssaldo der Deutschen (12.600) positiv, während er bei den Ausländern besonders gegenüber der Türkei (14.800), Jugoslawien (8.900) und den asiatischen (12.600) und schwarzafrikanischen Staaten (5.000) positiv ist. Hier vermischt sich die Aussiedlungsbewegung von Deutschen aus den damals noch kommunistischen Staaten mit der beginnenden Asylbewerberwelle. Bis 1992 verschiebt sich die Zahl der aus dem Ausland Zuwandernden. Der Zuwanderungsgewinn von Ausländern wird von Bürgern aus Rest-

---

[8] Nach Auskunft der Landesstelle für Aussiedler, Zuwanderer und ausländische Flüchtlinge in NRW stieg die Zahl der *Aussiedler* von 26.064 (1987) auf 81.250 (1988), 116.161 (1989), 125.100 (1990), 61.250 (1991) an. Die Zahl der *Asylbewerber* von 16.762 (1987) auf 26.340 (1988), 31.244 (1989), 49.537 (1990) und 59.239 (1991) an. Dazu kam eine geringe Zahl von Zuwanderern aus humanitären Gründen.

Jugoslawien (42.800), der Türkei (12.500), Rumänien (9.000) und der ehemaligen Sowjetunion (5.200) gestellt, von wo auch die zuwandernden deutschen Aussiedler kommen. Die Außenwanderungen sind so in ihrer Stärke und nationalen Gliederung ein feiner Gradmesser für die wirtschaftliche Entwicklung in NRW und für die allgemeine politische weltweit.

Die *Binnenwanderung* unterliegt nicht so starken Schwankungen wie die Außenwanderungen. Trotzdem weisen die Zu- und Fortzüge innerhalb des Landes Unterschiede auf. Sie sind in den Jahren 1988/89 vorwiegend auf die unterschiedliche Verteilung von Übersiedlern, Aussiedlern und Ausländern zurückzuführen.

Die Pendelwanderung

Pendelwanderer oder Pendler sind Personen, deren Arbeitsplatz oder Ausbildungsstätte nicht in ihrem Wohnort liegt. Aus der Sicht des Wohnortes sind sie Auspendler, die in den Arbeits- oder Ausbildungsort einpendeln. Die Differenz aus Ein- und Auspendlern ergibt den Pendlersaldo. Die räumliche Trennung von Arbeits- und Wohnort ist ein Ergebnis der industriellen Verstädterung. In vorindustrieller Zeit lagen Arbeitsplatz und Wohnung in der Regel in der gleichen Gemeinde. Erst die modernen Verkehrsmittel wie die Eisenbahn, der Omnibus und besonders der PKW haben zwischen Arbeiten und Wohnen eine immer größere räumliche Distanz möglich gemacht. Die Zunahme der Berufsauspendler von 1950 bis 1987 um mehr als das Doppelte (147,2 v.H.) scheint das zu bestätigen, wobei vier Fünftel von ihnen 1987 den privaten PKW benutzt haben, obwohl über die Hälfte der berufstätigen Pendler höchstens eine halbe Stunde braucht, um die Arbeitsstätte zu erreichen. Der öffentliche Personenverkehr ist deutlich von untergeordneter Bedeutung. Das gilt nicht für die Auszubildenden, die mehrheitlich öffentliche Verkehrsmittel, besonders den Bus benutzen.

Bemerkenswert ist der geringe Anteil von U-, S- und Straßenbahnbenutzern, obwohl sie gerade in der Rhein-Ruhr-Ballung einen hohen Anteil am Personentransport haben. Die Erklärung liegt darin, daß nur der als Pendler gezählt wird, der die Wohngemeinde-

Pendler in NRW 1950, 1970 und 1987

	1950	1970	1987	Veränderung in v.H. 1950–70	1970–87
Einpendler	–	1.582.940	2.558.469	–	61,6
davon Berufspendler	888.776	1.384.153	2.212.741	55,7	59,9
Ausbildungs-pendler	–	198.787	345.728	–	73,9
Auspendler	–	1.562.654	2.520.419	–	61,3
davon Berufspendler	883.045	1.363.474	2.183.224	54,4	60,1
Ausbidungs-pendler	–	199.180	337.195	–	69,3

Quelle: Sonderreihe Volkszählung 1950, Heft 15 (Gemeindestatistik d. Landes NRW) u. Sonderreihe Volkszählung 1987, Band 1.3 u. 2.4

Tabelle 15: Benutzte Verkehrsmittel für den Weg zur Arbeits-/Ausbildungsstätte am 25. Mai 1987 (in v. H.)

	kein Ver-kehrs-mittel	PKW	U-/S-Bahn Stra-ßen-bahn	Ei-sen-bahn	Bus u.a. öff. Ver-kehrs-m.	Mo-torrad Mo-ped Mofa	Fahr-rad
Einpendler							
davon Berufspendler	0,4	83,0	2,5	4,2	7,3	1,4	1,2
Ausbildungs-pendler	0,6	32,8	5,0	11,2	46,3	1,6	2,5
Auspendler							
davon Berufspendler	0,4	83,1	2,6	4,1	7,3	1,4	1,3
Ausbildungs-pendler	0,6	32,9	5,2	10,7	46,2	1,6	2,6

Quelle: Siehe Tabelle 26

grenze überschreitet. Der großzügige Gemeindeschnitt nach der Gebietsreform läßt viele ehemalige Pendler zu innergemeindlichen Verkehrsteilnehmern werden.

Dessen ungeachtet lassen die Ergebnisse der Volkszählung von 1987 deutliche regionale Unterschiede erkennen. Da sind zunächst die großen Einpendlerzentren wie Köln (188.200), Düsseldorf

Tabelle 16: Zeitaufwand für den Weg zur Arbeits-/Ausbildungsstätte am 25. Mai 1987 (in v. H.) (Zeitaufwand in Minuten)

	unter 15	15–30	30–45	45–60	60 und mehr
Einpendler					
davon Berufspendler	10,2	45,5	24,7	11,7	7,9
Ausbildungs-pendler	5,6	38,1	29,6	15,5	11,2
Auspendler					
davon Berufspendler	10,3	45,7	24,7	11,7	7,7
Ausbidungs-pendler	5,7	38,3	29,4	15,5	11,1

Quelle: siehe Tabelle 26

(184.900) und Bonn (86.800) in der Rhein-Ballung, die eine so starke Sogwirkung auf ihre angrenzenden Landkreise hatten, daß über ein Fünftel der Bevölkerung auspendelte. Über vier Fünftel von ihnen benutzte den PKW. Das gilt auch für die Kernstädte des Ruhrgebietes mit ihrem Umland. Essen (74.900), Dortmund (71.600), Duisburg (65.900) und Bochum (63.900) sind die wichtigsten Einpendlerzentren. Die Nachbarstädte und -kreise stellen die meisten Einpendler. Für das übrige Land gilt, daß die stärkere Verdichtung der Bevölkerung und der Arbeitsstätten in Nordrhein einen wesentlich höheren Bevölkerungsanteil zu Auspendlern werden läßt als in Westfalen. Hier weisen nur Münster (62.900) und Bielefeld (45.200) ähnlich hohe Einpendlerzahlen wie die rheinischen und die Ruhrstädte auf. Die vielfach noch ländlich-gewerbliche Wirtschaftsstruktur bedingt einen engeren räumlichen Zusammenhang von Wohn- und Arbeitsort, die oft identisch sind. Die bodengebundene, auf einem Eigenheim beruhende Lebensform begünstigt diese lokale Verbundenheit. Der regional recht unterschiedliche Pendlerverkehr darf nicht darüber hinwegtäuschen, daß nur gut jeder Dritte (31,9 v. H.) von zehn Erwerbstätigen täglich pendelt, bei den Auszubildenden ist es gar nur knapp die Hälfte (14,1 v. H.).

2. Wirtschaft und Verkehr

2.1. Die Wirtschaftsräume des Landes

Die Wirtschaft ist raumgebunden und genauso unterschiedlich angeordnet wie die Landesnatur. Die Eigenart und Besonderheit Nordrhein-Westfalens ist deshalb nicht zu verstehen, wenn nicht die regionale Wirtschaftsstruktur in die Betrachtung einbezogen wird. Das Land besteht aus einer Vielzahl von strukturell unterschiedlichen *Wirtschaftsräumen.* Sie finden ihren Inhalt und ihre Grenzen durch die individuelle Verflechtung flächengebundener landwirtschaftlicher mit standortgebundenen gewerblich-industriellen Wirtschaftsformen, die verknüpft und überhöht werden durch die regelhafte Verteilung von Dienstleistungsstandorten. Die Individualität des strukturellen Wirtschaftsraumes wird noch verstärkt durch die Verwurzelung im Naturraum und die besondere historische Entwicklung. Die deutschen Geographen haben nun in einer Gemeinschaftsarbeit eine derartige die regionale Wirtschaftsstruktur in den Mittelpunkt stellende Gliederung der alten Bundesrepublik 1972 vorgelegt (Hrsg. v. K. H. Hottes, E. Meynen u. E. Otremba). Sie dient hier als Grundlage. Die damalige auf den Gemeindegrenzen beruhende Gliederung wurde dem Gemeinderaster nach der Gebietsreform angeglichen.

Die Gliederung nach strukturellen Wirtschafträumen wurde ja schon für das Verständnis der regional unterschiedlichen Bevölkerungsentwicklung herangezogen. Sie wird nun ergänzt durch die Beschäftigungsstruktur, die besonders gut für die Herausarbeitung der unterschiedlichen Wirtschaftsstruktur geeignet sind. Die Teilung des Landes in die drei Strukturzonen ländlich-gewerbliche Gebiete, traditionelle Industriegebiete und Ballungen will Entwicklungsstufen in NRW andeuten, die in ihrer räumlichen Abgrenzung und Zuordnung nicht immer mit anderen, besonders nicht mit den im Landesentwicklungsprogramm §21 ausgewiesenen vier Verdichtungsgebieten (Ballungskerne, Ballungsrandzonen, Solitäre Verdichtungsgebiete und Ländliche Zonen) übereinstimmen. In der Abgrenzung der Rhein-Ruhr-Ballung besteht Übereinstimmung mit den Ballungskernen bis auf Krefeld, das aufgrund seiner historischen Entwicklung und sozio-ökonomischen Struktur den traditionellen Industriegebieten zugerechnet wurde, während das höher verdichtete Bergische Land als traditionelles Industriegebiet zur Rhein-Ballung gehört. Umgekehrt wurden die zur Ballungsrandzone zählenden, aber aus strukturellen Gründen nicht zum Ruhrgebiet zählenden Gemeinden im Ennepe-Ruhr- und Märkischen Kreis dem Industriegebiet Mark zugeschlagen. Die traditionellen Industriegebiete reichen wegen der großflächigeren Gemeindegliederung notgedrungen oft über die Industriegebiete im engeren Sinne hinaus. Bewußt wurde auch kein reiner ländlicher Bereich ausgewiesen – mit ländlich ist hier weniger das bäuerliche Grundelement gemeint, sondern die stärkere Offenheit der weithin land- und forstwirtschaftlich genutzten Landschaft –, weil dieser Wirtschaftsraumtyp in NRW weithin von gewerblich-industriellen Standorten durchsetzt ist.

Ein erster Überblick über das Land zeigt zunächst, daß NRW aufgrund seiner starken Bevölkerungsverdichtung auf nur 14 Prozent der Fläche des alten Bundesgebietes fast drei Zehntel (28,4 v. H.) der bundesdeutschen Bevölkerung und ein gutes Viertel (26,2 v. H.) der Beschäftigten stellt. Die *Ballungsräume* sind es deshalb auch, die nur knapp ein Fünftel (18,9 v. H.) der Landesfläche einnehmen, aber *über die Hälfte* der Bevölkerung und der Beschäftigten stellen. Während im strukturgeschwächten Ruhrgebiet das Verhältnis Bevölkerung:Beschäftigte negativ ist, ist es in der Rhein-Ballung und hier besonders im Düsseldorfer und Kölner Raum ausgesprochen positiv aufgrund der aus den benachbarten Ballungsräumen kommenden Einpendler. Bereits hier werden die entwicklungs- und strukturbestimmten Unterschiede zwischen Ruhr- und Rhein-Ballung sichtbar. Das Bergische Land nimmt zu den Industriegebieten eine Übergangsstellung ein. Der hohe Verdichtungsgrad ordnet es den Ballungen zu, das ausgeglichene Verhältnis zwischen Bevölkerung und Beschäftigung den *traditionellen Industriegebieten*. Die vielseitige, vielfach dezentralisierte gewerblich-industrielle Grundstruktur mit Klein- und Mittelbetrieben und die Dienstleistungsstruktur begünstigen eine Siedlungsstruktur, die weiträumiges Pendeln nicht notwendig macht, deshalb das weithin

ausgeglichene Verhältnis zwischen Bevölkerungs- und Beschäftigtenanteil. Das gilt nicht für die *ländlich-gewerblichen Gebiete*. Ihr
Beschäftigtenanteil liegt deutlich unter dem der Bevölkerung. Das
ist besonders stark in den ballungsnahen Rheinischen Börden und
am Niederrhein zu beobachten. Hier kommt zum Tragen die Sogwirkung der nahen Ballungsgebiete (Auspendler) zusammen mit
der besonders vom Niederrhein über das Münsterland bis zum
Weserbergland reichenden Zone mit einer stärkeren bäuerlichen
Grundschicht, die mit ihren selbständigen und mithelfenden Erwerbspersonen nicht in diese Berechnung eingeht. Für die Landesstruktur ist aber wesentlich, daß der ländlich-gewerbliche Raum
zwar sechs Zehntel der Fläche Nordrhein-Westfalens einnimmt,
aber nur ein knappes Viertel der Bevölkerung und ein gutes Fünftel
der Beschäftigten stellt.

Trotz dieser zahlenmäßigen Unterschiede ist die Beschäftigtenstruktur im Lande und in den drei Gebietskategorien relativ einheitlich. Die Dienstleistungen vom Handel bis zu den Gebietskörperschaften stellen heute sechs Zehntel aller Beschäftigten, die verarbeitenden Gewerbe nur drei Zehntel, während der Rest dem Baugewerbe, dem Bergbau mit der Energie- und der Wasserversorgung
und der Land-, Forstwirtschaft und Fischerei zugeordnet ist. Der
geringe land- und forstwirtschaftliche Anteil geht darauf zurück,
daß hier nur die Beschäftigten erfaßt werden, die am Stichtag der
Zählung in einem Arbeitsverhältnis standen und in der Lohn- oder
Gehaltsliste geführt wurden. Die Zahl der in der Land- und Forstwirtschaft tätigen Erwerbspersonen ist zwar höher, ihr Anteil aber
genauso gering (siehe Tab. 9). Er war ja von 1950 bis 1987 von 11,7
v. H. auf 1,0 v. H. abgesunken. Das gleiche gilt auch für die Wirtschaftsabteilung (W. A.) Bergbau mit Energie- und Wasserversorgung, die beide zusammengenommen mit den Dienstleistungen den
Strukturwandel des gesamten Landes nachzeichnen. Im verarbeitenden Gewerbe nimmt der Stahl-, Maschinen- und Fahrzeugbau
die erste Stelle ein, bei den Dienstleistungen die Dienstleistungen im
engeren Sinne, d. h. vom Gastgewerbe über Bildung und Wissenschaft bis zu den freien Berufen reichenden Unterabteilungen. Die
Rhein-Ruhr-Ballung weicht vom Landesdurchschnitt nur durch
den höheren Dienstleistungs- und Bergbauanteil und den niedrige-

Tabelle 17: Fläche und Bevölkerung der Wirtschaftsräume in Nordrhein-Westfalen 1987

Wirtschaftsraum	Fläche abs. in km²	v.H.	Bevölkerung (in 1.000) abs.	v.H.	E/km²	Beschäftigte abs.	v.H.
Rhein-Ruhr-Ballung	6.452,3	18,9	8.859	53,0	1.373	3.900.006	55,3
Ruhrgebiet	2.976,5	8,7	4.621	27,7	1.553	1.832.104	26,0
Rhein-Ballung	3.475,8	10,2	4.238	25,3	1.219	2.067.902	29,3
Düsseldorf	625,8	1,8	1.072	6,4	1.713	606.781	8,6
Köln	2.068,7	6,1	2.205	13,2	1.066	1.038.252	14,7
Bergisches Land	781,3	2,3	961	5,7	1.229	422.869	6,0
Tradit. Industrie-gebiete	6.958,0	20,4	3.796	22,7	546	1.643.111	23,3
Krefeld-Mönchen-gladbach	886,3	2,6	728	4,4	821	314.775	4,5
Aachen	1.094,2	3,2	754	4,5	690	304.067	4,3
Märkischer Industrie-bez.	1.377,7	4,0	803	4,8	583	343.445	4,9
Ravensberg-Lippe	2.702,4	8,0	1.233	7,3	456	558.080	7,9
Siegerland	897,4	2,6	278	1,7	310	122.744	1,7
Ländl.-Gewerbl. Gebiete	20.696,2	60,7	4.057	24,3	196	1.507.359	21,4
Rheinische Börden	1.783,0	5,2	556	3,3	312	172.214	2,4
Niederrhein	1.746,8	5,1	385	2,3	220	129.641	1,8
Münsterland	5.569,6	16,3	1.327	7,9	238	524.136	7,4
Östl. Hellwegbörde/Paderborn	2.840,2	8,3	537	3,2	189	214.354	3,0
Tecklenburg	780,5	2,3	134	0,8	172	49.783	0,7
Eifel	1.290,4	3,8	123	0,7	95	35.329	0,5
Sauerland	1.939,6	5,7	276	1,6	142	115.379	1,6
Oberbergisches Land	1.895,9	5,5	402	2,4	212	155.008	2,2
Weserbergland	1.592,9	4,8	194	1,2	122	62.954	0,9
Randgebiete	1.257,3	3,7	123	0,9	98	48.561	0,8
Nordrhein-Westfalen	34.106,5	100,0	16.712	100,0	499	7.050.476	100,0
Nordrhein	12.661,3	37,1	8.924	53,4	705	–	–
Westfalen	21.445,2	62,9	7.788	46,6	363	–	–
Bundesgebiet (ohne NRW)	214.514,7	86,3[1]	42.182	71,6[1]	182	19.908.539	73,8[1]

1 In v.H. des Bundesgebietes

Quelle: Beiträge z. Statistik d. Landes NRW. Sonderreihe z. Volkszählung 1987. Nr. 7, 1. Arbeitsstätten u. Statistik. Jahrbuch 1990 f.d. Bundesrepublik Deutschland

136

Rhein-Ruhr Ballung

Traditionelle Industriegebiete

Ländlich-Gewerbliche
Gebiete

Niedersächsisches Geestland
zwischen Ems und Weser

Nieders. Geestland
zwischen
Weser u. Elbe

Mittleres Emsland

Tecklenburgerland

Osnabrück

Hannover- Braunschweig

Westmünsterland

Ravensberg-Lippe

Leinebergland
u.südl.
Harzvor-
land

Kernmünsterland

Weserbergland

Niederrhein

nordl. Ruhrgebiet

Östl.Hellweg- Paderborn

westl.
Ruhrgebiet

südl. Ruhrgebiet

Nieder

Krefeld-
Mönchengladbach

Märkischer

Sauerland

hessen

Düsseldorf

Bergisches
Land

Industriebezirk

nördl. Hess.

Oberbergisches Land

Ederbergland

Bergland

Rheinische

Aachen

Börden

Köln

Siegerland

Marburg

Röhn

Lahn- Dill

Westerwald

Vogelsberg

Fulda u.
oberes
Sinzig-
tal

Eifel

Mittel-
rhein

Nordrand
des
Rhein-Main
Gebietes

Taunus und Limburger
Becken

Spessart

südl. Eifelrand

Rhein-Mainischer Kernraum

Entwurf : H.G.Steinberg

Kartographie : K.Massoud

0   20   40   60   80   100km

Karte 12: Wirtschaftsräume in Nordrhein-Westfalen

137

ren des verarbeitenden Gewerbes ab. Die hochzentralen Orte der »Rheinschiene« und das Ruhrgebiet leuchten hier durch. Die traditionellen Industriegebiete weisen natürlich den höchsten Anteil des verarbeitenden Gewerbes auf. Stahl-, Maschinen- und Fahrzeugbau, Elektrotechnik, Feinmechanik, Optik sowie die Metallerzeugung und -verarbeitung bestimmen die gewerblich-industrielle Struktur. Die im Zuge des Industrialisierungsprozesses so wichtige Textilindustrie ist nur noch von untergeordneter Bedeutung. Die Dienstleistungen im engeren Sinne sind schwächer dank der Nähe der Ballungszentren entwickelt. Auch in den ländlich-gewerblichen Gebieten dominieren die allgemeinen Dienstleistungen, während der Anteil der verarbeitenden Gewerbe dem Landesdurchschnitt entspricht. Das ländliche Gefüge deutet der höhere Anteil der Beschäftigten in der Land- und Forstwirtschaft an.

2.1.1. Die Rhein-Ruhr-Ballung

Das Ruhrgebiet

Das Ruhrgebiet ist mit seinen 4,621 Mio Einwohnern (1987) noch immer der bevölkerungsreichste Wirtschafts- und Kernraum des Landes, auch wenn er nach der Beschäftigtenzahl nur den zweiten Platz nach der Rhein-Ballung einnimmt. Das verwundert zunächst, hat doch das Revier trotz des tiefgreifenden Strukturwandels seine Arbeitsplatzzahl von 1950 bis 1987 im nichtlandwirtschaftlichen Bereich um ein Viertel erhöht. Den übrigen Landesteilen dagegen gelang es im gleichen Zeitraum, ihre Arbeitsplätze um über zwei Drittel zu steigern (Tab. 19). Hier deuten sich die Probleme des alten Schwerindustriegebietes an. Um sie zu verstehen, muß in den Grundzügen die Entwicklung des Ruhrgebietes nachgezeichnet werden, denn der heute so augenscheinliche wirtschaftliche und soziale Wandel ist nicht neu. Er hat das Revier von Anfang begleitet.

Das Ruhrgebiet ist ein relativ junger Verdichtungsraum mit einer nach dem Zweiten Weltkrieg mehr und mehr veraltenden Industriestruktur. Die Entwicklung zum Schwerindustriegebiet setzt voll erst in den 1840er Jahren ein. Sie läßt sich seitdem in drei deutlich voneinander unterschiedene Zeitabschnitte untergliedern:

138

Tabelle 18: Die Beschäftigten in Nordrhein-Westfalen am 25. 5. 1987

Wirtschaftsabteilung und -unterabteilung	Nordrhein-Westfalen absolut	v.H.	Rhein-Ruhr-Ballung absolut	v.H.	Tradit. Industriegebiete absolut	v.H.	Ländl.-Gewerbl. Gebiete absolut	v.H.
0. Land- und Forstwirtschaft	39.688	0,6	16.371	0,4	8.862	0,5	14.455	1,0
1. Bergbau, Energie- u. Wasserversorgung	198.722	2,8	142.377	3,7	22.661	1,4	33.684	2,2
2. Verarbeitende Gewerbe	2.163.353	30,7	1.084.185	27,8	600.086	36,5	479.082	31,7
20 Chemie u. Mineralölverarbeitung	197.304	2,8	157.511	4,0	28.274	1,7	11.519	0,7
21 Kunststoff- u. Gummiwarenherst.	92.370	1,3	30.576	0,8	28.506	1,7	33.288	2,2
22 Steine, Erden, Feinkeramik u. Glasgewerbe	65.273	0,9	29.222	0,7	14.843	0,9	21.208	1,4
23 Metallerz. u. -verarbeitung	312.739	4,4	175.942	4,5	95.864	5,8	40.933	2,7
24 Stahl-, Maschinen-, Fahrzeugbau	595.891	8,5	328.823	8,4	143.320	8,7	123.748	8,2
25 Elektrotechnik, Feinmech. u. Optik	371.658	5,3	182.957	4,7	109.702	6,7	78.999	5,2
26 Holz-, Papier- u. Druckgewerbe	210.739	3,0	66.140	1,7	78.338	4,8	66.261	4,4
27 Leder-, Textil- u. Bekleidungsgewerbe	144.005	2,0	38.538	1,0	54.792	3,3	50.675	3,4
28/29 Ernährung u. Tabakverarbeitung	173.379	2,5	74.476	1,9	46.447	2,8	52.456	3,5
3. Baugewerbe	432.274	6,1	228.314	5,9	94.257	5,7	109.703	7,3
4. Handel	1.109.861	15,7	623.665	16,0	251.436	15,3	234.760	15,6
5. Verkehr u. Nachrichtenübermittlung	380.951	5,4	231.846	5,9	81.862	5,0	67.243	4,5
6. Kredit u. Versicherungen	237.624	3,4	145.369	3,7	45.999	2,8	46.256	3,1
7. Dienstleistungen	1.245.728	17,7	738.649	18,9	258.528	15,7	248.551	16,5
8. Organisation ohne Erwerbscharakter	359.192	5,1	195.095	5,0	75.015	4,6	89.082	5,9
9. „Gebietskörpersch. u. Sozialversicherung	883.083	12,5	494.135	12,7	204.405	12,4	184.543	12,2
Insgesamt	7.050.476	100,0	3.900.006	100,0	1.643.111	100,0	1.507.359	100,0

Quelle: Beiträge z. Statistik des Landes NRW. Sonderreihe z. Volkszählung 1987. Nr. 7.1. Arbeitsstätten

139

– Die Jahrzehnte des *Aufbaues* und des *Ausbaues,* die von den 1840er Jahren bis 1914 reichen,
– die *Kriegs-* und *Krisenjahre* 1914–1945,
– die Jahre des Wiederaufbaues, der Strukturkrise und des Strukturwandels von 1945 bis heute.

Bis in die beginnenden 1840er Jahre war das kleine vom Steinkohlenbergbau geprägte Revier beiderseits der später namengebenden Ruhr im Bereich des anstehenden Karbons nur ein Anhängsel des südlich anschließenden Bergisch-Märkischen Gewerbegebietes. Den großen Umschwung zur großindustriellen Entwicklung brachte erst die mit Hilfe der Dampfmaschine mögliche Abteufung von Tiefbauschächten, den sog. Mergelzechen, im Bereich der Hellwegstädte. Etwa zur gleichen Zeit entwickelten sich drei neue Großverbraucher, die für den Aufschwung des Reviers von entscheidender Bedeutung waren: die Eisenbahn – die Köln-Mindener Bahn wurde 1847 in Betrieb genommen –, das Dampfschiff und der erste Einsatz des Kokshochofens 1849 in Mülheim, mit dem die Verbindung von Kohle und Stahl vollzogen wurde. Diese technischen Neuerungen vollzogen sich nicht im kleinen Altrevier, sondern entlang des Hellwegs und südlich der Emscher. Diese *erste Aufbauphase* wurde 1857 durch eine bis in die 1860er Jahre anhaltende Krise abgeschlossen, die zur Schließung zahlreicher Zechen und Eisenwerke führte. Trotzdem stieg die Produktion an: die Steinkohlenförderung von 1,227 Mio t (1845) auf 8,526 Mio t (1865), die Roheisenerzeugung von 11.500 t (1850) auf 176.300 t (1865).

Eine Großkonjunktur leitet im Herbst 1869 die sog. *Gründerjahre* ein. Der Bergbau rückt nach Westen und Norden vor. Die Zechenzahl steigt von 215 auf 268, die Förderung von 11,571 Mio t auf 15,252 Mio t oder um ein Drittel, die Roheisenproduktion von 0,361 Mio t (1870) auf 0,417 Mio t (1874) an. Neue technische Verfahren (Bessemer und Siemens-Martin) ermöglichen die Massenherstellung von Stahl. Der wachsende Erzbedarf führt zu einer Verlagerung der eisenschaffenden Industrie in den Rhein-Ruhrmündungs- und den Dortmunder Raum. Der Ausbau des Eisenbahnnetzes trug der industriellen Entwicklung Rechnung. Ende der

1870er Jahre verfügte das junge Revier über das engste Schienennetz Mitteleuropas. Diese erste industrielle Aufbauphase fand ihren Niederschlag in der Bevölkerungsentwicklung. In den späteren Grenzen des Reviers stieg die Einwohnerzahl von 0,237 Mio (1843) auf 0,658 Mio (1871) oder fast um das Dreifache an.

Die kurze Aufschwungphase der Gründerjahre wurde von einer 1873/74 einsetzenden bis Ende der 1880er Jahre anhaltenden Krise beendet, die besonders hart den Bergbau traf. Einem zügellosen Wettbewerb erlagen bis 1889 104 Zechen von 268 (1874). Ähnlich ging es der eisenschaffenden Industrie. Der Preisverfall erzwang durchgreifende Rationalisierungsmaßnahmen, so daß die Produktion in diesen Krisenjahren kräftig anstieg, die Steinkohlenförderung von 15,252 Mio t (1874) auf 33,867 Mio t (1889), die Roheisenerzeugung von 0,479 Mio t (1873) auf 1,336 Mio t (1890). Trotz der Krise stieg die Bevölkerung von 0,658 Mio Einwohner (1871) auf 1,508 Mio (1895) oder um 129,2 v. H. an.

Die Krise wurde endgültig 1894 überwunden, und ein neuer Aufschwung leitete nun die wichtigste, die bis zum Ausbruch des Ersten Weltkrieges anhaltende *Ausbauphase* des Reviers ein. Der Steinkohlenbergbau rückt mit seinen Zechen weiter nach Norden und Westen vor und erreicht die Grenzen, die bis in die 1960/70er Jahre Bestand hatten. Das Schwergewicht der Förderung verlagert sich in den Emscher- und Lipperaum. Der Rhein-Ruhr-Mündungsraum wird zum wichtigsten Standort der eisenschaffenden Industrie, da für sie die Zufuhr revierfremder Erze zur Existenzfrage wird. Die Dortmunder Hütten konnten diesen Standortvorteil durch den Bau des Dortmund-Ems-Kanal (1892–1899) nicht ausgleichen, auch wenn nun die Anfuhr von schwedischem Erz über Narvik und Emden erleichtert wurde. In diesen Jahren entstanden auch der Hamm-Datteln- und der für das Revier wichtigste, der Rhein-Herne-Kanal.

Der industrielle Aufschwung löste eine *Masseneinwanderung* größten Stils aus. Allein von 1895 bis 1905 stieg die Revierbevölkerung von 1,508 Mio Einwohner auf 2,522 Mio (67,0 v.H.) an. Niemals zuvor und danach erfuhr das Ruhrgebiet einen derartigen Zustrom von Menschen. Ausgelöst wurde diese Zuwanderung vorwiegend vom Steinkohlenbergbau, der seine Beschäftigtenzahlen von 50.749 (1870) auf 154.702 (1895), 273.184 (1905) und bis 1913 auf 444.406 erhöht. Die notwendigen Arbeitskräfte wurden vorwiegend in den preußischen Ostprovinzen und im angrenzenden Polen angeworben. Ostpreußen und Polen stellten bei Ausbruch des Ersten Weltkrieges je eine Viertelmillion. Sie wurden überwiegend in den Bergbaugemeinden zwischen Emscher und Lippe angesiedelt und bilden die Grundlage für das sozial-kulturelle Anderssein des Ruhrgebietes in den folgenden Jahrzehnten.

Die Entwicklung des Ruhrgebietes von *1914 bis 1945* unterscheidet sich grundlegend von den vorausgegangenen Jahrzehnten. Der verlorene Krieg, die Inflation, die Ruhrbesetzung, die Weltwirtschaftskrise und der Zusammenbruch 1945 sind die Tiefpunkte, denen nur wenige Jahre des Aufschwungs gegenüberstehen. Die *Krisen* der 1920er Jahre lösen einen allgemeinen Schrumpfungsprozeß der Schwerindustrie aus und leiten eine allgemeine Rationalisierungswelle ein. Zwei Stillegungswellen (1923–25) und (1928–1931) führen zur Schließung von 116 Zechen mit einer Jahresförderung von 23,860 Mio t und 0,142 Mio Bergarbeitern. In dieser Phase erfuhr die *Kohlenwerkstoffgewinnung* eine immer größere Bedeutung. Die synthetische Stickstofferzeugung wird in den 1920er, die Treibstoff- und Kautschukerzeugung (Buna) in den dreißiger Jahren eingeführt. Die Krisen lösten eine Massenarbeitslosigkeit aus.

Im Jahre 1933 war mit 0,490 Mio Arbeitslosen fast jede dritte Erwerbsperson im Revier erwerbslos. Die Beschäftigten im Bergbau hatten sich von 1925 bis 1933 halbiert (0,409 Mio bzw. 0,196). Die Einwohnerzahl im Revier stagnierte. Die ersten Jahre unter dem nationalsozialistischen Regime bringen dank der Wiederaufrüstung einen wirtschaftlichen Aufschwung, der in den Zweiten Weltkrieg mündet. Das Revier ist von Anfang an das Ziel sich steigernder alliierter Luftangriffe, die sich auf die Hellweg- und Emscherstädte konzentrieren und zu großen Zerstörungen führen. Von den 1,042 Mio (1939) Wohnungen wurden 0,495 Mio (47,5 v.H.) zerstört, allein 0,352 Mio in den Hellwegstädten. Die industrielle Produktion wurde erst Ende 1944 durch die Bomberangriffe beeinträchtigt. Der Zusammenbruch erfolgte erst im April 1945, als die alliierten Truppen das Revier besetzten. Das Jahr 1945 war der tiefste Einschnitt in der Geschichte des Ruhrgebietes.

Tabelle 19: Bevölkerung und Beschäftigte im Ruhrgebiet von 1939 bis 1987[1]

	1939	1950	1961	1970[2]	1970[3]	1987
1. Bevölkerung						
Hellwegstädte[4]	2.222	2.107	2.594	2.506	2.718	2.398
Emscherstädte[5]	976	1.056	1.274	1.198	1.214	1.072
Kernstädte	3.198	3.163	3.868	3.704	3.932	3.470
Saumkreise[6]	783	990	1.247	1.371	1.616	1.577
Ruhrgebiet	3.981	4.153	5.115	5.075	5.548	5.047
2. Nichtlandwirtschaftliche Beschäftigte						
Hellwegstädte	875	852	1.181	1.074	1.139	1.019
Emscherstädte	314	400	499	420	423	361
Kernstädte	1.189	1.252	1.680	1.494	1.562	1.400
Saumkreise	206	308	431	414	480	561
Ruhrgebiet	1.395	1.560	2.111	1.908	2.042	1.961
3. Industriebeschäftigte						
Hellwegstädte	529	462	577	478	508	310
Emscherstädte	200	256	280	199	199	119
Kernstädte	729	718	857	677	707	429
Saumkreise	128	198	247	212	250	234
Ruhrgebiet	857	916	1.014	889	957	663

1 *Quelle:* Für 1939–1970, Steinberg, H. G. (1985). Tabelle 63–74a
  Für 1970–1987 (neuer Gebietsstand) Landesamt f. Datenverarbeitung und Statistik NRW
  (1987): Gemeindeblätter der Arbeitsstättenzählung (AG 110) Düsseldorf
  (1988): Bevölkerung, Erwerbstätige und Privathaushalte am 25. Mai 1987. Ergebnisse d. Volkszählung. Statistische Berichte. Düsseldorf
  (1989): Arbeitsstätten und Beschäftigte in den Gemeinden Nordrhein-Westfalens am 25. Mai 1987 nach ausgewählten Strukturmerkmalen. Düsseldorf
2 Vor der Neugliederung
3 Nach der Neugliederung
4 Hellwegstädte: Duisburg, Mülheim, Essen, Bochum, Witten und Dortmund. Bis 1970 noch Wattenscheid (eingemeindet nach Bochum)
5 Emscherstädte: Oberhausen, Bottrop, Gelsenkirchen, Gladbeck, Recklinghausen, Castrop-Rauxel und Herne. Bis 1970 noch Wanne-Eickel (eingemeindet nach Herne)
6 Saumkreise: Bis 1970: Stadtkreise Hamm und Lünen, Landkreise Ennepe-Ruhr, Recklinghausen, Unna und Wesel. Nach der Neugliederung: Stadtkreis Hamm, Landkreise Ennepe-Ruhr, Recklinghausen, Unna und Wesel.

Tabelle 19 (Fortsetzung): Bevölkerung und Beschäftigte im Ruhrgebiet von 1939 bis 1987

	1939	1950	1961	1970[2]	1970[3]	1987
4. Beschäftigte im Steinkohlenbergbau						
Hellwegstädte	142	162	114	50	58	9
Emscherstädte	106	146	127	61	61	27
Kernstädte	248	308	241	111	119	36
Saumkreise	72	108	110	58	55	67
Ruhrgebiet	320	416	351	169	174	103
5. Beschäftigte der eisenschaffenden Industrie						
Hellwegstädte	144	90	158	137	158	88
Emscherstädte	22	21	30	22	23	11
Kernstädte	166	111	188	159	181	99
Saumkreise	7	16	31	23	45	30
Ruhrgebiet	173	127	219	182	226	129
6. Beschäftigte der Chemischen Industrie						
Hellwegstädte	8	9	12	10	12	9
Emscherstädte	15	14	20	15	15	13
Kernstädte	23	23	32	25	27	22
Saumkreise	4	10	20	25	26	23
Ruhrgebiet	27	33	52	50	53	45
7. Beschäftigte der übrigen verarbeitenden Industrie						
Hellwegstädte	214	184	273	261	266	189
Emscherstädte	50	72	97	97	95	64
Kernstädte	264	256	370	358	361	253
Saumkreise	46	56	81	100	118	107
Ruhrgebiet	310	312	451	458	479	360
8. Beschäftigte des Baugewerbes						
Hellwegstädte	66	91	114	95	108	65
Emscherstädte	26	32	45	41	43	31
Kernstädte	92	123	159	136	151	96
Saumkreise	17	27	41	39	44	38
Ruhrgebiet	109	150	200	175	195	134
9. Beschäftigte in den Dienstleistungen						
Hellwegstädte	279	298	489	502	523	648
Emscherstädte	88	111	173	179	183	232
Kernstädte	367	409	662	681	706	880
Saumkreise	61	84	140	164	186	289
Ruhrgebiet	428	493	802	845	892	1.169
10. Beschäftigte in den Dienstleistungen im engeren Sinne						
Hellwegstädte	72	104	190	222	232	376
Emscherstädte	24	43	74	88	89	144
Kernstädte	96	147	264	310	321	520
Saumkreise	18	33	61	80	90	171
Ruhrgebiet	114	180	325	390	411	691

Der industrielle Wiederaufbau nach dem Kriege war schwierig. Der Bergbau wurde schon 1945 von den Besatzungsmächten wieder in Gang gebracht, aber erst 1947 wurde mit 66,330 Mio t die geringe Förderung des Jahres 1945 verdoppelt. Erst die Währungsreform und der Kreditzufluß aus dem Marshallplan brachten spürbare Verbesserungen. Die Förderung erreichte mit 103,329 Mio t den Stand von 1936 und stieg bis 1956 auf 124,627 Mio t, den Höchststand nach 1945, um im Zuge einer erneuten *Absatzkrise 1957/58*, die nun aber von den konkurrierenden Brennstoffen Erdöl und Erdgas ausgelöst wurde, stark abzufallen. Der Wiederaufbau der eisenschaffenden Industrie war schwieriger, weil nicht nur die Kriegszerstörungen, Demontagen und Entflechtungsmaßnahmen hemmend wirkten, sondern mehr noch die Produktionsbeschränkungen. Erst nach 1950 stieg die Produktion stetig an. In den Jahren 1968 bis 1973 erlebte dieser Industriezweig einen regelrechten Boom, der unter dem wachsenden Konkurrenzdruck und zweier weltweiter Krisen 1974/75 und 1980/83 unterbrochen wurde. Erst 1987 erholte sich die Stahlindustrie wieder.

Die *Kohlenabsatzkrise* läutete 1957/58 die Wende ein. Der Beschäftigtenrückgang war katastrophal: Wurden 1957 noch 0,469 Mio Bergleute gezählt, so waren es 1987 nur noch 0,103 Mio. Im Jahre 1950 wurde noch jeder vierte nichtlandwirtschaftliche Arbeitsplatz von einem Bergmann gestellt, 1987 war es nur jeder zwanzigste. Gegenüber 1957 (123,0 Mio t) hatte sich die Förderung bis 1987 (58,2 Mio t) mehr als halbiert. Aber auch die zweite Säule der klassischen Ruhrwirtschaft wurde, wenn auch erst 1973, von der Krise erfaßt, die zu einem Rückgang der Rohstahlproduktion von 28,5 Mio t (1970) auf 20,2 Mio t (1987) führte, in dessen Gefolge sich die Zahl der Beschäftigten um 97.000 oder fast die Hälfte (42,9 v.H.) verringerte. Das Schwergewicht der eisenschaffenden Industrie hatte sich nun endgültig in das westliche rheinnahe Revier verlagert, in dem schon 1973 drei Viertel des Roheisens und des Rohstahls produziert wurde. Bis 1987 büßten Bergbau und Eisenindustrie ihre jahrzehntelange beschäftigungspolitische Vorrangstellung ein. Sie stellten nur noch ein Achtel (11,8 v.H.) der nicht in der Landwirtschaft Beschäftigten, im Jahre 1939 waren es noch über ein Drittel (35,3 v.H.). Das war nicht allein eine Folge der wachsenden

Beschäftigungsmöglichkeiten in den übrigen Wirtschaftsbereichen, besonders in den allgemeinen *Dienstleistungen*, die ihre Arbeitsplätze von 1939 bis 1970 mit einem Zuwachs von 0,418 Mio (97,9 v. H.) knapp verdoppeln konnten und von 1970 bis 1987 nochmals eine Vermehrung um über ein Drittel (0,293 Mio oder 34,7 v. H.) erfuhren.

Der von der Steinkohlenabsatzkrise 1957/58 ausgelöste Strukturwandel geht Mitte der siebziger Jahre in eine in den letzten Jahren der Hochkonjunktur überdeckte *Strukturkrise* über. Den konjunkturellen und strukturellen Wendepunkt markiert die Ölpreiskrise 1974/75. Strukturwandel und -krise blieben nicht ohne Auswirkungen auf das Regionalgefüge. Der Rückgang der Beschäftigten im Steinkohlenbergbau traf vor allem die Emscherstädte. Sie stellten allein mit 85.000 ein gutes Drittel (34,4 v. H.) der von 1950 bis 1970 aufgegebenen Arbeitsplätze im Bergbau. Der Gewinn an neuen Arbeitsplätzen kam in erster Linie den Hellwegstädten zugute. Von 1939 bis 1970 hatten sich die Arbeitsplätze in den Dienstleistungen um 0,418 Mio erhöht. Über die Hälfte (53,5 v. H.) entfiel auf die Hellwegstädte und nur ein gutes Fünftel auf die Emscherstädte, obwohl hier der Nachholbedarf aufgrund der einseitigen, mehr vom Steinkohlenbergbau geprägten Industriestruktur größer war. Das Wirtschaftsgefüge der Hellwegstädte war entwicklungsbedingt vielseitiger als das der Städte entlang der Emscher, die, bis auf Recklinghausen, ihre Entstehung dem Bergbau und der eisenschaffenden Industrie (Oberhausen und Gelsenkirchen) verdanken. Der von der Kohlenabsatzkrise eingeleitete und sich in den 1970er Jahren verstärkende Strukturwandel setzte verstärkt in den Hellwegstädten ein, aus denen der Steinkohlenbergbau heute verschwunden ist. Der Rückgang der Beschäftigten in der Schwerindustrie (– 0,119 Mio = 55,1 v. H.) von 1970 bis 1987 und der weiterhin kräftig zunehmende Dienstleistungsbereich (+ 0,125 Mio = + 23,9 v. H.) begünstigen hier den Strukturwandel.

Aber auch im industriellen Bereich ging die Zahl der Arbeitsplätze stark zurück, allein von 1961 bis 1970 um 0,215 Mio und bis 1987 nochmals um 0,294 Mio. Das führte zum Anstieg der *Arbeitslosigkeit*. Allein von 1974 bis 1980 stieg die Zahl der Arbeitslosen von 60.400 auf 96.300 an, um bis 1987 auf 258.600 anzusteigen. Am

stärksten davon betroffen wurden die Emscherstädte wie Gelsenkirchen (19,1 v.H.), Castrop-Rauxel (18,1 v.H.), Herne (17,9
v.H.), und Hamborn (17,2 v.H.), deren hohe Arbeitslosenquote
die immer noch einseitige schwerindustrielle Struktur widerspiegelt. Aber auch Dortmund (17,6 v.H.) und Hattingen (16,6 v.H.)
als Standorte damals noch großer Stahlwerke weisen nachhaltig auf
die Strukturprobleme hin.

Das Ruhrgebiet ist mit der Strukturkrise in eine *neue Entwick-
lungsphase* eingetreten, die mit keiner vorausgegangenen verglichen
werden kann. In dem von der Schwerindustrie geschaffenen bevöl-
kerungsstärksten Verdichtungsraum Kontinentaleuropas schwin-
den die traditionellen Arbeitsplätze so stark, daß in kurzer Zeit
nicht ausreichender Ersatz geschaffen werden konnte. Auch die mit
Schwerindustrie verbundenen Industriezweige lassen kein erneutes
Wachstum erwarten. Überdurchschnittlich zugenommen haben die
Dienstleistungen, die heute im Unterschied zur Vorkriegs- und
unmittelbaren Nachkriegszeit die Entwicklung der Arbeitsplätze
im Revier und damit die Regionalstruktur bestimmen.

Entwicklungsgeschichtlich und nach der gegenwärtigen Struktur
läßt sich das Ruhrgebiet östlich vom Rhein-Ruhr-Mündungsraum
dem westlichen Revier in vier Zonen untergliedern, die schrittweise
vom Bergbau im 19. und 20. Jahrhundert erschlossen wurden: das
eigentliche *Altrevier* beiderseits der Ruhr, die Reihe der *Hellwegstädte* von Mülheim bis nach Dortmund, die *Emscherstädte* von
Oberhausen bis nach Castrop-Rauxel und die *Lippezone*, die heute
nach der neuen Verwaltungsgliederung von Dorsten bis nach
Hamm reicht. Ruhr- und Hellwegzone werden hier zum *Südlichen
Ruhrgebiet*, Emscher- und Lippezone zum *Nördlichen* zusammengefaßt, während das *Westliche* eine gewisse Sonderstellung einnimmt (Karte 12).

Das Südliche Ruhrgebiet

Das Südliche Ruhrgebiet umfaßt den Raum, in dem die Wiege des
Schwerindustriegebietes stand und in dem sich der große Umbruch
zum Großindustriegebiet vollzogen hat. Die Grundlagen legte der
Steinkohlenbergbau im anstehenden Karbon beiderseits der Ruhr.

Den Wandel bewirkten die Mergelzechen und die mit Kokshochöfen ausgestatteten Hüttenwerke in den Hellwegstädten. Der Steinkohlenbergbau, der noch bis in die beginnenden 1970er Jahre vorhanden war, ist heute bis auf zwei Zechen verschwunden, und auch die eisenschaffende Industrie mußte gerade in den Hellwegstädten erhebliche Beschäftigungseinbußen hinnehmen. Der Standort Hattingen mit der Henrichshütte, die 1987 noch fast zwei Drittel der Industriebeschäftigten der Stadt stellte, wurde aufgegeben.

Aber auch Bochum und Dortmund verloren erhebliche Teile der Beschäftigten in diesem Industriebereich, alle Hellwegstädte zusammen genommen von 1970 bis 1987 fast die Hälfte (44,3 v. H.) der Stahlarbeiter. Um die aus der einseitigen Wirtschaftsstruktur erwachsenen Krisenerscheinungen zu mildern, haben sich besonders diese Städte schon in den 1960/70er Jahren darum bemüht, von der Schwerindustrie unabhängige Industriezweige anzusiedeln. Das Werk der A. Opel A. G. in Bochum ist hier ein Beispiel. Der Stahl- und Fahrzeugbau und die Elektrotechnik mit der Feinmechanik und Optik sind deshalb heute die wichtigsten Industriezweige. Sie stellen über die Hälfte der Arbeitsplätze in der verarbeitenden Industrie. War 1961 noch jeder zweite Beschäftigte in der Industrie tätig, so sank der Anteil bis 1987 auf ein gutes Viertel ab. Die rückläufige Industriebeschäftigung, besonders in den Bereichen, die mit der Montanindustrie enger verbunden waren, und das wachsende Gewicht der Dienstleistungen wirken sich hier aus.

Die Dienstleistungen sind an städtische Zentralorte gebunden, und je größer und vielseitiger ihre Wirtschaftsstruktur ist, um so stärker entwickelt ist der Dienstleistungsbereich. Führend sind hier die beiden Oberzentren Essen (627.300 E) und Dortmund (600.700 E)[9]. Die Dienstleistungen i. w. S. stellen in *Essen*, der ehemals wichtigsten Bergbaustadt und heutigen »Einkaufsstadt des Reviers«, mit 0,183 Mio. über sieben Zehntel (71,6 v. H.) aller Beschäftigten, wovon allein rund 110.000 im Handel und den Dienstleistungen i. e. S. tätig sind. Aber auch in *Dortmund*, das als Zentralort sein Einzugsgebiet über das östliche Ruhrgebiet hinaus ausgedehnt hat, wird der Strukturwandel vom führenden Schwerindustriestandort

---

[9] Alle Einwohnerzahlen 1993, Beschäftigtenzahlen 1987.

zum Dienstleistungszentrum sichtbar. Mit 0,178 Mio. sind knapp sieben Zehntel (68,2 v. H.) aller Beschäftigten im tertiären Sektor tätig, allein 99.000 im Handel und den Dienstleistungen i. e. S. Zwischen Essen und Dortmund gelegen und eingeschränkt behauptet sich *Bochum* (400.400 E) mit knapp 0,100 Mio. Beschäftigten im Dienstleistungsbereich (59,7 v. H.). Handel und Dienstleistungen i. e. S. sind hier aufgrund der eingeschränkten Zentralität und des begrenzten Einzugsgebietes weniger stark entwickelt als in den beiden führenden Oberzentren. Das gilt auch für das Mittelzentrum *Mülheim* (177.000 E) zwischen Duisburg und Essen. Von regionaler Bedeutung ist das Mittelzentrum *Hattingen* (58.400 E).

Für den Gesamtraum gilt, daß der südliche von der Schwerindustrie verlassene und landschaftlich reizvollere Teil heute bevorzugtes Wohngebiet für die mittleren und gehobenen Schichten ist, gleichzeitig aber auch Raum bietet für Erholungs-, Freizeit- und Bildungseinrichtungen für das ganze Revier. Grugapark und Baldeneysee in Essen und Westfalenhalle in Dortmund seien hier nur beispielhaft ebenso genannt wie die Universitäten Essen, Bochum und Dortmund. Der nördlichere Teil wird immer noch stark von der ehemals bestimmenden Montanindustrie, besonders dem Steinkohlenbergbau mit seinen heute stillgelegten Zechen und Bergarbeiterkolonien geprägt. Die Arbeiterschaft bestimmt weiterhin diese Stadtviertel. Die Grenze zwischen Nord und Süd bildet etwa der Ruhrschnellweg, die Bundesstraße 1. Die Landwirtschaft ist im Südlichen Ruhrgebiet von untergeordneter Bedeutung. Ihre Nutzfläche nimmt von Süden nach Norden hin ab.

Das Nördliche Ruhrgebiet

Das Nördliche Ruhrgebiet unterscheidet sich nach Struktur und Entwicklung grundlegend vom Südlichen. Es ist der Raum zwischen Emscher und Lippe, der bis zu seiner großindustriellen Erschließung seit der Mitte des 19. Jahrhunderts nur spärlich besiedelt war und außer den regional begrenzt wirksamen städtischen Zentralorten, Recklinghausen und Hamm über keine für die industrielle Entwicklung bedeutsamen Siedlungen verfügte. Die Mehrzahl der heutigen Städte, besonders die beiderseits der Emscher sind reine Industriesiedlungen. Sie verdanken ihre räumliche Entwicklung der Verteilung der Schachtanlagen mit ihren Kolonien, der Linienführung der Eisenbahn und besonders der hinter der Entwicklung her hinkenden preußischen Verwaltung, die vor dem Ersten Weltkrieg durch ständige Ein- und Umgemeindungen versuchte, der ungezügelten Verstädterung Herr zu werden. Erst die kommunale Flurbereinigung Ende der 1920er Jahre brachte hier eine ein halbes Jahrhundert gültige Neugliederung.

Das Nördliche Ruhrgebiet wird heute noch stärker vom Bergbau und der Industrie bestimmt, auch wenn der Dienstleistungsbereich über die Hälfte (56,2 v. H.) der nichtlandwirtschaftlichen Arbeitsplätze stellt, die sich vorwiegend auf die Mittelzentren konzentrieren. Sie liegen alle im Einflußbereich der nahen Oberzentren am Hellweg, die mit Ausnahme von *Recklinghausen* (126.600 E), das seine traditionelle Stellung im alten Vest und heutigen Landkreis behaupten konnte, im Bereich Handel und Dienstleistungen i. e. S. stärker sind. Am geringsten entwickelt ist der tertiäre Sektor (38,1 v. H.) in *Marl* (92.500 E), der jungen von Steinkohlenbergbau und Großchemie bestimmten Stadt, die sich im Einzugsbereich von Recklinghausen nur schwer zum Mittelzentrum entwickeln kann.

Der seit der Steinkohlenkrise 1957/58 stark geschrumpfte Bergbau konzentriert sich mit 14 von 21 Bergwerken des Ruhrgebietes noch immer auf diesen Raum. Im Jahre 1956 waren es noch 45 fördernde Zechen, die mit 51,155 Mio t über vier Zehntel (41,4 v. H.) der Revierförderung stellten. Ähnlich hoch war damals die Förderung der Zechen im Bezirk Mitte (39,3 v. H.), den Hellwegstädten, die heute nur noch über zwei Bergwerke verfügen, die ein Zehntel der Förderung im Ruhrgebiet stellen. Damals fand ein begrenzter Abbau auch noch im Altrevier im Bereich des anstehenden Karbons südlich (Süd 1) und nördlich der Ruhr (Süd 2) statt. Heute ist der Bergbau hier erloschen. Der Wegfall des Südreviers und die Bedeutungslosigkeit des ehemals führenden Bezirkes Mitte haben das relative Gewicht des Nordreviers gehoben. Es stellt heute fast zwei Drittel der Förderung und Belegschaften.

Neben dem Bergbau bestimmen die Kohlechemie, Erdölraffinerien und die Großchemie das Industriegefüge zwischen Emscher und Lippe. Nach Osten hin kommt zwischen *Lünen* (89.200 E) und

Tabelle 20: Die Entwicklung des Ruhrbergbaus nach Bezirken von 1860 bis 1988

Jahr	Anzahl der fördernden Zechen					Förderung in 1.000 t					Beschäftigte				
	Süd 1	Süd 2	Mitte	Nord	West	Süd 1	Süd 2	Mitte	Nord	West	Süd 1	Süd 2	Mitte	Nord	West
1860	97	96	61	–	1	822	1.391	2.452	–	0,6	4.402	8.372	14.984	–	60
1874	90	66	71	3	4	1.089	3.818	9.720	155	459	6.005	18.846	39.122	821	2.786
1913	19	31	73	46	8	2.315	11.606	54.457	36.774	9.073	8.366	45.922	198.825	139.141	32.802
1932	9	21	48	36	11	1.286	6.562	30.464	26.669	8.295	4.057	18.162	72.310	72.708	23.771
1956	12	18	50	45	13	2.269	5.312	48.572	51.155	16.379	8.398	19.618	143.722	148.092	42.023
1988	–	–	2	14	5	–	–	5.627	34.286	14.946	–	–	10.107	55.684	23.494

Quelle: H. G. Steinberg (1985) u. Jahrbuch d. Deutschen Bergbaus 1990

151

Hamm (182.600 E) zum Bergbau, der in den neunziger Jahren weiter rückläufig sein wird, noch das verarbeitende Gewerbe hinzu. Der östlichste Zechenstandort ist *Ahlen* (55.100 E) mit seiner Emailleindustrie. Hamm ist nicht nur als Zentralort (Oberlandes- und Landesarbeitsgericht), sondern auch als Verkehrsknotenpunkt von Bedeutung. Der größte Verschiebebahnhof des östlichen Ruhrgebietes beeinflußt entscheidend die Stadtstruktur.

Stärker als im südlichen Teilrevier ist hier noch die landwirtschaftliche Nutzung für das Landschaftsbild von Bedeutung. Im östlichen Teil wird auf dem Lößlehm der Hellwegbörde vorwiegend Weizen von mittelbäuerlichen Betrieben angebaut, während auf den ärmeren, mehr sandigen Böden im Westen der Getreide-Futterbau vorherrscht.

Im Unterschied zum Südlichen Ruhrgebiet, das entwicklungsbedingt eher in der Lage war, den Strukturwandel zu fördern, gelang es dem Nordrevier aufgrund seines einseitigen schwerindustriellen Gefüges nur schwer seine sozio-ökonomische Struktur zu verändern. Es verwundert deshalb nicht, wenn hier die höchsten Arbeitslosenquoten verzeichnet werden: Gelsenkirchen 14,3 v. H. (1993), NRW 10,1 v. H.!

Das Westliche Ruhrgebiet

Nach Entwicklung und Struktur ist das Westliche Ruhrgebiet Teil des ehemaligen Schwerindustriegebietes, aber gleichzeitig auch ein wichtiges Glied der Rheinachse oder Rheinschiene. Für beide Sichtweisen gilt, daß die überragende Verkehrslage im Rhein-Ruhr-Mündungsraum nicht nur die schwerindustrielle Entwicklung maßgeblich gefördert hat, sondern auch daß der den Kontinent aufschließende Rheinstrom hier den größten Binnenhafen der Erde entstehen ließ. Gerade die eisenschaffende Industrie, die mit dem Bergbau immer noch ein Fünftel der Beschäftigten stellt, profitiert von den Standortvorteilen der Stromlage, die die unmittelbare Verbindung mit dem Weltmarkt garantiert und damit gerade diesen Raum zum bevorzugten Stahlstandort im Ruhrgebiet werden ließ. Der Steinkohlenbergbau beiderseits des Stromes betreibt 1988 noch fünf Bergwerke mit 23.500 Beschäftigten, die mit 14,946 Mio t ein gutes Viertel (26,5 v. H.) der Revierförderung stellten. Im Jahre 1956 waren es noch 13 Zechen, die 16,379 Mio t Steinkohle mit 42.000 Bergleuten förderten. Drei der fünf Bergwerke liegen linksrheinisch und bestimmen noch immer die Beschäftigtenstruktur der Bergarbeitersiedlungen *Kamp-Lintfort* und *Neukirchen-Vluyn*, aber auch in *Moers* (106.400 E). Die Stadt ist das linksrheinische Mittelzentrum mit einem starken Bergbau- (22,1 v. H.) und Industriebeschäftigtenanteil (13,8 v. H.). Die Landwirtschaft in diesem Raum wird von Mittelbetrieben bestimmt, die Grünlandwirtschaft in den Niederungen und Getreidebau auf den Terrassenplatten betreiben.

Der stromnahe, heute überwiegend *Duisburg* zugeordnete Raum wird von der eisenschaffenden Industrie und besonders den Duisburger Häfen bestimmt. Allein in der Schwerindustrie wurden 1987 54.000 Personen beschäftigt, in den metallverarbeitenden Zweigen weitere 17.000. Der starke Produktionsrückgang in den Jahren 1992/1993 hat zu erheblichen Arbeitsplatzeinbußen geführt. Das Stahlwerk Rheinhausen wurde geschlossen. In den neunziger Jahren ist mit dem Fortgang des Umstrukturierungsprozesses in der Stahlindustrie und damit mit weiteren Arbeitsplatzverlusten zu rechnen. Der Steinkohlenbergbau wird heute nur noch in zwei Bergwerken (Walsum und Lohberg bei Dinslaken) betrieben. Dazu kommen die chemische und die Nahrungsmittelindustrie.

Von vorrangiger Bedeutung für diesen Wirtschaftsraum sind die *Duisburger Häfen*, in denen 1992 45,113 Mio t Güter umgeschlagen wurden, davon allein 16,659 Mio t in den Ruhrorter Häfen und 14,872 Mio t in Schwelgern, dem Werkshafen von Thyssen, in dem vorwiegend Eisenerze und Schrott angelandet werden. Der Gesamtumschlag der Duisburger Häfen läßt sich mit Hamburg (1990: 56,760 Mio t) vergleichen, unterschiedlich sind nur die Güter. In Duisburg sind es vor allem Erze und Schrott (58,0 v. H.) und die ehemals bedeutsamere Kohle (12,8 v. H.). Hier zeigt sich der immer noch enge Zusammenhang zwischen Schwerindustrie und Hafenwirtschaft. Die Verkehrsfunktionen des Raumes gehen über den Rheinstrom hinaus, wie das dichte Eisenbahn- und Fernstraßennetz verdeutlicht.

Das Oberzentrum *Duisburg* (539.100 E) bestimmt die zentralörtliche Struktur. Sein Einflußgebiet umfaßt den größten Teil des Niederrheins. Über die Hälfte (56,7 v. H.) der 223.800 Beschäftigten sind im tertiären Sektor tätig, allein drei Zehntel im Handel und den Dienstleistungen i. e. S., ein weiteres knappes Zehntel im Verkehr und der Nachrichtenübermittlung. 76.700 oder ein gutes Drittel der Beschäftigten sind in der Industrie tätig, davon allein 46.000 in der Metallerzeugung und -bearbeitung und weitere 12.300 im Stahl- und Maschinenbau. 65.900 oder ein Drittel der Beschäftigten sind Einpendler, die vorwiegend aus den niederrheinischen Landkreisen Wesel und Kleve und den benachbarten Ruhrstädten kommen, während für die 46.200 aus Duisburg Auspendelnden Düsseldorf bevorzugtes Ziel ist.

Die Rhein-Ballung

Die Rhein-Ballung ist der westliche Flügel der Rhein-Ruhr-Ballung und stellt mit 4,238 Mio E (1987) ein Viertel der Landesbevölkerung und drei Zehntel der Beschäftigten Nordrhein-Westfalens, obwohl der Verdichtungsraum nur ein Zehntel der Landesfläche einnimmt. Nach dem Ruhrgebiet ist es der am stärksten besiedelte Raum. In der Ausstattung mit Arbeitsplätzen nimmt er die erste Stelle ein. Dieses Übergewicht an Beschäftigten wird vor allen Dingen durch die Vielgestaltigkeit der Wirtschaftsstruktur der Großstädte hervorgerufen, die besonders für Frauen ein reichhaltiges Angebot an Arbeitsmöglichkeiten bieten.

Im Unterschied zum Ruhrgebiet, das sein räumliches Ordnungsmuster von der Verteilung der Schachtanlagen und der Hüttenwerke erhielt, ist es in der Rhein-Ballung die stromnahe, an alte städtische Zentralorte gebundene industrielle Verstädterung und der Wandel eines alten Gewerbegebietes zum stark verdichteten Industrieraum, des Bergischen Landes, das eine Brücke zu den Traditionellen Industriegebieten aufgrund seiner Entwicklung schlägt. Für die rheinnahen städtischen Verdichtungsräume sind in den letzten Jahren von der Landesplanung und der Geographie Begriffe wie *Rheinschiene* oder *Rheinische Städtelandschaft* in die Diskussion gebracht worden, ohne daß es bisher zu einer verbindlichen Abgrenzung gekommen ist. Deshalb soll hier auf die starke

Verdichtung von Menschen und Arbeitsplätzen mit dem Begriff *Rhein-Ballung* hingewiesen werden. Sie gliedert sich in den Kölner, den Düsseldorfer Wirtschaftsraum und das Bergische Land.

Der Kölner Wirtschaftsraum

Die Wirtschaftsstruktur des Kölner Wirtschaftsraumes ist vielfältig und wird im wesentlichen von der überragenden Stellung Kölns als Industriestadt und hochrangigem Zentralort aufgrund seiner seit alters her vorzüglichen Verkehrslage bestimmt. Aber auch die noch hauptstädtischen Funktionen Bonns, die guten und ertragreichen Böden und die umfangreichen Braunkohlenvorkommen, deren Abbau über den Kölner Raum hinausgreift, tragen dazu bei, daß es sich hier um einen wirtschaftlichen Aktivraum allerersten Ranges innerhalb der heutigen Bundesrepublik handelt.

Der Kölner Wirtschaftsraum läßt sich nun in deutlich voneinander unterschiedene Wirtschaftseinheiten untergliedern: die Großstadt Köln, den Bonner, den Siegburger Raum und das Kölner Braunkohlenrevier.

Köln ist mit 960.600 Einwohner die viertgrößte Stadt der Bundesrepublik Deutschland sowie die älteste und größte Nordrhein-Westfalens. Seine städtisch-zentralörtliche Vorrangstellung seit der Römerzeit beruht auf der überregionalen Verkehrslage im Schnittpunkt von Rheinstrom und den ihn querenden transkontinentalen westöstlichen Überlandweg. Als Verkehrs-, Handels- und Gewerbeplatz mit Stapel- und Umschlagrecht war die Stadt schon seit dem Mittelalter ein Wirtschaftsplatz von europäischer Bedeutung. Diese führende Stellung konnte sie bis heute halten. Sie ist als Zentralort die unangefochtene Metropole im Westen Deutschlands. Über sieben Zehntel der Beschäftigten sind im tertiären Sektor tätig, davon allein 82.100 im Handel, 116.600 in den Dienstleistungen und 58.277 in den Gebietskörperschaften, die nicht allein von den regionalen Verwaltungen getragen werden, sondern teilweise auch Ableger der hauptstädtischen Funktionen Bonns sind. Die Zahl der Beschäftigten in den Kreditinstituten und Versicherungen ist mit 35.500 beachtlich und übersteigt die in Düsseldorf. Hier leuchtet die ehemals bedeutende Stellung als Banken- und Versicherungs-

155

platz durch. Vom führenden Bankensitz wurde Köln von Düsseldorf verdrängt. Als wichtigstes Versicherungszentrum Deutschlands konnte es sich aber halten.

Die Stadt ist mit 112.800 Beschäftigten auch der größte Industriestandort der Rhein-Ballung. Die sich vielfach auf handwerklicher Grundlage entwickelnde Industrie entstand jenseits des bis weit in das 19. Jahrhundert hinein bestehenden Befestigungsgürtels und ließ linksrheinisch zahlreiche Vororte entstehen, die später eingemeindet wurden. Auf der rechten Rheinseite standen großflächigen Industrieanlagen die wenig genutzten Heideterrassen zur Verfügung. Die Industriestruktur Kölns ist vielseitig: Maschinen- und Fahrzeugbau, Schiffbau, Stahlbau, Elektroindustrie, Nahrungsmittelindustrie, Glas-, Papier- und Textilindustrie und in jüngster Zeit noch die Chemische, besonders die Petrochemie. Dieser Industriezweig legt sich fast ringförmig um die Stadt. Der wichtigste Chemiestandort ist im Norden *Leverkusen* (162.000 E), das erst 1930 durch den Zusammenschluß mehrerer Gemeinden zur Stadt wurde und seine Entwicklung der Bayer A. G. verdankt. Von den 85.600 Beschäftigten sind 38.300 in der chemischen Industrie tätig.

Der *Bonner Raum* nimmt den südlichsten Teil der Kölner Bucht ein und wird entscheidend von *Bonn* (298.200 E), der alten Bundeshauptstadt geprägt. Beherrschend ist hier der Dienstleistungssektor, was für die Stadt nicht neu ist, war sie doch schon von 1265 bis 1794 Kurkölnische Haupt- und Residenzstadt. Nach dem Verlust dieser Funktion ersetzten die Preußen sie durch die Verlegung der Landesuniversität von Duisburg nach Bonn. Heute sind über vier Fünftel der 163.300 Beschäftigten im tertiären Bereich tätig, allein über vier Zehntel in der öffentlichen Verwaltung und den zahlreichen Organisationen ohne Erwerbscharakter, besonders den vielen Interessenvertretungen. Der Verlust der hauptstädtischen Funktionen wird hier zu erheblichen Einbußen führen, die nicht allein durch verbleibende Ministerien oder Ersatzfunktionen (Telekom, EU-Behörden u. a.) aufgefangen werden können.

Handel (20.500 Beschäftigte) und Dienstleistungen (34.500 Beschäftigte) sind aufgrund der besonderen sozio-ökonomischen Struktur gut entwickelt. Die Industrie tritt demgegenüber mit 20.000 Beschäftigten in den Hintergrund. Sie wird von den leichteren Zweigen der verarbeitenden Industrie bestimmt. Bonn und seine Umgebung, etwa das Siebengebirge und einige Orte am Rhein wie Königswinter, sind aber auch wichtige Anziehungspunkte für den Fremdenverkehr. Zum Bonner Raum gehört das Gemüse- und Obstanbaugebiet des *Vorgebirges*, eines ehemaligen Weinbaugebiets mit kleinbetrieblicher Struktur, das schon im 19. Jahrhundert dank der guten Absatzmöglichkeiten in den wachsenden Nachbarstädten zum intensiven Obst- und Gemüseanbau am Osthang der Ville und nach dem Ersten Weltkrieg auch auf den östlich anschließenden Terrassen überging. Absatzgebiete sind heute die Zentren der Rhein-Ruhr-Ballung.

An den Bonner schließt sich östlich der *Siegburger Raum* an, der sich durch eine vielfältige Industrie auszeichnet, die sich auf *Siegburg* (36.300 E) und *Troisdorf* (66.800 E) konzentriert. Betriebe der chemischen Industrie (Dynamit Nobel) und des Maschinenbaues dominieren. In der Landwirtschaft, die auf den lehmigeren Böden Getreidebau betreibt, überwiegen die kleineren Betriebe. Die armen Sandböden der Heideterrasse sind mit Nadelwald bedeckt.

Das *Kölner Braunkohlenrevier* umfaßt den östlichen Teil des Rheinischen Braunkohlenreviers, den Villerücken oder das sogenannte Erftrevier, das von Brühl-Liblar im Süden bis Grevenbroich im Norden reicht und südlich von Bergheim heute ausgekohlt und weitgehend rekultiviert ist. Westlich davon, in den Rheinischen Börden liegen im Bereich der Erftscholle der seit 1978 erschlossene Tagebau Hambach I und westlich davon der zum Aachener Wirtschaftsbezirk gehörende Tagebau Inden I. Hambach I ist eng mit dem Erftrevier verbunden und wird deshalb dem Kölner Braunkohlenrevier zugeordnet. Das Rheinische Braunkohlenrevier ist mit seinem Lagerstätteninhalt von ca. 55,0 Mrd. t Kohle das größte geschlossene Braunkohlenvorkommen Europas. Davon lassen sich mit den heutigen technischen Mitteln und unter Berücksichtigung der Energiepreise etwa 35,0 Mrd. t wirtschaftlich abbauen. Die jährliche Förderung ist seit Mitte der 80er Jahre leicht rückläufig. Sie betrug 1992 107,500 Mio t und wird zu vier Fünftel zur Stromerzeugung den Kraftwerken entlang der Ville zugeführt. Betreiber sind die Rheinischen Braunkohlenwerke A. G. (Rheinbraun), die zum RWE-Konzern, den Rheinisch-Westfälischen Elektrizitätswerken, gehören und über ein Viertel der altbundesdeutschen Gesamtstromerzeugung stellen. Die ehedem bedeutsame Herstellung von Braunkohlenbriketts (1962: 14,148 Mio t und 1992: 2,325 Mio t) ist durch den zunehmenden Einsatz von Heizöl und Fernwärme in den Privathaushalten stark rückläufig.

Im Unterschied zum Steinkohlenbergbau, der als Tiefbau betrieben wird, führt der weitflächige Abbau von Braunkohlen im Tagebau zu tiefgreifenden Landschaftsveränderungen; das gilt besonders für den 8.500 ha umfassenden Großtagebau Hambach I, der nach Erreichen seiner größten Tiefe von 500 m der tiefste Tagebau der Erde sein wird. Der geschätzte Abraum von 14,5 Mrd m^3 wird zur weiteren Aufschüttung der Außenkippe »Sophienhöhe« und zur Verfüllung der auslaufenden Villetagebaue benutzt werden. Bis 1990 hat Rheinbraun 24.000 ha Land in Anspruch genommen, davon sind 15.100 ha einer Wiedernutzung zugeführt worden (6.700 ha der Land- und 6.600 ha der Forstwirtschaft). Von 1950 bis 1990 sind 26.403 Menschen aus 5.034 Anwesen umgesiedelt worden. Die rekultivierten Flächen im Südteil der Ville sind zu einer Wald-See-Landschaft umgestaltet worden und sind Teil des Naturparks Kottenforst-Ville.

Langfristig noch nicht voll abschätzbar sind die Auswirkungen der durch die Großtagebaue immer stärker erfolgenden Grundwasserabsenkungen in einem Raum, der mit seinen ergiebigen Vorkommen von wesentlicher Bedeutung für die Wasserversorgung der nahen Großstädte ist. Schon vor der Aufschließung von Hambach I wurde das durch die Absenkung vermehrt geförderte Grundwasser nur zu knapp einem Drittel für die Versorgung genutzt. Die Hauptmenge wurde ungenutzt durch Erft und Kölner Randkanal in den Rhein geleitet.

Der Düsseldorfer Wirtschaftsraum

Der Düsseldorfer Wirtschaftsraum ist flächenmäßig der kleinste innerhalb der Rhein-Ruhr-Ballung, dank der überragenden Stellung der Stadt aber der am stärksten verdichtete. Nach Köln ist *Düsseldorf* die wichtigste Industrie- und Dienstleistungsstadt Nordrhein-Westfalens, obwohl sie nach der Einwohnerzahl

(578.100 E) erst die vierte Stelle unter den Großstädten des Landes einnimmt. Das ist eine Folge der starken Verflechtung der Stadt mit ihrem Umland. Von den 411.700 Beschäftigten (1987) waren 185.000 Einpendler (44,9 v.H.), die vorwiegend aus den Kreisen Mettmann und Neuß kamen.

Die wirtschaftliche Stellung der Stadt beruht auf ihrer zentralörtlichen Vorrangstellung als Metropole, die nicht allein von den landeshauptstädtischen Einrichtungen getragen wird. Sie knüpfen an die Zeit der bergischen Residenz und der preußischen Bezirksregierungen an. Mit der 1860 beginnenden Industrialisierung und der Verflechtung mit dem schnell wachsenden Ruhrgebiet wurde Düsseldorf Sitz führender Organisationen und Verbände sowie einer Wertpapierbörse (1874), die 1936 mit den Börsen Köln und Essen zur »Rheinisch-Westfälischen Börse zu Düsseldorf« zusammengefaßt wurde. Die Börse hat nachhaltig das Bankenwesen der Stadt gefördert. Alle diese hochzentralen Einrichtungen haben mit dazu beigetragen, daß von den 411.700 Beschäftigten allein 306.400, knapp drei Viertel, im tertiären Sektor beschäftigt waren. Allein ein knappes Viertel in den Dienstleistungen, soweit sie von Unternehmen und freien Berufen erbracht werden. Ein weiteres Fünftel stellen Organisationen ohne Erwerbszweck und besonders die Gebietskörperschaften. Die relativ junge Industrie, gefördert von weitblickenden Unternehmern, die die einmalig günstige Lage am Strom und in Reichweite des Ruhrgebiets nutzten, stellt mit 82.700 nur ein Fünftel der Beschäftigten. Die Vielfalt der Industriezweige wird besonders vom Maschinen- und Fahrzeugbau, der Chemie (Henkel), der Elektro-, der Papierindustrie und der weitschichtigen Nahrungs- und Genußmittelindustrie bestimmt. Letztere ist strukturbestimmend im benachbarten *Neuss* (149.000 Einwohner), das sich aufgrund seines Hafens seit Mitte des 19. Jahrhunderts zu einem der wichtigsten Standorte in der Bundesrepublik für die Verarbeitung von Agrarprodukten entwickelt hat. Daneben ist die Metallverarbeitung, der Maschinenbau und die Elektrotechnik von Bedeutung. Als Großhandelsplatz für Getreide und Futtermittel ist Neuss führend im Westen Deutschlands. Von internationaler Bedeutung ist der Flughafen Düsseldorf-Lohausen, der nach Frankfurt der größte der Bundesrepublik ist. Im Charter-Flugverkehr ist er, dank seiner Lage innerhalb der Rhein-Ruhr-Ballung, der wichtigste deutsche Airport.

Das Bergische Land

Das Bergische Land nimmt eine Übergangsstellung unter den Wirtschaftsräumen ein. Nach der Verdichtung (1.229 E/km^2) zählt es zur Rhein-Ruhr-Ballung, nach Entwicklung und Struktur zu den traditionellen Industriegebieten. Die wirtschaftliche Entwicklung wurde hier früh von den Textil-, Eisen- und Metallgewerben bestimmt, die maßgeblich durch die vielfältige Nutzung der Wasserkraft gefördert wurde. Landesnatur und sozio-ökonomische Struktur gliedern das Bergische Land in drei unterschiedliche Wirtschaftsräume: den Wuppertaler Wirtschaftsraum, Solingen und Remscheid sowie den Niederbergischen Industrieraum.

Der Wuppertaler Wirtschaftsraum wird im wesentlichen von der im Jahre 1929 aus dem Zusammenschluß der Großstädte Elberfeld und Barmen und einigen selbständigen Gemeinden gebildeten Stadt *Wuppertal* (388.100 E) bestimmt. Die gewerbliche Entwicklung im Tal der Wupper nahm ihren Ausgang von der Garnbleiche, auf den Höhen und den südlichen Seitentälern von der Eisenverarbeitung. Bis zum Ersten Weltkrieg war die Textilindustrie der wichtigste Wirtschaftszweig. Ihr zur Seite trat die Eisen- und Metallindustrie, die nach dem Zweiten Weltkrieg zum beschäftigungsstärksten Zweig wurde. Von den 59.700 Industriesbeschäftigten sind heute 17.400 in der Elektrotechnik und 14.500 im Maschinenbau und der Feinmechanik tätig. Die ehemals führende Textilindustrie verfügt nur noch über 6.800 Arbeitsplätze, ähnlich wie die chemisch-pharmazeutische Industrie (6.200). Das Stammhaus der Bayer A. G. (ca. 4.000 Beschäftigte) liegt hier. Wuppertal ist aber nicht nur Industriestadt, sondern auch Oberzentrum, dessen Reichweite allerdings durch die benachbarten Zentren stark eingeschränkt ist (Karte 19).

Solingen (167.100 E), die Stadt der Klingen, und *Remscheid* (124.100 E), die der Werkzeuge, mit den angrenzenden Gewerbeorten auf den Hochflächen des Bergischen Landes bilden einen eigenen Wirtschaftsraum. In beiden Städten sind von den 91.000 Industriebeschäftigten fast 60.000 in der Kleineisenindustrie, die vor allem Schneide- und Besteckwaren, Werkzeuge und Metallkurzwaren herstellt, und im Maschinen- und Stahlbau sowie in der Stahlverformung und in Gießereien tätig. Die weitgehende Spezialisierung der Kleinindustrie unterscheidet diesen Wirtschaftsraum von den benachbarten.

Der *Niederbergische Industrieraum* mit seinem Hauptort *Velbert* (90.100 E) nimmt den Raum zwischen Ruhrgebiet und Wuppertal ein. In allen Städten und Gemeinden bestimmt die klein- und mittelbetriebliche Industrie die Wirtschaftsstruktur. Heiligenhaus und Velbert bilden das Zentrum der deutschen Beschläge- und Schloßindustrie für die Autoindustrie. Dazu kommen Gießereien und Maschinenbaubetriebe. In Wülfrath wird Kalkstein gebrochen, aufbereitet und vorwiegend in das Ruhrrevier verschickt. Auf den fruchtbaren Lößlehmböden um Mettmann werden Weizen, Raps und Hackfrüchte angebaut. Das regionale Mittelzentrum ist die Kreisstadt *Mettmann* (39.400 E).

2.1.2. Die traditionellen Industriegebiete

Die traditionellen Industriegebiete sind die Räume, deren gewerbliche Ansätze bis in vorindustrielle Zeit zurückreichen, die im Zuge der Industrialisierung im 19. Jahrhundert ihre gewerblich-industrielle Grundlage verstärken und über die zunehmenden Beschäftigungsmöglichkeiten ihre Bevölkerung stark verdichten konnten. Hierin unterscheiden sie sich deutlich von den ländlich-gewerblichen Gebieten, die teilweise wie das Tecklenburger oder das Münsterland diesen Wandel vom Landgewerbe zur Industrie ebenso mit vollzogen haben, ohne daß es zur Verdichtung von Industrie und Bevölkerung wie in den traditionellen Industriegebieten kam. Deshalb unterscheiden sich die traditionellen Industriegebiete gegenüber den ländlich-gewerblichen Gebieten nicht nur durch die höhere Bevölkerungsdichte, sondern auch durch den stärkeren Industriebesatz (Industriebeschäftigte:Bevölkerung). Er liegt hier bei 15,8, bei den ländlich-gewerblichen Gebieten bei 11,8 und der Rhein-Ruhr-Ballung bei 12,2 (NRW 12,9). Zu den traditionellen Industriegebieten zählen nun die Wirtschaftsbezirke Krefeld-Mönchengaldbach, Aachen, Mark, Siegerland und Ravensberg-Lippe.

Krefeld-Mönchengladbach

Der Krefeld-Mönchengladbacher Bezirk wurde bis in die jüngste Zeit von der Textil- und Bekleidungsindustrie bestimmt, die an die frühere Leineweberei und die Samt- und Seidenherstellung anknüpft. Letztere wurde eingeführt von Mennoniten, die ihres Glaubens wegen flüchten mußten und in Krefeld aufgenommen wurden. Im 18. Jahrhundert erlebte dieser Gewerbezweig durch die zugewanderte Familie van der Leyen und die Förderung durch den preußischen König einen derartigen Aufschwung, daß Krefeld neben Lyon zum wichtigsten europäischen Standort der Seidenherstellung wurde. Das Seidengewerbe griff schon früh auf die Nachbarorte Mönchengladbach, Rheydt, Viersen, Süchteln und Dülken über. Diese strukturbestimmende Rolle hat die Textilindustrie durch die schweren konjunkturellen Einbrüche in den sechziger, siebziger und frühen achtziger Jahren verloren. Der Importdruck aus den Niedrig-Lohnländern Ostasiens, das Vordringen von Synthetikfasern und die Marktsättigung haben zu zahlreichen Firmenzusammenbrüchen geführt. Von 1961 bis 1987 ist in NRW im Textil- und Bekleidungsgewerbe, zu dem auch das zahlenmäßig geringe Ledergewerbe gehört, die Betriebszahl von 37.100 auf 12.600, also um zwei Drittel zurückgegangen, die Beschäftigtenzahl von 433.100 auf 144.000 (− 66,8 v. H.). Der Krefeld-Mönchengladbacher Raum stellt heute ein Siebentel der Beschäftigten in diesem Wirtschaftszweig. Krefeld ist aber immer noch das Zentrum der deutschen Seidenindustrie. In Viersen und Süchteln werden Samt und Plüsch hergestellt, und in Mönchengladbach liegt das Schwergewicht auf Tuchweberei und Konfektion.

Beschäftigungsstärker sind heute der Stahl- und Maschinenbau in Krefeld und besonders in Mönchengladbach, die beide vielfach durch die Textilindustrie erst angeregt worden sind. In Viersen kommen dazu noch die Nahrungsmittelindustrie und die Chemie. Beide Industriezweige finden sich in Stromlage auch im nach Kre-

162

feld eingemeindeten Uerdingen. Aber auch die Elektroindustrie ist in beiden Städten von Bedeutung. Zahlenmäßig gewichtiger als der industriell-gewerbliche, der sekundäre Sektor ist heute der tertiäre, der in beiden Städten über sechs Zehntel der Beschäftigten stellt. Beide Städte sind Oberzentren mit einem räumlich eingeschränkten Bereich, weil sie im Einflußfeld von Düsseldorf liegen.

Nach der Siedlungsstruktur läßt sich der Wirtschaftsbezirk in den *Krefelder Raum* mit der Stadt Krefeld (248.400 Einwohner) und den Mönchengladbacher Raum gliedern, der im wesentlichen *Mönchengladbach* (265.100 Einwohner) und das benachbarte *Viersen* (77.600 Einwohner) umfaßt. Im Westen schließt sich das Grenzland von Brüggen an, in dem die von den Niederlanden angeregte auf Tegelen-Ton-Vorkommen beruhende Ziegelindustrie von wirtschaftlicher Bedeutung ist. Die ausgedehnten, teilweise unter Naturschutz stehenden Wald- und Heidegebiete im Schwalm- und Nettetal sind beliebte Naherholungsgebiete.

Aachen

Das westlichste Industriegebiet Deutschlands ist Aachen, das von der Rhein-Ballung durch die Rheinischen Börden getrennt ist. Der nach Fläche, Bevölkerung und Beschäftigtenzahl kleine Wirtschaftsbezirk ist vielgestaltig. Außer der Stadt zählen dazu das ehemalige Aachener Bergbaugebiet, der Eschweiler-Stolberger Raum und der verwandtschaftliche Züge aufweisende Dürener Wirtschaftsraum.

Eine Vorrangstellung nimmt *Aachen* (245.600 E) ein, das nur drei Zehntel der Bevölkerung, aber über vier Zehntel der Beschäftigten des Industriegebietes stellt. Das heutige Oberzentrum Aachen verdankt seine zentralörtliche Bedeutung einer bis in die Karolingerzeit zurückreichenden Sonderstellung (Thermalquellen, Kaiserpfalz und bis 1531 Krönungsstadt der deutschen Könige) und seiner Lage an der wichtigen Verbindungsstraße zwischen Köln und Lüttich. Früh entwickelten sich unter flämischem Einfluß der Handel und die Tucherzeugung. Dazu kam das Messinggewerbe, das später nach Stolberg auswanderte und großes Ansehen in weiten Teilen Europas erlangte. Aus Messing- und Eisengewerbe erwuchs die moderne Nadelindustrie. Trotz ihrer rückläufigen Bedeutung für das städtische Wirtschaftsleben ist Aachen noch immer eine der wichtigsten Städte für diesen Industriezweig. Ähnliches gilt auch für die Fabrikation von Nahrungs- und Genußmitteln (Schokolade und Marmelade) mit gut 3.000 Beschäftigten. Beschäftigungsstärker sind heute der Stahl-, Maschinen- und Fahrzeugbau (7.350) und die Elektroindustrie (7.100). Von wirtschaftlicher Bedeutung sind auch die Kunstfaser-, die Reifen- und die Glaserzeugung. Wesentlicher ist heute der tertiäre Sektor, der mit 95.500 über sieben Zehntel aller Beschäftigten der Stadt stellt. Neben der Verwaltung sind es besonders die Dienstleistungen (Technische Universität mit Großklinikum) und der Handel, die Aachens oberzentrale Stellung nicht nur im grenznahen Rheinland, sondern auch im benachbarten Belgien und den Niederlanden festigen. Im Rahmen der Euregio Maas-Rhein wird Aachen seine grenzübergreifende Stellung weiter verstärken können.

Im Osten schließt sich an den Aachener der *Eschweiler-Stolberger* Wirtschaftsraum an. Er ist ein altes Bergbau- und Metallverarbeitungsgebiet, das seine gewerbliche Entwicklung der Wasserkraft, den Vorkommen der für die Messingherstellung wichtigen Erze (Brauneisen, Galmei und Zink) und den ehemals ausgedehnten Wäldern (Holzkohle) verdankt. Gefördert wurde die Entwicklung noch durch den Auszug Aachener Unternehmen, der aus konfessionellen Gründen im Zuge der Gegenreformation erfolgte. Außer dem Messinggewerbe spielte früh schon auch die Tuchweberei und Glasherstellung eine Rolle. Heute wird der Stolberg-Eschweiler Raum weiter von der Messingindustrie, der Glaserzeugung, der Chemischen und Textilindustrie bestimmt. Südlich der Stadt Stolberg wird Kalk und Dolomit abgebaut. *Stolberg* (57.900 E) und *Eschweiler* (55.400 E) sind Industriestädte mit einer begrenzten zentralörtlichen Bedeutung.

Eine Übergangsstellung zwischen dem Aachener Industriebezirk und den Rheinischen Börden nimmt der Raum *Düren* ein. Vorort ist die Stadt Düren (87.600 Einwohner) mit ihrer Maschinen-, Textil- und besonders der Papier- und Pappeindustrie, die Papiere höchster Qualität herstellt und mit 3.850 Beschäftigten nach dem Maschinenbau (5.517) der wichtigste Industriezweig der Stadt ist.

Als vollentwickeltes Mittelzentrum behauptet sich Düren zwischen Aachen und Köln. Der nördliche Einzugsbereich, die von Lößböden bestimmte Börde, wird von mittleren und größeren bäuerlichen Betrieben genutzt, die Weizen und Zuckerrüben anbauen. Im Süden, der schon zur Eifel gehört, überwiegt die Forstwirtschaft.

Bis in die jüngste Zeit wurde der Raum nordöstlich von Aachen vom sich von Süden nach Norden verlagernden Steinkohlenbergbau und im Eschweiler-Dürener Raum vom Braunkohlenbergbau bestimmt. 1988 sind es nur noch zwei Steinkohlenbergwerke, die in Betrieb sind: vom Eschweiler-Bergwerks-Verein die Grube Emil Mayrisch in Aldenhoven, die mit 3.907 Beschäftigten 2,304 Mio t Steinkohle gefördert hat, und das Bergwerk Sophia-Jacoba der gleichnamigen Gewerkschaft in Hückelhoven, die im gleichen Jahr 4.349 Beschäftigte zählte und 1,950 Mio t Steinkohle förderte. Die Grube Emil Mayrisch wurde inzwischen geschlossen, Sophia-Jacoba wird ihr Mitte der neunziger Jahre folgen.

Der Braunkohlenbergbau im Aachener Raum beschränkt sich heute auf den Raum Weisweiler-Aldenhoven mit dem Großtagebau Inden I, der das RWE-Kraftwerk bei Weisweiler mit Kohle versorgt. Der Tagebau wird weiter nach Nordosten ausgedehnt und östlich der Inde sind bereits die Abbaugrenzen für Inden II genehmigt. In den neunziger Jahren sollen hier jährlich 20,0 bis 25,0 Mio t Braunkohle gefördert werden. Neben wertvollem Ackerland werden die Orte Altdorf, Pier und Inden zerstört.

Der Märkische Industriebezirk

Der Märkische Industriebezirk ist hinsichtlich Fläche, Bevölkerung und Beschäftigtenzahl nach Ravensberg-Lippe das zweitgrößte traditionelle Industriegebiet und umfaßt den nordwestlichen westfälischen Teil des Süderberglandes. Seinen Namen hat es von der ehemaligen Grafschaft Mark, die Anfang des 17. Jahrhunderts an Brandenburg fiel. Das »Märkische Sauerland« umfaßt den Südteil der alten Grafschaft und ist im Unterschied zum östlich anschließenden kurkölnischen Sauerland dichter besiedelt und stärker industrialisiert. Die Industriestandorte konzentrieren sich auf die Täler der Lenne, Volme, Ennepe und Ruhr und die angrenzenden

Hochflächen. Ähnlich wie im benachbarten Bergischen Land stellt das verarbeitende Gewerbe noch immer fast jeden zweiten Arbeitsplatz, und der tertiäre Sektor hat nicht diese überragende Bedeutung wie in den Wirtschaftsbezirken mit einem dominierenden Oberzentrum. Hagen als oberzentraler Vorort des nach Natur und Entwicklung vielgestaltigen Industriegebietes hat nicht dieses beschäftigungsmäßige Gewicht und muß sich seine Stellung mit aktiven Mittelzentren wie Lüdenscheid und Iserlohn teilen.

Strukturbestimmend ist die Industrie und hier besonders die mit ihren Wurzeln bis in das Mittelalter zurückreichende Metallerzeugung und -verarbeitung, aus der Stahl- und Maschinenbau erwachsen sind und zu denen sich in jüngerer Zeit die Elektroindustrie hinzugesellt hat. Die vielerorts abbauwürdigen Eisenerz- und Nichteisenerzvorkommen und die ausgedehnten Wälder, aus denen die zur Verhüttung notwendige Holzkohle kam, leiten die Eisengewinnung zunächst auf den Höhen ein. Erst als es gelang, die Wasserkraft für den Produktionsprozeß nutzbar zu machen, wandert sie seit dem 14. Jahrhundert in die Täler, besonders in die von Nebenflüssen ab. Die Haupttäler wurden wegen der Hochwassergefahr bis in das 19. Jahrhundert gemieden. So entstanden entlang der Gewässer Gewerbegassen, aus denen sich Industriebänder entwickelten. Begünstigt wurde diese Entwicklung durch den Bau der Lennetalbahn (1859–1861), die Siegen mit dem Ruhrgebiet verband und der märkischen Industrie einen kräftigen Aufschwung brachte. Knotenpunkt wurde *Hagen* (215.000 Einwohner), das mit seiner Eisenhüttenindustrie eng mit dem Ruhrgebiet verbunden wurde. Eisengießereien, Drahtziehereien, Stabziehereien, Kaltwalzwerke und eine vielfältige Maschinenbauindustrie prägen bis heute die Industriestruktur der Stadt. Sie stellten 1970 noch jeden zweiten Arbeitsplatz. 1987 war es nur jeder dritte, 21.000 Arbeitsplätze (40,0 v. H.) waren verloren gegangen. Gewonnen hat aber auch in Hagen der tertiäre Sektor, besonders die Verwaltung, die Organisationen ohne Erwerbscharakter und die Dienstleistungen.

Zum Hagener Wirtschaftsraum zählt auch das altindustrialisierte *Ennepetal*, in dem in Klein- und Mittelbetrieben Geräte, Schlösser und Beschläge hergestellt werden. Im *Lennetal* hat sich auf älterer Grundlage eine hochspezialisierte Eisen- und Metallindustrie entwickelt, die durch die Entwicklung der Eisenbahn begünstigt wurde. Zentrum der traditionellen Drahtzieherei ist *Altena* (24.400 Einwohner). Die Verarbeitung des Drahtes zu Kleineisenwaren (Spiralfedern, Nieten, Nägel, Nadeln u.a.) hat der Stadt Weltruf eingebracht. Nach dem Kriege kam die Elektroindustrie hinzu. *Werdohl* (22.400 Einwohner) ist Standort der Pumpenfabrikation und NE-Metallindustrie, *Plettenberg* (29.700 Einwohner) beherbergt eisenverarbeitende Betriebe, die Automobilteile und -zubehör, Federn, Tür- und Möbelbeschläge herstellen.

Auf der Hochfläche liegt die eigenständige Industriestadt *Lüdenscheid* (80.100 Einwohner). Das eisenverarbeitende Gewerbe geht hier auch auf die Drahtzieherei zurück. Dazu kamen die Besteckherstellung seit dem 18. Jahrhundert und die Erzeugung von Knöpfen, Schnallen, Abzeichen und Orden, in jüngerer Zeit Aluminiumwaren, eine umfangreiche Elektro- und Kunststoffindustrie.

Östlich der Lenne in einer Kalksenke liegt die altindustrielle Mittelstadt *Iserlohn* (94.700 E.), die Hauptort eines Wirtschaftsraumes ist, in dem die Drahtzieherei und Feinnadelindustrie von ähnlicher Bedeutung für die Entwicklung war wie im Aachen-Stolberger Raum. Heute weist die metallverarbeitende exportorientierte Industrie ein vielfältiges Produktionsprogramm auf.

Land- und Forstwirtschaft sind im Märkischen Industriebezirk der industriell gewerblichen Nutzung untergeordnet. Die hohen Niederschläge und die starke Zertalung begünstigen die ausgedehnten Waldbestände und die Viehwirtschaft der mittelbäuerlichen Betriebe. Nur im Norden, gegen die Ruhr hin überwiegt das Ackerland mit Getreideanbau.

Das Siegerland

Das Siegerland ist ein von den rheinisch-westfälischen Industrie- und Ballungsgebieten deutlich getrennter Wirtschafts- und Sozialraum. Es ist das kleinste und älteste traditionelle Industriegebiet Westfalens, das über die Landesgrenzen hinausgreift und Teile des rheinland-pfälzischen Landkreises Altenkirchen mit umfaßt. Grundlage der gewerblich-industriellen Entwicklung war der Abbau von phosphorarmen, manganhaltigen Eisenerzen, deren FE-

Gehalt relativ hoch war (40–50 v. H.). Der Eisenerzbergbau versorgte nicht nur das einheimische eisenverarbeitende Gewerbe, sondern auch das im Bergischen Land, im Märkischen Industriebezirk und nach der Eisenbahnanbindung auch das Ruhrgebiet, das im Rücklauf Steinkohle lieferte und die Steigerung des Erzabbaues förderte. Die wachsende Konkurrenz ausländischer Eisenerzlieferanten ließen den Erzbergbau im Siegerland immer mehr ins Hintertreffen geraten, was letztlich 1965 zur Schließung des letzten Bergwerkes führte und einen grundlegenden Strukturwandel einleitete.

Er umschreibt aber nur das Ende einer jahrhundertealten Entwicklung, die von der engen Verflechtung von Eisenerzbergbau, Eisenverarbeitung und Landwirtschaft in Form der *Haubergwirtschaft* geprägt wurde. Es handelte sich um ein genossenschaftlich organisiertes Landnutzungssystem, nach dem im achtzehn- bis zwanzigjährigen Turnus die vorwiegend mit Eichen bestockten Niederwälder, die sogen. Haue, geschlagen wurden und nur die Wurzelbereiche stehen blieben. Der Niederwald erholte sich wieder durch Stockausschlag und konnte dann erneut genutzt werden. Das Holz wurde durch Köhler in Holzkohle umgewandelt, die für die Eisenverhüttung von grundlegender Bedeutung war, oder als Brennholz in Haushalt und Gewerbe verwandt. Der Bedarf an Holzkohle war so groß, daß sie schon früh aus den benachbarten Gebieten eingeführt werden mußte. Die Eichenrinde wurde von zahlreichen Lohmühlen zu Gerbstoffen verarbeitet, auf die sich noch Ende des 19. Jahrhunderts allein im Siegerland 90 Gerbereien stützten. Ausländische und chemische Gerbstoffe beeinträchtigen und ersetzen dann die Herstellung der Gerberlohe. Eng mit der eisengewerblichen Entwicklung hing auch die besondere Form der Wiesenbewässerung an der oberen und mittleren Sieg zusammen. Das zeitweise Überschwemmen der Talauen durch den Stau der Gräben erhöhte die Ertragsfähigkeit und damit die Versorgung des seit dem 16. Jahrhundert ansteigenden Viehstapels, besonders durch die Vergrößerung der Frachtrinderzahl seit dem 15. Jahrhundert. Die Haubergwirtschaft, und damit die enge Verknüpfung von Eisengewerbe und Landwirtschaft, erhielt sich bis in die 1860er Jahre. Seitdem wurde sie schrittweise ausgehöhlt und ist heute weitgehend aufgegeben. Aus Niederwäldern wurden Hochwälder und auch die Wiesenbewässerung besteht nur noch in Resten.

Die gegenwärtige Industriestruktur des Siegerlandes wird noch immer von den traditionellen Zweigen bestimmt. Die Metallerzeugung und -verarbeitung tritt heute aber beschäftigungsmäßig hinter den Maschinen- und Stahlbau zurück, der aus der Eisenindustrie erwachsen ist. Die Herstellung von kompletten Werksanlagen für den Werkzeugmaschinenbau und die vielfältige Herstellung von Eisen- und Metallwaren bestimmen die Produktionsstruktur der Siegerländer Industrie. Sie konzentriert sich auf die Täler, besonders den Kernraum zwischen Kreuztal, Siegen und Betzdorf. Hauptort und Oberzentrum ist *Siegen* (111.100 E), dessen Bereich über die Landesgrenzen hinaus bis in den Westerwald reicht. Die wirtschaftliche Entwicklung der Stadt beruhte auf dem Eisenerzbergbau, die letzte Grube wurde 1962 geschlossen, und der Hüttenindustrie, die ihren Betrieb im gleichen Jahr einstellte. Die vielfältige, vorwiegend von der Metallverarbeitung (Maschinen , Apparatebau, Werkzeugmaschinenbau, Walzwerkerzeugnisse, Gießereien) geprägte Industrie stellt heute nur noch ein gutes Viertel der 63.100 nichtlandwirtschaftlichen Arbeitsplätze. Zwei Drittel der Beschäftigten (41.600) sind im tertiären Sektor tätig, vorwiegend im Handel (11.200) und den Dienstleistungen (11.600), was ganz der oberzentralen Stellung der Stadt entspricht, die kaum von den entfernteren Großzentren beeinträchtigt wird. Das spiegelt auch die historische Eigenart des Siegerlandes in Sprache und Brauchtum wider, die sich nicht zuletzt deshalb entwickeln konnte, weil das kleine fürstliche Territorium im Grenzbereich von Mainz, Trier und Köln lag und erst in preußischer Zeit (1815/16) Westfalen zugeordnet wurde.

Ravensberg-Lippe

Der Wirtschaftsbezirk Ravensberg-Lippe ist das größte traditionelle Industriegebiet des Landes und läßt sich flächenmäßig mit dem Ruhrgebiet vergleichen (Tab. 17). Nach Entwicklung und sozio-ökonomischer Struktur ist der Ravensberg-Lipper Raum mit seiner aus dem Ländlich-Kleinbäuerlichen erwachsenen Industrie geradezu das Gegenstück zum Ruhrrevier. Grundlage des Verdichtungsraumes, der sich entlang der von der Köln-Mindener Eisenbahn vorgezeichneten Achse von Rheda-Wiedenbrück bis Minden hinzieht, ist die verarbeitende Industrie, die ihre Entwicklung teilweise der engen Verflechtung mit dem Ruhrgebiet verdankt. Angelagert ist diesem Kernraum im Südosten der schwächer industrialisierte lippische Wirtschaftsraum. Im Nordwesten bildet Melle mit seinem Umland den Übergang zum Osnabrücker Raum.

Die bis in die jüngste Zeit strukturbestimmende Industrie stellt heute nur noch ein gutes Drittel der nichtlandwirtschaftlichen Arbeitsplätze. Die ehedem wahrhaft grundlegende Textilindustrie ist beschäftigungsmäßig zur Bedeutungslosigkeit abgesunken. Das Holz-, Papier- und Druckgewerbe, der Maschinen- und Fahrzeugbau und die Elektrotechnik weisen heute mehr Arbeitsplätze auf. Wesentlicher ist aber auch in Ravensberg-Lippe der an zentrale Orte gebundene tertiäre Sektor, der bezeichnenderweise im Handel und in den Dienstleistungen am stärksten entwickelt ist.

Die landgewerbliche Entwicklung leitet schon im Mittelalter der Flachs ein, der hier aufgrund der hohen Niederschläge bessere Wachstumsbedingungen fand als das Korn. Wurde Flachs anfangs nur zu Gespinsten und Garn verarbeitet, das nach Elberfeld transportiert und dort veredelt und dann in die Niederlande verkauft wurde, so wurde die Garnausfuhr nach der Übernahme Ravensbergs durch Brandenburg-Preußen unterbunden. Statt der Garn- wurde nun die Leinengewebeausfuhr gefördert. Vor dem Verkauf wurde die Qualität des Leinen in Schauanstalten, den sog. Leggen, überprüft. Sie garantierten eine einheitliche Ware. Die Leggen lagen in den Städten, die auch den Handel organisierten und die Produktion auf dem Lande lenkten. Das Leinengewerbe bricht in der ersten Hälfte des 19. Jahrhunderts zusammen. In den 1840er Jahren wird der mechanische Webstuhl und die überseeische Baumwolle zuerst in Bielefeld eingeführt. Die Leinen-, Baumwoll- und Seidenweberei bilden die Grundlagen für die Wäsche- und Bekleidungsindustrie, deren Zentrum Bielefeld ist.

Die Textilindustrie regte den Maschinenbau an, der mit dem Stahl- und Fahrzeugbau heute, dank seiner starken Spezialisierung, vor der Textilindustrie rangiert. Der beschäftigungsstärkste Zweig ist aber das Holz-, Papier- und Druckgewerbe. Mit 51.200 Beschäftigten stellen sie knapp ein Viertel aller Arbeitsplätze in NRW in diesem Wirtschaftszweig. In Lippe ist es der führende Industriezweig. Lipper Möbel waren schon im 18. Jahrhundert weit über die Grenzen des Landes bekannt. Mit dem Bau der Köln-Mindener Bahn verlagerte sich die Holzindustrie in den Herforder Raum. Serienmäßig erzeugt wurden nun Küchen und Schlafzimmer für die wachsende Bevölkerung im Ruhrgebiet. In jüngerer Zeit entstanden dann auch Holz- und Möbelfabriken im Gütersloh-Wiedenbrücker Raum. Das Papier- und Druckgewerbe konzentriert sich vorwiegend auf die Städte und wird von Betrieben getragen, die Verpackungsmaterial, Geschäftsdrucksachen oder Bücher und Zeitschriften herstellen. Die 1835 in Gütersloh gegründete Verlagsdruckerei von Carl Bertelsmann hat sich hier zu einem der führenden Medienkonzerne entwickelt. An die Städte gebunden ist auch die erst in jüngerer Zeit sich entwickelnde Elektroindustrie mit der Feinmechanik und Optik. Ein traditioneller Gewerbezweig ist die Nahrungs- und Genußmittelerzeugung. Auf einheimischer Grundlage entstand die Fleischwarenindustrie im Gütersloher Raum mit ihren westfälischen Schinken- und Wurstspezialitäten. Die Nahrungsmittelindustrie hat ihr Zentrum in Bielefeld mit dem vielschichtigen Dr. Oetker-Konzern, der einheimische und importierte Rohstoffe verarbeitet und seine Entstehung der Back- und Puddingpulverherstellung verdankt. Einheimisch und auf landgewerbliche Grundlagen zurückgehend ist auch die Branntweinbrennerei, die in Steinhagen ihr spezifisches Produktionszentrum gefunden hat. Zu den Genußmitteln zählen auch die Zigarren, die früher in Handarbeit von Heimarbeitern, heute aber weitestgehend maschinell hergestellt werden. Bünde ist das Zentrum der Tabakindustrie. Eingeführt wurde sie Ende des 18. Jahrhunderts von Bremer und Osnabrücker Kaufleuten, die die billigen Arbeitskräfte nutzten.

Gewerbe und Industrie bestimmen aber nicht mehr die Beschäftigtenstruktur. An ihre Stelle sind auch hier die Wirtschaftszweige des tertiären Sektors getreten, die alle an städtische Zentralorte gebunden sind und die die Verdichtung mitfördern.

Eine Besonderheit des Bezirkes sind die Sol- und Mineralquellen, die zunächst wie in Salzuflen den Betrieb von Salinen zur Salzgewinnung ermöglichten. Die Erbohrung von weiteren Thermalsolquellen im vorigen Jahrhundert leiteten die Entwicklung zum Kurbetrieb besonders in *Bad Oeynhausen* (47.900 Einwohner) und *Bad Salzuflen* (54.500 Einwohner) ein. Die Bäder werden von Heilung und Erholung Suchenden aus allen Teilen der Bundesrepublik aufgesucht.

Der Wirtschaftsbezirk ist nicht einheitlich strukturiert. Im Achsenbereich unterscheiden sich deutlich voneinander der Gütersloher, Bielefelder, Herforder und der Mindener Raum. Ihnen ist im Südosten der lippische um Lemgo-Detmold vorgelagert.

Der *Gütersloher Wirtschaftsraum* ist am weitesten gegen das Ruhrgebiet entlang der Eisenbahn in das östliche Münsterland vorgeschoben, dem es seine industrielle Entwicklung mit verdankt. *Gütersloh* (89.900 Einwohner), erst 1825 zur Stadt erhoben, ist der wichtigste Industriestandort. Die Holz- und Möbelindustrie, die Metallverarbeitung (Miele), die Fleischverarbeitung, das Druck- und Verlagsgewerbe (Bertelsmann) und die ältere Textilindustrie sind für das Wirtschaftsleben von Bedeutung. Die kleinbetriebliche Landwirtschaft auf den armen, bodenfeuchten Sandböden wird von der Schweine- und Rinderzucht bestimmt.

An den Gütersloher schließt sich der *Bielefelder Wirtschaftsraum* an, der im wesentlichen von der nach der Gebietsreform 1973 erheblich erweiterten Stadt eingenommen wird. *Bielefeld* (324.300 Einwohner) hatte sich schon im Mittelalter zum Zentrum des ravensbergischen Leinengewerbes entwickelt und wurde dank der Förderung durch den Großen Kurfürsten und seine Nachfolger zur wichtigsten Stadt des Territoriums. Der frühe Eisenbahnanschluß begünstigte die von den Textilgewerben ausgehende Industrialisierung. Ihre überragende Stellung hat die Industrie verloren. Der Maschinen- und Fahrzeugbau (16.500 Beschäftigte) ist heute der wichtigste Industriezweig, gefolgt vom Druck- und Papiergewerbe, der Textil-, Elektro- und Nahrungsmittelindustrie. Maßgebender für die städtische Wirtschaftsstruktur ist der tertiäre Sektor, der vorwiegend vom Handel, den Dienstleistungen und den Gebietskörperschaften getragen wird. Hier spiegelt sich die oberzentrale Stellung der Stadt wider, die in erster Linie Einkaufs- und Bildungszentrum (Universität) Ostwestfalens ist. Die kulturelle Vorrangstellung wird von Detmold beeinträchtigt, das auch als Bezirks-hauptstadt die oberen Verwaltungsfunktionen aus politischen Gründen an sich bindet.

Zur Entlastung Bielefelds wurde von 1955 bis 1965 als geplante und autogerechte Großsiedlung *Sennestadt* errichtet und 1965 zur Stadt erhoben. Im Zuge der Gebietsreform (1973) wurde sie nach Bielefeld eingemeindet.

Der sich anschließende *Herforder Wirtschaftsraum* nimmt im wesentlichen das mittlere und nördliche Ravensberger Hügelland, die altbesiedelte Löß- und Getreidebörde ein, die ihre Verdichtung der gewerblich-industriellen Verstädterung verdankt. Sie wurde von der stark zersplitterten Klein- und Nebenerwerbslandschaft geför-dert und begünstigte das Arbeiter-Bauerntum. Diese enge Verflech-tung von Landwirtschaft und gewerblich-industrieller Entwicklung ähnelt der in den Realteilungsgebieten Südwest-Deutschlands. Die Industriestruktur wird in erster Linie von der Holzverarbeitungsin-dustrie, besonders der Möbelerzeugung (Küchen), dem Maschinen bau und der Ernährungs- und Genußmittelindustrie geprägt, die neben der Verarbeitung einheimischer Produkte besonders die Zi-garrenerzeugung und Tabakverarbeitung um Bünde mit umfaßt. Das ehemals führende Textilgewerbe hat sich in der Bekleidungsin-dustrie in eingeschränkter Form erhalten. Zentraler Ort und Mittel-zentrum des Raumes ist *Herford* (65.400 Einwohner).

Den Übergang vom Weserbergland zum Norddeutschen Tiefland bildet der nördlich anschließende *Mindener Wirtschaftsraum*. Bei einer ähnlichen Wirtschaftsstruktur kommt hier noch die ausge-zeichnete Verkehrslage der Stadt *Minden* (79.800 Einwohner) hinzu, die durch Eisenbahn, Autobahn und Wasserstraßenkreuz Mittel-landkanal-Weser unterstrichen wird. Die Stadt ist seit der Gründung des Bischofssitzes (780 n. Chr.) das führende Oberzentrum zwi-schen Hannover und Osnabrück und seit der Vereinigung der beiden preußischen Territorien Minden und Ravensberg (1719) Regie-rungssitz für den Wirtschaftsbezirk. Nach der Eingliederung Lippes in NRW wurde der Regierungssitz nach Detmold verlegt. Die Stadt verliert den preußisch geprägten Charakter als Beamten-, Garni-sons- und Festungsstadt. Als Zentralort sinkt sie auf die Stellung eines Mittelzentrums ab.

Merklich geringer industrialisiert ist der abseits der ostwestfälischen Verdichtungsachse gelegene lippische Wirtschaftsraum *Lemgo-Detmold*. Führend ist noch immer die traditionelle Holz- und Möbelindustrie, gefolgt von der Elektrotechnik und dem Maschinenbau. Klein- und Mittelbetriebe herrschen vor. Die kleinbetrieblich organisierte Landwirtschaft ist sehr stark differenziert. Kulturelles und Verwaltungszentrum ist die alte Residenz- und heutige Regierungsbezirkshauptstadt *Detmold* (71.800 Einwohner). Stärker industrialisiert ist *Lemgo* (40.600 Einwohner). Die Elektrotechnik und die vielfältige Holzindustrie sind die wichtigsten Industriezweige.

2.1.3. Die ländlich-gewerblichen Gebiete

Die ländlich-gewerblichen Gebiete nehmen mit sechs Zehntel der Landesfläche zwar den größten Raum Nordrhein-Westfalens ein, aber sie stellen nur knapp ein Viertel der Bevölkerung und ein gutes Fünftel der nichtlandwirtschaftlichen Beschäftigten des Landes (Tab. 16). Von den Ballungs- und Industriegebieten unterscheiden sie sich durch einen geringeren Industrie- und Dienstleistungsbesatz. Im geringer besetzten Dienstleistungsbereich spiegelt sich die zentralörtliche Struktur des Landes wider. Die beschäftigungsstarken Oberzentren liegen, mit Ausnahme von Münster, nicht in dieser Struktureinheit. Hier bestimmt das Unter- und das Mittelzentrum das zentralörtliche Gefüge.

Die ländlich-gewerblichen Gebiete ziehen sich kreisförmig von den Rheinischen Börden über den Niederrhein, das Münster- und Tecklenburger Land, die östliche Hellwegbörde bis in das Sauerland und das Oberbergische Land um die Rhein-Ruhr-Ballung und die anschließenden traditionellen Industriegebiete herum. Dazu zählen auch der nordrheinische Eifelanteil und das westfälische Weserbergland. Die einzelnen Wirtschaftsbezirke gehören den drei naturräumlichen Großeinheiten des Landes an, was ihre wirtschaftliche Entwicklung und ihre Unterschiedlichkeit mit geprägt hat. Aber auch die beiden Landesteile sind in recht unterschiedlicher Form an dieser Gebietskategorie beteiligt. In Nordrhein nehmen

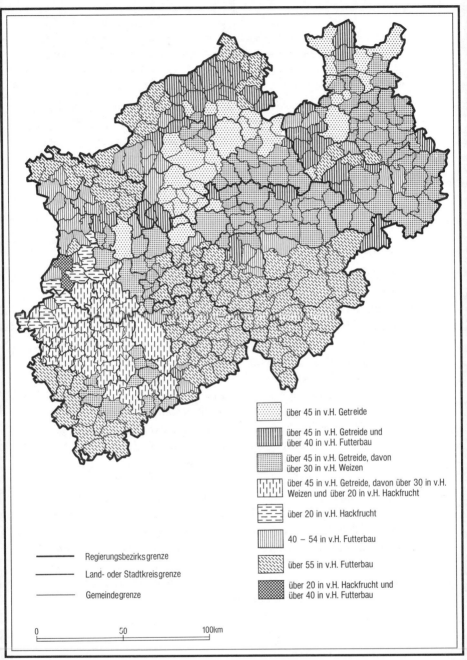

Entwurf : H.G.Steinberg

Kartographie : K.Massoud

Karte 13: Die Bodennutzung in Nordrhein-Westfalen 1987

die ländlich-gewerblichen Gebiete knapp die Hälfte, in Westfalen zwei Drittel der Fläche ein. Das erklärt mit die fast um die Hälfte geringere Bevölkerungsdichte in Westfalen (386 E/km^2, Nordrhein 743 E/km^2). Im Rheinland sind es die nach Landesnatur und sozioökonomischer Entwicklung deutlich unterschiedenen Wirtschaftsbezirke Eifel, Rheinische Börden und Niederrhein (Karte 12). In Westfalen das zweigeteilte Münsterland, die Östliche Hellwegbörde mit Paderborn, das Tecklenburger Land, das Weserbergland und das Sauerland. Das Oberbergische Land ist grenzübergreifend. Im nördlichen und südöstlichen Westfalen greifen benachbarte Wirtschaftsbezirke über die Landesgrenze herüber.

Die Rheinischen Börden

Der Wirtschaftsbezirk umfaßt im wesentlichen die östlichen weniger industrialisierten Teile der Zülpicher und Jülicher Börde, die sich durch hochwertige Lößlehmböden auszeichnen und auf denen der Getreide-(Weizen-)Hackfruchtanbau vorherrscht. Der Mechanisierungs- und Spezialisierungsgrad der landwirtschaftlichen Betriebe ist hoch. Die Betriebszahl hat sich auf Kosten der kleineren und mittleren von 1950 bis 1987 um über die Hälfte verringert. War hier 1950 noch fast jeder fünfte Erwerbstätige in der Land- und Forstwirtschaft beschäftigt, so sank ihr Anteil bis 1987 auf gut drei Prozent aller Erwerbspersonen ab[10]. Die Landwirtschaft ist deshalb heute für die Beschäftigungsstruktur der Gemeinden von untergeordneter Bedeutung. Die Mehrzahl der Wirtschaft wird vom tertiären Sektor gestellt, der nicht nur an die Mittelzentren Erkelenz, Grevenbroich, Jülich, Euskirchen und Rheinbach gebunden ist, sondern auch an die zahlreichen Unterzentren. Die Industrie konzentriert sich auch mehr auf die Städte. Die eigentlichen industriellen und zentralörtlichen Vororte liegen dagegen in den angrenzenden Wirtschaftsbezirken. Sie haben die Rheinischen Börden zu einem wichtigen Wohngebiet für Pendler werden lassen, nicht zuletzt dank des Strukturwandels der Landwirtschaft.

---

[10] Siehe Tab. 2 und 3 im Anhang.

Der Wirtschaftsbezirk Niederrhein

Die Wirtschaftsstruktur des niederrheinischen Bezirkes wird von der Landesnatur, der bis in die jüngste Zeit wirksamen Grenzlage und der Nähe zur Rhein-Ruhr-Ballung bestimmt. Die Landesnatur ordnet die Bodennutzung. Die feuchten Flußauen dienen der Grünland- und Viehwirtschaft, die höher gelegenen Terrassenplatten dem Ackerbau, und die Moränenzüge sind mit Wald bedeckt. Die Grenzlage hat seit dem frühen 19. Jahrhundert bewirkt, daß unter niederländischem Einfluß im grenznahen Bereich Betriebe zur Verarbeitung von Kolonialwaren (Kaffeeröstereien, Kakao-, Schokoladen- und Tabakwarenfabriken) entstanden, zu denen seit 1888 ebenfalls von holländischen Unternehmern gegründete Margarinefabriken in Kleve, später auch Ölgewinnungs- und Margarinebetriebe in Goch und Emmerich sich hinzugesellten. Sie entstanden diesseits der Staatsgrenze, um den für Fertigwaren hohen Einfuhrzöllen durch die Produktion in Deutschland zu entgehen. Die wachsende Konsumkraft in der Rhein-Ruhr-Ballung hat die Produktion der Nahrungs- und Genußmittel gefördert. Das gilt auch für den von den Niederlanden angeregten Gemüse-, Obst- und Gartenbau, der nach holländischem Vorbild besonders um Straelen zu flächenhaften Unterglaskulturen übergegangen ist. Die Stadt ist der älteste deutsche Versteigerungsort für Gemüse, Obst und Schnittblumen. Absatzgebiet für die Erzeugnisse sind die rheinischen Großstädte und das Ruhrgebiet. Von wirtschaftlicher Bedeutung ist aber auch die Sand- und Kiesgewinnung in der Rheinaue und dem Niederterrassenbereich, die den deutschen und niederländischen Bedarf deckt. Im Zuge der sich vollendenden europäischen Vereinigung verliert der Niederrhein seine Grenzlandstellung; er wird mit dem Rheinstrom, den drei Autobahnen und den zwei stromparallelen internationalen Eisenbahnlinien zur wichtigsten Verbindungsachse zwischen der Randstad Holland und der Rhein-Ruhr-Ballung.

Der niederrheinische Wirtschaftsbezirk ist nicht einheitlich, sondern läßt sich nach seiner Regionalstruktur in drei Wirtschaftsräume untergliedern: den Klever Grenzraum, das Geldener Grenzland und den Unteren Niederrhein.

Der *Klever Raum* wird im wesentlichen von den grenzbedingten Industrien bestimmt, die sich in der Stadt selbst, in Goch und Emmerich angesiedelt haben. Das sind besonders die Nahrungs- und Genußmittelindustrie, aber auch die auf heimischer Rohstoffgrundlage entstandene Lederverarbeitung (Schuhe). Kleve ist hier bis in die sechziger Jahre das Zentrum gewesen. Seitdem hat die Leder- und Lebensmittelindustrie beträchtliche Arbeitsplatzeinbußen hinnehmen müssen. Die metallverarbeitenden Betriebe und ein japanisches Videowerk ergänzen das industrielle Gefüge. Als alte Residenz- und Beamtenstadt, deren Herrschaftsbereich in preußischer Zeit stark eingeschränkt wurde, ist *Kleve* (47.200 Einwohner) immer noch als Einkaufs- und Verwaltungsstadt das wichtigste Mittelzentrum im Grenzbereich. Auch in *Goch* (30.500 Einwohner) stellen die Nahrungsmittel- und Lederindustrie die Hälfte der Arbeitsplätze, dazu kommt der Maschinenbau. *Emmerich* (29.000 Einwohner), ehemals bedeutender Standort der Tabakverarbeitung (Zigarren), ist heute nicht nur als Industriestandort, sondern in Verbindung mit der Rheinschiffahrt (Containerterminal) und dem Eisenbahnverkehr ein wichtiges Dienstleistungs- und Verkehrszentrum.

Das *Geldener Grenzland* ist noch stärker landwirtschaftlich geprägt. Auf den trockenen Terrassenplatten herrscht Ackerbau vor, in den feuchten Niederungen der Niers mit ihren Nebenbächen Grünlandwirtschaft mit Viehzucht. Im Straelener Raum hat sich unter holländischem Einfluß ein intensiver Gemüse-, Obst- und Gartenbau entwickelt. *Geldern* (30.500 Einwohner), der ehemalige Hauptort des gleichnamigen Herzogtums, ist heute als Zentralort unbedeutend. Die Elektroindustrie ist der wichtigste Wirtschaftszweig. Eine Besonderheit ist der Wallfahrtsort *Kevelaer* (24.800 Einwohner) mit seinem Devotionaliengewerbe. Jährlich wird er von Hunderttausenden von Pilgern aus NRW, den Niederlanden und Flandern aufgesucht.

Der *Untere Niederrhein* umfaßt den unmittelbaren stromnahen Teil zwischen Rees und Wesel, der von der Grünlandwirtschaft in den bodenfeuchten Rheinniederungen und dem Ackerbau auf den trockenen Donken bestimmt wird. Futterbau und Viehzucht überwiegen. Die Industrie ist nur stärker in *Wesel* (60.700 Einwohner) entwickelt, für das die ausgezeichnete Lage an Rhein, Lippe-Seitenkanal, Autobahn, Ferneisenbahn und Stromübergang sowie die Nachbarschaft zum Ruhrgebiet sehr förderlich waren. In den übrigen Städten ist die industriell-zentralörtliche Bedeutung gering. In *Kalkar* (11.900 Einwohner) wurde seit 1974 ein Atomkraftwerk vom Typ »Schneller Brüter« errichtet, das nicht in Betrieb genommen wird.

Das Westmünsterland

Die traditionelle Wirtschaftsstruktur des Westmünsterlandes wird auf den allgemein zur Vernässung neigenden Böden von der Viehwirtschaft und von der Textilwirtschaft bestimmt. Die beiden Wirtschaftszweige haben aber nach dem Zweiten Weltkrieg ihr Gewicht verloren. Die Landwirtschaft, die am Anfang der fünfziger Jahre noch ein Drittel bis vier Zehntel der Erwerbspersonen in den Gemeinden stellte, ist auf ein Zwanzigstel abgesunken, und das ehemals führende Textil- und Bekleidungsgewerbe verfügt mit der Lederverarbeitung nur noch über knapp drei Zehntel der Arbeitsplätze im verarbeitenden Gewerbe. Die Zahl der landwirtschaftlichen Betriebe ist in diesem Zeitraum um ein Fünftel zurückgegangen, die mittlere Betriebsgröße konnte sich etwa verdoppeln und liegt um 20 ha (Tab. 2 und 3 im Anhang). Grünlandwirtschaft und Futterbau nehmen weite Flächen ein und bieten die Grundlage für eine intensive Rinder- und Schweinezucht in den Kreisen Borken und Steinfurt. Aus der Landwirtschaft erwuchs auch der Flachsanbau und die Leinwandherstellung, die seit Ende des 16. Jahrhunderts durch die kolonialwirtschaftliche Entwicklung der Niederlande gefördert wurde. Die Mischung der Leinengarne mit Baumwolle aus Ostindien, die von den Holländern eingeführt wurde, leitet einen Wandel in den 1830er Jahren ein, als die neue Faser den Flachs verdrängt. In diesen Jahren fand auch die maschinelle Verarbeitung von Fasern und Garn in Fabriken Eingang. Überall entstanden in den größeren verkehrsgünstig gelegenen Orten mechanische Webereien und Spinnereien, deren Arbeiter im Umkreis der Fabriken in Eigenheimen unterkamen. Es entstand der Typ der Textil-Großgemeinde, die erst in unserem Jahrhundert zur Stadt erhoben wurde.

Zur Baumwollindustrie kam seit den 1860er Jahren die Jutewerberei hinzu. Der aus Indien eingeführte Rohstoff ersetzte als Sackgewebe den einheimischen Hanf. Zentrum wurde Emsdetten. Dem wachsenden Bedarf verdankt die münsterländische Textilwirtschaft ihre Entwicklung, die im Westmünsterland zu einer textilen Monostruktur führte. Seit Mitte der 1960er Jahre wurde sie durch den wachsenden Importdruck der ostasiatischen Niedrig-Lohnländer in Frage gestellt. Verschärft wurde die Lage der münsterländischen Textilindustrie noch durch die Umstellung auf Synthetikfasern, die Marktsättigung, den Lohndruck und die wachsenden Energiekosten. Zahlreiche Unternehmen wurden stillgelegt, z. B. die »Van-Delden-Gruppe« in Gronau, und die Beschäftigten entlassen. Trotz des Rückganges konnte sich die Textilindustrie behaupten, auch wenn sie nicht mehr diese beherrschende Stellung im Westmünsterland einnimmt. Der Anpassungsprozeß ist hier aber noch nicht abgeschlossen.

Der Maschinen- und Stahlbau, der vielfach eng mit der Textilindustrie verbunden war, ist heute zu einem ebenbürtigen Industriezweig herangewachsen. Die traditionellen Gewerbezweige wie die Holzverarbeitung und die Herstellung von Nahrungs- und Genußmitteln spielen heute eine untergeordnete Rolle, wie überhaupt dieser ländlich-gewerbliche Wirtschaftsbezirk in seiner Beschäftigungsstruktur heute viel mehr vom tertiären Sektor bestimmt wird. Handel, Dienstleistungen und Gebietskörperschaften mit Sozialversicherung stellen heute allein mehr Arbeitsplätze als Leder-, Textil- und Bekleidungsgewerbe zusammen, die entscheidend die ökonomische und damit die soziale Eigenart des Westmünsterlandes geprägt haben.

Der Wirtschaftsbezirk gliedert sich in einen nord-westlichen Teil, den Bocholt-Ahauser Raum, der etwa vom Landkreis Borken eingenommen wird, einen nördlichen zwischen Rheine und Nordhorn sowie Coesfeld mit seinem Umland.

Der *Bocholt-Ahauser Raum* mit seinen zur Vernässung neigenden sandig-lehmigen Böden wird landwirtschaftlich vom Dauergrünland und vom Futterbau bestimmt, die Grundlage für die Rinderzucht und Schweinemast sind. Mit 264 Rindern je 100 ha landwirtschaftlicher Nutzfläche (1990) weist der Kreis Borken die höchste Rinderdichte des Landes auf. Ein gutes Fünftel dient der Milchwirtschaft (Tab. 4 im Anhang). Die mittlere Größe der Betriebe liegt bei 17 ha. Die Industrie, die sich auf die Städte konzentriert, wurde bis in die jüngste Zeit von der Textilerzeugung bestimmt. *Bocholt* (70.100 Einwohner) ist, trotz der starken Einbußen, noch immer der wichtigste Standort (4.200 Beschäftigte). Danach sind der Maschinenbau (Flenderwerke) und die Elektroindustrie (Siemens) die wichtigsten Industriezweige der Stadt, die heute stärker als mittelzentraler grenzüberschreitender Einkaufsort und Sitz einer internationalen Speditionsfirma wirksam ist. Im Ahauser Raum kommen zur Textil- die Holzindustrie und der Maschinenbau hinzu.

Der *Rheine-Nordhorner Raum* umfaßt hier nur den westfälischen Teil, der seine wirtschaftliche Entwicklung der Textilindustrie verdankt. In den Städten ist sie, trotz der Einschränkungen, immer noch der führende Industriezweig. Das gilt besonders für Emsdetten, Rheine, Steinfurt und Gronau. Von Bedeutung ist hier aber, daß der Anteil der Industriebeschäftigten in den vergangenen Jahren ständig gesunken ist. Der tertiäre Bereich stellt heute mehr Arbeitsplätze als die Industrie, die durch Maschinenbau, Holzverarbeitung, Kunststofferzeugung u. a. ihre Produktionsstruktur erweitert hat. Die Landwirtschaft wird etwa hälftig von Ackerbau und Grünland bestimmt. Mittelbäuerliche Betriebe herrschen vor. *Rheine* (72.700 Einwohner), *Gronau* (41.400), *Emsdetten* (32.800) und *Steinfurt* (32.200) sind Mittelzentren, die an das Oberzentrum Münster angebunden sind.

Das gilt auch für den *Raum Coesfeld*, der in seiner Industrie- und Landwirtschaftsstruktur sich nur gering unterscheidet. Neben der Textilindustrie sind es besonders der Maschinenbau und die Nahrungsmittelindustrie, während in der Landwirtschaft der Roggen-Weizenanbau stärker als der Futteranbau ist. Das Dauergrünland beschränkt sich auf die feuchten Niederungen. Die Schweinehaltung ist hier in den Mittelbetrieben stärker als die der Rinder. Der Kreis Coesfeld, der zur Hälfte zum Westmünsterland gehört, weist die höchste Schweinedichte in NRW auf (1990: 815/100 ha LNFL). Der zentrale Ort des Gebietes ist das Mittelzentrum *Coesfeld* (33.800 Einwohner).

Das Kernmünsterland

Der Wirtschaftsbezirk Kernmünsterland ist nicht identisch mit dem gleichnamigen Naturraum. Der Wirtschaftsbezirk ist enger und wird eindeutig von der namengebenden Stadt geprägt, die mit 143.600 über die Hälfte (56,9 v. H.) aller nichtlandwirtschaftlichen Beschäftigten verfügt. Nur ein gutes Fünftel (22,4 v. H.) davon sind in der Industrie tätig. Das ist der geringste Anteil unter allen Wirtschaftsbezirken des Landes. Das liegt im wesentlichen daran, daß Münster in erster Linie ein oberzentrales Dienstleistungszentrum ist und der ihm zugeordnete Raum über nur wenige städtische Industriestandorte wie Warendorf und Lüdinghausen verfügt, die gleichzeitig Mittelzentren sind.

Münster (267.100 Einwohner) war als Bischofssitz als oberzentraler Ort angelegt und hat diese Stellung besonders in preußischer Zeit verstärkt, als es 1816 Hauptstadt der Provinz Westfalen und damit Metropole des heutigen Landesteiles wurde. Wenn auch seine provinzialhauptstädtischen Funktionen nach dem Zweiten Weltkrieg verloren gingen und davon nur der Landschaftsverband Westfalen-Lippe übrig blieb, ist Münster noch immer nicht nur der führende Zentralort des Münsterlandes, sondern greift mit einigen kulturellen, wirtschaftlichen und militärischen Behörden und Organisationen weit darüber hinaus (z. B. Bistum, Oberverwaltungsgericht, Bundeswehr I. Korps, Landesversorgungsamt, Lottozentrale). Die zahlreichen zentralen Einrichtungen in der Stadt bestimmen auch die Beschäftigtenstruktur.

Über vier Fünftel der nicht in der Landwirtschaft Beschäftigten sind im tertiären Bereich tätig, davon allein 34.400 in den Gebietskörperschaften und der Sozialversicherung sowie weitere 29.700 in den Dienstleistungen i. e. S., zu denen außer den vielschichtigen freien Berufen auch das Bildungswesen mit der Universität gehört, die mit 43.500 Studenten (W/S 1990/91) nach Köln die größte des Landes und der größte Arbeitgeber der Stadt ist. Die dritte Stelle nimmt mit 23.500 Beschäftigten der Handel ein, was Münsters oberzentrale Stellung und Reichweite als Einkaufsstadt indirekt verdeutlicht. Das unterstreicht auch die Zahl von 11.400 Beschäftigten im Kredit- und Versicherungswesen, die in den zahlreichen überregionalen Einrichtungen dieser Gewerbezweige tätig sind. Industrie und Gewerbe spielen in Münster mit 16.500 Beschäftigten eine untergeordnete Rolle. In seiner Wirtschaftsstruktur ähnelt Münster der nur etwas größeren Bundeshauptstadt Bonn. Auch hier sind über vier Fünftel im tertiären Sektor tätig. Der Unterschied besteht nur darin, daß in Bonn die Gebietskörperschaften und die Organisationen ohne Erwerbscharakter aufgrund der hauptstädtischen Funktionen stärker und der Handel geringer entwickelt sind, weil Bonn als Einkaufszentrum im Schatten der Metropole Köln steht.

Das übrige Kernmünsterland läßt sich zweiteilen, in den südlich an Münster anschließenden Lüdinghausener und den östlichen Warendorfer Wirtschaftsraum. Der *Lüdinghauser Raum* grenzt unmittelbar an das Ruhrgebiet, mit dem er über die Pendelwanderung locker verbunden ist. In den Streusiedlungen herrschen vorwiegend Getreide anbauende Mittelbetriebe vor. Die Schweinehaltung ist verbreitet. Regionaler Zentralort ist die ehemalige Kreishauptstadt *Lüdinghausen* (21.000 Einwohner) mit Holz- und Metallverarbeitenden Industriebetrieben sowie der Kornbranntwein-Verwertungsstelle. Der *Warendorfer Raum* wird von der Ems mit den sie begleitenden Sandböden bestimmt. Getreidebau herrscht auf den trockenen Rücken, Grünlandwirtschaft in den feuchten Niederungen vor. Die Schweinehaltung ist stark verbreitet. *Warendorf* (36.000 Einwohner) ist Mittelpunkt eines ausgedehnten Kreises und Standort zahlreicher Industriebetriebe (Möbel, Maschinenbau, Inlettweberei). Das Westfälische Landesgestüt, das Deutsche Olympische Komitee für Reiterei und das Bundesleistungszentrum für Leichtathletik haben hier ihren Sitz.

Das Tecklenburger Land

Das Tecklenburger Land ist Teil des größeren Wirtschaftsbezirkes Osnabrück, der aus territorialgeschichtlichen Gründen in einen heute niedersächsischen und westfälischen Teil geteilt wird. Maßgeblich für die wirtschaftliche Entwicklung war die Entstehung eines eigenständigen Schwerindustriegebietes auf der Grundlage von Steinkohlenvorkommen, Eisenerzlagerstätten und Kalkvorkommen in Osnabrück und Georgsmarienhütte, das ergänzende Industrien im Maschinen-, Fahrzeug- und Stahlbau fand. Der Steinkohlenbergbau wird heute noch am Schafberg bei Ibbenbüren betrieben. Die Schachtanlage der Preussag A.G. förderte 1988 mit 4.400 Beschäftigten 2,322 Mio t Anthrazitkohle. Die Kohle wird vorwiegend in einem anschließenden Kraftwerk zur Stromerzeugung eingesetzt. Die einheimischen Eisenerzvorkommen sind erschöpft. Kreidekalke hingegen werden bei Lengerich gebrochen und zu Zement und anderen Baumaterialien verarbeitet. Obwohl der Flachsanbau und die Spinnerei und Weberei hier bis in das 19. Jahrhundert weit verbreitet waren, wurde die Industrialisierung doch stärker von der Schwerindustrie getragen. In der Landwirtschaft bestimmen mittelbäuerliche Futterbaubetriebe und Nebenerwerbsbetriebe die Agrarstruktur. Die Hänge des Teutoburger Waldes sind bewaldet und begünstigen den Fremdenverkehr ebenso wie die Kurbadeorte Rothenfelde und Iburg sowie *Tecklenburg* (9.200 Einwohner), die alte Kreisstadt, mit ihrer sehenswerten Altstadt. Zentralörtlich ist das Tecklenburger Land Osnabrück zugeordnet.

Östlicher Hellweg und Paderborn

Der Wirtschaftsbezirk Östlicher Hellweg und Paderborn umfaßt im wesentlichen die südöstliche Westfälische Tieflandsbucht und die angrenzende Paderborner Hochfläche. Es handelt sich um unterschiedliche Natur- und Wirtschaftslandschaften, die in ihrem Erscheinungsbild von der rückläufigen Landwirtschaft bestimmt werden, die besonders in der lößbedeckten Soester Börde noch immer gute Produktionsbedingungen vorfindet. Die Industrie konzentriert sich auf die Städte und stellt gut ein Drittel der Beschäftigten. Der Stahl-, Maschinen- und Fahrzeugbau stellt drei Zehntel, die Elektrotechnik ein Fünftel der Industriebeschäftigten. Wesentlicher für die weitere Entwicklung ist aber, daß schon heute mehr als jeder zweite Beschäftigte im tertiären Sektor tätig ist.

Der Bezirk gliedert sich in recht unterschiedliche Wirtschaftsräume. Zum östlichen Hellwegbereich zählen die Soester Börde und der Lippstädter Raum. Ihnen vorgelagert sind das münsterländische

Beckumer Land und das Obere Lippegebiet. Paderborn und die Hochfläche nehmen den Osteil des Bezirkes ein. Den Übergang zu den benachbarten Bezirken bildet das mittlere Diemeltal um Marsberg.

Die *Soester Börde* ist eine altbesiedelte, vom Ackerbau geprägte, weitgehend baumfreie Kulturlandschaft, in der der Weizenanbau dominiert. Die mittelgroßen bäuerlichen Familienbetriebe überwiegen. Die Siedlungsstruktur wird vom Dorf bestimmt, in dem die landwirtschaftliche Bevölkerung heute eine Minderheit ist. Hauptort ist *Soest* (43.800 Einwohner), die alte Hansestadt, die im Mittelalter eine größere wirtschaftliche Bedeutung hatte als heute, was sich im weithin erhaltenen Stadtbild widerspiegelt. Die Industrie und das Gewerbe sind von untergeordneter Bedeutung. Der wichtigste Zweig ist die Elektroindustrie, die gut die Hälfte der Industriebeschäftigten stellt. Wesentlicher für die Stadt sind die zentralen Einrichtungen, in denen sieben Zehntel der Beschäftigten tätig sind. Hinzu kam die bisherige Bedeutung der Stadt als NATO-Garnison. Das benachbarte *Werl* (29.500 Einwohner) ist ein alter Wallfahrtsort, der jahrhundertelang von der Salzgewinnung (Erbsälzer) lebte, heute aber ein vielseitiger Industriestandort ist.

Im benachbarten *Lippstädter Raum* sind die Lößlehmböden ärmer. Der Getreideanbau ist stärker ausgeprägt. Auch hier überwiegen in den Dörfern die mittelbäuerlichen Betriebe. Die Industrie ist stärker entwickelt. In Erwitte und Geseke werden Kreidekalke abgebaut und zu Zement verarbeitet. Der wichtigste Standort ist *Lippstadt* (63.900 Einwohner) mit 11.000 Industriebeschäftigten, von denen 6.700 in der Elektroindustrie (Hella-Werke) tätig sind. Obwohl die Stadt ihre Verwaltungsfunktion als Kreishauptort verloren hat, konnte sie sich als Mittelzentrum gut behaupten.

Das *Beckumer Land* wird von der Kreidekalk- und Zementproduktion sowie der Maschinenbauindustrie bestimmt. Die Zementindustrie hat ihre Standorte in Beckum, Neubeckum und Ennigerloh. Ihre Entwicklung wurde wesentlich von der im Ruhrgebiet gefördert. Die Maschinenbauindustrie befindet sich überdies in Oelde (Westfalia Separator). Weitere Betriebe (Möbel, Kornbrennereien, Konfektionsbetriebe u. a.) finden sich in den Städten. Die ehemalige Kreisstadt *Beckum* (37.600 Einwohner) hat nach der

Gebietsreform ihre zentralörtliche Bedeutung verloren und ist heute mehr Industriestadt, in der Maschinenbau und Zementindustrie die wichtigsten Zweige sind.

Im Osten schließt sich das *Obere Lippegebiet*, das Delbrücker Land mit seinen Niederungen der Ems und Lippe, an. Rinderzucht und Schweinemast herrschen vor. Der Raum ist den benachbarten Zentralorten zugeordnet.

Der wichtigste ist *Paderborn* (128.500 Einwohner), das als Sitz eines Erzbistums, einer Universität, zahlreicher Schulen und Verwaltungen der beherrschende Zentralort der südöstlichen Westfälischen Tieflandsbucht ist. Sechs Zehntel der Beschäftigten sind deshalb im tertiären Bereich tätig. Im Vergleich zu Münster, mit dem es viele entwicklungsgeschichtliche Ähnlichkeiten aufweist, fehlen der Stadt die überregionalen Verwaltungsfunktionen. Dafür ist die Industrie mit 22.300 Beschäftigten stärker entwickelt. Führend sind der Bau von Maschinen und Datenverarbeitungsgeräten (Siemens-Nixdorf A.G.) mit 11.400 Beschäftigten, die Metallverarbeitung und die Elektrotechnik. Dazu kommen Holzverarbeitung und Nahrungsmittelindustrie.

Nach Südosten schließt sich die *Paderborner Hochfläche* an. Auf den Kalkböden, die teilweise mit einer geringmächtigen Lößlehmdecke überzogen sind, herrscht der Ackerbau mit Getreide (Weizen) und Futterbau vor. Klein- und Mittelbetriebe bestimmen die Betriebsstruktur. Gegen das Gebirge nehmen der Wald und das Grünland zu.

Das Westfälische Weserbergland

Das Westfälische Weserbergland umfaßt etwa das Obere Weserbergland im naturräumlichen Sinn. Ausgenommen ist nur die Paderborner Hochfläche. Dieser Landesteil ist nur mäßig industrialisiert. Die Industrie stellt nur ein gutes Drittel der nichtlandwirtschaftlichen Beschäftigten. Die Holzverarbeitung und der Stahl- und Maschinenbau sind die wichtigsten Zweige. Die land- und forstwirtschaftliche Nutzung bestimmt weithin das Erscheinungsbild der von Dörfern und kleinen Städten bestimmten Kulturlandschaft. Der Bezirk gliedert sich in das Östliche Lippeland und den daran nach Süden anschließenden größeren Teil der von West nach Ost von der bewaldeten Egge, den offenen, altbesiedelten Bördenlandschaften vom Steinheimer Becken bis zur Warburger Börde und dem tiefergelegenen Wesertal bestimmt wird.

Das *Östliche Lipper Land* wird von einer vorwiegend klein- und mittelbetrieblich strukturierten Landwirtschaft bestimmt, die auf mittleren bis guten Böden Roggen und Weizen anbaut. Im Unterschied zum westlichen Lipper Land ist das östliche nur mäßig industrialisiert. Die Industriestruktur ist ähnlich (Möbel-, Textil- und Nahrungsmittelindustrie). Die führenden Zentralorte Detmold und Lemgo liegen im Westteil.

Südlich daran schließt sich das *Steinheimer Becken* an, auf dessen Lößlehmböden der Weizen- und Futterbau vorherrscht. Gegen die Egge nehmen Wald und Grünland zu. *Steinheim* (12.900 Einwohner) ist das regional begrenzt wirksame Zentrum mit holzverarbeitender Industrie. Östlich an das Steinheimer Becken schließt sich das ähnlich strukturierte *Schwalenberger Land* an.

Der flächenhaft größte Wirtschaftsraum des Westfälischen Weserberglandes ist das *Oberwälder Land*, benannt nach einem Oberamt des Fürstbistums Paderborns jenseits der Egge, dem 1815 die Fürstabtei Corvey zugeschlagen wurde. Mergelböden mit einer teilweisen Lößlehmüberdeckung begünstigen die Landwirtschaft. Weizen- und Futterbau bestimmen den Ackerbau. Außer der bewaldeten Egge finden sich begrenzte Waldflächen auch in den Börden der Mitte, die mit ihren klein- und mittelbäuerlichen Dörfern, in denen sich oft adlige Güter finden, mitteldeutsche Züge aufweisen. Nach Osten schließen sich von tiefen Tälern zerschnittene mit ausgedehnten Buchenwäldern bestockte Muschelkalkplatten an, die zur Weser hin abfallen. Die Industrie in den kleinen Städten ist unbedeutend (Holzverarbeitung, Nahrungsmittel- und Steinindustrie).

Die wichtigsten Städte des Oberwälder Landes sind Warburg, Bad Driburg und Brakel. Die ehemalige Kreisstadt *Warburg* (23.200 Einwohner) ist Mittelzentrum der gleichnamigen Börde mit Nahrungsmittel- und holzverarbeitender Industrie. *Bad Driburg* (18.100 Einwohner) ist ein Bade-, Kur- und Internatsschulort, dessen Wirtschaft auf sieben Heilquellen beruht. *Brakel* (16.300 Einwohner) ist Mittelzentrum eines ländlichen Gebietes zwischen Egge und Weser. Bei *Höxter* (33.600 Einwohner) schiebt sich NRW bis an die Weser vor. Das Tal ist hier stärker besiedelt und industrialisiert.

Das Östliche Sauerland

Das Östliche Sauerland mit dem Rothaargebirge unterscheidet sich vom westlichen, vom märkischen, nicht allein durch die größere Meereshöhe, die geringere landwirtschaftliche Nutzungsmöglichkeiten bedingt und deshalb ausgedehnte Wälder begünstigt, sowie durch eine verkehrsmäßige Abgelegenheit, die zu einer späten Erschließung des Raumes führte, sondern vor allem auch durch die strukturbestimmende territorialgeschichtliche Entwicklung.

Bis zum Beginn des 19. Jahrhunderts gehörte das Östliche Sauerland zum kurkölnischen Herzogtum Westfalen. Im Unterschied zu den weltlichen Herrschaften hat man in den geistlichen Gebieten Gewerbe und Verkehr nur wenig gefördert. So haben natürliche Lageungunst und konservative Wirtschaftspolitik den von Natur benachteiligten Raum hinter der wirtschaftlichen Entwicklung in der benachbarten Mark oder dem Siegerland zurückbleiben lassen. Im Vordergrund stand hier nur die Nutzung der Erzlagerstätten, des Waldes und der Steine und Erden. Die Nutzung der Eisenerze in der Briloner und Warsteiner Kalkmulden reicht bis in das Mittelalter zurück ebenso wie der Abbau der Blei- und Zinkerzlagerstätten bei Ramsbeck. Die Roteisenerzgruben bei Brilon und Warstein wurden bis in unser Jahrhundert genutzt. Bedeutend wurde der Schieferabbau seit dem 17. Jahrhundert, als die heute noch die regionale Siedlungsstruktur prägende Schieferbedachung sich durchsetzte. Im 18. Jahrhundert kam in den armen Siedlungen des Hochsauerlandes das Schnitzen von Gegenständen des täglichen Bedarfs auf, die durch Hausierer vertrieben wurden. Das gilt auch für Strickwaren, die in Heimarbeit aus der Wolle der Schafe hergestellt wurden, und für die Tabakverarbeitung. Mit der zunehmenden Freizeit und der Motorisierung der Menschen in den Verdichtungsräumen, besonders dem Ruhrgebiet, hat vor allem auch das Hochsauerland als Fremdenverkehrsraum an Bedeutung gewonnen.

Die Beschäftigtenstruktur wird in erster Linie vom tertiären Sektor (53,6 v.H. der Beschäftigten) und hier besonders von den Dienstleistungen i.e.S. bestimmt. Das verarbeitende Gewerbe stellt nur ein gutes Drittel der Beschäftigten. Elektrotechnik, Metallerzeugung und -verarbeitung sind die wichtigsten Zweige, die aber wie die Dienstleistungen recht unterschiedlich im Wirtschaftsbezirk verteilt sind. Das Östliche Sauerland läßt sich deshalb dreiteilen: in den Arnsberger, den Meschede-Briloner Wirtschaftsraum und das Hochsauerland.

Der *Arnsberger Wirtschaftsraum* umfaßt weite Waldgebiete und landwirtschaftlich genutzte Gebiete. Da, wo devonische Kalkböden vorherrschen, wird Getreidebau betrieben, in den übrigen dominieren Grünland und Futterbau. Es überwiegen landwirtschaftliche Kleinbetriebe (unter 10 ha), unter denen viele nur im Nebenerwerb betrieben werden. Arnsberg (13.300 Beschäftigte) und Sundern (6.100) stellen fast die Hälfte (44,3 v.H.) aller Industriebeschäftigten in diesem Wirtschaftsbezirk, und zwar in der aus dem Märkischen Bezirk herüberreichenden Metallverarbeitung und besonders in der Elektroindustrie. Aber auch die Papierindustrie, die Holzverarbeitung und die Textilindustrie sind von Bedeutung. Alle größeren Industriebetriebe liegen in den Tälern der Ruhr und Röhr. Für die Wasserversorgung des Ruhrgebietes und für den Fremdenverkehr sind die Möhnetal- und die Sorpetalsperre von Bedeutung. Mit ihrem Stauraum (134,5 Mio m^3 bzw. 70,0 Mio m^3) zählen sie zu den größten des Landes. Der zentralörtliche Vorort des Bezirkes ist *Arnsberg* (77.000 Einwohner), das schon in kurkölnischer Zeit diese Stellung einnahm und 1816 preußische Hauptstadt des Bezirkes wurde, der vom Ruhrgebiet bis nach Siegen das gesamte südliche Westfalen umfaßt. Die Stadt blieb lange Behörden- und Beamtenstadt, in der erst nach dem letzten Kriege die Industrie stärker Fuß faßte.

Den östlichen Teil des Wirtschaftsbezirkes nimmt der *Meschede-Briloner Raum* ein. Während im Nordteil um Warstein Getreidebau vorherrscht, überwiegen im übrigen Raum Grünland und Futterbau in kleineren und mittleren Betrieben. Die Industriestruktur ähnelt dem Arnsberger Raum, stärker entwickelt sind hier nur Holzverarbeitung, Stein- und Textilindustrie. *Warstein* (29.100

Einwohner) und die ehemaligen Kreisstädte *Brilon* (26.100 Einwohner) und *Meschede* (32.200 Einwohner) sind die wichtigsten Mittelzentren. Warstein ist der Sitz einer weithin bekannten Brauerei und Sitz einer Landesheilanstalt. Meschedes wirtschaftliche Bedeutung wird von der Metallindustrie und dem Fremdenverkehr bestimmt, der durch den Bau der Hennetalsperre (38,4 Mio m³ Stauraum) und die Einrichtung des Naturparkes »Arnsberger Wald« besonders gefördert wurde.

Das *Hochsauerland* zwischen Schmallenberg und Winterberg umfaßt die höchsten Teile des Rothaargebirges. Die hohen Niederschläge und die mageren Böden begünstigen die weithin geschlossene Bewaldung. Diese naturlandschaftliche Ausstattung fördert den Fremdenverkehr. Winterberg und Willingen sind die Zentren, die besonders im Winter von Erholungssuchenden des Rhein-Ruhr-Gebietes aufgesucht werden. Industrie findet sich nur in *Schmallenberg* (25.900 Einwohner) mit Strumpf- und Strickwarenherstellung (Falke-Gruppe). Daneben sind im Gesamtraum Betriebe der Holzverarbeitung und Dachschiefergewinnung (Fredeburg) verteilt.

Das Oberbergische Land

Das Oberbergische mit dem Olper Land nimmt eine verbindende Stellung zwischen der Rheinballung, dem Siegerland und dem Märkischen Industriebezirk ein. Land- und forstwirtschaftliche Flächen nehmen den größten Raum ein. Die Hälfte des Bezirkes ist mit Wald bestockt, acht Zehntel der landwirtschaftlichen Nutzfläche ist Dauergrünland, das der Rinderhaltung dient. Kleine Nebenerwerbsbetriebe bestimmen die Betriebsstruktur. Die Industriebetriebe konzentrieren sich auf das Agger- und Biggetal mit Gummersbach und Olpe. Stahlverarbeitung und Maschinenbau überwiegen, gefolgt von der Metallerzeugung und -verarbeitung sowie von der Elektrotechnik. Im *Gummersbacher Raum* kommt noch die Textilindustrie dazu, die sich, gefördert durch die Eisenbahn, an den Standorten der Eisenindustrie angesiedelt hat. *Gummersbach* (52.000 Einwohner) ist das unbestrittene Zentrum des Oberbergischen Landes. Die Agger wird wirtschaftlich durch eine Talsperre (19,3 Mio m³ Stauraum) genutzt. Nach Westen schließt sich das

Vorderbergische Land an, ein dünnbesiedeltes Agrargebiet, das schon im unmittelbaren Einflußbereich von Köln liegt. Die Landwirtschaft dominiert auch im *südlichen Oberbergischen Land* zwischen Agger und Sieg. Vieh- und Forstwirtschaft bestimmen die Bodennutzung. Regionales Zentrum ist der ehemalige Kreishauptort *Waldbröl* (17.400 Einwohner), der erst 1957 zur Stadt erhoben wurde.

Der östliche, der westfälische Teil des Wirtschaftsbezirkes ist der *Olper Wirtschaftsraum*, der flächenmäßig etwa mit dem gleichnamigen Landkreis übereinstimmt. Die Böden sind weithin flach- bis mittelgründig und nur über Kalk besser. Die Niederschläge sind relativ hoch. Die forstwirtschaftlich genutzten Wälder nehmen über die Hälfte der Kreisfläche ein. In der Landwirtschaft überwiegen die Betriebe unter 10 ha, die vorwiegend Dauergrünland für die Rinderhaltung nutzen. Erzvorkommen, Waldreichtum und Wasserkraft haben schon früh die Eisen- und Metallverarbeitung gefördert, die noch heute die industrielle Grundlage bilden. Die Kreisstadt *Olpe* (24.300 Einwohner) mit ihrer vielseitigen Industrie ist das regionale Zentrum. Von besonderer Bedeutung für die Wasserwirtschaft ist die Biggetalsperre, die mit 171,8 Mio m^3 Stauraum die zweitgrößte Nordrhein-Westfalens ist. Die ausgedehnten Waldflächen, die Talsperren und die weithin ländliche Gebirgslandschaft begünstigen den Fremdenverkehr im Gesamtraum.

Die Eifel

Nordrhein-Westfalen greift nur randlich im Monschauer und Schleidener Raum in den Mittelgebirgsraum der Eifel hinein. Die landwirtschaftlichen Produktionsbedingungen sind aufgrund der ungünstigen natürlichen Bedingungen eingeschränkt. Dauergrünland und Forstwirtschaft herrschen vor. Für die Wasserwirtschaft sind die Rurtalsperre, mit einem Stauraum von 202,6 Mio m^3 die größte Nordrhein-Westfalens, und die Urfttalsperre (45,5 Mio m^3) von Bedeutung. *Monschau* (12.400 Einwohner) und *Schleiden* (13.500 Einwohner) sind die wichtigsten Städte, deren Wirtschaftsstruktur von der Industrie und besonders vom Fremdenverkehr bestimmt wird.

2.2. Der Verkehr

Nordrhein-Westfalens Stellung im Verkehr wird in erster Linie von der geographischen Lage im nordwestlichen Mitteleuropa bestimmt. Sie ist es, die die großräumigen Bindungen und Verflechtungen vorzeichnet. Sie werden aber erst dann wirksam, wenn Wirtschaft oder Politik sie aktivieren. Hilfreich dabei können natürliche Leitlinien wie Flüsse oder gut durchgängige Landschaften sein ebenso wie die unterschiedlich verteilten wirtschaftlichen Aktivräume, zwischen denen Verkehrsspannungen entstehen können. Das Grundmuster der natürlichen Leitlinien liegt weitgehend fest. Es kann eine Umwertung durch wirtschaftliche, politische und besonders verkehrstechnische Veränderungen erfahren. Die wirtschaftlichen Aktivräume unterliegen im Laufe der historischen Entwicklung stärkeren Wandlungen, besonders dann, wenn neue Verkehrsmittel eingeführt werden. Die Eisenbahn und das Automobil haben besonders im regionalen Verbund ganz neue Raumverflechtungen und -erschließungen entstehen lassen.

Für Nordrhein-Westfalen sind im kontinentalen Zusammenhang zwei Verkehrsverflechtungen von grundlegender Bedeutung: die meridionalen und die breitenparallelen. Die meridionale Linie ist die den Kontinent aufschließende *Rheinachse*, die ihre Fortsetzung in der Saône-Rhône-Furche findet, die Mitteleuropa mit dem Mittelmeer-Raum verbindet. Ihr nachgeordnet ist die östliche *Leineachse*. Die rheinische folgt dem Strom und führt zu den flämisch-holländischen Nordseehäfen. Die leinische strebt durch das Hessische Bergland und den Leinetalgraben zum Norddeutschen Tiefland und den deutschen Seehäfen zu. Da wo die Achsen sich teilen, liegt das Verkehrszentrum Frankfurt, da wo sie aus Gebirge und Bergland treten, Köln und Hannover, die eine ähnliche Knotenpunktstellung einnehmen wie die Mainmetropole. Ihr Gewicht wird nicht zuletzt durch die Verkehrsverflechtungen mit benachbarten wirtschaftlichen Aktivräumen bestimmt. Hier ist Köln seit alters und auch in jüngster Zeit Hannover weit überlegen.

Die breitenparallelen Verkehrsverflechtungen können sich frei erst nördlich der Mittelgebirgsschwelle im Verlauf der Börden und Gefilde entwickeln; deshalb werden sie *Bördenachse* genannt. Im

Unterschied zur Rheinachse, die ihren Verkehrsverbund der Linienführung des Stromes verdankt, weist die Bördenachse mit ihren altbesiedelten Gunstlandschaften diese Geschlossenheit nicht auf. Überdies fehlen ihr die wirtschaftlichen Aktivräume, die für das Gewicht der Rheinachse mit verantwortlich sind. Die Bördenachse ist deshalb östlich des Rheins schon seit dem Mittelalter nur eine Verbindungsachse zwischen den von Frankfurt oder Nürnberg nach Norden gehenden Haupthandelsstraßen. Da wo beide Achsen sich kreuzen, entwickelten sich wichtige Handelsstädte wie Braunschweig und Magdeburg, im Eisenbahnzeitalter kam Hannover hinzu. Für Nordrhein-Westfalen ist nun von einzigartiger Bedeutung, daß im Kreuzungsbereich von Rhein- und Bördenachse ein Großindustrieraum entstand, der seine Entwicklung nicht der Verkehrslage, sondern dem Rohstoffvorkommen verdankt. Seine vorzügliche Stellung im nordwest-mitteleuropäischen Verkehrsnetz hat dann seit der Mitte des 19. Jahrhunderts zu einer ständigen Verdichtung und Modernisierung der Verkehrsmittel geführt, die heute erst nach dem Fallen der Staatsgrenzen voll wirksam werden. Die Staatsgrenzen sind es immer wieder gewesen, die das verkehrsgeographische Gewicht der Bördenachse geschmälert haben. Das gilt besonders für die Zonengrenze, die nicht nur das östliche vom westlichen Deutschland fast hermetisch trennte, sondern weit darüber hinaus im politischen Sinne das »östliche« vom »westlichen« Europa schied. Voll wirksam war deshalb die Bördenachse nur bis Helmstedt und eingeschränkt bis West-Berlin. Sie wurde damit wie alle breitenparallel gerichteten Verkehrsachsen in der alten Bundesrepublik zu einer Nebenachse, was sie bis zum Ende des Zweiten Weltkrieges nicht gewesen war. Berlin als preußisch-deutsche Hauptstadt hat hier maßgeblich die West-Ost-Verbindungen gefördert. Die erste Ferneisenbahn, die Köln-Mindener, die über Köln nach Westen und Hannover im Osten Anschlußstrecken nach Paris und Berlin besaß, ist hier ebenso ein Beispiel wie die schon vor Ausbruch des Zweiten Weltkrieges fertiggestellte Reichsautobahn Berlin-Hannover-Duisburg-Köln, die ihre Fortsetzung in der aus militärischen Gründen rechtsrheinischen Strecke Köln-Frankfurt-Karlsruhe fand. Auch hier bei dem jüngsten landgebundenen Verkehrsträger werden zuerst die beiden Hauptverkehrsachsen des

Landes mit diesen Schnellstraßen ausgestattet, das übrige vor dem Kriege geplante Netz wird erst danach vollendet und verdichtet.

Dem unterschiedlichen Gewicht der beiden Achsen entspricht auch die Ausstattung mit Verkehrsträgern. Die Rheinachse ist der vielbefahrene Strom, der von zwei Eisenbahnstrecken und Autobahnen begleitet wird, wobei die rechtsrheinischen ab Köln die gewichtigeren sind. Dazu kommen noch die internationalen Flughäfen Düsseldorf und Köln-Bonn. Düsseldorf ist der größte Charterflughafen der Bundesrepublik. Am Achsenkreuz liegt der größte Binnenhafen Europas: Duisburg-Ruhrort. Die Bördenachse wird innerhalb des Ruhrgebietes von zwei Haupteisenbahnlinien, Autobahnen und Kanälen gebildet, die sich östlich des Reviers aufspalten. Die eigentliche Hellwegbördenlinie setzt sich nach Osten fort. Eisenbahn und Autobahn sind hier bisher nur Verbindungslinien zur Leine-Achse, da die Zonengrenze bisher eine Fortsetzung nach Thüringen verhindert hat. Auch nach der Wiedervereinigung behindern das reliefierte Weserbergland und die mangelnden Verkehrsspannungen eine Vorrangstellung dieser Teilachse. Das gilt nicht für die nordöstliche, die eigentliche Fortsetzung der Hauptachse, die über das Ravensberger Land wieder Anschluß an die Bördenachse findet und mit Eisenbahn, Autobahn und Mittellandkanal nördlich des Weserberglandes die wichtigste und älteste Verkehrsverbindung zwischen dem westlichen und östlichen Deutschland seit der preußischen Zeit darstellt. Diese Achse wird ihr Gewicht mit der Liberalisierung und Gesundung der angrenzenden mittel- und osteuropäischen Staaten verstärken. Aber auch die innerdeutsche Entwicklung wird die West-Ostbindungen begünstigen. Die Hauptstadt Berlin und der stark industrialisierte thüringisch-obersächsische Raum schaffen innerhalb der heutigen Bundesrepublik neue Verkehrsverflechtungen, die im wesentlichen aber ein Wiederaufleben der alten bedeuten.

Rhein- und Bördenachse allein bestimmen aber nicht die Verkehrsstruktur des Landes. Es kommt noch eine westfälische Spielart der meridionalen Verkehrslinien hinzu. Im Unterschied zur Rheinachse erschließen sie nur den regional begrenzten Raum zwischen der Westfälischen Bucht und den Nordseehäfen. Waren es ursprünglich die alten Handelsstädte der Bucht, die mit den Seestäd-

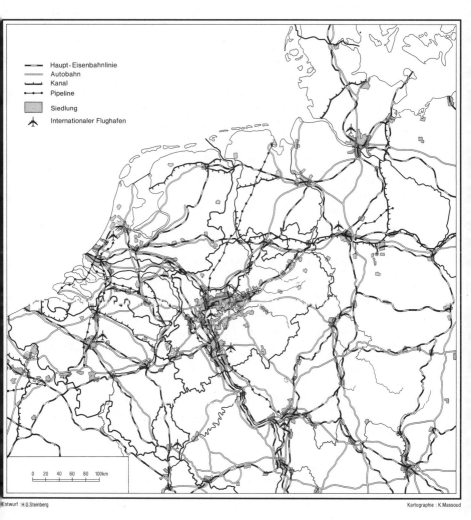

Legend:
- Haupt-Eisenbahnlinie
- Autobahn
- Kanal
- Pipeline
- Siedlung
- Internationaler Flughafen

Entwurf : H.G.Steinberg

Kartographie : K.Massoud

Karte 14: Das Verkehrsnetz

ten verbunden waren, so tritt im Zuge der industriellen Verstädterung das Ruhrgebiet an ihre Stelle. Der Dortmund-Ems-Kanal, die Eisenbahn- und Autobahnverbindung über Münster und Bremen nach Hamburg und Lübeck führen diese alten Verbindungen fort. Von ähnlich regional begrenzter Bedeutung ist auch die *Sauerland-Linie*, die mit Eisenbahn und Autobahn zwischen Dortmund, Siegen und Frankfurt eine Parallellinie zur Rheinachse bildet und nicht nur als Verbindungslinie zwischen dem Ruhrgebiet und der Rhein-Main-Ballung dient, sondern auch weite Teile des sauerländischen Gebirgslandes dem Fernverkehr erschließt. Nur randlich wird das Land von der tiefländischen *Achse Amsterdam-Berlin* berührt. Rheine ist hier ein wichtiger Knotenpunkt.

Überblickt man die verkehrsgeographische Stellung Nordrhein-Westfalens, so wird sie entscheidend davon geprägt, daß das Land im Tiefland verankert ist und von da auf Bergland und Mittelgebirge hinaufgreift. Diese Schwelle lenkt den Fernverkehr nach Süden auf natürliche Durchlässe, die zu Verkehrsachsen werden. Unter ihnen ist die Rheinachse die wichtigste. Die Leineachse liegt östlich der Landesgrenze. Damit ist das Grundgefüge des Verkehrs im Lande festgelegt. Der rheinische Teil wird zum Kernraum innerhalb der Achse, Westfalen wird zum Durchgangsland, die zum Ravensberger Industriebezirk abgebogene Bördenachse teilt Westfalen. Die Klammer beider Landesteile auch verkehrsgeographisch ist das Ruhrgebiet, das wichtigste Achsenkreuz des Verkehrs im nordwestlichen Mitteleuropa.

Das Straßennetz

Das Fernstraßennetz geht in seinen Grundzügen auf Heer- und Handelsstraßen aus vorindustrieller Zeit zurück. Ausgebaut wurde es schon in preußischer Zeit, als die zahlreichen Chausseen mit teilweise neuer Linienführung entstanden. Mit dem Aufkommen der Eisenbahn verlieren die Fernstraßen ihre Bedeutung als Transportwege für Menschen und Waren. Erst das Aufkommen der Kraftwagen und ihre stärkere Verbreitung beleben den Straßenbau seit den 1920er Jahren wieder. Damals wurden auch die ersten kreuzungsfreien und nach Fahrrichtung getrennten Schnellstraßen, die späteren Reichsautobahnen, projektiert. Die erste Strecke wurde 1932 zwischen Köln und Bonn eröffnet.

Heute verfügt NRW über 2.090 km (1991) Bundesautobahn, das ist fast ein Viertel (23,6 v. H.) des Autobahnnetzes im alten Bundesgebiet. Über die Hälfte der Strecken, 1079 km (51,6 v. H.), entfallen auf die Rhein-Ruhr-Ballung. Dem regionalen und lokalen Verkehr im Lande dienen die Landstraßen (12.449 km), die Kreisstraßen (9.974 km) und die Bundesstraßen (5.347 km)[11]. Sie sind die Hauptträger des wachsenden Personen- und Güterverkehrs. Von besonderer Bedeutung ist hier die Entwicklung des Bestandes an Personenkraftwagen. Im alten Bundesgebiet hat sich die Zahl der PKW von 1960 bis 1992 fast versechsfacht, allein von 1980 bis 1991 stieg sie von 23,192 Mio auf 32,007 Mio (38,0 v. H.) an, in NRW von 5,888 Mio auf 7,373 Mio (25,2 v. H.). Das relative Zurückbleiben des Landes erklärt sich in erster Linie durch den geringeren Kraftfahrzeugbesatz von Großstädten, wie Duisburg (461 Kfz/1.000 Einwohner), Dortmund (482) oder Gelsenkirchen (440), die durch öffentliche Verkehrsmittel gut erschlossen sind. Das gilt mehr oder weniger für alle Kernstädte der Rhein-Ruhr-Ballung. Einen überdurchschnittlichen Kfz-Besatz weisen die Landkreise auf, in denen der öffentliche Personenverkehr aufgrund der dezentralen Siedlungsstruktur geringer entwickelt ist, was den Berufsverkehr mit dem PKW fördert. Das gilt für Kreise wie Gütersloh oder Minden-Lübecke, deren Kfz-Besatz über 600/1.000 Einwohner liegt und in denen über vier Fünftel der Auspendler PKWs oder Motorräder benutzen. Das trifft aber auch für viele ballungsnahe Landkreise zu, deren hoher Kraftfahrzeugbesatz sich mit durch den überhöhten Anteil (über 80 v. H.) von Berufstätigen auszeichnet, die als Auspendler den PKW benutzen. Der Rhein-Sieg-, der Rheinisch-Bergische oder der Ennepe-Ruhr-Kreis sind hier Beispiele. Die tägliche Verkehrsbelastung gerade auf den Strecken zwischen Ballungskernstädten und den angrenzenden Landkreisen, aber auch allgemein im Lande zwischen Arbeits- und Wohnort, findet hier seine Erklärung.

---

[11] Alle Zahlen Statistisches Jahrbuch NRW 1993.

Die Eisenbahn als Verkehrsmittel ist erst gut eineinhalb Jahrhunderte alt. Sie hat nachhaltig die wirtschaftliche Entwicklung des Landes gefördert. Die flächengreifende industrielle Verstädterung seit der zweiten Hälfte des 19. Jahrhunderts wäre ohne die Eisenbahn nicht möglich gewesen. Die Entwicklung des Eisenbahnnetzes läßt deutlich erkennen, daß das Ruhrgebiet entscheidenden Einfluß darauf nahm. Entstehung und Verdichtung des Bahnnetzes und des Schwerindustriegebietes bedingen sich gegenseitig. Die west-östlich gerichteten Linien markieren die zeitliche Ausdehnung des Reviers. Die Eisenbahn folgt aber über das Ruhrgebiet hinaus vornehmlich der abgewandelten Bördenachse, nachdem jahrhundertelang die rheinischen Linien bevorzugt wurden. Die erst von der Eisenbahn geschaffene enge Verknüpfung der Rhein- mit der Bördenachse zwischen Hamm-Duisburg-Köln hat mit die Grundlage für das Entstehen der Rhein-Ruhr-Ballung gelegt. Südlicher Knotenpunkt und eigentliches Achsenkreuz ist die rheinische Metropole Köln, die mit dem Ausbau des Hochgeschwindigkeitsnetzes in Mittel- und Westeuropa zusätzlich an Bedeutung gewinnen wird.

Das gegenwärtige Eisenbahnnetz war in seiner Gestaltung vor dem Ausbruch des Ersten Weltkrieges vollendet. Seit den 1970er Jahren sind zahlreiche Strecken stillgelegt worden. Dies verdeutlicht nur, daß das Netz in seiner Linienführung historisch bedingt ist und anderen politisch-ökonomischen Kräften seine Entstehung verdankt. Wirtschaftliche Gründe waren es von Anfang an, die zum Bau der Eisenbahnlinien führten. Dabei sind es nach H. Ditt und P. Schöller (1955) schon in der ersten Bauperiode bis 1844 zwei unterschiedliche Gruppen von Eisenbahnen: die Verbindungsbahnen und die Fernlinien. Zur ersten Gruppe gehört die Prinz-Wilhelm-Bahn im Deilbachtal, deren Aktiengesellschaft bereits 1828 gegründet wurde, aber erst 1846/47 mit der Erweiterung der Strecke bis Vohwinkel die Genehmigung zum Dampfbetrieb bekam. Hätte die preußische Verwaltung von Anfang zugestimmt, wäre die Prinz-Wilhelm-Bahn die erste Eisenbahn in Deutschland gewesen. Zu dieser Gruppe zählt aber auch die Strecke Düsseldorf-Elberfeld, die

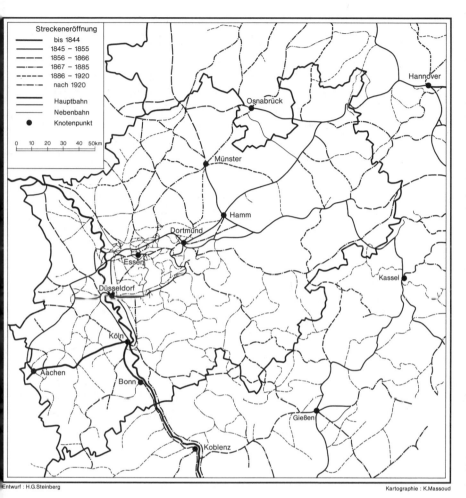

Karte 15: Die Entwicklung des Eisenbahnnetzes

das bergische Gewerbegebiet mit dem Rhein verband und bis Ende der 1840er Jahre bis Dortmund fortgeführt wurde. Als erste Fernlinie wurde die Strecke Köln-Aachen gebaut, die ihre frühe Fortsetzung bis Ostende, Antwerpen und Brüssel fand. Die Bahn war so einträglich, daß sie schon bis 1847 zur Hälfte zweigleisig ausgebaut wurde. Die sehr gewinnträchtige Strecke Köln-Bonn (1844) wurde auch in diesen ersten Jahren fertiggestellt.

Die ersten großen Fernverbindungen entstehen unter dem Einfluß der preußischen Regierung bis 1855. Die wichtigste Linie, die den strategischen und ökonomischen Bedürfnissen Preußens Rechnung trug und die zur Hauptachse zwischen dem östlichen und westlichen Staatsgebiet werden sollte, war die Köln-Mindener-Eisenbahn (1845/47), die Anschluß an die fertiggestellte Strecke Minden-Hannover-Magdeburg fand und 1848 bis Berlin durchgehend befahren werden konnte. Die Linienführung dieser Bahn hat nun in mehrfacher Hinsicht die zukünftige räumliche Ordnung des Landes beeinflußt. Aus Kostengründen umging sie den gebirgen bergisch-märkischen Gewerberaum mit dem anhängenden kleinen Kohlerevier beiderseits der Ruhr und bevorzugte eine Linienführung entlang der keine großen technischen Schwierigkeiten bietenden Emscherniederung, die kaum besiedelt war; das bereitete bei der Namengebung der Haltepunkte Probleme. Oberhausen wurde nach einer Burg, Wanne nach einer Flurbezeichnung genannt. Die Köln-Mindener-Bahn hat mit ihrer Linienführung maßgeblich den Steinkohlenbergbau und damit die Großindustrialisierung in der Emscherzone gefördert.

Eine weitere wichtige raumordnerische Entscheidung, die von der grundbesitzenden Familie Bodelschwingh beeinflußt wurde, war, die Linie nicht von Dortmund über Soest und Lippstadt nach Bielefeld zu führen, sondern über die damals weniger bedeutenden Städte Hamm und Rheda. Hamm und nicht Dortmund sollte und wurde der wichtigste Eisenbahnknotenpunkt der Westfälischen Tieflandsbucht. Dortmund wurde Kreuzungspunkt für die Bergisch-Märkische und die Köln-Mindener Bahn. Bis 1855 wurde eine zweite Fernlinie fertiggestellt, die von Hamm über Paderborn, Warburg nach Kassel führte und Anschluß an das hessisch-thüringische Netz fand. Eine direkte Verbindung Dortmund-Soest ergänzte die Strecke. Hamms Stellung wurde auch gestärkt durch den Anschluß der Provinzialhauptstadt Münster (1848) an die Köln-Mindener Bahn. Damit war der erste Schritt zu einer Nord-Südverbindung zwischen dem Seehaften Emden und Hamm getan. Die Strecke war 1856 durchgehend befahrbar. Eine weitere West-Ostverbindung stellte der Abzweig von Löhne nach Osnabrück (1855) und weiter nach Rheine (1856) dar. Die Strecke fand erst 1865 ihre grenzüberschreitende Fortsetzung bis nach Amsterdam. Löhne und Rheine als zukünftige Eisenbahnknotenpunkte werden in dieser Frühzeit schon festgelegt.

Dichter als im westfälischen war das Eisenbahnnetz bis 1855 im rheinischen Raum. Zwischen Köln und Düsseldorf verlaufen bereits beiderseits des Stromes Eisenbahnlinien, und der Krefeld-Mönchengladbacher Raum ist schon mit Aachen verbunden. Der Anschluß an die Köln-Mindener Bahn wird zwischen Homburg und Ruhrort durch eine Eisenbahnfähre bewerkstelligt. Die rechtsrheinische Verbindung nach Holland mit der Abzweigung von der Köln-Mindener-Bahn bei Oberhausen wird 1856 fertiggestellt. Die Eisenbahnfähre und der Abzweig Oberhausen wirken sich in den kommenden Jahrzehnten nachteilig für Duisburg aus, diente doch die nach Holland führende Linie überwiegend dem Kohlentransport.

Bemerkenswert ist bis 1855 die ausgesprochen West-Ost-Erstreckung des Eisenbahnnetzes entlang der Bördenachse, die sich eben durch die Ausdehnung des preußischen Staates ergab und deshalb vorrangig war. Weite Teile des Münsterlandes, des Südergebirges und des östlichen Westfalen waren noch ohne Eisenbahn.

In der folgenden Bauperiode von 1856 bis 1866 wird der Fernlinienbau zwar fortgesetzt, aber es entstehen jetzt auch Nord-Süd-Strecken, allen voran die linksrheinische von Bonn nach Mainz, die in den folgenden Jahrzehnten zur wichtigsten Eisenbahnverbindung zwischen West- und Süddeutschland wurde. Aber auch die Ruhr-Sieg-Bahn (1859/61) mit ihrer Fortsetzung über Betzdorf nach Gießen (1862) und Köln (1859/61) entstehen in dieser Zeit. Die Rhein-Sieg-Bahn war für das östliche Ruhrgebiet von großer Bedeutung, wurde doch vom Siegerland Eisenerz in das Revier und umgekehrt Steinkohle transportiert. Über die Strecke Betzdorf-

Köln war es den Hütten- und Bergwerken des westlichen Reviers möglich, eine engere Verbindung mit dem Siegerland aufzunehmen. In diesem Jahrzehnt wurde auch der linke Niederrhein mit den Strecken Krefeld-Arnheim und Krefeld-Eindhoven erschlossen. Die Bördenachse wurde aber weiter verstärkt, indem nun auch die wichtigste Strecke des entstehenden Ruhrgebietes von Duisburg über Essen nach Dortmund gebaut wurde, ergänzt durch zahlreiche Kohlenbahnen innerhalb des Reviers. Die südliche Nebenlinie der Köln-Mindener-Bahn bekam ab Altenbeken eine Fortsetzung über Höxter, Holzminden nach Kreiensen.

Bis zum Ende dieser Bauperiode war ein Eisenbahnnetz entstanden, das mit seiner Betonung der West-Ost-Linie zwar die preußische Territorialpolitik widerspiegelt, gleichzeitig aber in zunehmenden Maße auch von dem werdenden Ruhrgebiet bestimmt wurde. Das heutige Hauptnetz der deutschen Bundesbahn ist damals bereits weitgehend fertiggestellt. Es fehlt nur noch die engere, über hannoversches Gebiet führende Verbindung des Ruhrgebietes mit den wichtigsten deutschen Nordseehäfen Hamburg und Bremen. Immer noch sind das Münsterland, das Süderbergland und auch das Weserbergland weitgehend ohne Eisenbahnanschluß, nur eine oder zwei Linien durchziehen diese Großlandschaften. Die Eisenbahn ist immer noch mehr ein Verkehrsmittel für die Fernverbindungen.

Die regionale und lokale Erschließung beginnt erst in der Bauperiode von 1866 bis 1885. Die Annexion Hannovers durch Preußen 1866, die deutsche Einigung 1871 und der wirtschaftliche Aufschwung in den Gründerjahren begünstigen eine freie Entfaltung der Verkehrspolitik. Der Wegfall der hannoversch-preußischen Staatsgrenze hat das Haupthemmnis der nordwestdeutschen Eisenbahnentwicklung ausgeräumt. Besonders die Nordseehäfen konnten nun untereinander und mit ihrem Hinterland verbunden werden. In Westfalen ist es die Strecke Münster-Bremen (1871/73)-Hamburg (1874), die damals gebaut wurde und die heute die wichtigste Strecke zwischen Hamburg, dem Ruhrgebiet und Köln ist. Als Schnellstrecke und Teil der internationalen Linie Paris-Kopenhagen wird sie in Zukunft noch größere Bedeutung erlangen. Im Zuge ihrer Streckenführung wurden Wanne-Eickel, Münster, Osnabrück und Bremen wichtige Knotenpunkte. Eine weitere Verbindung des Ruhrgebietes mit den Nordseehäfen wurde mit der Linie Duisburg-Dorsten-Rheine-Quakenbrück geschaffen, die aber nie die Bedeutung der Hauptlinie erlangte. Außer dem sich verdichtenden Fernliniennetz tritt nun mehr und mehr die Lokal- und Regionalerschließung in den Vordergrund. Das gilt besonders für das Ruhrgebiet, das schon Ende der 1870er Jahre über das dichteste Eisenbahnnetz Mitteleuropas verfügte. Das war mit eine Folge der von Privatgesellschaften betriebenen Erschließung, die einseitig die West-Ost-Linie bevorzugte. Diese wichtige Ausbauperiode, die zur Verdichtung des Netzes führte, endet mit der Verstaatlichung aller Eisenbahngesellschaften bis 1886.

Die letzte Bauperiode umfaßt die Jahrzehnte von 1885 bis 1920. Erschlossen wird durch Lokal- und Regionalbahnen das Süderbergland. Im Münsterland werden die west-östlich verlaufenden Linien ergänzt oder gebaut, wie die Strecke Münster-Rheda (1887) oder Münster-Coesfeld-Borken-Bocholt (1902–08). Im Ruhrgebiet fand eine weitere Verdichtung besonders im nördlichen Teil statt. Das Jahrzehnt von 1889 bis 1900 stand ganz im Zeichen der Verbesserung des Eisenbahnnetzes, nachdem davor die Vereinheitlichung der unterschiedlich entwickelten Privatnetze im Vordergrund stand. Der Bau großer Verschiebebahnhöfe und Verbindungsstrecken für den Güterverkehr, besonders die Kohlenabfuhr, standen im Vordergrund. Hamm, Osterfeld-Süd und Hohenbudberg wurden die wichtigsten Großrangierbahnhöfe im Ruhrgebiet.

Der Erste Weltkrieg unterbricht die Entwicklung, und es werden nur noch wenige neue Strecken wie die von Münster nach Lünen (1928), die heute von IC-Zügen befahren wird, gebaut. Im wesentlichen war aber das Haupt- und das Nebennetz fertiggestellt. Die Eisenbahn war schon vor dem Kriege von der linienhaften zur Flächenerschließung übergegangen.

Beendet wurde der weitere Ausbau aber auch durch das Aufkommen des *Kraftverkehrs* in den 1920er Jahren. Die viel intensivere flächenhafte Erschließung, die größere Beweglichkeit in der Verkehrsbedienung und die geringeren Betriebskosten begünstigten den Kraftwagen. Bereits damals kam es zu Stillegungen von vorwiegend privaten Kleinbahnen im Tiefland und im Süderbergland. Vielfach wurde nur der Personen- und nicht der Güterverkehr aufgegeben. Nach dem Zweiten Weltkrieg, verstärkt seit den 1970er Jahren, setzt sich diese Entwicklung soweit fort, daß einzelne Regionen wie das westliche Münsterland oder das Oberbergische Land von der Eisenbahn nicht mehr oder nur unvollkommen bedient werden. Auf der anderen Seite baut die Bundesbahn ihre Hauptachsen von Hamburg über das Ruhrgebiet und Köln bis nach Frankfurt und München für den Schnellfahrbetrieb aus, der im Westen Anschluß an das belgisch-französische Netz finden soll. Aber auch die Bördenachse erlangt bei der Bundesbahn neue Bedeutung nach der Wiedervereinigung.

Für den Regional- und Lokalverkehr wird seit den 1960er Jahren von der Landesregierung der *öffentliche Personennahverkehr* gefördert. Von besonderer Bedeutung für den Rhein-Ruhr-Ballungsraum wurde hier die 1979 erfolgte Gründung des »Verkehrsverbund Rhein-Ruhr« (VRR), der von Viersen im Westen bis Dortmund im Osten und von Haltern im Norden bis Langenfeld im Süden den Kernraum des Landes umfaßt. An ihn schließt sich im Süden der VRS, der »Verkehrsverbund Rhein-Sieg«, an. Wesentlicher Bestandteil des Verkehrsverbundes im VRR ist die Verknüpfung des S-Bahnnetzes der Bundesbahn mit dem Stadtbahnnetz der angeschlossenen kommunalen Träger. Die S-Bahnen übernehmen die regionale Erschließung, die Stadtbahnen (U-Bahnen, Straßenbahnen und Busse) die innerstädtische Beförderung. Der Vorteil des Verbundes für den Benutzer besteht nicht nur in der Vernetzung der einzelnen Verkehrsträger, sondern auch der einheitlichen Tarifgestaltung im Gesamtraum. Mittlerweile wird, mit Ausnahme des Kreises Euskirchen, das ganze Land flächendeckend von Verkehrsgemeinschaften und Verkehrsverbünden bedient. Die Verkehrsleistungen sind beachtlich. Die Bundesbahn beförderte 1991 in NRW 222,986 Mio Personen, davon allein 147,136 Mio im S-Bahnverkehr. Im öffentlichen Straßenpersonenverkehr wurden im gleichen Jahr 1,717 Mrd. Personen befördert, davon 1,637 Mrd im allgemeinen Linienverkehr.

Die Binnenschiffahrt

Die Binnenschiffahrt ist noch immer ein wichtiger Verkehrsträger, der im Unterschied zur Eisenbahn trotz des wachsenden Verkehrsaufkommens im Mittel der letzten fünfzig Jahre zwischen einem Fünftel und einem Viertel am binnenländischen Güterverkehr der alten Bundesrepublik beteiligt war, obwohl das zur Verfügung stehende Wasserstraßennetz im Vergleich zu dem der anderen Verkehrsträger sehr weitmaschig ist. Besonders stark ist die Binnenschiffahrt am grenzüberschreitenden Verkehr (1989: 64,9 v. H.) beteiligt[12]. Der Grund hierfür liegt darin, daß Binnenschiffe sich besonders gut für Massengüter (Sand, Steine, Erden, Erze, Schrott, Kohle u. a.) und gefährliche Güter (Mineralprodukte, Flüssiggas und Chemische Erzeugnisse) eignen. Aber auch überschwere und sperrige Güter lassen sich ebenso gut transportieren wie neuerdings in zunehmendem Maße Container. Zwischen Basel und Emmerich stehen heute zwanzig Container Terminals zur Verfügung. In den letzten drei Jahrzehnten hat die deutsche Binnenschiffahrt einen durchgreifenden Strukturwandel durchgemacht. Die Zahl der Schiffe hat sich auf Kosten der Schleppkähne, die keine Rolle mehr spielen, mehr als halbiert, aber die Transportleistung je Tonne Tragfähigkeit hat sich fast verdoppelt. Die Einführung der Schubschiffahrt, das Abwracken unwirtschaftlichen Schiffsraumes, der Neubau größerer und damit wirtschaftlicherer Motorgüterschiffe, die ganztägige Fahrt mit Radar, die Verbesserung der Wasserstraßen und die Beschleunigung des Umschlages haben hier zusammengewirkt. Motorgüterschiffe (77,1 v. H.) und Schubleichter (22,9 v. H.) bestimmen heute die deutsche Binnenschiffahrt. Sie verkehren in drei Betriebsarten: als einzelfahrendes Motorgüterschiff, als Koppelverband (ein schiebendes Motorgüterschiff mit bis zu drei Schubleichtern) und als Schubverband (ein Schubboot mit bis zu sechs Schubleichtern). Daneben gibt es Spezialschiffe, die vorwiegend auf dem Niederrhein verkehren: das See-Flußschiff, das seegängig ist und besonders im Nord- und Ostseeraum verkehrt und das Roll-on/Roll-off-Schiff, das Schwergutteile, Kraftfahrzeuge

---

12 Alle Zahlenangaben wurden freundlicherweise von der Wasser- und Schiffahrtsdirektion West in Münster zur Verfügung gestellt.

und Lastzüge über eine Ladeklappe direkt aufnimmt. Die neuesten noch wenig verkehrenden Typen sind die Lash-, Seabee- und Bacat-Leichter. Hier werden schwimmfähige Behälter auf Seeschiffe verladen und in den Bestimmungshäfen zu Schubverbänden zusammengestellt, die ihre Fahrt dann auf Binnenwasserstraßen fortsetzen.

Das Netz der Binnenwasserstraßen ist in NRW einfach strukturiert. Beherrschend ist der Rhein, von dem der Wesel-Datteln- und der Rhein-Herne-Kanal abzweigen. Sie erschließen das Ruhrgebiet und sind gleichzeitig Verbindungslinien zum Dortmund-Ems-Kanal, der zwei Funktionen ausübt, indem er das Revier mit der Nordsee verbindet und zugleich über den Mittellandkanal den Rhein mit dem Weser-, Elbe- und Odergebiet verknüpft.

Der Rhein

Der Rhein ist die einzige natürliche Wasserstraße in NRW. Er ist der wasserreichste Strom des westlichen und mittleren Europas und der verkehrsreichste der Erde, was nicht allein auf seine Lagegunst zurückgeht. Sie wird verstärkt durch den Ausbau der Nebenflüsse, durch Kanalverbindungen und besonders durch die Vernetzung mit den anderen Verkehrsträgern. Aber auch die hydrologischen Verhältnisse sind für die Schiffahrt sehr günstig. Mit einer durchschnittlichen Niederschlagshöhe von 900 mm im Jahr zählt das Einzugsgebiet des Stromes zu den niederschlagsreicheren Räumen Europas. Das Abflußregime wird durch sich überlagernde Einflüsse bestimmt, die zu einem jahreszeitlich ausgeglichenen Ablauf führen. Die Hälfte des Jahresabflusses stellt das Abflußgebiet bis Basel, obwohl es nur ein Viertel des gesamten Einzugsgebietes umfaßt. Das liegt im wesentlichen daran, daß aus diesem Raum der sommerliche Abfluß gestellt wird. Das Abschmelzen der Gletscher und des Firnschnees sowie die hohen Niederschläge in den Alpen garantieren eine ständige Wasserführung. Eine ausgleichende und die Schiffahrt begünstigende Wirkung hat hier der Bodensee. Er speichert die hohen sommerlichen Zuflüsse und gibt sie nur langsam, aber stetig ab. Im Winter ist der Wasserabfluß aus den Alpen gering, weil der Niederschlag als Schnee gespeichert wird. Der Zufluß aus den Mittelgebirgen ist jetzt für den Strom von Bedeutung. Das gilt noch mehr für das Frühjahr, wo oft die schnelle Schneeschmelze zu gefährlichen Hochwässern führt. Dazu kommen die atlantischen klimatischen Einflüsse, die höhere Niederschläge und damit höhere Wasserstände der linksrheinischen Zuflüsse bedingen.

Trotz monatelangen Niedrigwasser erreichte der Schiffsverkehr bei Emmerich 1989 mit 144,200 Mio t (1992: 134,654 Mio t) seinen bisherigen Höchststand. Die Verkehrsdichte nimmt vom Niederrhein stromaufwärts stufenweise ab. (1988 wurden auf der Strecke niederländische Grenze-Orsoy 147,918 Mio t, von Lülsdorf oberhalb Köln-Orsoy 143,992 Mio t, von Lülsdorf-Bingen 70,945 Mio t, von Bingen-Mannheim 62,453 Mio t, von Mannheim-Neuburgweier oberhalb Karlsruhe 55,133 Mio t, von Neuburgweier-Straßburg 31,292 Mio t und von Straßburg-Basel 11,355 Mio t transportiert.) Betrieben wurde der Rheinverkehr von holländischen und deutschen Schiffen. Von den 1989 am Kontrollpunkt gezählten 206.918 Fahrzeugen (1992: 175.584) waren in der Bergfahrt über die Hälfte (55,4 v. H.) Niederländer und drei Zehntel (29,9 v. H.) Deutsche. In der Talfahrt war das Gewicht der Niederländer (69,8 v. H.) noch größer. Ihr großes Gewicht ist mit eine Folge des starken Verkehrs auf dem Niederrhein. Hier überwiegen die Gütertransporte aus den Rheinmündungshäfen in das Ruhrgebiet und umgekehrt. Die Gütergruppen und ihre Veränderung verdeutlichen das.

Bemerkenswert ist zunächst die Umkehr der Güterströme gegenüber der Vorkriegszeit. Überwog 1936 der Talverkehr um 4,629 Mio t oder um über ein Fünftel, so ist es 1992 der Bergverkehr mit 44,917 Mio t oder um über das Doppelte. Der Vorrang des Talverkehrs wurde 1936 eindeutig von der Steinkohlen- und weniger von der Braunkohlenausfuhr bestimmt. Die Niederlande waren ja seit der Trennung von Belgien (1831) einer der wichtigsten Abnehmer von Ruhrkohle. Deshalb stellten die festen Brennstoffe 1936 über zwei Drittel aller ausgeführten Güter. Bis 1992 hat sich die Kohlenausfuhr um über acht Zehntel verringert. Die Umstellung des Energieverbrauches von Kohle auf Erdöl und, besonders in den Niederlanden, auf Erdgas wirken sich hier aus. Den enger werdenden Wirtschaftsverbund zwischen der Randstad Holland und dem Nie-

Tabelle 21: Der Rheinverkehr bei Emmerich 1936 und 1992 nach ausgewählten Gütergruppen (in 1000 t)

Gütergruppe	Berg 1936 abs.	v.H.	1992 abs.	v.H.	Tal 1936 abs.	v.H.	1992 abs.	v.H.
Getreide	6.145	29,7	1.303	1,5	23	–	3.397[1]	–
Feste Brennstoffe	2.178	10,5	9.110	10,1	17.034	67,4	994	2,2
Eisenerze	7.750	37,5	30.880	34,5	–	–	–	–
Mineralöle u. -erzeugnisse	1.638	7,9	22.846	25,4	221	0,9	1.674	3,8
Steine u. Erden	17	–	3.67-		2.231	8,8	18.842	42,0
Düngemittel	662	3,2	0[1]	2,8	1.209	4,9	1.278	2,8
Sonstige Güter	2.272	11,2	2.543 23.103	25,7	4.573	18,0	22.080	49,2
Insgesamt 1990	20.662 –	100,0 –	89.785	100,0	25.291 –	100,0 –	44.868	100,0

Quelle: Der *Verkehr* im Rheingebiet. Raum u. Verkehr 5, 1959 und Statistisches Jahrbuch NRW 1990/93
1 1989

derrhein verdeutlichen die für die Bauwirtschaft wichtigen Steine und Erden, die über vier Zehntel der Talfracht ausmachen. Kaum verändert hat sich der Düngemitteltransport, während der Anteil der sonstigen Güter absolut und relativ stark zugenommen hat. Mit der Öffnung der Grenzen und den stärkeren wirtschaftlichen Verflechtungen wächst die Vielfalt der Güter.

Wichtiger als die Tal- ist heute die Bergfahrt. Sie hat sich gegenüber 1936 mehr als vervierfacht, die Talfahrt nicht einmal verdoppelt. Verantwortlich dafür ist der Anstieg der Mineralöle um das Vierzehnfache, der Eisenerze um das Vierfache und aller sonstigen Güter um das Zehnfache. Bestimmend für die Bergfahrt sind Eisenerz und Mineralöl, die fast sechs Zehntel der Gütermenge stellen. Im wachsenden Mineralölanteil spiegelt sich der Wandel des Energiemarktes wider. Die starke Zunahme der Erzzufuhr hängt mit der Verlagerung der Hüttenindustrie innerhalb des Ruhrgebietes in das westliche Revier, nicht zuletzt wegen der günstigeren Erzzufuhr über Rotterdam mit größeren Schubverbänden, und der gegenüber 1936 stark gewachsenen Eisen- und Stahlproduktion zusammen. Erheblich zugenommen gegenüber der Vorkriegszeit hat aber auch die Einfuhr von Steinen und Erden, Importkohle und Düngemit-

208

teln. Die sonstigen Güter sind ebenfalls stark angewachsen und stellen heute über ein Fünftel aller transportierten Waren.

Von Bedeutung ist hier der Wandel der Schiffahrt. Noch im Jahre 1957 beherrschten Schlepper und Schleppkähne den Rheinverkehr. Die selbstfahrenden Motorgüterschiffe waren in der Minderheit, und von den modernen Schubeinheiten gab es erst eine mit 5.240 t. Heute wird der Güterverkehr zu vier Fünftel von Motorgüterschiffen und einem Fünftel von Schubverbänden geleistet. Die *Schubschiffahrt* ist die wirtschaftlichste Form, Massengüter zwischen zwei Häfen, z. B. Eisenerz zwischen Rotterdam und Duisburg zu transportieren. In den USA ist diese Transportform, nach ersten Versuchen 1907, seit den 1930er Jahren auf den großen Strömen üblich. Am Niederrhein wurde sie 1957 von der Reederei Raab und Karcher eingeführt. Die normale Formation war zunächst ein Schubboot und vier Leichter mit durchschnittlich 2.500 t Tragfähigkeit bei einer Gesamtlänge bis zu 90 m. Bis Anfang 1971 wurden für spezielle Schubboote in Ausnahmefällen auch sechs Leichter mit einer Tragfähigkeit von 15.000 t und einer Gesamtlänge bis zu 265 m zugelassen. Erst Anfang Februar 1986 erreichte ein Schubverband mit sechs Leichtern, von Rotterdam kommend, Duisburg. Erztransporte werden heute ausschließlich mit diesem neuen Transportsystem befördert.

Von wachsender Bedeutung ist der Rhein-See-Verkehr, der mit sog. See-Fluß-Schiffen durchgeführt wird. Diese Verkehrsform hat den Vorteil, daß eine direkte Verbindung zwischen den niederrheinischen Häfen und im Küstenverkehr erreichbaren europäischen Seehäfen hergestellt werden kann, ohne daß ein Umladen der Güter auf Seeschiffe in den Rheinmündungshäfen notwendig wird. Stärker als alle anderen Schiffstypen sind die auf dem Rhein fahrenden Küstenmotorschiffe vom Wasserstand des Stroms abhängig. Bei normalen Wasserständen kann Köln, bei höheren Mannheim oder sogar Straßburg als letzter Hafen erreicht werden. Trotz der Schwankungen hat sich der Rhein-See-Verkehr nach dem Zweiten Weltkrieg gut entwickelt und erreichte 1988 mit 3,700 Mio t den bisherigen Höchststand (1990: 2,300 Mio t). Transportiert wurden 1990 Eisen und Stahl (1,119 Mio t) vorwiegend in der Talfahrt (0,750 Mio t), Steine und Erden (0,253 Mio t) etwa gleich in beiden

Richtungen, feste Brennstoffe (0,186 Mio t) überwiegend in der Talfahrt (0,168 Mio t) und eine Vielzahl sonstiger Güter (0,282 Mio t), die mehrheitlich (0,192 Mio t) auch stromabwärts transportiert werden.

Der 1966/67 von den USA auf der Atlantikroute eingeführte *Containerverkehr* hat den Seetransport in wenigen Jahren revolutioniert; es war deshalb nur eine Frage der Zeit, daß auch die Binnenschiffahrt dieses neue System übernahm. Nach ersten Versuchen im Jahre 1969 wurde der Containertransport auf dem Rhein erst Ende der 1970er Jahre eingeführt. 1977 wurden 40.000 TEU (20-Fuß-Einheiten, Twentyfeet Equivalent Unit), 1983 150.000 TEU und 1990 345.000 TEU befördert. Bis zum Jahre 2.000 wird geschätzt, daß 400.000 bis 500.000 TEU als Transportmenge anfallen werden.

Oberhalb von Köln ist die *Fahrgastschiffahrt* von größerer Bedeutung. Sie wird im wesentlichen von der Köln-Düsseldorfer mit 22 und der Bonner Personenschiffahrt mit fünf Schiffen betrieben. Sie beförderten 1990 1,655 Mio Personen.

Der Wandel der Schiffahrt auf dem Rhein hat gegenüber der Vorkriegszeit zu einer grundlegenden Veränderung der Schiffstypen geführt. Von den 1990 die deutsch-niederländische Grenze bei Emmerich passierenden 202.112 Fahrzeugen waren 102.462 Motorgüterschiffe (50,7 v. H.), 39.717 Tankmotorschiffe (19.7 v. H.), 35.545 Schubleichter (17,5 v. H.), 10.159 Schubboote (5,0 v. H.), 3.847 Tankschubleichter (1,9 v. H.), 3.256 Schubmotorschiffe (1,6 v. H.), 1.932 Tankschubmotorschiffe (0,9 v. H.) und 3.147 (1,6 v. H.) Küstenmotorschiffe. Die wenigen sonstigen Fahrzeuge sind durch unterschiedliche Typen vertreten.

Das westdeutsche Kanalnetz

Das westdeutsche Kanalnetz verdankt seine Entstehung in erster Linie dem sich nach Norden ausdehnenden Ruhrgebiet und seiner Verbindung mit der Nordsee. Erst in zweiter Linie wurden sie als Wasserstraßen Verbindungen zwischen den mehr süd-nördlich verlaufenden Flüssen Rhein, Ems, Weser, Elbe und Oder. Der Widerstand ostdeutscher Großagrarier im preußischen Parlament verhinderte lange den von der westdeutschen Industrie geforderten Bau des Mittellandkanals. Der von Bergeshövede vom Dortmund-Ems-Kanal abzweigende Kanal wurde 1915 bis Misburg bei Hannover in Betrieb genommen. Erst 1939 wurde durch den Bau des Schiffshebewerkes Rothensee bei Magdeburg die Verbindung mit der Elbe und dem ostdeutschen und polnischen Kanalnetz hergestellt.

Der älteste ist der *Dortmund-Ems-Kanal*. Die ersten Pläne reichen bis in das Jahr 1856 zurück, aber erst 1886 billigte das preußische Herrenhaus den Bau des Kanals. Durch den langwierigen Landerwerb verzögerte sich der Baubeginn bis 1892. Erst 1899 konnte die Wasserstraße für Schiffe bis 800 t in Betrieb genommen werden. Sie diente in erster Linie dem Hüttenstandort Dortmund, der durch den wachsenden Eisenerzbedarf gegenüber den rheinnahen Hütten ins Hintertreffen zu geraten schien. Nun konnten schwedische Erze aus dem Raum Lulea-Gällivaara über eine 1903 fertiggestellte Eisenbahn zum eisfreien norwegischen Hafen Narvik transportiert werden und von da über Emden und den Dortmund-Ems-Kanal in das östliche Ruhrgebiet. Schweden lieferte 1913 bereits ein Fünftel des Eisenerzbedarfs im Revier und wurde zum wichtigsten ausländischen Lieferanten. Auf dem Kanal wurden deshalb bergwärts vorrangig Eisenerze und talwärts Steinkohle befördert. Bei der Schleusengruppe Münster stellten die Steinkohle talwärts und die Erze bergwärts bis 1938 vier Fünftel aller transportierten Güter. Mit der rückläufigen Entwicklung der Schwerindustrie im östlichen Revier veränderten sich auch die Gütergruppen. 1990 passierten 20.905 beladene Fahrzeuge mit 14,590 Mio Ladungstonnen die Schleusengruppe Münster. Davon waren 5,006 Mio t feste Brennstoffe (34,3 v. H.) und nur noch 0,013 Mio t (0,9 v. H.) Eisenerze. Das ist auch eine Folge der im August 1989 fertiggestellten Großschleuse Henrichenburg, die es ermöglicht, daß Schubverbände Erz unmittelbar von Rotterdam nach Dortmund transportieren können. Wesentlicher sind heute Baustoffe (2,200 Mio t), chemische Erzeugnisse und Düngemittel (2,199 Mio t), Eisen und Stahl (1,466 Mio t) sowie Mineralöle und -erzeugnisse (1,102 Mio t). Der Dortmund-Ems-Kanal hat nicht mehr die grundlegende Bedeutung für das östliche Ruhrgebiet, die er noch bis in die

1950er Jahre gehabt hat. Auch im Verhältnis zum Rhein nimmt er eine nachgeordnete Stellung ein. Die Wiedervereinigung Deutschlands und die Durchlässigkeit der Grenzen im östlichen Mitteleuropa werden die Bedeutung des Kanals als Fortsetzung des west-östlich verlaufenden Mittellandkanals wesentlich erhöhen.

Im Unterschied zum Rhein wird der Verkehr hier noch überwiegend von deutschen Schiffen betrieben. Sie stellten 1990 vier Fünftel aller in Münster durchgeschleusten Einheiten, die Niederländer nur ein Siebentel. Vorherrschend ist das »Europaschiff«, das zwischen 1.250 und 1.500 t Tragfähigkeit besitzt. Es wird als Motorgüter- oder Tankschiff betrieben. Die Schubschiffahrt wurde erst vor kurzem aufgenommen. Sie ist mit einem oder zwei Leichtern vom Typ Europa I (1.680 t Tragfähigkeit) oder II (2.215 t) möglich. 1990 wurden in Münster 1.658 Einheiten mit einer Ladung von 0,745 Mio t geschleust. Der Containerverkehr ist auf allen westdeutschen Kanälen wegen der relativ niedrigen Brückendurchfahrten nur eingeschränkt möglich, weil nur zwei Containerlagen auf den Schiffen erlaubt sind. Überdies wirken die zeit- und damit kostenaufwendigen Schleusungen als weiteres Hemmnis.

Unter ähnlichen Schwierigkeiten wie der Bau des Dortmund-Ems-Kanals litten auch die übrigen gerade für die Verkehrsanbindung des Ruhrgebietes wichtigen Kanäle. Der *Rhein-Herne-Kanal* wurde schon 1883 geplant, mit dem Bau konnte aber erst 1908 begonnen werden, nachdem man seine ursprüngliche Linienführung von Henrichenburg über Gladbeck nach Alsum auf Betreiben des Bergbauvereines aufgegeben hatte. Er wurde 1914 fertig und war nur für Schiffe bis 1.000 t vorgesehen, obwohl bereits damals Handel und Industrie für eine größere Abmessung eintraten. Er wurde zur wichtigsten Wasserstraße des Reviers (1989: 13,289 Mio t, 1988: 15,673 Mio t beförderte Güter) und erfüllte zwei Funktionen: Zum einen vermittelte er zwischen dem Rhein und dem nordwestdeutschen Kanalnetz, zum anderen ist er quasi zum Industriegründer und Wirtschaftsförderer im Emscherraum geworden. An der 46 km langen Wasserstraße liegen 28 private und öffentliche Häfen. So lange alle betrieben wurden, entstand der Eindruck einer geschlossenen Hafenfront. Der Rhein-Herne-Kanal ist mit seinen Schleusenabmessungen auch richtungweisend für die Entstehung des Rhein-Herne-Kanalschiffes (1.350 t), des heutigen Europaschiffes, gewesen.

Ebenso alt (1886) ist auch der Plan zur *Kanalisierung der Lippe* von Wesel bis nach Hamm. Erst in den Jahren 1905/06 wurde der Gesetzentwurf bewilligt. 1914 wurde der Teilabschnitt Hamm-Datteln fertiggestellt. Der Ausbau des unteren Abschnittes von Datteln bis Wesel (60 km) wurde 1916 begonnen und zog sich bis 1930 hin. Er wird seit den siebziger Jahren nach der Fertigstellung der Zweitschleusen stärker vom Ost-West-Durchgangsverkehr als der Rhein-Herne-Kanal genutzt, weil die Abfertigung hier schneller ist (1989: 13,289, 1988: 16,772 Mio t beförderte Güter). Der Kanal ist auch für den Schubschiffahrtsverkehr ausgebaut, damit der Raum Dortmund mit seiner Hüttenindustrie besser an den Rhein angeschlossen werden kann. Eingesetzt werden Schubverbände (Kanal-Schubboot und zwei Leichter) mit einer Lademöglichkeit von 3.200 t. Der östliche Teil, der 47 km lange *Datteln-Hamm Kanal*, war zunächst als Einspeisekanal von Lippewasser in das westdeutsche Kanalnetz geplant. Erst seit den 1930er Jahren entwickelte sich ein stärkerer Güterverkehr (1989: 4,832 Mio t), der allerdings durch geringe Tauchtiefen und Brückendurchfahrten behindert wird.

Die älteste von 1772 bis 1780 kanaliserte Wasserstraße in NRW ist die *Ruhr*, die um 1840 die meistbefahrene Wasserstraße Deutschlands war. Sie diente damals in erster Linie dem Abtransport der Steinkohle. Die Entwicklung Ruhrortes zum wichtigsten Revierhafen nimmt hier ihren Anfang. Heute ist der Fluß nur bis Mülheim kanalisiert.

Im Norden des Landes bei Hörstel zweigt der mit seinem westlichen Teilstück (Ems-Weserkanal) 1915 eröffente *Mittellandkanal* ab, der mit einer Kanalbrücke über die Weser geführt wird. Mit dem Fluß ist er über Abstiegsschleusen verbunden. Zum Mittellandkanal wurde er erst 1938, als das größere Teilstück zwischen der Weser und der Elbe fertiggstellt wurde. Der Kanal kann vom Europaschiff befahren werden. Zwischen Bergeshövede und Minden wurden 1989 13,164 Mio t Güter befördert. Nicht verwirklicht wurde eine geplante Kanalverbindung zwischen Maas und Rhein, an der besonders Antwerpen interessiert ist. Schon heute werden über Rotterdam etwa 15,0 Mio t Waren aus dem Rheingebiet transportiert. Ein Kanal zwischen Neuß und Vise könnte mit einem Aufkommen von 40,0 Mio t rechnen.

Die Binnenhäfen

Die Binnenhäfen Nordrhein-Westfalens spiegeln nach Lage, Größe und Struktur des Umschlages ihre lokale und regionale Bedeutung wider. Darüber hinaus gibt es Häfen von nationaler und internationaler Bedeutung, allen voran die Duisburger Häfen. Für den Rang eines Hafens im Wasserstraßennetz sind die Besitzverhältnisse von besonderer Bedeutung. Die öffentlichen Häfen sind in der Regel multifunktional angelegt, während die privaten Werkshäfen von Großunternehmen betrieben werden, die Massengüter über die Wasserstraßen beziehen oder abgeben. Beide Typen mit vielfachen Kombinationsmöglichkeiten finden sich in NRW.

Unter allen Häfen hält Duisburg die Spitzenstellung. Die öffentlichen multifunktionalen Ruhrorter Häfen sind immer führend im gesamten Rheinverkehr gewesen, auch wenn der private Erzhafen Schwelgern ähnlich hohe Umschlagszahlen erreicht hat. Die zweite Stelle nehmen die Kölner Häfen ein, die auch ohne den Neugliederungsgewinn diesen Rang hatten. Die übrigen Häfen lassen sich nach dem Gesamtumschlag in eine obere Gruppe (über 3,0 Mio t) und eine untere teilen. Die obere wird überwiegend von öffentlichen Häfen gestellt, in der unteren finden sich mehr private Industriehäfen. Gegenüber der Vorkriegs- und unmittelbaren Nachkriegszeit hat sich die Rangfolge der Häfen verschoben. Bis Ende der 1950er Jahre war der Umschlag erheblich höher als heute, weil damals die Kohlenabfuhr eine große Rolle spielte. Zwei Drittel des Güterverkehrs auf dem Rhein-Herne-Kanal zum Rhein wurde bis dahin von der Steinkohle getragen, die zu sechs Zehnteln rheinaufwärts und zu vier Zehntel rheinabwärts befördert wurde. Allgemein zeigt sich, daß durch den hohen Anteil der Steinkohle am Güterverkehr die Kanalhäfen des Ruhrgebietes überwiegend Umschlageinbußen erlitten, während es den Rheinhäfen mehrheitlich gelang, ihren Güterumschlag zu erhöhen. Die grundlegenden Veränderun-

Tabelle 22: Die Entwicklung des Güterverkehrs in den wichtigsten Häfen Nordrhein-Westfalens von 1938 bis 1992 (Gesamtumschlag in 1.000 t)

Hafen	1938	1957	1962	1970	1975	1980	1992
Weser- und Mittelland-kanalgebiet							
Minden	245	233	376	831	635	1.078	776
Westdeutsches Kanalgebiet							
Münster	492	819	1.454	1.209	1.210	1.362	1.174
Hamm mit Bossendorf	568	1.257	1.475	3.046	3.053	2.839	4.788
Lünen	579	929	1.832	1.744	2.606	2.267	950
Marl	–	489	489	1.704	1.550	1.571	1.463
Wanne-Eickel	2.882	3.301	3.162	2.722	1.851	1.938	812
Gelsenkirchen	5.651	7.811	7.842	6.323	4.666	5.082	5.040
Bottrop	2.669	1.882	2.576	1.231	921	1.270	375
Dortmund	5.458	5.815	6.243	4.928	5.994	5.617	5.063
Essen	2.817	2.192	2.641	1.832	967	818	3.364
Rheingebiet							
Rheinberg-Ossenberg	778	1.478	1.647	2.574	3.163	2.811	3.348
Duisburg	31.164	29.869	30.977	41.114	42.711	43.702	45.113
darunter							
Ruhrorter Häfen	19.378	16.014	16.218	20.350	21.624	21.261	16.659
Homberg	2.305	2.750	2.174	1.995	2.865	3.631	1.642
Rheinhausen	3.349	2.648	2.766	5.099	5.043	6.089	2.439
Walsum	3.527	4.184	4.401	3.856	3.847	4.028	2.934
Schwelgern	–	–	–	11.301	11.046	13.836	14.812
Krefeld-Uerdingen	1.363	1.337	1.669	3.875	3.693	3.747	3.612
Düsseldorf	3.068	2.834	2.581	2.932	2.863	2.325	2.469
Neuß	1.451	1.451	1.963	3.325	3.512	4.426	4.449
Leverkusen	1.059	1.941	2.423	3.501	2.167	2.559	1.736
Köln	3.810	3.523	6.688	8.548	8.445[1]	12.451	9.462
Wesseling	2.989	4.963	6.606	7.723	6.099[2]	2.753	3.788

1 ab 1976 mit Godorf
2 ab 1976 ohne Godorf

Quelle: Statist. Jahrbuch NRW 1964, 1972, 1981 und 1993

gen im Binnenschiffsverkehr sind im Rheingebiet stärker wirksam gewesen als im technisch beeinträchtigten Kanalgebiet. Die Entwicklung und die Einsatzmöglichkeiten von Schubverbänden oder der Containertransport sind hier bezeichnende Beispiele.

Nach Lage, Entwicklung und Umschlag haben die Duisburger-Häfen eine Sonderstellung. Sie sind immer noch die größten europäischen Binnenhäfen. Die Lage im Zentrum des Kreuzes von Rhein- und Bördenachse, die gute Erreichbarkeit der Rheinmündungshäfen und besonders die Entwicklung des Ruhrgebietes ka-

Tabelle 23: Die Entwicklung des Güterumschlags in den Duisburger Häfen seit 1860

Jahr	Gesamt- umschlag in 1.000 t	Kohle in 1.000 t	in v. H. von 2	davon entfielen auf Erz in 1.000 t	in v. H. von 2	Empfang in v. H. von 2	Versand in v. H. von 2
1	2	3	4	5	6		
1860	2.432	1.304	53,8	•	•	•	•
1870	2.305	1.827	79,3	•	•	•	•
1880	3.580	2.634	73,6	461	12,9	39,2	60,8
1895	8.050	5.328	66,2	1.167	14,5	48,1	51,9
1900	14.374	8.433	58,7	3.060	21,3	45,8	54,2
1905	19.870	10.682	53,8	4.951	24,9	36,0	64,0
1912	33.968	18.284	53,8	8.644	25,4	28,1	71,9
1926	27.706	22.816	82,4	1.769	6,4	12,2	87,8
1932	15.496	9.276	59,9	2.210	14,3	11,5	88,5
1939	25.527	8.258	32,4	7.356	28,8	51,4	48,6
1946	5.134	3.390	66,0	325	6,3	28,3	71,7
1960	34.189	5.278	15,4	13.967	40,9	60,2	39,8
1970	41.193	2.969	7,2	22.345	54,2	70,8	29,2
1980	57.389	7.271	12,7	31.245	54,4	69,4	30,6
1985	53.724	6.837	12,7	32.413	60,3	70,9	29,1
1990	48.899	6.568	13,4	27.855	60,0	72,7	27,3

Quelle: F. Wiel (1970): Wirtschaftsgeschichte des Ruhrgebietes, S. 354/355, und nach Auskunft der Stadt Duisburg

men Ruhrort zugute, das sehr früh in das entstehende Eisenbahnnetz und später in das der Schnellstraßen eingebunden wurde. Von aussschlaggebender Bedeutung war und ist aber immer noch die enge Verflechtung mit der Schwerindustrie. War es vor dem Zweiten Weltkrieg der überragende Anteil der Steinkohlenabfuhr, so ist es seit Mitte der 1950er Jahre der wachsende Empfang von Erz und Schrott.

Die Entwicklung zeigt die überragende Bedeutung der Kohlenabfuhr, besonders von *Ruhrort*, das seit dem frühen 18. Jahrhundert Umschlagplatz für die Kohle von den Ruhrnachen auf die Rheinschiffe wurde. Die Ruhr war bis in die Mitte des 19. Jahrhunderts der verkehrsreichste Fluß Deutschlands (1860: 0,870 Mio t Gütertransport), weil sie die Hauptabfuhrlinie für das kleine Kohlerevier war. Mit dem Nordwärtswandern des dann entstehenden Großreviers und besonders mit dem Aufkommen der Eisenbahn wird die Ruhrschiffahrt 1890, mit Ausnahme des kanalisierten Teils bis Mülheim, aufgegeben. Ruhrort hingegen profitierte von der industriellen Entwicklung des Reviers. Die Häfen wurden seit 1860 ständig weiter ausgebaut und erweitert. Der Bau der Hafenbecken A, B und C griff schon über das Stadtgebiet nach Meiderich hinaus, und so kam es 1905 zum Zusammenschluß von Duisburg, Ruhrort und Meiderich. Bis zum Ausbruch des Ersten Weltkrieges büßte die Steinkohlenabfuhr ihre beherrschende Stellung durch den wachsenden Erztransport ein, der sich dann mehr auf die neu entstehenden Privathäfen Schwelgern (1903) und Walsum-Süd (1902) der August Thyssen A.G., Rheinhausen (1896), der Krupp-Stahl A.G. und später Huckingen (1926) der Mannesmann A.G. verlagert. Schwelgern, Rheinhausen und Walsum stellten 1992 mit 20,185 Mio t fast die Hälfte des Gesamtumschlages in den Duisburger Häfen (Tab. 22).

Der Ausbau der Privathäfen wurde seit den 1920er Jahren für die öffentlichen zu einer wachsenden Konkurrenz, die sich für die Duisburger noch dadurch verschärfte, daß mit der Schaffung des westdeutschen Kanalnetzes, besonders seit der Inbetriebnahme des Rhein-Herne-Kanales 1914, 28 weitere öffentliche und private, vorwiegend Kohleabfuhrhäfen entstanden. Aber auch der Konkurrenzkampf zwischen Binnenschiffahrt und Eisenbahn beeinträchtigte die Ruhrorter Häfen. 1926 war ein Ausnahmejahr. Der englische Bergarbeiterstreik bot damals dem Ruhrbergbau die Möglichkeit, eine große Menge einheimischer Steinkohle auf den Weltmarkt zu bringen. Die Weltwirtschaftskrise ließ den Absatz bis 1932 um mehr als die Hälfte des Rekordjahres sinken. Der absolute Tiefpunkt des Gesamtumschlages wurde mit 1,746 Mio t 1945 erreicht. Danach stieg er nach der Währungsreform (1948) schnell an und übertraf bereits 1960 den Vorkriegsumschlag bei weitem. Nur war die Steinkohle daran nicht mehr beteiligt. Ihr Anteil bewegte sich um ein Achtel. Der Erzbezug, abhängig von den Konjunkturschwankungen der Stahlindustrie, konnte seit den 1970er Jahren über die Hälfte des Güterumschlages verbuchen, was aber einseitig den Privathafen der eisenschaffenden Industrie zugute kam. Da Kohle und Erz eine gegensätzliche Transportrichtung einnehmen,

Tabelle 24: Der Güterumschlag in den privaten und öffentlichen Duisburger Häfen nach ausgewählten Hauptgüterarten 1990 (in 1.000 t und v. H.)

Güterarten	Empfang		Versand	
	absolut	v. H.	absolut	v. H.
1. Kohlen	1.475	4,2	5.094	38,1
2. Erze u. Schrott	27.514	77,4	434	3,2
3. Mineralölerzeugnisse	2.636	7,4	407	3,0
4. Eisen, Stahl u. Halbzeug	–	–	3.678	27,5
5. Steine u. Erden	1.576	4,4	2.300	17,2
6. Chem. Grundstoffe	648	1,8	811	6,1
7. Nahrungs- u. Genußmittel	190	0,5	76	0,6
8. Zellstoffe u. Altpapier	112	0,3	–	–
9. Sonstige	1.385	4,0	563	4,3
Insgesamt	35.536	100,0	13.363	100,0

Schiffsverkehr	Ankunft	Abgang
ankommende beladene Schiffe im Binnenverkehr	22.113	13.392
im Seeverkehr	594	1.480
Insgesamt	22.707	14.872

Quelle: Auskunft der Stadt Duisburg

hat sich mit der Veränderung ihres Anteils auch die Verkehrsstruktur der Duisburger Häfen verändert. Bis in die 1930er Jahre waren die Duisburger Häfen vorwiegend Kohleversandhäfen. Nach dem Zweiten Weltkrieg hat sich das grundlegend verändert. Der Erzempfang ist seit den 1970er Jahren bestimmender geworden als die Kohlenabfuhr in ihren besten Jahren zu Beginn des Jahrhunderts.

Der zweitgrößte Hafenstandort Nordrhein-Westfalens ist mit einem Gesamtgüterumschlag von 10,782 Mio t (1989) *Köln.* Die Stadt verfügte schon in römischer Zeit über einen Rheinhafen, und seit dem Mittelalter war die Rheinschiffahrt von großer Bedeutung für die wirtschaftliche Entwicklung der Stadt. Der Handel und die Versorgung standen immer im Vordergrund der Hafenwirtschaft. Köln war bis in die Mitte der 1950er Jahre der wichtigste Stückguthafen am Rhein. Es wandelte sich seit dem zum Umschlagsplatz für Mineralölprodukte und zum wichtigen Hafenindustrie- und -lagerplatz. Für den Rhein-See-Verkehr ist Köln ein wichtiger Endpunkt.

Die übrigen Häfen am Rhein zeichnen sich durch eine unterschiedliche Spezialisierung aus. *Neuss* hatte sich schon vor dem Ersten Weltkrieg nach Harburg zum wichtigsten Standort der Mühlenindustrie entwickelt. *Krefeld-Uerdingens* Hafen wird von der Nahrungsmittel- und der chemischen Industrie bestimmt. *Leverkusens* Umschlag prägen die Bayer-Werke. Die Getreide- und Ölmühlenindustrie hat die Entwicklung der niederrheinischen Häfen *Emmerich* und das mit dem Rhein durch einen Kanal verbundene *Kleve* maßgeblich gefördert. Von den 1990 transportierten 0,124 Mio t Gütern waren allein bergwärts beförderte 78.000 t Öle und Fette.

Die Entwicklung der Häfen des westdeutschen Kanalnetzes steht im engen Zusammenhang mit dem Werden des Ruhrgebietes. Der wichtigste und größte Kanalhafen ist *Dortmund*. Er verdankt seine Entstehung dem Dortmund-Ems-Kanal, der ja in erster Linie der Versorgung der Hüttenindustrie im östlichen Ruhrgebiet diente. Die Einfuhr von Erz und die Ausfuhr von Steinkohle über Emden waren die wichtigsten Aufgaben des Kanals und des Dortmunder Hafens. Bis in die 1960er Jahre wurde die Umschlagstruktur davon bestimmt. Seitdem wächst seine Bedeutung als Versorgungshafen für das östliche Ruhrgebiet und die angrenzenden Wirtschaftsräume. Dazu dient auch die Einrichtung eines Containerterminals. Vor Dortmund lag im Gesamtgüterumschlag bis Anfang der 1970er Jahre *Gelsenkirchen* mit seinen zahlreichen Häfen. Es waren vor allen Dingen der Kohlenumschlag, der seitdem rückläufig ist, und die Mineralöle und -erzeugnisse, die das Umschlagvolumen bestimmen. Dazu kommen Bedarfsgüter für den unmittelbaren Hafeneinzugsbereich (Baustoffe, Holz u. a.).

Unter den Kanalhäfen außerhalb des Rhein-Ruhr-Gebietes haben nur Münster und Minden eine größere Bedeutung. *Münster* dient in erster Linie der Versorgung seines Hinterlandes. Der Güterumschlag wird fast ausschließlich vom Empfang bestimmt: Futtergetreide, Kraftfutterstoffe für die Viehzucht kommen über die Seehäfen, Baustoffe, Sand und Kies, die den Hauptteil des Umschlages stellen, vom Niederrhein. Lagerhäuser, Getreide-, Futtermittel- und Holzwerke bestimmen den Stadthafen. Eine ähnliche Stellung wie Münster nimmt *Minden*, am Weser-Mittellandkanalkreuz gelegen, ein. Der Hafen versorgt über das östliche Westfalen hinaus große Teile des oberen Weserraumes. Im Vordergrund des Umschlages stehen Getreide, Holz, Futtermittel und Brennstoffe.

Über die verkehrswirtschaftliche Bedeutung hinaus erfüllen die Binnenwasserstraßen in NRW auch wichtige wasserwirtschaftliche Aufgaben. Trotz aller Umweltschutzmaßnahmen, die zu einer Verbesserung der Wasserverhältnisse geführt haben, dient der Rhein noch immer als Entsorger für Industrie- und Siedlungsabwässer. Die Weser wird noch immer belastet durch den hohen Salzgehalt, der aus den Zuleitungen des – inzwischen aber von der Schließung bedrohten – thüringischen Kalibergbaues stammt. Der Industrie und den öffentlichen Wasserwerken dienen die Wasserstraßen als Zulieferer von Gebrauchs- und Verbrauchswassers. Die Kanäle müssen ständig mit zusätzlichem Wasser aus den Flüssen versorgt werden, um eine gleichbleibende Fahrwassertiefe von 3,50–4,00 m zu gewährleisten. Das benötigte Speisungswasser wird vorwiegend aus der Lippe bei Hamm (bis zu 25 m³/s) abgeleitet. In Trockenjahren wird zusätzliches Wasser über Pumpwerke aus der Ruhr, in Ausnahmefällen aus dem Rhein oder der Weser heraufgefördert.

Die natürlichen und künstlichen Wasserstraßen dienen gerade den Bewohnern der Ballungsräume auch zur Erholung und dem Sport. Seit den 1960er Jahren hat der Wassersport stark zugenommen. Liegeplätze für Boote und Yachten finden sich in allen rheinnahen Städten, besonders in Köln, Düsseldorf, Neuß und Krefeld. Vielfach dienen alte Hafenbecken den neuen Bedürfnissen. Aber auch an den Kanälen sind Liegeplätze für Boote und Yachten durch Umwidmung alter Hafenbecken oder Anlegestellen entstanden. Unter den Yachthäfen nimmt Düsseldorf heute, verstärkt durch eine entsprechende Messe (»Boot«), eine internationale Stellung ein. Auch der Ruder-, Paddel-, Segelsport, Wasserski, Camping und das Wasser- und Sonnenbaden werden an den Wasserstraßen gepflegt. Die *Personenschiffahrt* spielt nur auf dem Rhein eine größere Rolle, weniger auf der Weser. Die Kanäle werden von Ausflugsschiffen nur abschnittsweise befahren.

Das Flugzeug ist das jüngste Verkehrsmittel zum Transport von Personen, Fracht und Post. Luftpost und Passagiere wurden in Deutschland erstmals durch Zeppelin-Luftschiffe befördert. Damals landeten Zeppeline in Köln und Düsseldorf. 1909/10 entstand in Köln der Luftschiffhafen Bickendorf, und schon 1911 wurde der Landeplatz Butzweilerhof für Flugzeuge diskutiert. In Düsseldorf hatte der Luftsport-Club bereits 1910 auf der Golzheimer Heide bei Lohausen einen Flugplatz mit Fliegerschule und einen Luftschiffhafen eingerichtet. Trotz des verlorenen Ersten Weltkrieges und den massiven Einschränkungen der deutschen Luftfahrt im Versailler Vertrag entwickelte sich der Luftverkehr weiter. Es entstanden zahlreiche konkurrierende Gesellschaften, die 1926 zur »Deutsche Luft Hansa AG« zusammengeschlossen wurden. Ab 1934 nannte sich die Gesellschaft »Lufthansa«. Das Linienflugnetz entwickelte sich schnell, und 1937 gab es bereits 42 planmäßig angeflogene Flughafen. Im heutigen NRW waren das Köln-Butzweilerhof, Düsseldorf-Lohausen, Essen-Mülheim, Dortmund und Münster, zeitweise auch Aachen, Gladbach-Rheydt und Krefeld. Der Flughafen Köln hatte sich seit 1926 schrittweise zum »Luftkreuz des Westens« entwickelt und war nach Berlin, Frankfurt, Hamburg und München der wichtigste deutsche Flughafen. Düsseldorf blieb demgegenüber zurück und wurde im Passagieraufkommen sogar von Essen-Mülheim übertroffen. Mit dem Ausbruch des Zweiten Weltkrieges wurden die Zivil- zu Militärflughäfen. In der Wahner Heide südöstlich von Köln war 1938 aus einem Artillerieschießplatz ein Militärflugplatz geworden. Alle Anlagen wurden im Kriege weitgehend zerstört.

Nach dem Kriegsende nahmen die britischen Truppen alle Flugfelder in NRW in Besitz. Der Düsseldorfer Flughafen konnte bereits im April 1949 den zivilen Luftverkehr unter britischer Aufsicht wieder aufnehmen und erlebte in den kommenden Jahren einen stürmischen Aufschwung. Der Kölner Flughafen Butzweilerhof hingegen wurde als Verkehrsflughafen nicht wieder genutzt, weil er den fortgeschrittenen technischen Bedürfnissen der Flugzeuge nicht angepaßt werden konnte und zu nahe bei der Stadt

Tabelle 25: Die Entwicklung der Fluggastzahlen in Düsseldorf und Köln-Bonn von 1949 bis 1991 (Ankünfte und Abflüge)

	Düsseldorf	Köln-Bonn
1949	23.631	–
1950	50.960	2.260
1955	278.200	46.368
1960	728.296	208.127
1965	1.690.950	588.115
1970	3.520.424	1.276.893
1975	5.109.809	1.712.206
1980	7.060.841	1.919.107
1985	7.913.532	1.960.504
1989	10.404.747	2.623.016
1990	11.558.880	3.027.213
1991	11.136.975	2.978.746

Quellen: A. Mayr u. a. (1990). Luftverkehr II. a. a. O. Tab. 3 u. 5; Stat. Jahrbuch Nordrhein-Westfalen 1993. Düsseldorf, S. 474

lag. Die Royal Air Force hatte nach 1945 den Flughafen Wahner Heide stark ausgebaut und erlaubte nur schrittweise die Nutzung für zivile Zwecke. Erst im Juli 1957 wurde er dem Zivilverkehr voll geöffnet. Diese achtjährige Verzögerung gegenüber Düsseldorf hatte zur Folge, daß der Köln-Bonner Flughafen ins Hintertreffen geriet, was sich deutlich an der Entwicklung der Fluggastzahlen ablesen läßt. Die Vorrangstellung Düsseldorfs wurde noch verstärkt durch den seit den 1960er Jahren kräftig ansteigenden Charterverkehr, nicht zuletzt dadurch, daß die LTU (Lufttransport-Unternehmen KG) hier ihren Heimathafen hat und von dem größten deutschen Touristikunternehmen unterstützt wird. Düsseldorf ist heute der größte deutsche Flughafen für den Charterverkehr. Gegenüber Köln-Bonn werden im Gesamtverkehr doppelt so viele Zielhäfen angeflogen. Köln-Bonn ist nach Frankfurt und vor Düsseldorf der wichtigste Hafen für den Luftfrachtverkehr (1991: 180.654 t). Umgeschlagen werden vorwiegend Agrarprodukte aus Israel. Köln-Bonn ist hier seit 1976 der wichtigste Frachtflughafen für diesen Staat.

Außer den beiden internationalen Flughäfen verfügt NRW über die Regionalflughäfen Münster-Osnabrück, Paderborn-Lippstadt und Siegerland. *Münster-Osnabrück* (Greven) ist der wichtigste und hat sich in den vergangenen Jahren zu einem voll ausgebauten Verkehrsflughafen mit internationalen Verbindungen entwickelt. Das Fluggastaufkommen ist deshalb stark angestiegen (1972: 20.500 Personen, 1991: 263.400). Zur Entlastung der beiden Großflughäfen dienen die Verkehrslandeplätze Essen-Mülheim, Mönchengladbach und Bonn-Hangelar. Darüber hinaus verfügt das Land über zahlreiche Landeplätze, die dem Geschäftsverkehr (Dortmund-Wickede und Marl-Loemühle), dem Verkehr mit kleinerem Fluggerät (z. B. Arnsberg-Echthausen), dem Luftsport oder dem Militär dienen.

Der Fremdenverkehr

Wie kaum ein anderer Bereich menschlichen Daseins hat sich der Fremdenverkehr und das Erholungswesen nach dem Zweiten Weltkrieg entwickelt. Die zunehmende Freizeit, die wachsende Kaufkraft und die dadurch geförderte Motorisierung haben es immer größeren Bevölkerungsgruppen ermöglicht, ihre Freizeit in immer entfernteren Urlaubs- oder Erholungsorten zu verbringen. Der sprunghaft wachsende PKW-Bestand und die seit den 1960er Jahren zunehmende Bedeutung der Flugtouristik haben die Mobilität der Bevölkerung maßgeblich gefördert.

Nordrhein-Westfalen ist aufgrund seiner sozioökonomischen Entwicklung kein klassisches Reiseland wie Bayern, das 1992 über ein Viertel aller Inlandsreisenden verbuchen konnte. Nach NRW kam nur jeder Achte, obwohl NRW über ein Viertel aller Urlaubs- und Erholungsreisenden in der alten Bundesrepublik stellte[13]. Die Mehrheit zog es in die übrigen Bundesländer oder ins Ausland. Trotzdem konnte NRW 1992 nach Bayern und Baden-Württemberg mit 36,230 Mio Gästeübernachtungen in Beherbergungsstätten[14] den dritten Platz unter allen Bundesländern einnehmen. Verantwortlich sind dafür zwei gegensätzliche Typen von Fremdenverkehrsgemeinden: die Großstädte mit 11,657 Mio und die Heilbäder

---

[13] Alle Angaben nach Statist. Jahrbuch 1993 f. d. BRD u. Statist. Jahrbuch 1993 NRW.
[14] Beherbergungsstätten mit 9 und mehr Gästebetten.

mit 10,803 Mio Gästeübernachtungen. Bei den Heilbädern stellen die mit 6,920 Mio den Hauptanteil, die als Mineral-, Moor-, Sole- oder Thermalbad staatlich anerkannte Kurorte sind. Während hier eine längere Verweildauer die Regel ist – im Durchschnitt 9,3 Tage –, ist es in den Großstädten der Kurzaufenthalt – im Mittel 2,2 Tage. Auch in der Staatsangehörigkeit der Gäste unterscheiden sich die beiden Haupttypen. In den Heilbädern sind über neun Zehntel (94,5 v. H.) der Gäste Deutsche, in den Großstädten nur drei Viertel (74,9 v. H.). Von den 36,230 Mio Übernachtungsgästen in Beherbungsstätten in NRW waren 1992 4,959 Mio Ausländer (13,7 v. H.), unter denen 1989 die Niederländer (1,111 Mio), die Briten (0,544 Mio) und die US-Amerikaner (0,346 Mio) von besonderer Bedeutung sind. Aber auch Franzosen (0,263 Mio), Italiener (0,249 Mio), Polen (0,232 Mio) und Japaner (0,194 Mio) stellen einen nennenswerten Anteil.

Die Gästeübernachtungen in Beherbungsstätten kennzeichnen aber nur einen Teil des Fremdenverkehrs im Lande. Die gesamte Tages- und Kurzzeiterholung oder die Geschäftsreisetätigkeit werden nicht erfaßt, was gerade in einem solchen von Verdichtungsräumen mit multifunktionalen Kernstädten bestimmten Land von weitaus größerer Bedeutung ist. Der Landesentwicklungsbericht NRW 1988 (Abb. 26) weist im einzelnen nach, daß von den 13,685 Mrd. DM Gesamtumsatz (1986) im Fremdenverkehr allein über die Hälfte (55,2 v. H.) auf den Tagesausflugsverkehr und fast ein weiteres Fünftel (19,6 v. H.) auf Tagesgeschäftsreisen entfällt. Der Urlaubsreiseverkehr (9,9 v. H.) und der Kurreiseverkehr (7,1 v. H.) treten demgegenüber ebenso zurück wie der Städte- (4,5 v. H.) und der Messetourismus (3,7 v. H.). Von regionaler Bedeutung sind aber auch die Campingplätze. Hier wurden 1992 allein 1,014 Mio Übernachtungen gezählt. Davon waren über ein Drittel Ausländer.

Obwohl der Übernachtungstourismus so wenig am Gesamtumsatz des Fremdenverkehrs beteiligt ist, bestimmt er doch die regionalen Unterschiede im Lande. Dies verdeutlichen weniger die absoluten Zahlen für die zehn Fremdenverkehrsgebiete, sondern vielmehr das Verhältnis Übernachtung zu Einwohner, weil es das sozio-ökonomische Gewicht des Fremdenverkehrs für die jeweilige Region vermittelt.

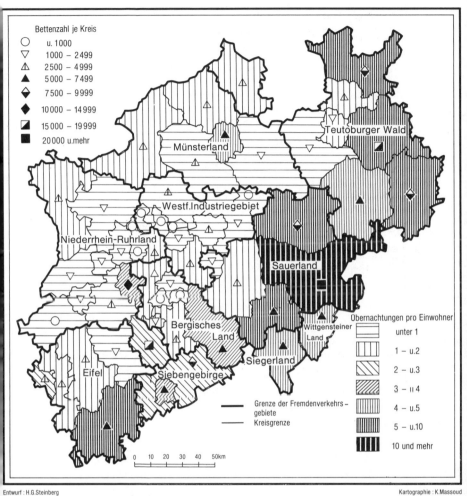

Entwurf : H.G.Steinberg

Kartographie : K.Massoud

Karte 16: Fremdenverkehrsräume 1989

Tabelle 26: Gästeübernachtungen in Beherbergungsstätten nach Fremdenverkehrsgebieten 1989

| Fremdenverkehrsgebiet | Gästeübernachtungen | | Durchschnittl. Aufenthaltsdauer in Tagen | | Übernachtungen je Einwohner |
| | insgesamt | davon Ausländer | | | |
		abs.	v.H.	alle Gäste	Ausländer	
1. Teutoburger Wald	8.154.283	443.385	5,4	5,5	2,9	4,4
2. Niederrhein-Ruhr-land	6.828.773	2.348.320	34,4	2,0	2,2	1,3
3. Sauerland	5.975.658	804.176	13,5	4,1	3,7	5,0
4. Eifel	2.348.719	364.504	15,5	3,2	2,7	1,4
5. Bergisches Land	2.346.719	347.436	14,8	2,6	2,5	1,3
6. Siebengebirge	2.019.780	434.979	21,5	2,5	2,9	2,6
7. Münsterland	2.008.479	151.905	7,6	2,6	2,5	1,1
8. Westfäl. Industriegeb.	1.843.864	292.388	15,9	2,2	2,6	0,6
9. Wittgensteiner Land	739.102	25.913	3,5	9,5	3,8	4,0
10. Siegerland	390.163	63.892	16,4	2,6	2,9	4,0
NRW	32.655.540	5.276.898	16,2	3,1	2,6	1,9

Berechnet nach Statist. Jahrbuch NRW 1990

Die Abstufung der Fremdenverkehrsgebiete nach der Zahl der Gästeübernachtungen ist in erster Linie abhängig von der Größe und Bevölkerungszahl des Gebietes. Das führende, der »Teutoburger Wald«, umfaßt den gesamten Regierungsbezirk Detmold, das kleinste den Altkreis Siegen. Aussagefähiger ist hier das Verhältnis zwischen Übernachtungen und Einwohnerzahl. Da zeigt sich, und das verdeutlicht auch die Karte, daß das Sauerland, der Teutoburger Wald und das Wittgensteiner- und Siegerland die führenden Fremdenverkehrsregionen des Landes sind, weil sie aufgrund ihrer naturlandschaftlichen Ausstattung besonders für einen Kur- oder Erholungsurlaub geeignet sind und auch für einen Kurzurlaub entsprechende Freizeitaktivitäten ermöglichen. Das gilt in der Eifel auch für den Kreis Euskirchen. Die über dem Landesdurchschnitt liegende Aufenthaltsdauer weist überdies darauf hin, daß es sich hier um Ferien- und Erholungslandschaften handelt. Der Anteil der ausländischen Gäste liegt überall unter dem nordrhein-westfälischen Durchschnitt. Er ist besonders gering im Gebiet *Teutoburger Wald*, weil das Fremdenaufkommen sich hier vorwiegend auf die Heilbäder Oeynhausen, Salzuflen, Horn-Meinberg, Lippspringe und Driburg konzentriert und überwiegend von deutschen Kururlaubern getragen wird. Die große Bettenzahl der Kreise Minden-Lübbecke, Lippe und Höxter und die hohe Zahl der Übernachtungen pro Einwohner gehen in erster Linie auf die genannten Heilbäder zurück.

Grundverschieden davon sind die Verhältnisse im Fremdenverkehrsgebiet *Niederrhein-Ruhrland*. Hier bestimmt der Großstadtverkehr die Übernachtungszahlen. Köln (2,614 Mio), Düsseldorf (2,020 Mio) und Essen (0,721) sind die wichtigsten Übernachtungsorte. In Köln und Düsseldorf stellen die Ausländer allein über vier Zehntel der Gästeübernachtungen. Mit ihren internationalen Messen sind sie die wichtigsten Anziehungspunkte für in- und ausländische Geschäftsleute und Touristen im Lande. Überdurchschnittlich hoch ist der Anteil der ausländischen Gäste auch in Mönchengladbach (30,3 v. H.), was auf das nahe NATO-Hauptquartier zurückzuführen ist. Niederländische und belgische Besucher ziehen im Westteil des Gebietes die Kriekenbecker Seen in Nettetal und der Naturpark Maas-Schwalm-Nette an.

Das Fremdenverkehrsgebiet *Sauerland* hat sich erst seit den 1960er Jahren auf der Grundlage des Skisports in den schneesicheren Lagen des Hochsauerlandes zu einem vielbesuchten Erholungsraum entwickelt. Winterberg, Schmallenberg und das hessische Willingen sind die Hauptorte, die über den Sport hinaus einen heilklimatischen Kurbetrieb aufgebaut haben. Bezeichnenderweise verfügt der Hochsauerlandkreis über die höchste Bettenzahl und die größte Anzahl Übernachtungen pro Einwohner. Das ist mit eine Folge des hohen Anteils von preisgünstigen Privatquartieren und Pensionen, die besonders das Angebot in den sog. »Sommerfrischen« bestimmen. Dazu kommt der Tagesverkehr, der im Winter besonders viele Skifahrer aus der Ruhr-Ballung mit Sonderzügen der Bundesbahn in das Hochsauerland führt. Die ausländischen Gäste sind fast ausschließlich Niederländer.

Wintersport im Umkreis des Hohen Venns, heilklimatischer Kurbetrieb (Bad Münstereifel, Gmünd), sommerlicher Erholungs- und kulturhistorischer Reiseverkehr (Monschau) kennzeichnen den nordrheinischen *Eifelanteil*. Dank der Grenzlage ist der Besuch von Belgiern und Niederländern besonders im Tagesverkehr hoch.

Das *Bergische Land* ist durch die Autobahn Köln-Olpe (1977) zum schnell erreichbaren Naherholungsraum für die rheinischen Großstädte geworden. Der Bezirk *Siebengebirge* wird vom hauptstädtischen Fremdenverkehr der Stadt Bonn (1,154 Mio Übernachtungen, davon 23,9 v. H. Ausländer) und den rheinnahen Ausflugs- und Erholungsorten bestimmt. Die Schiffahrt auf dem Rhein und der Besuch des Drachenfelses im Siebengebirge sind wichtige Tagesausflugsziele. Unterentwickelt ist der Fremdenverkehr im *Münsterland*. Die »Pättkestouren« zu Fuß oder mit dem Fahrrad oder »Urlaub auf dem Bauernhof« sind hier Urlaubsmöglichkeiten, es überwiegt aber der Ausflugsverkehr, die vielen Wasserburgen und Gräftenhöfe sind lohnende Ziele, und der Besuch der Großstadt Münster, die mit 1,071 Mio fast die Hälfte (45,4 v. H.) aller Gästeübernachtungen des Münsterlandes stellt. Der Fremdenverkehr im *Westfälischen Industriegebiet* wird fast ausschließlich vom Großstadtverkehr, der vorwiegend Geschäftsverkehr ist, bestimmt. Im *Wittgensteiner* und im *Siegerland* sind es die Kneippheilbäder Berleburg und Laasphe, der Geschäfts- und Touristenverkehr der Stadt Siegen und die zahlreichen »Sommerfrischen«, die besonders im Wittgensteiner Land eine längere Aufenthaltsdauer der Gäste bewirken.

Von besonderer Bedeutung ist im Rahmen des Fremdenverkehrs die *Naherholung* innerhalb der Verdichtungsräume an Rhein und Ruhr. Der 1920 gegründete Siedlungsverband Ruhrkohlenbezirk (SVR), der heutige Kommunalverband Ruhrgebiet (KVR), hat hier mit seinem abgestuften System von Freizeiteinrichtungen im Kernbereich des Ruhrgebietes richtungsweisend gewirkt. Im einzelnen wurden Revierparks in der besonders zersiedelten Emscherzone, Freizeitzentren, Freizeitschwerpunkte und Freizeitstätten geschaffen. Die *Revierparks* sind 25 bis 30 ha groß und beherbergen neben Frei- und Wellenbädern auch Sport- und Spielplätze mit einem Freizeithaus (Mattlerbusch/Duisburg, Vonderort/Oberhausen-Bottrop, Nienhausen/Gelsenkirchen-Essen, Gysenberg/Herne und Wischlingen/Dortmund). Die *Freizeitzentren* waren als Ergänzung zu den Revierparks gedacht. Es sind regional bedeutsame Landschaftsgebiete um die 300 ha Größe, von denen etwa ein Drittel Wasserflächen sind (Kemnade im Ruhrtal bei Bochum mit dem

Stausee, der Lippesee bei Hamm und Xanten). *Freizeitschwer-punkte* sind kleiner (um 150 ha) und weisen auch eine Wasserfläche auf. Sie liegen am Rande des Kernreviers und verfügen über eine Vielzahl von Freizeiteinrichtungen (Toeppersee und Sechs-Seen-Platte/Duisburg, Baldeneysee/Essen, Harkort-Hengsteysee/Hagen, Halterner Stausee und die Rheinaue bei Wesel). Ergänzt werden diese größeren Anlagen durch *Freizeitstätten*, die nur 10 ha umfassen und besonders im Saum des Reviers zu finden sind.

3. Verstädterung und zentralörtliches Gefüge

Der Begriff Verstädterung ist vielschichtig und wird unterschiedlich gebraucht. Zunächst kann damit gemeint sein, daß ein bis dahin städteloser Raum mit Städten überzogen wird, so wie es sich seit dem Mittelalter, linksrheinisch mit Einschränkungen seit der Römerzeit, im Rheinland und Westfalen vollzogen hat. Verstädterung bedeutet aber auch, daß die städtische Bevölkerung stärker zunimmt als die ländliche. Das kann so weit gehen, daß die städtische die ländliche Population überwiegt und städtische Lebens- und Verhaltensformen das ganze Land bestimmen. Städte sind in der Regel Mittelpunkte eines ihnen zugeordneten Bereiches, der seine Bindung an die Stadt durch die Reichweite seiner sog. zentralen Einrichtungen erfährt. Das können staatliche Verwaltungen sein (Kreis-, Bezirks- oder Landesregierung), aber auch kulturelle Einrichtungen. Diese städtischen Mittelpunkte oder zentralen Orte mit ihren ihnen zugeordneten Bereichen sind nicht gleichwertig, sondern hierarchisch gegliedert. Ein Zentralort unterer Stufe hat einen begrenzteren Einzugsbereich als ein hochrangiges Zentrum wie Köln, das von den unteren über die mittleren bis zu den oberen zentralen Einrichtungen mit ihren immer weiter ausgreifenden Einzugsbereichen alle Stufen umfaßt. Zentralorte mittlerer oder unterer Reichweite sind in der Regel dem höherrangigen Zentralort mit ihrem Bereich über die Reichweite der oberzentralen Einrichtungen, wie z. B. Landes- oder Bundesregierung, zugeordnet.

Die Zentralität eines Ortes läßt sich nun auf vielfältige Art erfassen. Eine verhältnismäßig einfache Methode zur Bewertung von Zentralorten ist die Erfassung der Beschäftigten im tertiären Sektor nach der Volkszählung im Jahre 1987 in Verbindung mit der von J. Kluczka 1970 vorgelegten zentralörtlichen Gliederung des Landes sowie der oberzentralen Bereichsgliederung im Landesentwicklungsplan I/II (Karte 18). Die Gewichtung des Materials läßt eine deutliche hierarchische Struktur des nordrhein-westfälischen Städtesystems erkennen:

1. *Großzentren:* Köln und Düsseldorf.
2. *Oberzentren* mit *Teilfunktion eines Großzentrums:* Bonn, Essen, Dortmund und Münster.
3. *Oberzentren:* Aachen, Bielefeld, Duisburg, Bochum, Hagen, Krefeld, Mönchengladbach, Siegen und Wuppertal.
4. *Mittelzentren mit Teilfunktionen eines Oberzentrums:* Detmold, Mülheim, Hamm, Düren, Minden, Paderborn und Recklinghausen.

Darunter liegt dann die Vielzahl der Mittelzentren, die vielfach Hauptorte der Landkreise sind, und die Unter- oder Grundzentren (Karte 18).

Die nach der »Wertigkeit« geordneten Zentralorte zeigen deutlich, daß der rheinische Landesteil und hier besonders die »Rheinschiene« eindeutig bevorzugt ist. Düsseldorf und Köln, die sich eindeutig von den Oberzentren abheben, bilden gleichrangig die Spitze des zentralörtlichen Systems. Zwischen ihnen besteht eine deutliche Funktionsteilung. Höchstrangige Funktionen nimmt Düsseldorf in den Bereichen Gebietskörperschaften, Rechts- und Wirtschaftsberatung, Kreditinstitute, Luftverkehr und Großhandel wahr und Köln im Bahnverkehr, Versicherungsgewerbe, Wissenschaft, Bildung, Kunst und Publizistik.

Ergänzt und verstärkt wird die Vorrangstellung der rheinischen Großzentren noch durch das teilgroßzentrale Funktionen wahrnehmende Bonn, das seine besondere Bedeutung den hauptstädtischen Funktionen verdankt, die in absehbarer Zeit wohl verlorengehen werden. Oberzentren mit teilgroßzentralen Funktionen sind aber auch die beiden führenden Zentralorte des Ruhrgebietes Essen und Dortmund. Während Essen sich in seiner Reichweite auf das dichtbesiedelte mittlere Kernrevier konzentriert, greift Dortmund mit seinem oberzentralen Einfluß weit über das östliche Ruhrgebiet nach Osten und Südosten hinaus. Die hochzentrale Stellung ist beiden Städten erst im Zuge der industriellen Entwicklung des Ruhrgebietes zugewachsen. Das gilt nicht für Münster, das als in karolingischer Zeit gegründeter Bischofssitz von Anfang an als hochrangiger Zentralort angelegt wurde und dank seiner Stellung als Residenz-, Verwaltungs- und Bildungszentrum verstärken konnte. Die Stadt ist das einzige Oberzentrum Westfalens, das mit seinem Einzugsgebiet im wesentlichen das Münsterland umfaßt, mit seinen Verwaltungsfunktionen (Landschaftsverband, Bezirksregierung) aber weit darüber hinausgreift.

Die Abhängigkeit der Zentralorte von der Wirtschaftsstruktur und der Bevölkerungsdichte wird noch deutlicher bei der Verteilung der Oberzentren. Auch hier ist der rheinische Landesteil der bevorzugte. Die Oberzentren Duisburg, Krefeld und Mönchengladbach sind Teil des Rhein-Ruhr-Verdichtungsraumes und binden über ihre oberzentralen Funktionen den anschließenden niederrheinischen Wirtschaftsraum an sich. Im westlichen grenznahen Raum liegt das alte Oberzentrum Aachen, das heute nicht allein aus dem ihm zugeordneten deutschen Bereich Gewinn erzielt, sondern auch aus dem angrenzenden niederländisch-belgischen. Östlich der Rheinschiene nimmt Wuppertal für einen begrenzten, dicht besiedelten und industrialisierten Bereich oberzentrale Funktionen wahr. Diese Gemengelage von höheren Zentren setzt sich mit Bochum und Hagen im westfälischen Landesteil fort. Sie endet da, wo die Konzentration von Menschen und Arbeitsplätzen endet. Im Osten Westfalens ist Bielefeld das Oberzentrum des Ravensberger Verdichtungsraumes und Siegen im Süden Oberzentrum für den gleichnamigen traditionellen Industrieraum. Weite Teile des Sauerlandes, Ostwestfalens, des wesentlichen Münsterlandes und des Niederrheins, also überwiegend ländlich-gewerbliche Gebiete, weisen kein Oberzentrum auf.

Die räumliche Verteilung der höheren Zentren in NRW ist recht ungleichmäßig. Die Mehrzahl konzentriert sich auf die Rhein-Ruhr-Ballung und die angrenzenden traditionellen Industriegebiete. Der rheinische Landesteil ist gegenüber dem westfälischen im Vorteil. Dieser Vorzug wird noch verstärkt durch die Großzentren Düsseldorf und Köln. Weder das Ruhrgebiet mit seinen Oberzentren Essen und Dortmund noch das übrige Westfalen verfügen mit Münster und Bielefeld über ein gleichrangiges Gewicht. Dieses Ungleichgewicht ist aber nicht eine Folge der industriellen Verstädterung. Sie hat es nur verstärkt. Verantwortlich dafür war die letztlich bis in die Römerzeit zurückreichende, dann unterbrochene Vorrangstellung Kölns als geistlich-weltliche Metropole, die ja bis zu Beginn des 19. Jahrhunderts mit dem Herzogtum Westfalen vom südöstlichen Südergebirge bis zum Hellweg vorgriff. Dazu kamen die viel jüngere bergische Residenzstadt Düsseldorf, die in preußischer Zeit Sitz der Bezirksregierung und des Provinzial-Landtages wurde, und die bis Ende des 18. Jahrhunderts kurfürstliche Residenzstadt Bonn. Ihnen stand in Westfalen als Regionalzentrum nur Münster, die preußische Provinzialhauptstadt, gegenüber. Im Unterschied zu heute waren um 1820 auch Minden und Paderborn Oberzentren. Die Hellwegstädte im späteren Ruhrgebiet, aber auch die führenden Orte der traditionellen Industriegebiete waren mit Ausnahme der Oberzentren Aachen und Elberfeld mehr oder weniger stark entwickelte Mittelzentren.

Zusammenfassend läßt sich sagen, daß das Netz der höherrangigen Zentralorte sich mit seinen Ungleichheiten der Verteilung seit dem Mittelalter entwickelt. Der rheinische Teil des heutigen Landes wird dank seiner geographischen Lage eindeutig gegenüber Westfalens bevorzugt. Köln ist der unbestrittene Vorort des Gesamtraumes. Das Ruhrgebiet wächst im Zuge der industriellen Verstädterung mit seinen Städten in dieses System hinein, ohne daß es zu grundlegenden Veränderungen kommt. Im Gegenteil, es stärkt mit seinem westlichen den rheinischen Landesteil.

3.1. Verstädterung Nordrhein-Westfalens seit dem 19. Jahrhundert

Die Entwicklung des zentralörtlichen Netzes ist aber nur die eine Seite der Betrachtungsweise; von gleichgroßer, wenn nicht vorrangiger Bedeutung ist die Herausarbeitung der quantitativen Veränderungen, die sich im Zuge der von der Industrialisierung ausgelösten Verstädterung vollzogen haben. Das gilt in NRW besonders für das Ruhrgebiet. Unter Verstädterung soll hier im Sinne von G. Ipsen (1957) ein Vorgang verstanden werden, der zugleich die gesellschaftliche und räumliche Veränderung der Bevölkerung und ihre Verteilung in der Form umschreibt, daß der Anteil der Stadtbewohner langfristig zunimmt. Um den Verstädterungsprozeß nachzuzeichnen, muß nicht jede Siedlung in die Betrachtung mit einbezogen werden, die über das Stadtrecht verfügt. Da es das Hauptanliegen dieser Landeskunde ist, die Entwicklung seit dem Ausbruch des Zweiten Weltkrieges nachzuzeichnen, muß sich die Stadtdefinition daran orientieren. In Anlehnung an G. Ipsen habe ich mich (1991) in meiner Analyse der regionalen Bevölkerungsentwicklung in Deutschland dafür entschieden, das Jahr des Mauerbaues, 1961, als Scheidelinie zu wählen, weil es nicht nur für die gesamtdeutsche Bevölkerungsentwicklung von folgenschwerer Bedeutung war, sondern auch vor den großen kommunalen Gebietsreformen im Bundesgebiet liegt, die das alte Verwaltungsgefüge grundlegend verändert haben. Danach soll eine Stadt eine Siedlung sein, die 1961 mindestens 30000 Einwohner zählte und über das Stadtrecht verfügte. Für den historischen Rückblick bedeutet diese Entscheidung für die bis 1961 »erfolgreichen« Städte, daß der Verstädterungsprozeß etwas überzeichnet wird, weil der jeweiligen Gebietsstand zugrundegelegt wird. Die im Jahre 1961 30000 und mehr Einwohner zählenden Städte haben sich in den letzten 175 Jahren nun nicht gleichmäßig entwickelt. Deshalb wurden sie nochmals in Gruppen nach der Einwohnerzahl im Jahre 1961 untergliedert: Städte von 30000 bis unter 100000, von 100000 bis unter 300000, mit 300000 und mehr Einwohnern.

Tabelle 27: Entwicklung der Stadtbevölkerung von 1816 bis 1990
(in 1.000)

	1816 absolut	1816 v.H.	1990 absolut	1990 v.H.	Veränderung absolut	Veränderung v.H.
Stadtbevölkerung	397	17,0	12.273	70,7	+11.876	+2991,4
davon Große Städte	129	5,5	4.684	27,0	+ 4.555	+3531,0
Freistädte	109	4,7	3.326	19,2	+ 3.217	+2951,4
Mittelstädte	159	6,8	4.263	24,5	+ 4.104	+2581,1
Landbevölkerung	1.937	83,0	5.077	29,3	+ 3.140	+ 162,1
Nordrhein-Westfalen	2.334	100,0	17.350	100,0	+15.016	+ 643,4

Quelle: H. G. Steinberg (1991), Tab. im Anhang

Die Unterteilung der Großstädte in wirklich »*Große Städte*« mit über 300000 Einwohnern und die übrigen »*Freistädte*« mit 100000 bis unter 300000 Einwohnern folgt wiederum G. Ipsen, der aufgrund der gegenwärtigen Verhältnisse die Großstadtgrenze erst bei 300000 und nicht bei 100000 Einwohnern ansetzt. Darunter liegen die *Mittelstädte*.

Zu den »Großen Städten« zählten damals alle führenden Städte Nordrhein-Westfalens wie Köln, Düsseldorf, Essen, Bochum, Gelsenkirchen, Dortmund und Wuppertal. Die Schicht der »Freistädte« vertreten so unterschiedliche Städte wie Bielefeld, Münster, Recklinghausen, Bottrop, Hagen, Herne, Wanne-Eickel, Krefeld, Mönchengladbach, Bonn und Aachen. Die Mittelstädte konzentrieren sich vorwiegend auf die Rhein-Ruhr-Ballung und die traditionellen Industriegebiete.

Das Ausmaß der Verstädterung zeigt ein Vergleich der Ausgangslage mit der Gegenwart. Das Land hat seine Einwohnerzahl mehr als versechsfacht. Fast vier Fünftel des Zuwachses wurde von den Städten gestellt. Das Verhältnis Land – Stadt hat sich in diesen 174 Jahren vollständig umgekehrt. War NRW 1816 noch ein von der ländlichen Bevölkerung bestimmter Raum, so ist es heute ein eindeutig städtisch geprägtes Bundesland. Die Verstädterung des Landes ist aber deutlich abgestuft von den großen bis zu den Mittelstädten.

Zu Beginn des 19. Jahrhunderts lebte bereits ein Sechstel der Landesbevölkerung in Städten. Das lag daran, daß neben den älte-

234

Tabelle 28: Rangordnung der Städte in NRW 1816/18 und 1992

1816/18		1992	
1. Köln	49.276	1. Köln	960.631
2. Aachen	32.015	2. Essen	627.269
3. Düsseldorf	22.538	3. Dortmund	600.669
4. Elberfeld	21.676	4. Düsseldorf	578.135
5. Barmen	18.967	5. Duisburg	539.094
6. Münster	18.605	6. Bochum	400.356
7. Krefeld	14.376	7. Wuppertal	388.102
8. Bonn	10.046	8. Bielefeld	324.287
9. Wesel	9.463	9. Bonn	298.227
10. Viersen	6.816	10. Gelsenkirchen	295.368

ren führenden Zentralorten größere Gewerbeorte das Netz der rheinisch-westfälischen Städtelandschaft mitprägten. Waren es damals erst vier, die dem Textilgewerbe ihre vordere Stellung mit verdankten, so finden sich 1992 nach Wuppertal weitere fünf führende Städte des Landes, die alle im Ruhrgebiet liegen und ihre heutige Größe der Großindustrialisierung verdanken. Unangefochten ist die Stellung Kölns und nur leicht verschoben die Düsseldorfs und Bonns. Damit hat sich das Gewicht der rheinischen Städte gehalten und verstärkt. Ihnen ist in den Ruhrstädten ein anders strukturierter Partner erwachsen, während im übrigen Westfalen die alte Provinzialhauptstadt Münster ihre führende Stellung an die junge Industrie- und Handelsstadt Bielefeld abtrat.

Die Verstädterung im 19. und frühen 20. Jahrhundert (1816–1939)

Die Gegenüberstellung von Anfang und vorläufigem Ende zeigt, daß die regional unterschiedliche Entwicklung maßgeblich die Eigenart der nordrheinischen und westfälischen Verstädterung beeinflußt hat.

In der ersten Phase von 1818 bis 1843 wird bereits sichtbar, wie sich die städtische Bevölkerungsentwicklung in Deutschland und besonders in NRW deutlich von der ländlichen abhebt und nach Größengruppen abgestuft ist. Obwohl die Landbevölkerung die

Tabelle 29: Die Verstädterung im heutigen Nordrhein-Westfalen von 1816 bis 1939

	absolut (in 1.000)							Veränderung absolut						Veränderung in v.H.					
	1816	1843	1871	1890	1910	1933	1939	1816–1843	1843–1871	1871–1890	1890–1910	1910–1933	1933–1939	1816–1843	1843–1871	1871–1890	1890–1910	1910–1933	1933–1939
Stadtbevölkerung	397	617	1.203	2.125	4.622	7.506	7.713	220	586	922	2.497	2884	207	55,4	95,0	76,6	117,5	62,4	2,8
Große Städte	129	209	500	924	2.259	3.947	3.982	80	291	424	1.335	1.688	35	62,0	139,2	84,8	144,5	74,7	0,9
Freistädte	109	176	326	612	1.253	1.876	1.909	67	150	286	641	623	33	61,5	85,2	87,7	104,7	49,7	1,8
Mittelstädte	159	232	377	589	1.110	1.683	1.822	73	145	212	521	573	139	45,9	62,5	56,2	88,5	51,6	8,3
Landbevölkerung	1.937	2.569	3.060	3.762	5.096	4.071	4.222	632	491	702	1334	−1025	154	32,6	19,1	22,9	35,5	−20,1	3,8
Nordrhein-Westfalen	2.334	3.186	4.263	5.887	9.718	11.577	11.935	852	1.077	1.624	3.831	1.859	358	36,5	33,8	38,1	65,1	19,1	3,1
Verstädterungsgrad (Anteil d. Stadt- a.d. Gesamtbevölkerung in v.H.)	17,0	19,4	28,2	36,1	47,6	64,8	64,6	–	–	–	–	–	–	2,4	8,8	7,9	11,5	17,2	−0,2

Bundesrepublik Deutschland (Gebietsstand 3. 10. 1990, ohne Nordrhein-Westfalen)

	absolut (in 1.000)							Veränderung absolut						Veränderung in v.H.					
	1816	1843	1871	1890	1910	1933	1939	1816–1843	1843–1871	1871–1890	1890–1910	1910–1933	1933–1939	1816–1843	1843–1871	1871–1890	1890–1910	1910–1933	1933–1939
Stadtbevölkerung	1.788	2.488	4.645	7.945	13.062	17.939	20.332	700	2.157	3.300	5.118	4.877	2.393	39,1	86,7	71,0	64,4	37,3	13,3
Große Städte	619	928	2.059	3.947	6.515	9.886	10.816	309	1.131	1.888	2.568	3.371	930	49,9	121,9	91,7	65,1	98,9	9,4
Freistädte	397	556	974	1.685	2.959	3.660	4.430	159	418	711	1.274	701	770	40,1	97,4	73,0	75,6	23,7	21,0
Mittelstädte	772	1.004	1.612	2.313	3.588	4.393	5.086	232	608	701	1.315	805	693	30,1	60,6	43,5	55,1	22,4	15,8
Landbevölkerung	14.833	18.511	20.394	22.744	24.060	27.180	27460	3.678	1.883	2.350	1.315	3.121	280	24,8	10,2	11,5	5,8	13,0	1,0
Bundesrepublik Deutschland	16.621	20.999	25.039	30.689	37.122	45.119	47.792	4.378	4.040	5.650	6.433	7.997	2.673	26,3	19,2	22,6	20,9	21,5	5,9
Verstädterungsgrad (Anteil d. Stadt- a.d. Gesamtbevölkerung in v.H.)	8,4	11,8	18,6	25,9	35,2	39,8	42,5	–	–	–	–	–	–	3,4	6,8	7,3	9,3	4,6	2,7

Quelle: H. G. Steinberg (1991). Tab. im Anhang

Zuwanderer für die Städte stellt, entspricht ihr Wachstum in etwa dem Landesdurchschnitt. NRW, das seine Gesamtbevölkerung um über ein Drittel wegen des hohen ländlichen Anteils steigern kann, übertrifft damit das übrige spätere Bundesgebiet (Gebietsstand 3. 10. 1990), das nur ein Viertel gewinnt. Das hohe Wachstum der ländlichen Bevölkerung führt dazu, daß trotz der starken städtischen Gewinne der Verstädterungsgrad insgesamt nur gering ansteigt. Die wachsende Bevölkerung trägt ein beschleunigtes Städtewachstum, ohne daß es zu einem grundlegenden Wandel der Proportionen kommt.

Zu den über den Durchschnitt herausragenden Städten gehören besonders die dem Ruhraltrevier nahen Dortmund, Bochum, Hagen, Duisburg und Mülheim, aber auch Gewerbestädte wie Solingen und Krefeld, während Düsseldorf und Bonn die höherrangigen Zentralorte vertreten.

Der große Umbruch trat in Deutschland erst ein, als sich die Städte vom Land durch eine gegensätzliche Bewegung lösten, indem das Land relativ zurückblieb und das Städtewachstum sich beschleunigte. Epochejahr für diese Scheidung ist in Mitteleuropa das Revolutionsjahr 1848. Ihm waren schwere Mißernten, Hungersnöte und Seuchen vorausgegangen, die zu Unruhen geführt hatten. Sie waren aber nur die äußere Erscheinung eines Vorganges, der tiefer wurzelte und seinen Ausgang auf dem Lande nahm. Die Bauernbefreiungen mit ihren tiefgreifenden Veränderungen der Sozialordnung hatten zu einem raschen Anstieg der Zahl der ländlichen Bevölkerung geführt, die nach einem Ausweg suchte. Er fand sich zunächst in den bescheidenen, aber in den 1850er und 60er Jahren sich ständig verstärkenden vielfach aus Gewerben erwachsenen industriellen Ansätzen, die nach 1848 endgültig die geschlossene Ordnung der Zünfte überflügelten und damit die Stadt der ungemessenen Zuwanderung öffneten.

Auch wenn die heutige Bundesrepublik nicht der angemessene Betrachtungsrahmen für diese gegensätzliche Entwicklung in Stadt und Land ist – die großen Übervölkerungsräume der damaligen Zeit liegen jenseits der Oder-Neiße-Grenze –, so spiegelt sich auch hier der große Umbruch wider. Die Zeit von 1843 bis 1848 ist statistisch nicht einwandfrei zu fassen; bis 1871 erhöht sich die Gesamtbevölkerung in NRW nochmals um ein Drittel, im übrigen Bundesgebiet nur um ein knappes Viertel. Mit 4,263 Mio stellt NRW ein Siebentel (14,5 v. H.) der Bevölkerung im heutigen Bundesgebiet. Trennt man wieder die städtische von der ländlichen Entwicklung, so wird der Umbruch voll sichtbar. Den Städten in NRW gelingt es, ihre Einwohnerzahl fast zu verdoppeln (95,0 v. H.), das übrige Bundesgebiet (86,7 v. H.) bleibt leicht zurück. Das Land vermehrt seine Bevölkerung in NRW nur um ein knappes Fünftel (19,1), im übrigen Bundesgebiet nur um ein Zehntel. Der Verstädterungsgrad erhöht sich in NRW von 19,4 auf 28,2 v. H., insgesamt nur von 11,8 auf 18,6 v. H. Deutlicher als in der vorangegangenen Phase übernehmen nun die »Großen Städte« relativ und absolut die Führung. Von den 0,586 Mio städtischen Neubürgern in dieser ersten von der industriellen Entfaltung bestimmten Phase stellen sie mit 0,291 Mio jeden zweiten und die Freistädte jeden vierten Neubürger. Das Wachstum war also ausgesprochen großstadtbezogen. Die Mittelstädte bleiben demgegenüber zurück. Das Land, das den Verstädterungsprozeß speist, erzielt nicht einmal durchschnittliche Zuwachsraten. In der Tendenz verhält sich das übrige Bundesgebiet ähnlich.

Wesentlicher als das großstadtbezogene Wachstum ist nun das unterschiedliche regionale. Das Ruhrgebiet erfährt seine erste Aufbauphase, und das Altrevier beiderseits der Ruhr wird erweitert durch die Hellwegstädte, die ihre Bevölkerungzahl allein um 0,142 Mio erhöhen oder mehr als verdreifachen (325,3 v. H.) können und damit fast ein Viertel des städtischen Bevölkerungszuwachses in NRW stellen. Aber auch Köln (+ 80 000 E = 162,3 v. H.), Düsseldorf (+ 46 800 E = 207,8 v. H.) und Barmen und Elberfeld, das spätere Wuppertal (+ 105 200 E = 258,6 v. H.), waren maßgeblich an dieser Entwicklung beteiligt. Die Städte der traditionellen Industriegebiete dagegen können ihre Bürgerzahl nur um die Hälfte (49,4 v. H.) und die in den ländlich-gewerblichen Gebieten gar nur um ein gutes Fünftel (22,5 v. H.) vermehren. Spitzenreiter sind dort bezeichnenderweise Bielefeld (+ 131,6 v. H.) und Solingen (+ 129,1 v. H.), hier der Eisenbahnknotenpunkt Rheine (+ 64,6 v. H.) und die alte Bischofsstadt Paderborn (+ 48,4 v. H.).

Trotz der Gründerjahre und der langanhaltenden Krise verstärkt sich der industrielle Verstädterungsprozeß nach 1871 und bestimmt die Bevölkerungsentwicklung in den folgenden Jahrzehnten, die mehr und mehr im Zeichen der Binnenwanderung steht. Hier lassen sich aufschlußreiche Parallelen zu den heutigen Ausländerzuwanderungen ziehen. Im einzelnen ergibt sich folgender Befund: In den *Gründer- und Krisenjahren* erhöht sich von 1871 bis 1890 auf dem Gebiet der heutigen Bundesrepublik die Gesamtbevölkerung um ein Viertel und zählt 1890 36,516 Mio, die Nordrhein-Westfalens vermehrt sich sogar um knapp vier Zehntel (38,1 v. H.). Wiederum wird das Wachstum von den Städten getragen. Ihnen gelingt es, ihre Bürgerzahl um 4,222 Mio zu erhöhen, wovon erneut über die Hälfte, 2,312 Mio, den »Großen Städten« und eine weitere knappe Million den Freistädten zugute kommt. Sie vereinten damit nicht nur über drei Viertel des Zuwachses auf sich, sondern übertrafen erstmals auch absolut die ländliche Zunahme von 3,052 Mio. NRW und das übrige Bundesgebiet entsprechen in etwa diesem gesamtdeutschen Befund.

An die Stelle des größenspezifischen tritt nun das regionalspezifische Wachstum. Die unterschiedliche Verstädterung der ökonomischen Strukturzonen in NRW macht das deutlich. Die Städte der Rhein-Ruhr-Ballung können ihre Einwohnerzahl verdoppeln, die der traditionellen Industriegebiete um die Hälfte und der ländlich-gewerblichen Gebiete nur um ein gutes Drittel. Ausschlaggebend für NRW ist wiederum das Ruhrgebiet. Es stellt mit 0,322 Mio allein über ein Drittel der städtischen Bevölkerungszunahme im Lande. Auch wenn auf die Hellwegstädte die Hälfte dieses Zuwachses entfiel, so verlagerte sich in diesen Jahrzehnten das relative Wachstum immer stärker auf die Emscherzone, wo im Zuge der vollen bergbaulichen Erschließung sich Gemeinden aus kleinsten Ansätzen zu Industriestädten entwickelten. Herne, Wanne-Eickel, Bottrop, Gelsenkirchen und Recklinghausen sind hier die Spitzenreiter, am Hellweg Dortmund und Bochum. Aber auch die rheinischen Metropolen Köln und Düsseldorf können hier, dank ihrer sich erweiternden Industrie- und Dienstleistungsstruktur und erster Eingemeindungen, mithalten. Die übrigen Städte des Landes können mehrheitlich ihre Einwohnerzahl über die Hälfte vermehren. Das gilt besonders für die in den alten Gewerbegebieten.

Der fortschreitende Ausbau des Industriesystems und der endgültige Übergang Deutschlands vom Agrar- zum Industriestaat zwischen 1890 und 1914 schlagen sich auch in den statistischen Daten nieder. Die Raffung und Konzentration der Bevölkerung in den Großstädten steigert sich dank der starken Zuwanderungen und der ersten umfangreichen Eingemeindungen. Die schon in den 1880er Jahren immer spürbarer werdende Binnenwanderung nimmt bis dahin nicht gekannte Ausmaße an, und aus den ländlichen Überschußgebieten Ostdeutschlands werden die letzten Bevölkerungsüberschüsse abgesaugt. Der statistische Befund zeichnet diese von der zunehmenden Verstädterung getragene Umlagerung der deutschen Bevölkerung nach. Im späteren Bundesgebiet erhöht sich in diesen zwei Jahrzehnten die Bevölkerung um gut 10,264 Mio, davon entfallen allein 7,614 Mio auf die Städte, die ihre Bürgerzahl nochmals um drei Viertel steigern können. Dem Lande gelingt es, seine Bevölkerung nur um 2,650 Mio (+ 10,0 v. H.) zu erhöhen, was etwa einem Drittel des bundesdeutschen Durchschnittes entspricht.

Diese allgemeine Entwicklung gilt tendenziell auch für NRW, nur mit dem Unterschied, daß nicht nur die Landesbevölkerung, sondern auch die in Stadt und Land erheblich stärker zunimmt als im übrigen späteren Bundesgebiet. Das erklärt sich nicht allein durch das Übergewicht der Städte im Ruhrgebiet. Sie stellen mit 1,401 Mio allein über die Hälfte der städtischen Neubürger im Lande und fast jeden Fünften im späteren Bundesgebiet. Es sind auch die übrigen Städte der Rhein-Ballung, der Industriegebiete sowie die größeren Städte der ländlich-gewerblichen Gebiete. Die umfangreichen Eingemeindungen in diesen zwei Jahrzehnten verstärken nur die allgemeine Tendenz. Aus diesen Gründen unterscheidet sich NRW deutlich vom übrigen späteren Bundesgebiet. Steuerungspol für die ost-westgerichtete Binnenwanderung und damit für den Verstädterungsprozeß in NRW wird in dieser Zeit das Ruhrgebiet, dessen Einwohnerzahl sich um über 1,500 Mio erhöht, wovon jeweils eine Viertelmillion ostpreußische und polnische Zuwanderer waren. Das Revier strebte bis 1914 seinem vollen industriellen Ausbau zu.

Überblickt man die Gesamtentwicklung von 1816 bis 1910, so zeichnet der statistische Befund den großen Umbruch nach:

1. Die Gesamtbevölkerung im späteren Bundesgebiet steigt von 18,995 auf 46,840 Mio oder um 146,7 v. H. an. In NRW von 2,334 auf 9,718 v. H. oder um über das Dreifache (316,4 v. H.), im übrigen Bundesgebiet um 123,3 v. H. NRW unterscheidet sich durch das Ruhrgebiet also grundlegend vom übrigen Bundesgebiet.

2. Die Stadtbevölkerung erhöht sich im Bundesgebiet von 2,185 auf 17,684 oder um das Siebenfache (709,3 v. H.), in NRW aber um über das Zehnfache (10,6). Unzweifelhaft zeigt sich hier, daß die von der arbeitsintensiven Schwerindustrie getragene Verstädterung eine stärkere Raffung und Konzentration der Bevölkerung bewirkt hat als die von Bürgerstädten, deren Gewerbe zu Industrien wurden.

3. Die Landbevölkerung dagegen steigt von 16,770 auf 29,156 Mio oder nur um knapp drei Viertel (73,9 v. H.) an und erreicht damit gerade die Hälfte der allgemeinen Bevölkerungszunahme. Deutlicher läßt sich der von den Städten ausgehende Raffungs- und Konzentrationsprozeß nicht charakterisieren. In NRW wächst die Landbevölkerung von 1,937 auf 5,096 Mio. Sie nimmt also um das Anderthalbfache (163,1 v. H.) zu und unterscheidet sich damit grundlegend vom übrigen Bundesgebiet (62,2 v. H.). Verantwortlich für diese Sonderstellung ist, daß gerade in den alten Gewerbe- und den ländlichen Gebieten viele kleinere Städte und besonders Gemeinden von der Industrialisierung erfaßt werden und deshalb ihre Bevölkerung stärker erhöhen.

4. Die industrielle Verstädterung hat auch die Stellung Nordrhein-Westfalens im späteren Bundesdeutschland verändert. Stellte es 1816 erst ein Achtel der Gesamt- und der Landbevölkerung sowie ein Sechstel der städtischen, so stieg dieser Anteil bis 1910 bei der Gesamtbevölkerung auf ein Fünftel, bei der städtischen auf ein Viertel und bei der ländlichen auf ein Sechstel an. Das Gewicht des späteren Landes hatte dank der von der industriellen Verstädterung ausgelösten starken Zuwanderung zugenommen.

Die stürmische Entwicklung der Städte wird durch den Ersten Weltkrieg, die Niederlage, die Besetzung der Rheinlande, die Inflation und besonders die Weltwirtschaftskrise abgebremst. Die städtische und die ländliche Bevölkerungsentwicklung von 1910 bis 1933 weichen zwar immer noch stark voneinander ab – in NRW gewinnen die Städte erneut über sechs Zehntel Neubürger hinzu, während das Land jeden fünften Bürger einbüßt, im übrigen Bundesgebiet ist der Unterschied nicht so kraß –, aber dahinter verbergen sich zwei recht unterschiedliche Entwicklungstendenzen. Zum einen reagiert die städtische Bevölkerungsentwicklung, die sich im übrigen Bundesgebiet gegenüber der vorangegangenen Phase etwa halbiert, nicht so schnell auf die wirtschaftlichen Schwankungen. Zum anderen fallen in diesen Zeitabschnitt die großen Eingemeindungen, die besonders im Rhein-Ruhr-Gebiet und im Großberliner Raum zu einer grundlegenden Veränderung der kommunalen Grenzen führen. Ein beträchtlicher Teil des Zuwachses geht zu Lasten der Eingemeindungen – in vielen Hellweg- und Emscherstädten des Ruhrgebietes zwischen über einem Drittel und mehr als die Hälfte. Die starke Verstädterung des Landes und der Verlust des Landes sind im wesentlichen eine Folge dieser kommunalen Flurbereinigung. Die »Großen Städte« haben in Preußen davon am stärksten profitiert.

Die neue Entwicklung der Verstädterung wird dann in den Jahren von 1933 bis 1939 im übrigen Bundesgebiet deutlicher. Die Städte (+13,3 v. H.) eilen zwar der allgemeinen Bevölkerungsentwicklung (5,9 v. H.) voraus, aber das relative Wachstum wird von den Frei- und Mittelstädten getragen, und die bis dahin führenden Großen Städte bleiben zurück. In NRW kehrt sich die gesamte Entwicklung um. Die Mittelstädte sind nun die Spitzenreiter, gefolgt von den Frei- und Großen Städten, und was noch wichtiger ist, die Städte bleiben deutlich hinter dem Lande zurück. Das Zurückbleiben der »Großen Städte« erklärt sich durch die große Wirtschaftskrise und die von ihr ausgelöste Massenarbeitslosigkeit. Die Folge ist, daß die Zuwanderung in die »Großen Städte« von der Abwanderung übertroffen wird. Die meisten Städte im Ruhrgebiet, besonders die der Emscherzone mit ihrer einseitigen Schwerindustrie, verlieren Einwohner. Die Arbeitslosigkeit ist hier besonders hoch. In den reinen Bergbaustädten ist jeder zweite Kumpel arbeitslos. Die Massenarbeitslosigkeit ist aber nur die eine Ursache für die veränderte Bevölkerungsentwicklung. Die andere ist die nationalsozialistische Wirtschaftspolitik. Die Arbeitsbeschaffungsprogramme wie der Autobahn- und der Westwallbau, die Wiederaufrüstung sowie die Verlagerung von Industriebetrieben aus den gefährdeten Grenzgebieten des Reiches führten zu einer gelenkten Arbeitslosenwanderung, die besonders den Mittelstädten und dem Lande zugute kam. Gerade die Mittelstädte verdanken ihre teilweise beachtlichen Zunahmen Industrieverlagerungen oder neugegründeten Garnisonen.

Ländliches Bevölkerungswachstum in der ersten Hälfte des 19. Jahrhunderts, Industrialisierung und Verstädterung in der zweiten, getragen von einer ost-westlich gerichteten Binnenwanderung und von regional begrenzten Land-Stadt-Wanderungen, haben die allgemeine Bevölkerungsentwicklung und besonders die der Städte ebenso beeinflußt wie die unterschiedliche Gebürtigkeit in den Regionen Deutschlands oder die Auswanderungen. All diese Faktoren haben aber bis 1939 nicht zu einer grundlegenden Veränderung der Bevölkerungsverteilung innerhalb des Reichsgebietes geführt, auch wenn in den Regionen erhebliche Verschiebungen stattgefunden haben. Lebte 1816 erst jeder Sechste im späteren NRW in einer Stadt, so waren es 1939 schon zwei von drei Bürgern. Im übrigen Bundesgebiet stieg der Anteil im gleichen Zeitraum von 13,0 auf 40,0 v. H. an. Hier zeigt sich deutlich die Sonderstellung Nordrhein-Westfalens.

Die Verstädterung vom Ausbruch des Zweiten Weltkrieges bis zur Wiedervereinigung Deutschlands (1939–1990)

Das halbe Jahrhundert steht im Zeichen des Zweiten Weltkrieges, des Wiederaufbaues und der wirtschaftlichen Wechsellagen nach dem Mauerbau 1961 und in NRW besonders im Zeichen der Strukturprobleme im Ruhrgebiet. Der Zweite Weltkrieg ist die große Wendemarke. Um den geänderten sozioökonomischen Bedingungen gerecht zu werden, soll die Stadtdefinition in der Form verändert werden, daß nicht mehr der jeweilige Gebietsstand für die einzelnen Städte zugrunde gelegt wird, sondern durchgehend von 1939 bis 1990 der nach der kommunalen Neugliederung des Landes.

Die einheitliche Fläche ermöglicht nun einen direkten Vergleich unter Ausschluß der durch Gebietsausweitung entstandenen Bevölkerungsgewinne oder -verluste. Fortrechnungen und Vergleiche werden nun möglich. Der Nachteil ist, daß »ländliche« Gemeinden mit in die städtischen einbezogen werden. Es kommt dabei aber weniger auf die absoluten Einwohnerzahlen und ihre Veränderungen an, so wichtig sie im einzelnen sind, sondern ganz wesentlich auf die Herausarbeitung der allgemeinen Entwicklungstendenzen.

Die Kriegsjahre

Die Kriegsjahre bringen die große Wende in der Bevölkerungsentwicklung und damit auch der Verstädterung. NRW ist ja schon 1939 ein von der Stadtbevölkerung bestimmtes Land und gerade ihre Veränderung bestimmt die weitere Entwicklung. Durch den sich im Laufe des Krieges verschärfenden Luftkrieg, der sich in erster Linie gegen die städtische Zivilbevölkerung richtet, wird eine echte Entstädterungsphase eingeleitet. Mit einer bis dahin nicht gekannten Abwanderung aus den Städten, die durch staatlich gelenkte Evakuierungen seit Mitte 1943 verstärkt wurde, setzt eine regelrechte Entvölkerung ein. Je größer die Städte waren, um so stärker waren die relativen Verluste. Die Entwicklung im Bundesgebiet und in NRW verdeutlichen das. Die »Großen Städte«, Hauptzielgebiete der schweren Bombenangriffe, büßen von 1939 bis 1946 ein Fünftel ihrer Einwohner ein. Das sind immerhin 0,883 Mio. und mit dem Verlust der Freistädte über eine Million (1,072 Mio), während die Landbevölkerung sich nur um 0,606 Mio oder um knapp ein Viertel erhöht. Die Differenz stellen rechnerisch die Evakuierten. Aussagefähiger als diese Grobgliederung ist die nach den *Wirtschaftsregionen*. Der Rückgang der städtischen Bevölkerung um 0,832 Mio wird fast ausschließlich von den Städten der Rhein-Ruhr-Ballung (−0,826 Mio) getragen (Karte 11). Die rheinischen sind aufgrund der Luftangriffe und des Erdkampfes stärker betroffen (−0,421 Mio = −15,6 v.H.) als die im Ruhrgebiet (−0,405 Mio = −10,6 v.H.). Die traditionellen Industriegebiete (−13000 E) und die ländlich-gewerblichen Gebiete (+7000 E) beeinflussen die städtische Bevölkerungsentwicklung nur wenig, auch wenn hier zahlreiche Städte erhebliche Zerstörungen und Bevölkerungsverluste erlitten hatten.

Das Ausmaß der Zerstörungen läßt sich über die Zahl der vernichteten Wohnungen nachzeichnen. Der Westen verfügte 1939 über die meisten Wohnungen und erlitt mit seinen Verdichtungsräumen, allen voran das Ruhrgebiet, die stärksten Zerstörungen. Der Süden und auch Groß-Berlin bleiben demgegenüber relativ zurück, weil sie erst später in den Wirkungsbereich der feindlichen Bomberflotten gerieten. Der rheinisch-westfälische Raum und besonders das Ruhrgebiet sind von Anfang an bevorzugte Zielgebiete. Innerhalb des Reviers sind es vor allem die Hellwegstädte, die über die Hälfte (54,8 v. H.) ihres Vorkriegswohnungsbestandes verlieren. Hauptleidtragende Städte waren Dortmund (65,8 v. H.) und Duisburg (64,8 v. H.). Der Zerstörungsgrad überstieg Ende des Krieges in Dortmund den von Dresden (60,0 v. H.). Unter den Großstädten des alten Bundesgebietes stand es nach dem Zerstörungsgrad an dritter Stelle. Nur in Würzburg (74,3 v. H.) und Köln (70,0 v. H.) wurden relativ mehr Wohnungen vernichtet, nach der absoluten Zahl nur in Hamburg (295 650) und Köln (176 000) noch mehr. Deutlich geringer waren die Wohnungseinbußen in den Emscherstädten (35,4 v. H.), in denen gerade die für die Stahlindustrie wichtigen Fettkohlenzechen und kriegswichtigen Betriebe der Kohlechemie lagen[15].

Die Bevölkerungsverluste im Verlauf des Zweiten Weltkrieges waren recht unterschiedlich. Die Bevölkerung Nordrhein-Westfalens verringerte sich durch die wachsenden Einberufungen zur Wehrmacht und anderen Organisationen, die Beeinträchtigungen durch den Luftkrieg und noch ungelenkte Abwanderungen von 1939 bis 1943 um gut 1,256 Mio oder über ein Zehntel (10,5 v. H.) seiner Einwohner. Davon stellte die Rhein-Ruhr-Ballung allein mit 0,973 Mio E über drei Viertel. Und hier waren es vor allem die Kernstädte wie Köln (−0,129 Mio E), das Ende Mai 1942 einen der ersten »1000-Bomber-Angriffe« hinnehmen mußte, Düsseldorf (−98 000 E), Essen (−79 000 E), Duisburg (−67 000 E), Dortmund

---

[15] Alle Zahlen nach *H. G. Steinberg* (1991 a).

Tabelle 30: Die Verstädterung Nordrhein-Westfalens von 1939 bis 1990

	absolut (in 1.000)								Veränderung in v.H.						
	1939	1946	1950	1956	1961	1970	1980	1990	1939–46	46–50	50–56	56–61	61–70	70–80	80–90
Stadtbevölkerung	9.346	8.514	9.782	11.443	12.151	12.654	12.331	12.273	−8,9	14,9	17,0	6,2	4,1	−2,6	−0,5
davon in															
Großstädten	4.421	3.538	4.119	4.957	5.220	5.202	4.792	4.684	−20,0	16,4	20,4	5,3	−0,3	−7,9	−2,3
Freistädten	2.457	2.268	2.604	3.053	3.262	3.392	3.325	3.326	−7,7	14,8	17,2	6,8	4,0	−2,0	0,0
Gr. Mittelstädten[1]	936	1.012	1.150	1.313	1.399	1.506	1.507	1.477	8,1	13,6	14,2	6,5	7,6	0,0	−2,0
Kl. Mittelstädten[2]	1.532	1.696	1.909	2.120	2.270	2.554	2.707	2.786	10,7	12,5	11,0	7,2	12,5	6,0	0,3
Landbevölkerung	2.594	3.200	3.390	3.535	3.714	4.276	4.726	5.077	23,3	5,9	4,3	5,0	15,1	10,5	7,4
Nordrhein-Westfalen	11.940	11.714	13.172	14.978	15.865	16.930	17.057	17.350	−1,9	12,4	13,7	5,9	6,7	0,8	1,7
Anteil der Stadt an der Gesamtbevölkerung (in v.H.)	78,3	72,7	74,3	76,4	76,6	74,7	72,3	70,7	−5,6	+1,6	+2,1	+0,2	−1,9	−2,4	−1,6

1 1961: 60- u. 100.000 Einwohner
2 1961: 30- u. 60.000 Einwohner

Quelle: K. Pfeiffer (1982) und H. G. Steinberg (1991), Tab. im Anhang

Tabelle 31: Die zerstörten Wohnungen in den Städten des Altbundes-
gebietes 1945

Regionen[1]	Wohnungen 17.5.1939		Zerstörte Wohnungen Mai 1945		in v.H.d. Wohnungs- bestandes von 1939
	absolut	v.H.	absolut	v.H.	
Nordwesten	1.310.007	24,2	588.255	26,3	44,9
Westen	2.943.923	54,3	1.303.266	58,2	44,3
davon NRW	2.303.352	42,5	1.011.531	45,2	43,9
Ruhrgebiet	1.041.907	19,2	495.115	22,1	47,5
Großstädte d. Rhein-Ballung[2]	769.261	14,2	262.978	11,7	34,2
Süden	1.166.565	21,5	348.743	15,5	29,9
Bundesgebiet	5.420.495	100,0	2.240.264	100,0	41,3
Groß-Berlin	1.502.383	–	556.500	–	37,0

1 Die Abgrenzung der Regionen siehe Tabelle 6
2 Bonn, Köln, Düsseldorf, Remscheid, Solingen, Wuppertal, Mönchengladbach und Krefeld

Quelle: Berechnet nach Statistisches Jahrbuch deutscher Gemeinden. Bd. 37.
(1949). Schwäbisch Gmünd. S. 374–379 u. H. G. Steinberg (1991 b. S. 11)

(–66000 E) und Wuppertal (–53000 E), die bevorzugte Angriffs-
ziele waren und die Hälfte der Verluste des Ballungsraumes stellten.
Aber auch Städte wie Aachen (–25000 E) und Münster (–26000 E)
erlitten beachtliche Verluste.

Die folgenden Jahre unterscheiden sich grundlegend von den
ersten Kriegsjahren, weil seit Mitte 1943 eine planmäßige Evakuierung der Zivilbevölkerung besonders aus den Ballungskernstädten erfolgte. NRW verlor von 1943 bis 1944 0,510 Mio Einwohner,
die Rhein-Ruhr-Ballung 0,659 Mio und die Kernstädte sogar
0,797 Mio. Sie sind die Hauptziele der feindlichen Bomberflotten;
ihre Bürger wurden bevorzugt evakuiert. Es konnten die unmittelbar anschließenden Landkreise sein, in denen Ausgebombte unterkamen, die ländlichen Bereiche am Niederrhein, im Münsterland
oder im Sauerland, aber auch weiter entfernte Gebiete. Für den
damaligen Reichsgau Essen waren Aufnahmegaue Niederdonau
(-österreich), Moselland, Schwaben und besonders Württemberg, für
Düsseldorf Thüringen, Mainfranken und Moselland, das auch Köl-

ner Evakuierten ebenso wie Sachsen und Niederschlesien Unterkunft gab[16]. Insgesamt wurden aus diesen drei Reichsgauen bis September 1944 über eine halbe Million Menschen in weniger luftgefährdete Gebiete des Reiches evakuiert. Neben obdachlosen Ausgebombten waren es vor allen Dingen Kinder und alte Menschen.

Der sich nach der Invasion steigernde Luftkrieg verschärfte die Lage besonders deshalb, weil NRW in der letzten Kriegsphase in zunehmendem Maße Frontgebiet wurde und deshalb von März 1944 bis Januar 1945 nochmals 407000 Einwohner verlor, die Kernstädte der Rhein-Ruhr-Ballung sogar 462000, davon allein die rheinischen 362000. Anfang Januar zählen Köln (0,455 Mio E) und Düsseldorf (0,321 Mio E) über vier Zehntel weniger Einwohner als 1939. Die Einwohner der Städte weichen besonders in die nahegelegenen ländlichen Räume aus. Die westfälischen Regierungsbezirke Arnsberg, Minden und Münster können deshalb ihre Bevölkerungszahl teilweise erheblich erhöhen, im Regierungsbezirk Minden allein um über 100300 E.

Die Übergangsmonate vom Januar 1945 bis zum Kriegsende im Mai und das erste Nachkriegsjahr bis zum *Oktober 1946* umschreiben in der Bevölkerungsentwicklung keine *Stunde Null*, im Gegenteil, die Mobilität in dieser Zeit war außerordentlich hoch. Der totale Zusammenbruch des Deutschen Reiches und der Wehrmacht mit allen angeschlossenen Organisationen, die Flucht der deutschen Bevölkerung vor den feindlichen Armeen, besonders der sowjetischen, die Vertreibung der Deutschen aus den östlichen Provinzen des Reiches und den übrigen Siedlungsgebieten im östlichen und südöstlichen Mitteleuropa bestimmen die regionale Bevölkerungsentwicklung im restlichen Deutschland, das in vier Besatzungszonen aufgeteilt wird. In den Westzonen wird die Bevölkerungsentwicklung in erster Linie von der Vertriebenenwanderung und der Rückkehr der Evakuierten in ihre Heimatgemeinden getragen. Ausschlaggebend für die starken Bevölkerungszunahmen in der britischen und amerikanischen Zone war aber die Zuwanderung von Vertriebenen. Das gilt nicht für NRW. Die starken flächenhaften Zerstörungen ließen einen stärkeren Zuzug von Vertriebenen

---

[16] Siehe ausführlich zu den Evakuierten H. G. Steinberg (1991 a u. b).

nicht zu, deshalb wird vom Zuwachs der Landesbevölkerung von 1,964 Mio Einwohner fast die Hälfte (47,0 v. H.) von eigenen Bürgern gestellt, die als Folge des Krieges als Evakuierte, Soldaten u. a. das Land verlassen hatten und nun heimkehrten. Gewinner waren die Kernstädte des Ruhrgebietes und die rheinischen Großstädte, die besonders unter den Auswirkungen des Krieges gelitten hatten.

Der Einfluß des Krieges auf die regionale Bevölkerungsentwicklung und damit auf die Verstädterung, die in jenen Jahren in ihr Gegenteil umgekehrt wird, kann nicht hoch genug eingeschätzt werden. Er wirkt bis heute und in die nahe Zukunft noch nach. Der Vertriebene und der Flüchtling aus der DDR, die beide entscheidend mit zum Wiederaufbau und zum Wohlstand der alten Bundesrepublik und damit auch Nordrhein-Westfalens beigetragen haben, sind hier markante Beispiele.

Die Nachkriegsjahre (1946–1990)

Die allgemeine Bevölkerungsentwicklung und die Verstädterung in den Nachkriegsjahren werden entscheidend von drei politischen Einschnitten beeinflußt: der Gründung der Bundesrepublik Deutschland und der Deutschen Demokratischen Republik 1949, der Trennung der beiden Teile Deutschlands durch den Mauerbau in Berlin 1961 und der Vereinigung der beiden deutschen Teilstaaten 1990.

In der ersten Phase (1946–1950) wird die kriegsbedingte Entstädterung abgelöst durch eine neue Phase der Verstädterung, die man wohl besser als *Wiederauffüllphase* bezeichnen sollte (Tab. 30). Wiederum zeichnet sich die alte Verstädterungstendenz ab: je größer die Stadt, desto stärker ist der Zuwachs. Hauptgewinner sind die »Großen Städte« (+0,581 Mio E) und die Freistädte (+0,336 Mio E), die zusammengenommen über sieben Zehntel des gesamtstädtischen Zuwachses stellen. Der Grund hierfür: Die überwiegende Mehrzahl dieser Städte liegt in der Rhein-Ruhr-Ballung, die mit ihren Städten 0,884 Mio E (69,7 v. H.) zwar den Hauptteil des NRW Städtezuwachses von 1,268 Mio E stellt, aber damit eigentlich nicht viel mehr gewinnt, als sie von 1939 bis 1946

(−0,826 Mio E) verloren hat. Evakuierte und Vertriebene trugen zu dieser Wiederauffüllung bei. Die traditionellen Industriegebiete (+0,267 Mio E) und die ländlich-gewerblichen Gebiete (+0,117 Mio E) werden vorwiegend von den Mittelstädten bestimmt.

Das folgende Jahrzehnt steht ganz im Zeichen des *Wiederaufbaus* und des *Wirtschaftswunders* in Deutschland. NRW mit dem Ruhrgebiet wird voll von dieser Entwicklung erfaßt, die allerdings durch die Kohlenabsatzkrise zweigeteilt ist. Die Verstädterung setzt sich im ersten Abschnitt (1950−56) verstärkt fort und gleicht immer mehr der, die sich im Zuge der Großindustrialisierung im Zeichen des Gesetzes vom Spitzenwachstum vollzogen hat. Die »Großen Städte« sind zwar die Hauptgewinner, aber sie sind alle Kernstädte der Rhein-Ruhr-Ballung, die mit ihren übrigen Städten die Verstädterung im Lande bestimmt, denn von dem Zugewinn an städtischen Neubürgern (+1,661 Mio E) stellen die der Ballung mit 0,884 Mio E allein schon mehr als die Hälfte (53,2 v. H.). Die Ruhrstädte mit ihrer wachsenden Schwerindustrie gewinnen 0,671 Mio neue Einwohner, von denen über die Hälfte auf die Hellwegstädte entfällt. Die Städte der traditionellen Industriegebiete (+0,286 Mio E, +12,6 v. H.) bleiben hinter den Ballungsstädten ebenso zurück wie die in den ländlich-gewerblichen Gebieten (+0,117 Mio E, +10,1 v. H.), wo bezeichnenderweise Münster (+27,7 v. H.) von der allgemeinen Entwicklung abweicht. Im bundesdeutschen Zusammenhang gilt, daß die Verstädterung in NRW besonders von der gelenkten Umsiedlung von Vertriebenen aus den ländlichen Räumen Nordwest-Deutschlands ebenso profitierte wie von der steigenden Zuwanderung von Flüchtlingen aus der DDR. Die Verstärkung der Stadtbevölkerung führte in NRW dazu, daß sie nun über drei Viertel der Landesbevölkerung umfaßte.

Die Verstädterung in der folgenden Phase von 1956 bis 1961 wird davon bestimmt, daß das Wachstum der städtischen Bevölkerung sich deutlich verringert und die Mittel- und Freistädte gegenüber den Großen Städten relativ stärker zunehmen (Tab. 30). Diese Tendenz gilt nicht nur für NRW, sondern für die ganze Bundesrepublik. Verantwortlich dafür sind neue Tendenzen der regionalen Bevölkerungsentwicklung. Die gelenkte Vertriebenenwanderung war beendet; nur noch die Flüchtlinge aus der DDR wechselten in größerer Zahl von Osten nach Westen. Hauptzuwanderungsziele waren im Bundesgebiet für alle Gruppen die Ballungsräume mit Ausnahme des Ruhrgebietes, besonders die süd- und südwestdeutschen, weniger die nordwestdeutschen. In NRW zählt aber auch die Rhein-Ballung dazu, die ihre städtische Bevölkerung um neun Prozent steigern konnte, das Ruhrgebiet (4,2 v. H.) nur knapp um die Hälfte.

Neu ist nun in allen Ballungsräumen, daß nicht mehr die Kernstädte die Spitzenreiter sind, das relativ stärkste Wachstum verlagert sich vielmehr auf die umliegenden Landkreise. Und hier sind es besonders die Mittelstädte wie Wesel, Porz oder Langenfeld, die sehr hohe Zuwachsraten erzielen. Die Kernstädte bleiben demgegenüber zurück. Mehrere Ursachen sind für diese unterschiedliche Entwicklung verantwortlich zu machen. Der Wiederaufbau der meisten Großstädte ging Mitte der fünfziger Jahre seiner Vollendung entgegen. Die Baulandreserven waren in den Innenstadtbereichen weitgehend erschöpft oder stiegen im Preis derart an, daß sie dem sozialen Wohnungsbau nicht mehr zugänglich waren. Gleichzeitig setzte in jenen Jahren eine immer breitere Schichten der Bevölkerung erfassende Motorisierungswelle ein, die es ermöglichte, die Entfernung zwischen Arbeits- und Wohnort zu erhöhen. Allein von 1956 bis 1961 stieg die Zahl der PKW im Bundesgebiet von 2,03 auf 5,01 Mio (146,8 v. H.) an. Der staatlich geförderte Eigenheimbau konzentriert sich aufgrund der Bodenpreisentwicklung und der Motorisierung immer mehr auf das nähere und weitere Umland der Großstädte, ebenso wie zahlreiche Großprojekte im Rahmen des sozialen Wohnungsbaues. Im räumlich begrenzteren Rahmen gelten diese Entwicklungstendenzen auch für die traditionellen Industriegebiete, in denen die Mittelstädte überwiegen. In den ländlich-gewerblichen Gebieten hingegen können die meisten Städte ihre Bürgerzahl nur gering erhöhen. Münster und Düren sind hier deutliche Ausnahmen.

Das für die gesamtdeutsche Entwicklung so bedeutsame Jahr 1961 leitet auch eine grundlegende Veränderung der Verstädterung in der alten Bundesrepublik ein. Das absolute und relative Wachstum der Bevölkerung verlagert sich von den Städten auf das Land.

Der Verstädterungsgrad geht deshalb in NRW von 76,6 v. H. (1961) auf 70,7 v. H. (1990) zurück. Eine Entstädterungsphase unter neuen Vorzeichen bestimmt seitdem die Entwicklung. Ihr Hintergrund bildet die bis 1974 immer kleiner werdende Zunahme der Landbevölkerung, die sich dann bis 1987 sogar um gut eine halbe Million verringert. Um bis 1990 den Verlust wieder wettzumachen, vollzieht sich die neue Entwicklung in dieser Form:

1. Die »Großen Städte« können bis 1970 in etwa ihre Bürgerzahl halten und müssen danach besonders im achten Jahrzehnt dramatische Verluste hinnehmen. Die Entwicklung bei den Freistädten ist ähnlich, nur nicht so einschneidend, während die Mittelstädte, besonders die kleinen, in den siebziger Jahren erhebliche Gewinne verbuchen können, die sich in den achtziger abschwächen. In den neunzigern gleichen sich dann auch sie den Tendenzen der größeren Städte an.

2. Deutlich wird an den Städtegruppen, wie sich, zeitlich verschoben, die seit der zweiten Hälfte der fünfziger Jahre sichtbar werdenden Tendenzen verstärken. Das von der Strukturkrise geschüttelte *Ruhrgebiet* ist der Hauptverlierer. Seine Städte büßen von 1961 bis 1987 über 0,511 Mio Einwohner, allein 0,320 Mio in den siebziger Jahren, ein. Die sich verschränkenden Krisen des Kohlenbergbaus und der Stahlindustrie werden sichtbar. Aber auch hier gilt die allgemeine Tendenz: Bevölkerungsrückgang in den Kernstädten (−0,398 Mio E) und Bevölkerungszunahme in den Städten der Saumkreise. In der *Rhein-Ballung* dagegen wird der Verlust der Kernstädte bis 1970 ersetzt durch das überdurchschnittliche Wachstum der Mittelstädte in den Umlandkreisen. Den Städten der Rhein-Ballung gelingt es deshalb, nochmals einen Gewinn von 0,252 Mio Einwohner bis 1970 erzielen. Sie gleichen damit den süddeutschen Ballungsräumen mit ihren Städten, die Gewinner der sich verstärkenden Nord-Süd-Wanderung im Bundesgebiet sind.

Die Umlandverstädterung der Großstädte in der Rhein-Ballung gleicht der im Rhein-Main-Gebiet, der Stuttgarter und der Münchener Ballung. In den siebziger Jahren verändert sich die Situation deutlich vor dem Hintergrund einer stagnierenden

Landesbevölkerung. Die Stadtbevölkerung büßt erstmals seit dem Zweiten Weltkrieg wieder Bürger ein. Dahinter verbirgt sich eine gegensätzliche Entwicklung. Die Kernstädte verlieren teilweise einen erheblichen Teil ihrer Bewohner, während die Städte in den Umlandkreisen, getragen von der allgemeinen Verstädterung, ihre Einwohnerzahl erhöhen können. Die Anziehungskraft der Regierungshauptstadt Bonn und der Oberzentren Köln und Düsseldorf beeinflussen maßgeblich weiter die Umlandverstädterung. Aber auch in den *traditionellen Industriegebieten* bestimmt die stagnierende oder negative Entwicklung die Verstädterung. Zurückgehende Einwohnerzahlen, besonders in der zweiten Hälfte der siebziger Jahre, überwiegen in den meisten Städten. Nur in den *ländlich-gewerblichen-Gebieten* erwächst den Städten ein Gewinn von 86 000 Einwohnern (+6,8 v. H.), der aber in erster Linie vom Oberzentrum Münster (+17 800 E) und von den Städten der Rheinischen Börden, die im Einflußfeld der Rhein-Ballung liegen, gestellt wird.

3. Diese negative Bevölkerungsentwicklung der Städte setzt sich in den 1980er Jahren fort und wird erst gegen Ende des Jahrzehnts durch die ständig zunehmende Zahl von Aussiedlern, Ausländern und Flüchtlingen aus der DDR gestoppt. Nordrhein-Westfalens Bevölkerung ging von 17,044 Mio Einwohner (1980) auf 16,712 Mio (1987) zurück, um bis 1990 auf 17,350 Mio wieder anzusteigen. Das war der bisherige Höchststand der Landesbevölkerung. Die Städte machten die gleiche Bewegung mit: 12,331 Mio Einwohner (1980), 11,943 Mio (1987) und 12,273 Mio (1990). Der Verlust des Landes geht auf Kosten der Städte (−0,388 Mio E), während die Landbevölkerung einen leichten Gewinn (56 000 E) erzielt. Unter den Städten sind es in erster Linie die der Rhein- und Ruhr-Ballung (−0,295 Mio E) und hier besonders die großen Kernstädte. Aber auch in den Umlandkreisen bleiben die meisten Mittelstädte zurück oder erfahren nur geringe Zunahmen aufgrund der allgemeinen Bevölkerungsentwicklung. Das ändert sich nun von 1988 bis 1990. Alle städtischen Größengruppen können Gewinne aufgrund der neuen Zuwanderung erzielen. Sie verstärkt sich noch in den beginnenden neunziger Jahren durch die steigende Zahl von Aussied-

lern, Ausländern und Deutschen aus der ehemaligen DDR. Die zukünftige Entwicklung wird sich deshalb grundlegend von der in den siebziger und achtziger Jahren unterscheiden. Die Zuwanderung von Asylbewerbern und Kriegsflüchtlingen läßt das bereits erkennen. Die Veränderungen in den Jahren 1988/89 gleichen nur einer Momentaufnahme und sind als vorläufig anzusehen.

Überblickt man die Gesamtentwicklung von 1939 bis 1990, so wird die grundlegende Verschiedenheit gegenüber der »klassischen« industriellen Verstädterung vor 1910 deutlich: Das von den Großen über die Frei- und Mittelstädte bis zur Landbevölkerung abgestufte relative Wachstum wird umgedreht. Vom Land bis zur Großen Stadt verringern sich die Zunahmeraten, weil seit den sechziger Jahren in zunehmendem Maße die immer weiter ausgreifende Umlandverstädterung die Entwicklung bestimmt.

4. Raumordnung und Landesplanung

Die gewordene Raumstruktur ist der Ausgangspunkt jeder Raumordnung und Landesplanung. *Raumordnung* hat eine dreifache Bedeutung. Sie kann die gegenwärtige räumliche Ordnung eines Gebietes bezeichnen, d. h. die Anordnung der einzelnen Raumteile oder -elemente und ihr historisch gewachsenes Zusammenspiel. Das wissenschaftliche und allgemeine Interesse würde sich hier auf das So-Gewordensein der Raumstruktur richten, ohne daß damit eine Bewertung der Anordnung der Strukturelemente verbunden sein müßte. Raumordnung kann aber auch die optimale Ordnung, das verwirklichte gesellschaftspolitische Leitbild, meinen. Schließlich kann mit Raumordnung auch die Tätigkeit des Raumordnens gemeint sein, die darauf ausgerichtet ist, die bestehende räumliche Ordnung eines Gebietes in die leitbildgerechte angestrebte Ordnung zu verwandeln. Das ist Aufgabe der *Raum- und Landespla-*

nung. Ihr Hilfsmittel ist die *Raumforschung,* die mit wissenschaftlichen Methoden die Grundlagen für die Raumordnung und Raumplanung erarbeitet.

Aufgaben und Zielsetzungen von Raumordnung und Landesplanung sind heute in Bund und Land gesetzlich geregelt. Das *Raumordnungsgesetz* (ROG) des Bundes legt in § 2 die Grundsätze der Raumordnung fest: »Die Grundsätze des § 2 gelten unmittelbar für die Landesplanung in den Ländern« (§ 3,2). Angestrebt werden allgemein Ziele wie eine wirtschaftlich, sozial- und kulturell ausgewogene Regionalstruktur, die durch eine Verdichtung von Wohn- und Arbeitsstätten gefördert werden soll. Die land- und forstwirtschaftliche Bodennutzung soll erhalten werden. Natur und Landschaft sollen geschützt und gepflegt werden u. a. m.

Die Grundsätze und Ziele der Raumordnung und Landesplanung werden nach dem *Landesplanungsgesetz* (LPJG) im Landesentwicklungsprogramm, in Landesentwicklungs- und Gebietsentwicklungsplänen dargestellt (§ 11). Sondervorschriften gelten für das Rheinische Braunkohlenplangebiet (§ 24).

4.1. Das Landesentwicklungsprogramm

Das Landesentwicklungsprogramm (LEPro) geht im Abschnitt II bei der Entwicklung der Raumstruktur des Landes von der siedlungsräumlichen Grundstruktur, der zentralörtlichen Gliederung, den Entwicklungsschwerpunkten und Entwicklungsachsen sowie den Gebieten mit einer besonderen Bedeutung für Freiraumfunktionen aus.

Die *siedlungsräumliche Grundstruktur* wird auf den einfachen Nenner Ballungskern, Ballungsrandzone und Ländliche Zone gebracht. Bei der Abgrenzung der drei Zonen wurden folgende Merkmale zugrundegelegt (§ 19):

Ballungskerne sind Verdichtungsgebiete, deren durchschnittliche Bevölkerungsdichte 2000 Einwohner je qkm übersteigt oder in absehbarer Zeit übersteigen wird und deren Flächengröße mindestens 50 km² beträgt.

Ballungsrandzonen sind an Ballungskerne angrenzende Verdichtungsgebiete, die eine durchschnittliche Bevölkerungsdichte von 1000 bis 2000 Einwohner je km² aufweisen oder in absehbarer Zeit aufweisen werden.

Ländliche Zonen sind Gebiete mit aufgelockerter Siedlungsstruktur, die eine durchschnittliche Bevölkerungsdichte von weniger als 1000 Einwohner je km² aufweisen.

Das alleinige Merkmal Bevölkerungsdichte wird der sozioökonomischen Struktur des Landes in keiner Weise gerecht, weil es nur den allgemeinsten Zahlenausdruck für die Verbindung von Mensch und Raum darstellt. Von ausschlaggebender Bedeutung ist hier nämlich die Grenzziehung der Verwaltung. Ein eindrucksvolles Beispiel dafür: Leverkusen und Wanne-Eickel wiesen beide 1966 je 106 000 Einwohner auf. Wanne-Eickel mit einer Fläche von 21 km² wies 5047 E/km² auf, Leverkusen mit 46 km² lediglich 2304 E/km². Schon hier wird deutlich, daß die Bevölkerungsdichte zwar geeignet ist, um grob und allgemein unterschiedlich strukturierte Räume abzugrenzen, aber sie muß ergänzt und vertieft werden durch Merkmale der Bevölkerungsentwicklung und -struktur, wie sie vorgestellt wurden.

Landesplanerisch sollen nun in den drei Zonen folgende Ziele angestrebt werden: Die *Ballungskerne* sollen als Bevölkerungs-, Wirtschafts- und Dienstleistungszentren erhalten und weiterentwickelt werden. Im einzelnen sollen dazu Verbesserungen der Umweltbedingungen, Förderung der städtebaulichen Entwicklung und Sicherung des Flächenbedarfs für Grün-, Freizeit-, Erholungs-, Verkehrsanlagen und anderen öffentlichen Einrichtungen dienen. In den *Ballungsrandzonen* soll vorrangig die geordnete Entwicklung der Siedlungsstruktur gefördert werden. Das soll durch den Ausbau von Siedlungsschwerpunkten an Haltepunkten des öffentlichen Personennahverkehrs, die Neuordnung sanierungsbedürftiger Siedlungsbereiche, der Ansiedlung von strukturverbessernden Gewerbebetrieben und die Freihaltung und Ausgestaltung von Flächen für die Tages- und Wochenenderholung erreicht werden. In den *Ländlichen Zonen* »sind vorrangig die Voraussetzungen für eine wachstumsorientierte und koordinierte Förderung ihrer Entwicklung zu schaffen, wobei alle Gemeinden durch eine entspre-

chende Grundausstattung funktionsgerecht zu fördern sind«
(LEPro § 11,2). Die Siedlungsstruktur soll auf Schwerpunkte ausgerichtet werden, in denen Wohnungen, Arbeitsstätten und zentralörtliche Einrichtungen gefördert werden. Die Verkehrslinien sollen
auf die Zentralorte ausgerichtet werden, und ebenso sollen die
Ansiedlung von strukturverbessernden Gewerben gefördert werden sowie die Land- und Forstwirtschaft und der Fremdenverkehr.

Für die Entwicklung der Siedlungsstruktur ist die *zentralörtliche
Gliederung* zugrunde zu legen. Dabei ist von einer Stufung in
Oberzentren, Mittelzentren und Unterzentren auszugehen. Als
Versorgungsbereiche dieser Zentren sind zu unterscheiden: *Nahbe-
reiche* um jedes Zentrum zur Deckung der Grundversorgung, *Mittelbereiche* um jedes Mittel- und Oberzentrum zur Deckung des
gehobenen Bedarfs und *Oberbereiche* um jedes Oberzentrum zur
Deckung des spezialisierten, höheren Bedarfs. Grundlage für die
abgestufte Zentralität und Bereichsbildung war die vom damaligen
Institut für Landeskunde entwickelte »empirische Umlandmetho-
de«, nach der jeder zentrale Ort seine Bewertung erst nach einer
eingehenden Untersuchung seines Einzugsbereiches bekommt
(G. Kluczka 1970). Unberücksichtigt bleiben dabei die besonders
für die regionale Entwicklung des Landes bedeutsamen höherrangigen Zentren. Für sie liegen aber bisher keine Untersuchungen über
die Reichweite ihrer zentralörtlichen Einrichtungen vor. Das
Gleichstellen von Großzentren und Oberzentren führt dazu, daß
die Ausweisung der jeweils zugeordneten Oberbereiche (Karte 19)
wohl vom planerischen Gesichtspunkt her sinnvoll erscheint, aber
das Gewicht und die Prägekraft der Großzentren nicht sichtbar
wird. Das ist ein Nachteil, der den rheinischen Landesteil mit seinen
konkurrierenden Zentren entlang der »Rheinschiene« stärker trifft
als den westfälischen.

Die zentralörtliche Gliederung schafft nun die Grundlage, um die
Landesentwicklung auf ein abgestuftes System von Entwicklungsschwerpunkten und -achsen auszurichten. Oberzentren gelten als
Entwicklungsschwerpunkte, in denen bevorzugt der Wohnungsbau, die Arbeitsstätten und die Zentralen Einrichtungen gefördert
werden sollen. Die Entwicklungsachsen bilden das Grundgerüst
der räumlichen Verflechtungen innerhalb des Landes. Versor-

gungsleitungen und Verkehrswege sollen hier räumlich gebündelt werden.

Den stärker verdichteten Gebieten des Landes stehen die mehr land- und forstwirtschaftlich genutzten gegenüber, die besonders für die Bevölkerung in den Ballungsräumen wichtige Freiraumfunktionen wahrnehmen. Das sind vorrangig die für die Wasserversorgung notwendigen Grundwasserreservegebiete, die ausgedehnten Waldgebiete, die vielfach Teile von Naturparks sind. Dazu kommen die Gebiete mit Erholungs- und Freizeitanlagen für die Tages- und Wochenenderholung.

Das Landesentwicklungsprogramm wird auf der Grundlage des Landesplanungsgesetzes in Landesentwicklungsplänen konkretisiert.

4.2. Die Landesentwicklungspläne (LEP)

Für die räumliche Entwicklung des Landes sind der LEP I/II (Raum- und Siedlungsstruktur) und LEP III (Umweltschutz) durch Sicherung von natürlichen Lebensgrundlagen maßgebend. Der LEP IV (Gebiete mit Planungsbeschränkungen zum Schutz der Bevölkerung vor Fluglärm), LEP V (Gebiete für den Abbau von Lagerstätten) und LEP VI (Festlegung von Gebieten für flächenintensive Großvorhaben) legen die Zielvorstellungen von speziellen Fachplanungen fest.

Der Landesentwicklungsplan I/II

Der LEP I/II legt die für die Raum- und Siedlungsstruktur vorgegebenen Ziele der Raumordnung und Landesplanung im einzelnen fest. Grundlage dazu bieten die abgegrenzten drei Siedlungsgebiete *Ballungskerne, Ballungsrandzonen,* die zusammen die Verdichtungsgebiete bilden, und die *Ländlichen Zonen* (Karte 17). Dazu kommen noch die *Solitären Verdichtungsgebiete* Bielefeld, Münster, Paderborn und Siegen, zu deren Abgrenzung die Einwohner-

Arbeitsplatzdichte herangezogen wurde. Als unterer Grenzwert wurden 1250 E/A je km² angesehen.

Ein Vergleich mit der wirtschaftsräumlichen Gliederung läßt deutlich werden, daß diese allein auf der Bevölkerungsdichte beruhende Grobeinteilung des Landes der historischen Entwicklung und der sozio-ökonomischen Regionalstruktur Nordrhein-Westfalens in keiner Weise gerecht wird. Das gilt nicht nur für die recht unterschiedliche Rhein-Ruhr-Ballung, sondern mehr noch für die traditionellen Industriegebiete, die wie in Ravensberg-Lippe oder im Siegerland überhaupt nicht als solche, sondern als ländliche Zone in Erscheinung treten oder, wie der Märkische Raum, geteilt werden, weil die geforderten Schwellenwerte der Bevölkerungsdichte nicht erreicht werden. Die Konzentration der Siedlungsfläche und damit der Bevölkerung auf die Täler in den großflächigen Gemeinden drückt hier die Bevölkerungsdichte. Genauso unzulänglich ist die Ausweisung der Solitärstädte. Während Münster und Paderborn Vororte geringer besiedelter ländlicher-gewerblicher Räume sind, sind Bielefeld und Siegen Zentren stärker verdichteter alter Industriegebiete. Der Kern des Ravensberger Raumes entlang der von Südwesten nach Nordosten gerichteten Verkehrsachse weist heute schon ballungsähnliche Verdichtungen auf, was im Erläuterungsbericht zum LEP I/II (4.13) gesehen wird.

Aufbauend auf der mit unzulänglichen Mitteln herausgearbeiteten siedlungsräumlichen Grundstruktur, orientiert sich die Entwicklungspolitik des Landes stärker an der *zentralörtlichen Gliederung* (Karte 18). Die Bewertung der Gemeinden im zentralörtlichen System setzte nach dem LEPro § 20, Abs. 2 eine Abgrenzung der Versorgungsbereiche voraus. Im einzelnen ergibt sich die Dreigliederung der Zentralorte in Grundzentren, Mittelzentren und Oberzentren. In den einzelnen Gruppen sind die Zentren nochmals nach der Einwohnerzahl im zugeordneten Bereich untergliedert.

Grundzentren sollen über Einrichtungen verfügen, die im Einkaufs- und Dienstleistungsbereich dem Grundbedarf der Bevölkerung dienen wie z. B. Lebensmittelgeschäfte, Kreditinstitute, Apotheke, Ärzte, Postamt, Schule der Primar- und Sekundarstufe I u. a.

Mittelzentren sollen über vielseitigere Einkaufs- und Dienstleistungseinrichtungen für den gehobenen Bedarf, größere Kreditin-

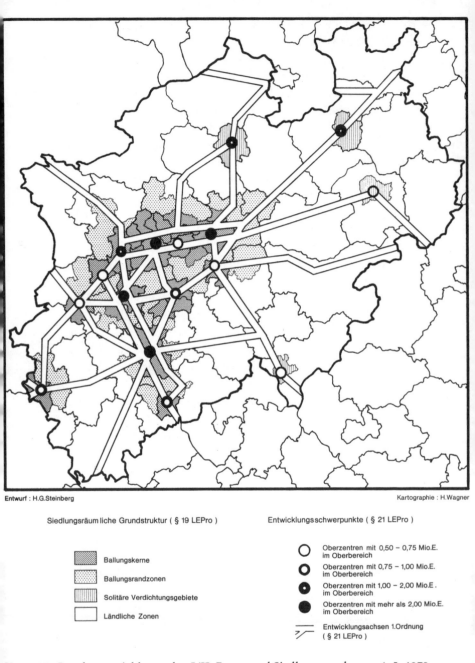

Siedlungsräumliche Grundstruktur (§ 19 LEPro)

Entwicklungsschwerpunkte (§ 21 LEPro)

Ballungskerne

Ballungsrandzonen

Solitäre Verdichtungsgebiete

Ländliche Zonen

Oberzentren mit 0,50 – 0,75 Mio.E.
im Oberbereich

Oberzentren mit 0,75 – 1,00 Mio.E.
im Oberbereich

Oberzentren mit 1,00 – 2,00 Mio.E .
im Oberbereich

Oberzentren mit mehr als 2,00 Mio.E.
im Oberbereich

Entwicklungsachsen 1.Ordnung
(§ 21 LEPro)

Karte 17: Landesentwicklungsplan I/II. Raum und Siedlungsstruktur v. 1. 5. 1979

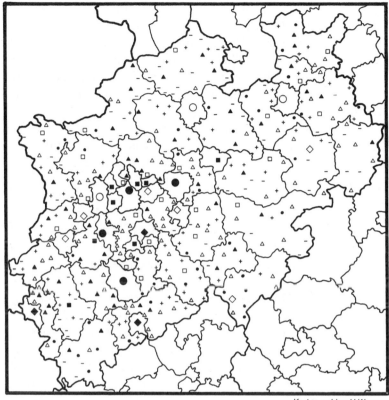

Kartographie : H.Wagner

Zentralörtliche Gliederung (§20 LEPro)

- Grundzentren mit weniger als 10 000 E.
  im Versorgungsbereich

+ Grundzentren mit 10 000 – 25 000 E.
  im Versorgungsbereich

• Grundzentren mit 10 000 – 25 000 E.
  im Versorgungsbereich mit Teilfunktionen
  eines Mittelzentrums

Entwicklungsschwerpunkte (§21 LEPro)

△ Mittelzentren mit 25 000 – 50 000 E.
  im Mittelbereich

▲ Mittelzentren mit 50 000 – 100 000 E.
  im Mittelbereich

□ Mittelzentren mit 100 000 – 150 000 E.
  im Mittelbereich

■ Mittelzentren mit mehr als 150 000 E.
  im Mittelbereich

◇ Oberzentren mit 0,50 – 0,75 Mio.E.
  im Oberbereich

◆ Oberzentren mit 0,75 – 1 Mio.E.
  im Oberbereich

○ Oberzentren mit 1 Mio. – 2 Mio.E.
  im Oberbereich

● Oberzentren mit mehr als 2 Mio.E.
  im Oberbereich

——— Kreisgrenze

━━━ Landesgrenze

Karte 18: Zentralörtliche Gliederung und Entwicklungsschwerpunkte stitute, Fachärzte, Notare, Gericht, Höhere Schule, Krankenhaus, Hallen- und Freibäder u. a. verfügen.

In *Oberzentren* sollen Einkaufs- und Dienstleistungseinrichtungen in möglichst vollständiger spezialisierter Differenzierung, Hochschulen, Fachbibliotheken, Theater, Krankenhäuser mit allen Fachabteilungen, Aus- und Fortbildungseinrichtungen vorhanden sein.

Die jeweils höheren Zentren verfügen selbstverständlich über die Einrichtungen der niederen. Die Ausweisung aller drei Stufen erfolgt vollständig nur in den ländlichen Zonen, in den Ballungsrandzonen nur teilweise. In den Ballungskernen werden nur die Oberzentren verzeichnet, weil hier auf eine teilräumliche Differenzierung verzichtet werden kann, obwohl sie auch hier vorhanden ist.

Ausgehend von der zentralörtlichen Gliederung, ist nach § 21 LEPro die Gesamtentwicklung des Landes auf ein System von Entwicklungsschwerpunkten und Entwicklungsachsen auszurichten. *Entwicklungsschwerpunkte* sind die ausgewiesenen 189 Mittelzentren und 16 Oberzentren. Sie sollen im Rahmen der Förderung von Wohnungen, Arbeitsplätzen und Einrichtungen der Infrastruktur, die über die Ausstattung von Grundzentren hinausgehen, gestärkt werden. Die *Entwicklungsachsen* werden in erster Linie von Straßen und Schienenwegen gebildet, die für den regionalen und überregionalen Verbund von Bedeutung sind. Als weitere Elemente können dazu Versorgungsleitungen der unterschiedlichsten Art und auch Wasserstraßen kommen.

Gefordert wird nun, daß alle Oberzentren an einer Entwicklungsachse erster Ordnung liegen sollen. Das gilt auch für Mittelzentren mit mehr als 100 000 Einwohnern im Mittelbereich, wenn sie nicht an Kreuzungspunkten von Entwicklungsachsen zweiter Ordnung liegen. Mittelzentren mit 50 000 bis 100 000 Einwohnern im Mittelbereich sollten überwiegend an einer Entwicklungsachse erster Ordnung, mindestens jedoch einer zweiter Ordnung liegen. Mittelzentren mit geringeren Einwohnerzahlen mit zugeordneten Bereich und Grundzentren mit Teilfunktionen eines Mittelzentrums sollten an einer Entwicklungsachse dritter Ordnung liegen.

Die zweifellos wichtigste Entwicklungsachse ist die doppellinig beiderseits des Stroms verlaufende *Rheinachse*, die in ihrem Ostteil

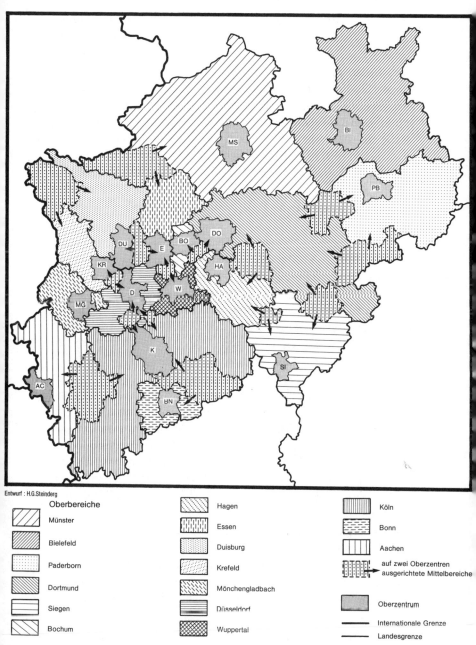

Oberbereiche

Münster

Bielefeld

Paderborn

Dortmund

Siegen

Bochum

Hagen

Essen

Duisburg

Krefeld

Mönchengladbach

Düsseldorf

Wuppertal

Köln

Bonn

Aachen

auf zwei Oberzentren ausgerichtete Mittelbereiche

Oberzentrum

Internationale Grenze

Landesgrenze

Karte 19: Die Bereiche oberzentraler Verflechtungen in Nordrhein-Westfalen (LEP I/II) mit der internationalen Eisenbahn- und Autobahnlinie gewichtiger ist als die westliche. Dazu kommt noch der Rhein als internationale Wasserstraße. Von nachrangiger, aber nach der Wiedervereinigung wachsender Bedeutung ist die *Bördenachse* Ruhrgebiet–Hannover–Berlin. Von beiden Hauptachsen zweigen nachrangige ab, die auch als Entwicklungsachsen 1. Ordnung ausgewiesen werden: Die Hansalinie (Ruhrgebiet-Nordseehäfen), die *sekundäre Bördenachse*, die von Dortmund über Kassel auf den Mitteldeutschen Industrieraum mit Halle und Leipzig zielt; von nachgeordneter Bedeutung sind auch die übrigen mit Ausnahme der Achse Köln–Aachen, die nur ein deutsches Teilstück der westrheinischen Bördenachse ist, der internationalen Verkehrslinie Paris–Berlin–Warschau–Moskau.

Der Landesentwicklungsplan III

Der LEP III stellt den Umweltschutz durch Sicherung der natürlichen Lebensgrundlagen in den Mittelpunkt[17]. Von vorrangiger Bedeutung ist die Freiraumsicherung als Voraussetzung für den Schutz und die Erhaltung der natürlichen Lebensgrundlagen. Die Bevölkerungsdichte des Landes ist mit 502 E/km^2 doppelt so hoch wie der Bundesdurchschnitt von 250 E/km^2. Auch im benachbarten Belgien (323 E/km^2) und den Niederlanden (346 E/km^2) wird diese Bevölkerungsdichte nicht erreicht. Wesentlicher ist, daß in den letzten 25 Jahren im Durchschnitt jährlich 8000 ha Freiraum verloren gingen. Der Anteil der Siedlungsfläche an der Gesamtfläche des Landes stieg von 1961 bis 1991 von 14,6 v.H. auf 19,7 v.H. an. In den kreisfreien Städten des Landes nimmt die Siedlungsfläche schon knapp die Hälfte (47,9 v.H.) der Gemarkung ein. Die Erhöhung der Siedlungsfläche ist im wesentlichen auf die Erschließung neuer Wohn-, Gewerbe- und Verkehrsflächen zurückzuführen. Gerade der Bau von Straßen und Verkehrsanlagen führt zu einer fortschreitenden Zerschneidung von Freiräumen, die besonders die Tier- und Pflanzenwelt stark beeinträchtigen. Aber auch die intensiv betrie-

---

[17] Der Umweltschutz ist seit dem 5. Oktober 1989 im Landesentwicklungsprogramm verankert.

bene vollmechanisierte Landwirtschaft und die zunehmende Wochenend- und Ferienerholung belastet die Freiräume.

Der LEP III weist nun folgende schutzwürdige Flächen aus:

1. Freiräume,
2. Gebiete für den Schutz der Natur ab 75 ha,
3. Feuchtgebiete von internationaler Bedeutung,
4. Waldgebiete,
5. Grundwasservorkommen,
6. Gebiete mit besonderer Grundwassergefährdung wegen ihrer geologischen Struktur,
7. Uferzonen und Talauen zur Wassergewinnung,
8. Einzugsgebiete von Trinkwassertalsperren,
9. Erholungsgebiete.

Freiräume sind die weithin landwirtschaftlich genutzten Flächen, die die Bodennutzung besonders in den ländlichen Zonen, aber in Resten auch in den Verdichtungsgebieten bestimmen. Immerhin wird noch über die Hälfte (52,8 v. H.) der Landesfläche von der landwirtschaftlichen Nutzfläche eingenommen. Vorrangiges Planungsziel ist hier, die Verkleinerung der Freiraumflächen möglichst zu stoppen.

Gebiete für den Schutz der Natur dienen der Erhaltung und Wiederherstellung landschaftstypischer Ökosysteme, die Standorte von schützenswerten Pflanzen- und Tiergemeinschaften sind. Die Naturschutzgebiete nehmen ein Prozent der Landesfläche ein.

Feuchtgebiete sind Feuchtwiesen, Moor- und Sumpfgebiete oder natürliche und künstliche Gewässer. Von internationaler Bedeutung sind in NRW u. a. die Rieselfelder in Münster, die Feuchtwiesen am unteren Niederrhein, die Weseraustufe Schlüsselburg, die Heiden und Moore des Westmünsterlandes, der Möhnesee und die Krickenbecker Seen.

Die *Waldgebiete* nehmen mit 842 200 ha ein Viertel (24,7 v. H.) der Landesfläche ein. Sie sind aber ungleich verteilt. Die größten Waldareale finden sich in den ländlichen Zonen (82,0 v. H.), die geringsten in den Ballungsrandzonen (7,0 v. H.). Im Unterschied zum übrigen Bundesgebiet befinden sich zwei Drittel der Wälder in der Hand kleiner Privatbesitzer. Im öffentlichen Besitz liegen nur ein Drittel (Bund 60,0 v.H.). Ursprünglich herrschten im ganzen Landesgebiet Laubwälder vor; der beherrschende Baum war die Buche, die heute nur noch ein Viertel der Waldfläche einnimmt. Im Weserbergland und auf der Paderborner Hochfläche ist sie noch stärker verbreitet. Unter den Nadelbäumen nimmt die Fichte über vier Zehntel der staatlichen Forsten ein. Ihre Hauptanbaugebiete finden sich in der Eifel, dem Bergischen Land, dem Sauerland und Teilen des Weserberglandes. Unter den übrigen Baumarten nehmen Eiche und Kiefer je ein Zehntel der Waldfläche ein. Anders als in den landwirtschaftlich genutzten Gebieten ist die viel stärker an die Landesnatur gebundene Forstwirtschaft nur langfristig raumplanerisch zu beeinflussen. Soll der Wald seine vielfältigen Schutz- und Erholungsfunktionen erhalten, muß die Wahl der Baumarten und die Bestandspflege den standörtlichen Verhältnissen angepaßt werden.

Für die Wasserversorgung sind neben dem Niederschlags- und den Oberflächenwasser von ausschlaggebender Bedeutung die *Grundwasservorkommen*. Die Wassergewinnung in NRW stützt sich zu fast zwei Drittel (64,9 v.H.) auf Grundwasser und angereichertes Grundwasser. Aus Oberflächenwasser (Fluß-, Seen- und Talsperrenwasser) wird nur ein Sechstel gewonnen.

Die grundwasserreichste Landschaft Nordrhein-Westfalens ist das *Niederrheingebiet* zwischen der Mittelgebirgsschwelle und der niederländischen Grenze. Der Grundwasserreichtum beruht auf den Kiesen und Sanden, die eine hohe Versickerung der Niederschläge ermöglichen, und der starken Wasserführung des Rheins, der mit dem Talgrundwasser in Verbindung steht. Die im LEP III ausgewiesenen Flächen zur gegenwärtigen und zukünftigen Nutzung sind wegen der heute schon intensiven Nutzung nur noch teilweise als Reservegebiete nutzbar. Im östlich anschließenden *Münsterländer Kreidebecken*, das eine eigene geschlossene Grundwasserlandschaft darstellt, ist wasserwirtschaftlich das 770 km² umfassende Verbreitungsgebiet der Haltener Sandfazies des Santons mit dem umgebenden Quartär das wichtigste Vorkommen, das vorwiegend der Wasserversorgung des nördlichen Ruhrgebietes dient. Das übrige Revier wird aus dem Ruhrtal und vom Niederrhein versorgt. Zu den ergiebigen Grundwasservorkommen zählt auch das östliche Münsterland mit seinen mächtigen Sanden und Kiesen und der Münsterländer Kiessandzug.

Zur Trinkwassergewinnung werden aber auch die Uferzonen und Talauen der Flüsse und besonders die *Talsperren* des Landes herangezogen. Allein der Ruhrtalsperrenverein betreibt im Einzugsgebiet der Ruhr ein Talsperrensystem mit 471,0 Mio m³ Stauraum. Mit dem gestauten Wasser wird die Wasserführung der Ruhr bei Niedrigwasser verstärkt. Freiräume und Waldgebiete sind weithin im LEP III als *Erholungsgebiete* ausgewiesen worden. Unterscheiden lassen sich dabei siedlungsnahe Erholungsgebiete, die besonders den täglichen Freizeit- und Erholungsbedürfnissen dienen, und den landschaftsorientierten Gebieten, die mehr der stillen Erholung dienen. Zu ihnen gehören besonders die 14 *Naturparks* des Landes, die sich vorwiegend auf das waldreiche Bergland und das Mittelgebirge konzentrieren. Das entspricht ihrer Aufgabenstellung. Sie sollen sich ja durch landschaftliche Vielgestalt, Eigenart oder Schönheit auszeichnen. Mit einer Gesamtfläche von 8675 km² nehmen sie ein Viertel der Landesfläche ein. Ein großer Teil der Naturparkflächen steht unter Landschaftsschutz. Die größten sind das Bergische Land (1800 km²), die Nordeifel (1340 km²) als Teil des deutsch-belgischen Naturparks Nordeifel-Hohes Venn, das Rothaargebirge (1300 km²) und die Hohe Mark (1009 km²). Der kleinste ist das Siebengebirge (42 km²), das als waldreichstes auch das älteste ist. Die preußische Regierung hatte auf Wunsch engagierter Bürger den Drachenfels 1836 unter Naturschutz gestellt. Die Mehrzahl der Naturparks wurde in den 1960/70er Jahren eingerichtet.

Die Landesentwicklungspläne IV bis VI sind spezielle Pläne, die nur in begrenzten Räumen auf die Struktur Einfluß nehmen. Der Landesentwicklungsplan IV legt Gebiete mit Planungsbeschränkungen zum Schutz der Bevölkerung vor Fluglärm fest. Er enthält die Darstellung von Lärmschutzgebieten in der Umgebung von Flugplätzen. Das gilt nicht nur für die Verkehrsflughäfen Düsseldorf und Köln/Bonn, sondern auch für die Regionalflughäfen und Schwerpunkt- sowie Militärflugplätze. Wechselbeziehungen ergeben sich mit dem LEP III im Zusammenhang mit der Auswcisung von Freizeit- und Erholungsräumen.

Der Landesentwicklungsplan V, in dem Gebiete für den Abbau von Lagestätten festgelegt werden sollten, ist über das Entwurfsstadium nicht hinausgekommen. Der Landesentwicklungsplan VI gilt der »Festlegung von Gebieten für flächenintensive Großvorhaben (einschließlich Standorte für die Energieerzeugung), die für die Wirtschaftsstruktur des Landes von besonderer Bedeutung sind«. Gemeint sind damit Großvorhaben, die in der Regel mindestens 200 ha für ihren Betrieb gebrauchen. Das sind in erster Linie Großbetriebe der Eisen- und Stahlindustrie, des Metallbaues, des Fahrzeugbaues, der Mineral- und chemischen Industrie, aber auch Kraftwerke. Die ausgewiesenen flächenintensiven Großvorhaben und Kraftwerkstandorte lassen sich mit den im LEP III dargestellten Gebieten der Wasserwirtschaft und den Erholungsgebieten mit den Freizeit- und Erholungsschwerpunkten vereinbaren.

Auf der Grundlage des Landesentwicklungsprogrammes und der Landesentwicklungspläne wurden für die Regierungsbezirke des Landes Gebietsentwicklungspläne aufgestellt. In ihnen sind alle raumbedeutsamen Planungen und Maßnahmen kartographisch festgelegt. In Abstimmung mit den Landes- und Gebietsentwicklungsplänen wurden für das rheinische Braunkohlengebiet Braunkohlenpläne entwickelt. Die textlichen und kartographischen Darstellungen enthalten Angaben über die Abbau- und Aufschüttungsgebiete einschließlich der Rekultivierungsmaßnahmen. Aber auch die Umsiedlung der Bewohner, die Verlegung von Verkehrswegen, Energie- und Wasserleistungen werden dargestellt.

Noch im Jahre 1994 sollen das Landesplanungsgesetz und das Landesentwicklungsprogramm neu gefaßt werden. Die Landesentwicklungspläne I/II III und VI sollen in einem verbesserten Plan zusammengefaßt werden. Der LEP IV bleibt in geänderter Form erhalten. Die Neufassung der Pläne soll der geänderten Situation des Landes Rechnung tragen, die sich durch die Wiedervereinigung Deutschlands, den wachsenden europäischen Binnenmarkt und die Stellung der Region Nordrhein-Westfalen in der Europäischen Union ergeben hat.

5. Die zukünftige Entwicklung Nordrhein-Westfalens im Rahmen der Europäischen Gemeinschaften

Die Vollendung des europäischen Binnenmarktes hat NRW aus seiner nationalstaatlichen Randlage befreit. Das Land kann seine Stellung als östlicher Eckpfeiler des größten kontinentaleuropäischen Verdichtungsraumes an Rhein, Maas und Schelde voll zur Wirkung bringen. Der Wegfall der Grenzen hat hier die nach dem Zweiten Weltkrieg geschaffenen neuen Raumbezüge und -verflechtungen verstärkt und gefestigt. Gleichzeitig hat sich – und in Zukunft noch mehr – die Konkurrenz der Verdichtungsräume mit ihren Metropolen erhöht. Der Fortschritt moderner Technologien fördert diese Entwicklungstendenzen, die die Neubewertung von Räumen innerhalb der wachsenden Gemeinschaften einleiten können. Welche Rückwirkungen das auf NRW haben kann, läßt sich nur skizzieren. Als hilfreich erweist sich hier der Bericht der Generaldirektion Regionalpolitik der Kommission der Europäischen Gemeinschaften »Europa 2000«, in dem die Perspektiven der zukünftigen Entwicklung der EG nachgezeichnet werden.

Für NRW ist nun bedeutsam, daß es Teil des kontinentaleuropäischen Kernraumes und der Rheinachse ist. Von hier zweigt nach Osten die bis zur Teilung Europas nachgeordnete Bördenachse ab, die den westfälischen Landesteil zweiteilt. In dieser Achsenstruktur spiegelt sich das unterschiedliche Gewicht der beiden Landesteile wider, was sich auch in Zukunft nicht grundlegend ändern wird. Nordrhein mit der bestimmenden Rheinballung und den Metropolen Köln und Düsseldorf ist Kernraum, während Westfalen weithin Vorfeld dieses Verdichtungsraumes ist. Verbindend zwischen beiden: das gleichsam hochverdichtete, auf anderer Grundlage erwachsene Ruhrgebiet, das nun unter veränderten sozio-ökonomischen Bedingungen einen Strukturwandel durchmacht, der am Ende wohl den westlichen und mittleren Teil stärker der Rheinballung zuordnet, während der östliche mit dem Oberzentrum Dortmund mehr regionale Eigenständigkeit entwickeln und damit »westfälischer« werden wird. Während in Nordrhein die beiden Metropolen mit ihrem Gewicht die übrigen Zentren deutlich überlagern, wird Westfalen von Oberzentren mit weithin gegeneinander abgegrenzten, oft historisch erwachsenen Oberbereichen bestimmt. Dieser Unterschied wird weiterbestehen.

Die Anziehungskraft der *Ballungsräume* in den Gemeinschaften und damit auch in NRW wird sich in den neunziger Jahren verstärken. Neue vom technologischen Fortschritt geförderte wirtschaftliche Aktivitäten werden sich vorwiegend hier ansiedeln, weil die Fühlungsvorteile für Produktion und Dienstleistungen größer sind und deshalb die Standortwahl mit beeinflussen. Dem wirken Faktoren entgegen – wie die zunehmenden Kosten für Grundstücke, die Verkehrsüberlastung in den Kernräumen und die damit verbundenen Zeitverluste, die sinkende Lebensqualität und auch die Informationstechnologie und die Telekommunikation (JTT). Mit Hilfe von vollausgebauten JTT-Netzen können auch die abgelegensten Gebiete mit den Kernräumen zufriedenstellend verbunden werden. Aber gerade für diese Systeme muß ein ausreichend großer Markt zur Verfügung stehen, um sie rentabel betreiben zu können. Das ist in ländlich-gewerblichen Gebieten weniger der Fall als in den Oberzentren und Großzentren der Ballungsräume. Aber auch die *Oberzentren* im übrigen Land werden davon profitieren. Die zunehmende und kaum noch zu behebende Verkehrsüberlastung erzwingt neue Lösungsmöglichkeiten. Die Entwicklung eines europäischen *Hochgeschwindigkeitseisenbahnnetzes* ist eine davon. Das bisher entwickelte Netz ist eindeutig darauf ausgerichtet, Schnellverbindungen zwischen den europäischen Metropolen herzustellen. Für NRW bedeutet das, daß mit der Strecke Amsterdam–Köln–Frankfurt–Mailand die Rheinachse und mit der Strecke Paris–Brüssel–Köln–Berlin die Bördenachse bevorzugt werden. Köln ist bezeichnenderweise Kreuzungspunkt, Dortmund mit den abzweigenden Linien Hamburg–Kopenhagen und Dortmund–Kassel nachgeordneter Knotenpunkt. Profitieren werden von dieser Entwicklung aber auch die Städte mit Flughäfen. Das gilt wiederum besonders für Köln und Düsseldorf, in eingeschränkter Form auch für Münster.

In zunehmendem Maße wird die *Qualität der Infrastruktur* die Attraktivität und Konkurrenzfähigkeit der Regionen bestimmen.

270

Das gilt besonders für die moderne Verkehrserschließung, die Wohn-, Bildungs-, Erholungs- und Freizeitmöglichkeiten, die die eigentliche Lebensqualität ausmachen. Sie spielt als Standortfaktor gerade für die Dienstleistungsbereiche mit hochqualifizierten Mitarbeitern eine große Rolle. Hier sind Mittel- und besonders Oberzentren in den Ländlich-Gewerblichen und den Traditionellen Industriegebieten gegenüber den Zentren in den Ballungsräumen bevorzugt. Münster ist ein gutes Beispiel für eine derartige Stadt.

Zur Lebensqualität gehört aber auch die allgemeine *Umweltsituation*. Das gilt besonders für die Luftverschmutzung, die nicht zuletzt vom weiter wachsenden Straßenverkehr ausgelöst wird. Die Ballungsräume sind hier die am stärksten belasteten Gebiete. In ihnen fallen auch die größten Abfallmengen an. In den ländlichen Gebieten kommt die Verschmutzung der Gewässer hinzu, vielfach ausgelöst durch die intensive landwirtschaftliche Nutzung.

Sozio-ökonomisch ist die *Bevölkerungsentwicklung* von ausschlaggebender Bedeutung. Für die einheimische Bevölkerung wird in den kommenden Jahrzehnten mit einer Stagnation bis rückläufigen Entwicklung bei zunehmender Überalterung gerechnet. Das gilt heute schon für die Kernstaaten der Gemeinschaft und wird allmählich auch die übrigen erfassen. Das Bevölkerungswachstum und die ungünstige Wirtschaftslage in den Staaten außerhalb der Gemeinschaft wird als Einwanderungsdruck besonders auf die Bundesrepublik wirken. Die bisherigen Trends lassen erkennen, daß die ausländischen Zuwanderer sich vor allen Dingen in den großstädtischen Ballungsräumen niederlassen und hier im Laufe der Zeit eigene Straßen und Viertel bilden. In den ländlichen Gebieten wird die schon jetzt geringe landwirtschaftliche Bevölkerung weiter zurückgehen. Diese Tendenz wird sich verstärken, wenn in diesen Räumen nicht mehr konkurrenzfähige Industriezweige absterben. Eine Schlüsselrolle für die zukünftige Entwicklung kommt hier den Mittelzentren zu, vorausgesetzt sie verfügen über angemessene Telekommunikations- und Verkehrsverbindungen. Dann sind sie potentiell attraktive Standorte für Mittel- und Kleinbetriebe. Begünstigt sind hier in NRW besonders die ballungsnahen Räume und die an den Hauptverkehrsachsen liegenden traditionellen Industriegebiete.

Die Konzentration von Bevölkerung und Wirtschaft wird also fortschreiten. Die Rheinballung wird aufgrund ihrer sozio-ökonomischen Struktur hiervon wohl stärker betroffen als die noch im Strukturwandel begriffene Ruhrballung, in der die sich immer mehr profilierenden Hellwegstädte denen voraus sind, die sich entlang der Emscher befinden. Das die Landesstruktur weiterhin bestimmende Achsenkreuz der beiden Ballungsräume hat und wird in Zukunft noch mehr eine Umwertung erfahren. War im Zuge der industriellen Verstädterung die schwerindustrielle Ruhrachse die vorrangige, so wird sie seit der Strukturkrise von Kohle und Stahl immer mehr zur nachgeordneten der Rheinachse. Der Westen und die Mitte des alten Reviers werden bei gleichzeitiger Individualisierung der Oberzentren zu Ausläufern der Rheinachse, während der westfälische Osten sich mit Dortmund zu einem eigenständigen Bereich entwickelt. Die fortschreitende Konzentration wird aber auch im Ravensberger Raum zu einer Verstärkung des sich schon abzeichnenden Ballungsraumes führen, der mit der Wiederbelebung der Bördenachse nach der Öffnung der Grenzen in Mittel- und Osteuropa zunehmend an Gewicht gewinnen wird.

Aber für viele Jahre, wenn nicht Jahrzehnte wird die nun nicht mehr von Binnengrenzen unterbrochene Rheinachse von vorrangiger Bedeutung für NRW sein und in Zukunft wohl auch bleiben. Die Bördenachse wird auch in einem grenzenlosen Europa immer nur eine Verbindungsachse bleiben. Das kontinentaleuropäische Herz Europas schlägt seit dem Mittelalter zwischen Schelde, Maas und Rhein. Brüssel, Amsterdam–Rotterdam und das Dreigespann Bonn–Köln–Düsseldorf umschreiben das moderne Europa. Diese Verflechtungen zwischen dem rheinisch-flämisch-holländischen Raum werden zunehmen. Der Kanaltunnel und die dichten Fährverbindungen werden den britischen, besonders den Groß-Londoner Raum enger und schneller an den kontinental-europäischen Kernraum binden als die Verdichtungsräume an der Bördenachse, die vor dem Zweiten Weltkrieg und auch in Zukunft nicht ein Gegengewicht zum Kernraum bilden können, allenfalls mit Berlin ein eigenständiges, aber nachgeordnetes Achsenkreuz, das die Entwicklung im östlichen Mitteleuropa beeinflussen kann. Das Gegenstück zum Berliner Entwicklungsraum ist Paris, das als dem Kernraum vorgelagerte Metropole eines weithin zentralistisch organisierten Staates heute schon viel stärkeren Einfluß auf die Entwicklung nehmen kann als Berlin, das aber in Zukunft mit dem viel stärker auf den Weltmarkt bezogenen London konkurrieren wird. Nordrhein-Westfalen ist in den europäischen Verbund schon heute eingebunden. Mit der Rhein-Ruhrballung ist es der östliche Eckpfeiler Kerneuropas, dem im westfälischen Bereich unentbehrliche Ergänzungsräume mit einer eigenständigen sozio-ökonomischen Struktur vorgelagert sind. Sie werden im Zuge der fortschreitenden Konzentration als Offenräume eine immer größere Bedeutung für die Landesentwicklung bekommen.

Die das Achsenkreuz von Rhein und Börden einnehmende Rhein-Ruhr-Ballung ist zum Schicksalsraum des Landes geworden und wird es, nicht zuletzt aufgrund ihrer geographischen Lage, auch bleiben. Nur wird ihr nördlicher Teil, die Ruhr-Ballung, eine andere Stellung im Rahmen der europäischen Wirtschaftsentwicklung einnehmen als bisher. Er wird nicht mehr der große Motor der Entwicklung sein, sondern sie im Gegenteil eher bremsen. Die Landespolitik muß alles tun, um die wachsende Ungleichheit zwischen Rhein- und Ruhr-Ballung sowie zwischen den übrigen Landesteilen auszugleichen. Trotz allem bleibt in NRW das Ruhrgebiet heute und in Zukunft das Bindeglied zwischen den unterschiedlich strukturierten Landesteilen Nordrhein und Westfalen.

Tabellen im Anhang

Tabelle 1: Fläche und Bevölkerung in Nordrhein-Westfalen

Kreise vor der Kreisreform	Kreise nach der Kreisreform	Fläche km²			Einwohner in 1.000				Veränderung %		Dichte E/km²		
		1950	1970	1987	1950	1970 alt	1970 neu	1987	1950–70	1970–87	1950	1970	1987
Niederrheinische Bucht		4.747,1	4.902,1	6.095,5	2.447,8	3.513,7	3.763,4	3.812,8	43,5	1,3	515,6	716,8	625,5
Düsseldorf (Stadt)	Düsseldorf (Stadt)	158,5	158,3	217,1	500,5	663,6	681,2	563,4	36,1	-17,3	3.157,7	4.192,0	2.595,1
Grevenbroich	Neuss	508,6	557,8	576,5	156,4	258,9	359,9	404,0	130,1	12,3	307,5	464,1	700,8
Neuss		52,9	53,1		63,5	114,6			80,5		1.200,4	2.158,2	
Köln (Stadt)	Köln (Stadt)	251,2	251,4	405,1	594,9	848,4	995,4	927,5	67,3	-6,8	2.368,2	3.374,7	2.289,6
Leverkusen (Stadt)	Leverkusen (Stadt)	46,7	46,7	78,9	65,6	107,5	161,3	154,7	145,9	-4,1	1.404,7	2.301,9	1.962,0
Bonn (Stadt)	Bonn (Stadt)	31,3	141,3	141,1	115,4	274,5	274,5	276,5	36,0	0,7	3.680,9	1.942,7	1.956,8
Siegkreis	Rhein-Siegkreis	826,9	1.154,7	1.153,5	257,2	376,8	376,8	477,0	46,5	26,6	311,0	326,3	413,5
Bergheim	Erftkreis	364,6	364,7	704,8	92,3	119,4	334,2	400,0	262,1	19,7	253,2	327,4	567,5
Bonn		441,1			142,9						324,0		
Köln		292,5	298,4		147,3	253,9			72,4		503,6	850,9	
Selfkantkreis	Heinsberg	357,2	399,0	627,8	102,5	137,6	201,0	212,8	96,1	5,9	287,0	344,9	339,0
Jülich		327,0	327,0		53,8	77,1			43,3		164,5	235,8	
Düren	Düren	549,0	542,2	940,9	117,9	159,3	230,9	234,0	95,8	1,3	214,8	293,8	248,7
Euskirchen	Euskirchen	586,3	607,5	1.249,6	94,1	122,1	148,2	162,9	57,5	9,9	160,5	201,0	130,4
Niederrheinisches Tiefland		3.751,6	3.722,2	3.544,1	2.046,3	2.521,0	2.438,4	2.353,2	19,2	-3,5	545,4	677,3	664,0
Kleve	Kleve	505,4	500,5	1.230,7	89,2	107,9	242,8	261,2	172,2	7,6	176,6	215,6	212,2
Rees	Wesel	505,4	528,2	1.042,1	80,4	115,0	386,1	426,4	380,2	10,4	159,1	217,7	409,2
Geldern		510,2	510,3		73,0	87,1			19,3		142,1	170,7	
Moers		563,1	563,6		235,5	349,5			48,4		418,2	620,1	
Kempen-Krefeld		530,9	510,9		185,8	257,4			23,0		394,0	503,9	
Dinslaken		221,3	220,9		79,8	141,2			76,9		360,6	639,2	
Duisburg (Stadt)	Duisburg (Stadt)	144,0	143,3	232,8	410,8	454,5	617,7	525,0	50,4	-15,4	2.852,8	3.171,7	2.256,0
Mülheim (Stadt)	Mülheim (Stadt)	88,1	88,2	91,0	149,6	191,5	192,1	176,4	28,4	-8,2	1.698,1	2.171,2	1.938,5
Oberhausen (Stadt)	Oberhausen (Stadt)	77,1	77,0	77,0	202,8	246,7	246,7	220,4	21,6	-10,7	2.630,4	3.203,9	2.862,3
Erkelenz		320,5	321,1		68,9	96,7			40,3		215,0	301,2	

Tabelle 1 (Fortsetzung): Fläche und Bevölkerung in Nordrhein-Westfalen

Kreise vor der Kreisreform	nach der Kreisreform	Fläche km² 1950	1970	1987	Einwohner in 1.000 1950	1970 alt	1970 neu	1987	Veränderung % 1950–70	1970–87	Dichte E/km² 1950	1970	1987
Mönchengladbach (Stadt)	Mönchengladbach (Stadt)	97,2	97,0	170,5	124,9	51,1	264,0	249,6	111,4	− 5,5	1.285,0	1.557,7	1.463,9
Krefeld (Stadt)	Krefeld (Stadt)	112,6	116,1	137,5	172,7	222,3	234,1	232,3	35,6	− 0,8	1.533,7	1.914,7	1.689,5
Viersen (Stadt)	Viersen	31,3	45,1	562,5	37,0		254,9	261,7	258,0	2,7	2.274,8		465,2
Rheydt (Stadt)		44,9			78,3	100,1			27,8		1.743,9	2.219,5	
Westfälische Bucht		11.719,8	11.692,9	11.891,7	4.505,9	5.496,4	5.615,9	5.502,0	21,9	− 2,0	384	470	462,7
Ahaus		683,7	682,7		97,2	119,2			22,6		142	175	
Bocholt (Stadt)		18,9	18,9		37,6	48,8			29,7		1.992	2.581	
Borken	Borken	633,2	631,7	1.417,0	75,3	95,4	280,6	307,9	26,7	9,7	119	151	217,3
Coesfeld		611,9	611,9		74,9	96,0			28,2		122	157	
Lüdinghausen	Coesfeld	697,0	697,0	1.108,5	118,6	143,8	147,8	176,3	21,2	19,3	170	206	159,0
Münster		793,5	786,9		91,2	122,1			33,9		115	155	
Münster (Stadt)	Münster (Stadt)	67,2	74,0	302,2	118,4	198,3	251,9	246,3	67,5	− 2,2	1.763	2.681	815,0
Steinfurt		770,8	770,8		157,3	138,3			19,7		204	244	
Tecklenburg	Steinfurt	811,9	811,9	1.790,9	113,7	136,9	356,6	378,6	20,4	6,2	140	169	211,4
Beckum		687,9	599,2		135,7	155,5			21,9		197	276	
Warendorf	Warendorf	558,9	558,9	1.314,0	58,3	70,6	229,2	247,6	21,8	8,0	104	126	188,4
Halle/Westf.		304,6	304,6		56,0	67,9			21,3		184	223	
Wiedenbrück	Gütersloh	500,1	497,3	966,2	130,1	65,6	264,5	288,0	27,3	8,9	260	333	298,1
Büren		766,4	766,4		62,2	61,9			− 0,5		81	81	
Paderborn	Paderborn	596,4	553,7	1.244,5	109,0	40,5	195,8	230,9	28,9	17,9	182	254	188,5
Lippstadt		508,1	508,1		90,2	108,5			20,3		177	214	
Soest	Soest	531,5	637,2	1.327,2	101,9	118,2	256,9	266,7	15,9	3,8	191	186	200,9
Hamm (Stadt)	Hamm (Stadt)	24,8	45,0	226,1	59,8	84,9	169,9	171,1	41,9	0,7	2.415	1.888	756,7
Lünen (Stadt)		37,3	40,8		61,3	71,6			16,8		1.641	1.758	
Unna	Unna	453,0	425,4	542,5	189,0	226,3	358,0	388,2	19,7	8,4	417	532	715,6
Dortmund (Stadt)	Dortmund (Stadt)	271,4	271,4	280,2	507,3	639,6	646,8	583,6	26,1	− 9,8	1.869	2.356	2.082,8
Castrop-Fauxel (Stadt)		44,1	44,1		69,9	54,1			20,3		1.585	1.905	
Gladbeck (Stadt)		35,8	35,8		71,6	53,2			16,2		1.998	2.319	
Recklinghausen		714,1	715,2		245,7	353,1			43,7		344	494	

Tabelle 1 (Fortsetzung): Fläche und Bevölkerung in Nordrhein-Westfalen

Kreise vor der Kreisreform	nach der Kreisreform	Fläche km² 1950	Fläche km² 1970	Fläche km² 1987	Einwohner in 1.000 1950	1970 alt	1970 neu	1987	Veränderung % 1950–70	1970–87	Dichte E/km² 1970	1987
Recklinghausen (Stadt)	Recklinghausen	65,9	66,4	759,9	104,7	125,2	630,3	631,2	19,6	0,1	1.888	830,6
Herne (Stadt)		30,0	30,0		111,5	104,0			– 6,8		3.465	
Wanne-Eickel (Stadt)	Herne (Stadt)	21,3	21,3	51,4	86,5	99,1	203,2	174,2	14,6	– 14,3	4.653	3.389,8
Bochum (Stadt)		121,3	121,3		289,8	343,9			18,6		2.833	
Wattenscheid (Stadt)	Bochum (Stadt)	23,9	23,9	145,4	67,2	80,7	441,3	386,2	20,1	– 12,5	3.382	2.656,1
Bottrop (Stadt)	Bottrop (Stadt)	42,0	42,0	100,6	93,2	106,6	119,0	114,6	14,4	– 3,7	2.531	1.139,2
Gelsenkirchen (Stadt)	Gelsenkirchen (Stadt)	104,3	104,3	104,8	315,4	348,2	348,3	287,6	10,4	– 17,4	3.344	2.744,3
Essen (Stadt)	Essen (Stadt)	188,5	194,8	210,3	605,4	698,4	715,8	623,0	15,4	– 13,0	3.586	2.962,4
Westfälisches Tiefland (davon NRW)		1.157,0	1.161,5	1.151,0	258,7	289,6	285,0	282,6	11,9	– 0,8	249	246
Lübbecke		563,9	564,8		79,1	91,7			15,9		162	
Minden	Minden-Lübbecke	593,1	596,7	1.151,0								
Weserbergland (davon NRW)		3.151,6	3.203,4	3.153,3	883,1	1.010,7	1.015,5	992,1	14,4	– 2,3	316	315
Höxter	Höxter	718,2	685,6	1.199,5	96,3	96,1	141,7	140,7	– 0,3	– 0,7	140	117,3
Warburg		512,9	513,7		50,9	45,2			– 11,2		88	
Detmold		626,6	662,1		137,5	156,7			13,9		238	
Lemgo	Lippe	580,9	581,6	1.246,5	131,6	155,2	312,0	318,3	17,9	2,0	267	255,4
Bielefeld		227,4	273,5		101,2	160,2			58,3		586	
Bielefeld (Stadt)	Bielefeld (Stadt)	46,8	47,9	257,5	153,6	168,9	330,1	305,6	9,9	– 7,4	3.521	1.186,8
Herford	Herford	439,0	439,0	449,8	212,0	228,4	231,7	227,5	7,7	– 1,8	521	505,8
Südergebirge		7.918,6	7.855,6	7.521,3	2.760,8	3.535,7	3.303,9	3.254,5	28,1	– 1,5	450	432,8
Düsseldorf-Mettmann	Mettmann	433,2	435,9	407,1	244,8	387,7	424,4	479,8	58,4	13,1	889	1.178,6
Remscheid (Stadt)	Remscheid (Stadt)	64,6	64,6	74,6	103,3	136,4	137,8	120,1	32,0	– 12,8	2.112	1.609,9
Solingen (Stadt)	Solingen (Stadt)	79,9	89,5	147,8	176,4	178,5	159,1	19,3	– 10,9	1.849	1.777,7	
Wuppertal (Stadt)	Wuppertal (Stadt)	148,8	150,6	168,3	363,2	418,4	425,3	365,5	15,2	– 14,1	2.777	2.171,7
Rhein-Wupper-Kreis		408,8	362,3		214,4	239,3			11,6		660	
Rhein. Berg. Kreis	Rhein. Berg. Kreis	620,3	620,3	439,1	159,5	268,9	221,1	249,8	68,6	13,0	433	568,9

Tabelle 1 (Fortsetzung): Fläche und Bevölkerung in Nordrhein-Westfalen

Kreise nach der Kreisreform	vor der Kreisreform	Fläche km² 1950	Fläche km² 1970	Fläche km² 1987	Einwohner in 1.000 1950	Einwohner in 1.000 1970 alt	Einwohner in 1.000 1970 neu	Einwohner in 1.000 1987	Veränderung % 1950-70	Veränderung % 1970-87	Dichte E/km² 1950	Dichte E/km² 1970	Dichte E/km² 1987
Oberberg. Kreis	Oberberg. Kreis	565,2	565,2	916,5	121,3	148,2	226,4	245,5	22,2	8,4	214	262	267,9
Ennepe-Ruhr-Kreis		413,6	398,8		216,9	263,6			21,3		524	661	
Witten (Stadt)	Ennepe-Ruhr-Kreis	46,4	48,4	408,1	76,3	97,3	355,1	339,4	27,5	− 4,4	1.644	2.012	831,7
Hagen (Stadt)	Hagen (Stadt)	87,3	90,4	160,4	146,4	200,9	236,3	209,2	37,2	−11,5	1.676	2.223	1.304,2
Iserlohn		355,4	338,7		157,9	202,0			27,9		444	587	
Iserlohn (Stadt)		24,2	30,9		46,2	57,5			24,5		1.912	2.032	
Lüdenscheid (Altena)	Märkischer Kreis	664,8	678,6	1.058,9	193,0	240,6	432,0	421,5	24,7	− 2,4	216	355	398,1
Olpe	Olpe	617,1	725,9	710,0	85,6	119,8	119,4	125,1	39,6	4,8	138	165	165,2
Siegen		649,8	649,8		180,0	239,1			32,8		224	368	
Wittgenstein	Siegen-Wittgenstein	487,8	487,8	1.131,3	42,2	45,5	283,8	279,7	7,8	− 1,4	86	93	247,2
Arnsberg		679,2	662,1		115,1	146,0			26,8		169	221	
Brilon		789,9	789,9		73,0	78,4			7,4		92	99	
Meschede	Hochsauerlandkreis	782,3	675,1	1.957,5	73,9	69,7	263,8	260,2	− 5,7	− 1,4	94	103	132,9
Eifel		1.111,1	1.113,3		84,5	96,8			14,6		76,1	86,9	
Monschau[1]		285,1	290,1		25,4	32,1			26,4		89,1	110,6	
Schleiden[1]		826,0	823,0		59,1	64,7			9,5		71,5	78,6	
Vennvorland		392,6	395,3	711,0	352,3	448,9	508,6	515,7	27,4	1,4	897,4	1.134,2	725,3
Aachen (Stadt)	Aachen (Stadt)	56,0	58,7	160,8	130,3	173,5	230,6	229,8	77,0	− 0,3	2.326,8	2.955,7	1.429,1
Aachen	Aachen	336,6	337,1	550,2	222,0	275,4	278,0	285,9	25,2	2,8	659,5	817,0	519,6

1 1987 in Aachen bzw. Euskirchen enthalten

Quelle: Beiträge z. Statistik d. Landes Nordrhein-Westfalen Sonderreihe Volkszählung 1950, 1970 u. 1987. Düsseldorf, u. W. Müller-Wille: Westfalen. 2. Aufl. Münster 1981. Tab. im Anhang

Tabelle 2: Die land- und forstwirtschaftlichen Betriebe in Nordrhein-Westfalen

| Kreise | | Land- u. forstwirtschaftliche Betriebe | | | | | |
| vor | nach der Kreisreform | gesamt | | | mittlere Größe in ha | | |
		1950	1971	1987	1950	1971	1987
Niederrheinische Bucht		37.988	22.496	13.381	13,7	14,4	23,5
Düsseldorf (Stadt)	Düsseldorf (Stadt)	770	365	215	13,7	7,9	19,4
Grevenbroich	Neuss	3.182	2.083	1.198	12,6	18,3	26,7
Neuss (Stadt)		258	96	–	11,2	15,7	–
Köln (Stadt)	Köln (Stadt)	220	191	97	21,2	43,9	18,6
Leverkusen (Stadt)	Leverkusen (Stadt)	–	105	92	–	10,1	15,3
Bonn (Stadt)	Bonn (Stadt)	357	413	–	17,5	5,7	–
Siegkreis	Rhein-Siegkreis	8.850	7.935	2.772	7,5	6,7	16,2
Bergheim	Erftkreis	1.797	953	1.070	16,4	23,3	33,8
Bonn		4.902	–	–	6,4	–	–
Köln Kr.	Köln Kr.	1.368	690	–	16,5	21,2	–
Selfkantkreis	Heinsberg	4.643	2.693	1.958	5,9	10,6	20,1
Jülich		2.291	1.457	–	12,0	16,7	–
Düren	Düren	3.348	1.764	1.825	14,4	18,2	28,4
Euskirchen	Euskirchen	4.017	2.478	2.651	12,0	14,7	19,4
Niederrheinisches Tiefland		27.536	17.961	8.886	10,1	11,4	22,7
Kleve	Kleve	3.540	2.748	3.816	12,6	12,7	20,4
Rees	Wesel	3.706	2.831	2.860	12,3	12,4	19,5
Geldern		3.829	3.025	–	11,6	11,6	–
Moers		4.487	3.670	–	10,5	13,2	–
Kempen-Krefeld		4.162	2.647	–	10,7	12,0	–

Tabelle 2 (Fortsetzung): Die land- und forstwirtschaftlichen Betriebe in Nordrhein-Westfalen

Kreise vor der Kreisreform	nach der Kreisreform	Land- u. forstwirtschaftliche Betriebe gesamt			mittlere Größe in ha		
		1950	1971	1987	1950	1971	1987
Dinslaken		1.717	1.110	—	8,2	8,4	—
Duisburg	Duisburg (Stadt)	293	106	115	14,0	13,4	27,8
Mülheim		518	296	74	9,9	7,6	22,0
Oberhausen	Oberhausen (Stadt)	579	164	52	5,8	6,8	13,6
Erkelenz		2.759	1.523	—	9,9	12,7	—
Mönchengladbach (Stadt)	Mönchengladbach (Stadt)	811	365	315	8,4	12,1	22,2
Krefeld (Stadt)	Krefeld (Stadt)	666	358	192	9,2	10,2	23,3
Viersen (Stadt)	Viersen	216	453	1.462	8,6	—	20,8
Rheydt (Stadt)		253	118	—	9,0	15,1	—
Westfälische Bucht		84.386	58.634	36.823	8,8	13,0	19,5
Ahaus		5.081	3.884	—	8,6	12,6	—
Bocholt (Stadt)		154	77	—	4,0	6,2	—
Borken	Borken	4.494	3.560	5.586	9,6	12,9	17,0
Coesfeld		3.616	2.936	—	11,8	15,2	—
Lüdinghausen	Coesfeld	4.591	3.255	3.777	10,5	14,9	19,5
Münster		4.441	3.383	—	12,0	15,9	—
Münster (Stadt)	Münster (Stadt)	468	272	717	7,3	11,6	20,9
Steinfurt		5.165	3.936	—	10,1	14,2	—
Tecklenburg	Steinfurt	7.991	5.624	6.289	6,6	10,1	18,2
Beckum		4.570	2.806	—	11,2	16,3	—
Warendorf	Warendorf	3.777	2.289	4.397	10,6	14,9	21,1

Tabelle 2 (*Fortsetzung*): Die land- und forstwirtschaftlichen Betriebe in Nordrhein-Westfalen

Kreise vor der Kreisreform	nach	Land- u. forstwirtschaftliche Betriebe gesamt			mittlere Größe in ha		
		1950	1971	1987	1950	1971	1987
Halle/Westf.		3.775	2.215	–	5,5	9,9	–
Wiedenbrück	Gütersloh	5.924	4.358	4.606	6,1	8,5	13,1
Düren		5.548	4.224	–	8,4	11,0	–
Paderborn	Paderborn	4.732	3.196	4.046	7,3	10,1	16,3
Lippstadt		3.176	2.247	–	9,7	15,6	–
Soest	Soest	3.669	2.847	3.370	10,2	15,5	23,9
Hamm (Stadt)	Hamm (Stadt)	191	170	683	4,2	12,1	17,8
Lünen (Stadt)		209	95	–	6,8	19,1	–
Unna	Unna	3.415	2.032	1.155	9,4	14,6	24,7
Dortmund (Stadt)	Dortmund (Stadt)	1.444	590	244	7,9	17,3	26,1
Castrop-Rauxel (Stadt)		210	84	–	8,0	18,6	–
Gladbeck (Stadt)		227	115	–	6,7	11,4	–
Recklinghausen		3.960	2.534	–	8,4	13,4	–
Recklinghausen (Stadt)	Recklinghausen	413	261	1.399	7,8	13,6	19,5
Herne (Stadt)		155	47	–	5,9	16,2	–
Wanne-Eickel (Stadt)	Herne (Stadt)	77	16	31	4,3	18,1	16,4
Bochum (Stadt)		872	384	–	5,1	8,6	–
Wattenscheid (Stadt)	Bochum (Stadt)	107	54	103	10,9	17,7	22,2
Bottrop (Stadt)	Bottrop (Stadt)	209	71	180	4,2	10,4	18,9
Gelsenkirchen (Stadt)	Gelsenkirchen (Stadt)	402	173	71	7,8	12,4	18,7
Essen (Stadt)	Essen (Stadt)	783	359	174	6,5	14,3	18,5

Tabelle 2 (*Fortsetzung*): Die land- und forstwirtschaftlichen Betriebe in Nordrhein-Westfalen

Kreise vor der Kreisreform	nach der Kreisreform	Land- u. forstwirtschaftliche Betriebe					
		gesamt			mittlere Größe in ha		
		1950	1971	1987	1950	1971	1987
Westfälisches Tiefland (davon NRW)		91.832	62.858	5.887	8,5	13,6	12,5
Lübbecke		7.724	5.531	–	5,3	7,8	
Minden	Minden-Lübbecke	8.619	5.847	5.887	4,6	7,1	12,5
Weserbergland (davon NRW)		32.244	29.299	8.439	6,0	10,9	18,3
Höxter=		5.701	3.644	–	7,1	11,2	–
Warburg	Höxter	4.243	3.034	3.541	8,2	11,5	19,4
Detmold		5.426	2.755	–	5,6	11,4	–
Lemgo	Lippe	6.226	2.992	2.462	5,7	12,4	23,7
Bielefeld		2.559	1.788	–	4,6	8,0	
Bielefeld (Stadt)	Bielefeld (Stadt)	343	161	495	3,3	5,3	16,9
Herford	Herford	5.682	3.935	1.941	5,0	7,9	13,1
Südergebirge		56.964	46.145	14.533	5,3	6,1	14,4
Düsseldorf-Mettmann	Mettmann	2.381	1.299	677	11,1	17,9	23,7
Remscheid (Stadt)	Remscheid (Stadt)	617	393	109	3,9	4,6	16,1
Solingen (Stadt)	Solingen (Stadt)	788	462	126	4,0	7,0	12,6
Wuppertal (Stadt)	Wuppertal (Stadt)	854	670	229	5,8	6,1	12,5
Rhein-Wupper-Kreis		4.050	2.245	–	5,4	8,0	
Rhein. Berg. Kreis	Rhein. Berg. Kreis	5.089	3.722	932	5,4	7,6	14,5
Oberberg. Kreis	Oberberg. Kreis	8.531	7.116	2.371	2,7	3,3	13,5
Ennepe-Ruhr-Kreis		3.961	2.846	–	4,7	5,9	
Witten (Stadt)	Ennepe-Ruhr-Kreis	524	299	1.030	3,5	6,7	13,0

Tabelle 2 (Fortsetzung): Die land- und forstwirtschaftlichen Betriebe in Nordrhein-Westfalen

Kreise vor der Kreisreform	nach der Kreisreform	Land- u. forstwirtschaftliche Betriebe					
		gesamt			mittlere Größe in ha		
		1950	1971	1987	1950	1971	1987
Hagen (Stadt)	Hagen (Stadt)	500	297	172	5,2	8,3	13,9
Iserlohn		2.610	1.361	–	6,0	10,7	–
Iserlohn (Stadt)		96	90	–	3,0	5,2	–
Lüdenscheid (Altena)	Märkischer Kreis	4.446	3.362	1.630	5,2	6,5	17,4
Olpe	Olpe	5.063	4.051	1.420	3,8	5,2	11,7
Siegen		7.651	3.651	–	1,7	3,0	–
Wittgenstein	Siegen-Wittgenstein	3.516	2.636	2.151	4,2	4,8	7,7
Arnsberg		3.774	2.140	–	5,8	9,5	–
Brilon		6.008	4.037	–	5,2	7,3	–
Meschede	Hochsauerlandkreis	4.505	2.768	3.680	6,5	8,7	15,7
Eifel		9.656	6.468	–	9,9	6,2	–
Monschau[1]		2.974	1.906	–	8,6	5,1	–
Schleiden[1]		6.682	4.562	–	11,1	7,3	–
Vennvorland		2.871	1.244	1.312	9,5	13,3	18,5
Aachen (Stadt)	Aachen (Stadt)	290	106	272	12,4	13,0	22,1
Aachen	Aachen	2.581	1.138	1.040	9,2	13,3	17,5

1 1987 in Aachen bzw. Euskirchen enthalten

Quelle: Siehe Tabelle 1

Tabelle 3: Die landwirtschaftlich genutzte Fläche und ihre Nutzung in Nordrhein-Westfalen

Kreise vor der Kreisreform	Kreise nach der Kreisreform	LF in 100 ha 1950	1971	1987	% d. Kreisfläche 1950	1971	1987	Ackerland % der LF 1950	1971	1987	Dauergrünland % der LF 1950	1971	1987	Getreide 1950	Hackfrüchte 1950	Futterpfl. 1950	Getreide 1971	Hackfrüchte 1971	Futterpfl. 1971	Getreide 1987	Hackfrüchte 1987	Futterpfl. 1987
Niederrheinische Bucht		3365,2	3077,1	2942,7	65,5	58,1	43,2	72,7	71,6	70,2	18,4	21,0	25,1	54,0	32,4	10,2	68,8	24,6	2,4	66,5	28,9	5,0
Düsseldorf (Stadt)	Düsseldorf (Stadt)	71,7	31,7	40,2	40,2	20,0	18,5	66,7	63,7	76,9	16,6	25,2	21,6	42,8	25,7	9,0	61,9	10,4	2,5	69,9	1,9	1,3
Grevenbroich	Neuss	423,3	402,7	317,8	83,2	72,2	55,1	83,6	85,8	91,9	9,0	8,7	7,1	49,4	34,3	11,6	66,5	26,3	2,2	57,4	31,4	3,8
Neuss (Stadt)		36,0	20,0	—	68,1	37,7	—	75,6	70,5	—	10,3	10,0	—	40,4	34,9	10,3	68,8	19,1	2,8	—	—	—
Köln (Stadt)	Köln (Stadt)	109,0	62,1	84,8	43,4	24,7	25,9	69,7	65,9	92,9	8,2	8,7	6,7	56,7	27,6	11,8	81,4	13,2	1,2	71,5	22,0	0,6
Leverkusen (Stadt)	Leverkusen (Stadt)	—	13,4	17,3	—	28,7	21,9	—	47,0	63,6	—	37,3	32,4	—	—	—	85,7	—	3,2	70,9	12,7	13,6
Bonn (Stadt)	Bonn (Stadt)	14,6	33,1	12,3	46,6	23,4	3,7	56,2	48,9	65,9	4,1	17,5	24,4	22,0	24,4	14,6	62,3	16,0	5,6	70,4	18,5	11,1
Siegkreis	Rhein.Siegkreis	447,1	629,1	447,1	54,1	54,5	33,8	52,6	48,4	50,5	34,4	40,5	44,2	53,4	29,8	15,1	65,8	17,9	4,4	64,0	18,2	9,6
Bergheim	Erftkreis	270,6	236,6	356,8	74,2	64,9	53,6	85,5	89,2	68,8	8,8	4,8	2,4	35,8	54,0	8,9	68,3	28,6	1,8	64,0	31,9	0,8
Bonn		273,7	—	—	62,0	—	—	74,4	—	—	9,4	—	—	45,0	33,4	11,3	—	—	—	—	—	—
Köln		197,4	161,8	—	67,5	54,2	—	86,1	85,0	—	4,4	3,0	—	46,9	35,9	10,1	71,3	20,8	1,9	—	—	—
Selfkantkreis	Heinsberg	292,0	312,9	393,2	81,7	78,4	62,6	70,9	74,3	84,0	21,5	21,3	15,3	56,8	32,9	10,4	67,2	29,7	1,9	55,4	32,7	9,9
Jülich		266,9	251,9	—	81,6	77,0	—	80,0	85,9	—	16,0	11,7	—	58,4	34,8	7,0	66,5	31,3	1,2	—	—	—
Düren	Düren	354,4	339,5	515,8	64,6	62,6	54,8	80,0	81,8	87,0	15,6	14,2	12,7	62,4	29,1	7,7	73,2	23,7	1,8	65,0	31,0	2,5
Euskirchen	Euskirchen	382,8	393,5	516,0	65,3	64,8	4,3	80,7	76,5	56,3	15,8	19,5	43,2	59,0	30,5	10,1	70,3	24,2	3,0	72,3	17,6	4,3
Niederrheinisches Tiefland		2519,9	2301,1	1790,3	67,2	61,8	50,5	59,7	71,4	68,4	32,6	33,4	30,8	50,1	31,6	15,5	58,1	18,6	5,5	53,4	11,5	24,0
Kleve	Kleve	361,6	364,3	771,6	71,6	72,8	62,7	51,5	54,5	65,1	46,1	43,1	34,2	52,1	28,2	17,8	73,0	15,0	10,0	51,8	14,3	27,5
Rees	Wesel	350,9	355,1	551,4	69,4	67,2	52,9	40,0	41,7	61,4	55,9	55,1	37,9	61,3	31,1	6,6	82,0	13,5	3,0	63,6	8,5	26,2
Geldern		369,2	360,7	—	72,4	70,7	—	62,4	65,1	—	31,9	31,9	—	48,3	29,8	18,9	67,4	20,5	6,9	—	—	—
Moers		415,1	369,4	—	73,7	65,5	—	59,2	61,6	—	34,9	34,7	—	51,3	29,1	18,5	74,1	15,3	8,4	—	—	—
Kempen-Krefeld		387,0	335,6	—	72,9	65,7	—	74,8	75,4	—	17,7	18,8	—	43,5	35,1	17,4	56,6	32,9	6,3	—	—	—
Dinslaken		123,9	107,5	—	56,0	48,7	—	45,0	43,7	—	44,0	42,8	—	57,0	32,8	9,0	80,0	14,7	4,5	—	—	—
Duisburg	Duisburg (Stadt)	38,4	24,8	27,3	26,7	17,3	11,7	62,3	54,8	69,8	20,3	14,9	29,3	52,7	28,2	9,5	76,5	11,0	2,2	77,7	10,3	5,8
Mülheim		43,0	33,6	16,8	48,8	38,1	18,5	50,7	42,0	69,6	24,2	27,1	29,8	54,1	29,8	13,3	78,7	9,9	7,1	62,4	6,8	13,7
Oberhausen	Oberhausen (Stadt)	38,8	27,7	7,4	50,3	36,0	9,6	47,4	26,4	55,4	17,3	22,7	40,5	32,6	35,9	4,3	80,8	6,8	6,8	78,0	2,4	14,6
Erkelenz		216,5	206,0	—	67,6	64,2	—	81,7	82,2	—	11,0	12,7	—	52,5	34,3	12,8	61,0	33,4	4,1	—	—	—
Mönchengladbach (Stadt)	Mönchengladbach (Stadt)	62,7	48,8	69,0	64,5	50,3	40,5	73,0	73,6	87,8	12,3	15,8	11,3	44,1	36,5	15,9	59,6	34,3	3,6	57,3	33,3	6,8
Krefeld (Stadt)	Krefeld (Stadt)	66,9	43,7	43,9	59,4	37,6	31,9	58,6	65,2	83,4	18,8	16,5	15,5	44,6	31,1	15,8	62,8	20,7	6,7	56,0	23,8	6,6
Viersen (Stadt)	Viersen	18,3	—	303,2	58,5	—	53,9	71,0	—	82,4	15,8	—	16,0	46,9	33,1	19,2	—	—	—	27,6	32,1	23,2
Rheydt-Stadt		27,6	23,9	—	61,5	53,0	—	67,0	61,5	—	9,4	13,8	—	49,7	34,1	12,4	67,3	28,6	2,0	—	—	—

Anbaupflanzen: Getreide – Hackfrüchte – Futterpflanzen der ackerbaulichen Nutzung

Tabelle 3: (Fortsetzung)

nach der Kreisreform	vor der Kreisreform	Landw. gen. Fläche in 100 ha 1950	1971	1987	% d. Kreisfläche 1950	1971	1987	Ackerland % der LF 1950	1971	1987	Dauergrünland % der LF 1950	1971	1987	Anbaupflanzen Getreide 1950	Hackfr. 1950	Futterpfl. 1950	Getreide 1971	Hackfr. 1971	Futterpfl. 1971	Getreide 1987	Hackfr. 1987	Futterpfl. 1987
	Westfälische Bucht	7449,8	7608,1	6824,6	63,5	65,1	57,4	55,2	54,6	74,5	42,7	39,1	24,9	55,8	25,5	11,6	82,0	9,1	5,3	72,2	2,5	20,3
	Ahaus	440,3	489,9	–	64,4	71,6	–	36,5	43,3	–	61,9	55,0	–	56,1	33,1	8,1	84,1	8,7	6,0	–	–	–
	Bocholt (Stadt)	6,3	6,8	–	33,3	35,9	–	47,2	32,2	–	49,2	45,1	–	48,8	35,7	7,3	77,2	14,5	4,5	–	–	–
Borken	Borken	431,1	462,6	950,9	68,0	73,2	67,0	45,5	53,	66,9	52,8	44,1	32,7	53,3	36,1	7,3	76,4	14,3	5,7	56,8	3,7	38,1
	Coesfeld	424,6	446,2	–	69,3	72,9	–	48,7	56,3	–	49,6	41,3	–	60,0	22,9	13,1	86,2	5,1	6,5	–	–	–
Coesfeld	Lüdinghausen	481,6	484,4	733,3	69,0	69,4	66,2	45,8	59,8	79,2	42,7	37,5	20,1	58,7	22,8	13,1	86,8	5,8	5,5	78,1	0,8	19,7
	Münster	530,9	537,0	–	66,9	68,2	–	57,5	59,3	–	40,4	38,0	–	59,4	25,2	11,2	85,3	6,9	5,7	–	–	–
Münster (Stadt)	Münster (Stadt)	34,2	31,5	149,6	50,8	42,5	49,5	60,3	52,0	75,7	34,2	34,6	21,7	51,7	25,7	11,6	73,4	8,7	6,7	77,8	0,9	19,0
	Steinfurt	526,5	560,3	–	68,3	72,6	–	49,7	51,8	–	48,5	45,0	–	56,6	28,4	10,1	83,0	8,2	6,1	–	–	–
Steinfurt	Tecklenburg	530,1	567,4	1143,7	65,2	69,8	63,9	44,3	44,0	71,7	53,8	53,6	27,8	52,6	37,4	6,6	78,9	11,8	6,1	69,2	0,8	28,8
	Beckum	511,9	457,2	–	74,4	76,3	–	51,2	60,2	–	46,9	36,4	–	54,9	23,4	15,0	85,2	5,2	6,0	–	–	–
Warendorf	Warendorf	401,8	419,9	927,8	71,8	75,1	70,6	46,8	55,1	89,3	51,6	42,8	19,9	57,3	31,3	8,2	80,7	13,7	3,0	77,4	1,4	16,7
	Halle/Westf.	208,1	218,4	–	68,3	71,7	–	58,6	54,7	–	39,0	40,7	–	49,9	34,9	11,1	79,1	12,3	4,7	–	–	–
Gütersloh	Wiedenbrück	362,0	371,3	605,7	72,3	74,6	62,8	49,2	49,4	64,9	48,3	47,1	34,4	54,3	34,4	8,0	77,0	14,4	5,5	72,1	3,2	23,0
	Büren	466,3	466,5	–	60,8	60,8	–	65,7	63,6	–	32,7	34,6	–	54,9	18,8	16,9	82,9	2,9	5,2	–	–	–
Paderborn	Paderborn	346,1	321,6	657,9	58,0	58,0	52,9	59,4	56,7	72,4	38,9	41,1	27,2	52,3	24,4	14,7	78,4	10,1	6,8	73,1	1,8	13,4
	Lippstadt	360,6	351,2	–	70,9	69,1	–	68,7	72,6	–	29,3	25,3	–	60,7	17,5	13,8	84,9	6,4	3,8	–	–	–
Soest	Soest	372,9	441,6	805,6	70,1	69,3	60,8	73,4	72,2	81,8	24,1	25,3	17,7	58,4	22,7	10,5	80,1	10,2	3,1	74,8	5,9	6,9
Hamm (Stadt)	Hamm (Stadt)	8,1	20,6	122,0	32,6	45,7	54,0	45,9	53,8	73,4	40,7	32,0	25,0	49,3	34,5	4,8	63,6	11,1	6,5	77,0	4,3	12,1
	Lünen (Stadt)	14,3	18,2	–	38,3	44,6	–	62,3	58,8	–	34,9	24,2	–	57,4	30,8	7,9	81,8	6,6	4,0	–	–	–
Unna	Unna	321,0	297,5	285,2	70,8	69,9	52,6	70,4	68,9	80,6	27,1	24,1	18,9	55,9	26,5	11,3	82,3	9,1	3,8	76,0	3,5	12,6
Dortmund (Stadt)	Dortmund (Stadt)	114,8	102,0	63,7	42,2	37,5	22,8	72,8	63,7	86,0	24,0	21,4	13,4	54,6	30,6	11,3	87,0	5,9	4,8	79,3	2,8	8,7
	Castrop-Rauxel (Stadt)	16,9	15,6	–	38,3	35,3	–	69,3	64,7	–	28,4	13,4	–	52,9	27,9	12,6	85,8	3,8	2,3	–	–	–
	Gladbeck (Stadt)	15,3	13,1	–	42,7	36,5	–	61,1	57,2	–	35,9	30,5	–	53,0	30,0	12,0	77,5	13,1	3,5	–	–	–
	Recklinghausen	331,9	339,2	–	46,4	47,4	–	59,9	60,2	–	37,7	33,2	–	51,5	29,3	12,6	76,2	13,8	5,7	–	–	–
Recklinghausen	Recklinghausen (Stadt)	32,3	35,6	272,4	49,0	53,6	35,8	67,7	69,4	76,7	29,7	19,6	22,6	54,2	25,7	15,3	76,1	7,2	3,8	75,3	2,9	18,3
	Herne (Stadt)	9,2	7,6	–	30,6	25,3	–	69,3	67,1	–	27,1	11,8	–	52,1	29,6	11,7	89,5	4,2	4,4	–	–	–
Herne (Stadt)	Wanne-Eickel (Stadt)	3,3	2,9	5,1	13,6	13,6	10,0	76,7	27,6	86,3	4,1	4,1	12,7	49,4	22,5	13,0	78,6	6,7	8,9	83,9	1,1	11,6
	Bochum (Stadt)	44,7	32,9	–	36,8	27,1	–	73,0	64,7	–	23,0	15,5	–	49,9	31,0	13,3	86,4	2,6	1,7	–	–	–
Bochum (Stadt)	Wattenscheid (Stadt)	11,7	9,6	23,0	48,9	40,1	15,9	82,0	79,1	84,8	14,5	1,0	14,2	48,3	29,7	13,9	87,8	1,3	9,7	85,3	0,2	3,5
Bottrop (Stadt)	Bottrop (Stadt)	8,7	7,4	33,2	20,7	17,6	32,9	58,6	33,8	71,4	37,9	27,0	28,2	61,9	26,7	8,2	74,2	8,3	11,9	67,8	3,1	24,5
Gelsenkirchen (Stadt)	Gelsenkirchen (Stadt)	31,5	21,4	13,2	30,2	20,5	12,6	68,5	63,1	69,7	28,2	28,0	29,7	54,1	28,1	13,1	82,0	11,7	5,6	77,7	4,5	15,2
Essen (Stadt)	Essen (Stadt)	50,8	51,4	32,3	26,9	26,3	15,4	69,5	46,8	72,8	24,6	26,8	23,0	46,1	32,8	12,8	70,5	7,0	17,0	60,6	7,7	19,3

Tabelle 3: (Fortsetzung)

Kreise vor / nach der Kreisreform	LW genutzte Fläche in 10Cha 1950	1971	1987	% d. Kreisfläche 1950	1971	1987	Ackerland % der LF 1950	1971	1987	Dauergrünland % der LF 1950	1971	1987	Anbaupflanzen Getreide–Hackfrüchte–Futterpflanzen der ackerbaulichen Nutzung 1950 G	H	F	1971 G	H	F	1987 G	H	F
Westfälisches Tiefland	7800,4	8557,0	–	60,1	66,7	–	47,4	55,8	–	50,4	44,5	–	61,8	32,5	5,8	84,3	11,5	2,8	–	–	–
Lübbecke — Minden-Lübbecke	410,8	433,3	735,7	72,8	76,7	63,9	45,1	50,7	73,1	52,6	46,6	26,3	54,9	34,7	8,2	79,8	10,5	6,3	82,6	2,1	12,9
Minden	400,3	415,9	–	67,4	69,7	–	62,3	62,6	–	34,2	31,3	–	59,5		9,7	80,2	10,7	2,7			
Weserbergland	3130,9	3183,8	–	57,4	57,8	–	70,4	67,8	–	29,3	30,3	–	57,5	25,2	11,4	76,1	10,5	3,1	–	–	–
Höxter — Höxter	405,7	407,8	686,5	56,4	59,4	74,1	65,0	60,2	80,3	33,1	36,3	19,1	55,7	21,5	13,9	79,2	9,5	2,3	76,9	7,2	5,5
Warburg	348,9	350,0	–	68,0	57,2	–	69,6	74,7	–	28,9	24,9	–	19,4	14,8	11,6	78,5	2,1	75,2			
Detmold	306,2	314,5		48,8	47,5		68,8	66,5		28,8	28,2		53,6	25,2	11,6	77,9	9,9	3,4			
Lemgo — Lippe	356,1	371,1	582,9	61,3	63,4	46,8	74,4	73,4	76,2	22,7	21,9	21,9	53,1	26,3	12,1	71,3	9,3	3,8	76,9	9,3	5,0
Bielefeld	118,5	142,3		52,1	52,2		69,0	60,4		27,0	27,1		50,7	30,8	10,7	71,3	10,8	5,0			
Bielefeld (Stadt) — Bielefeld (Stadt)	11,5	8,5	83,3	24,5	17,7	32,4	61,2	60,0	76,2	21,7	28,2	21,3	49,3	26,9	10,3	62,0	4,5	8,7	62,0	6,9	9,0
Herford — Herford	286,0	311,3	253,8	65,1	70,9	56,5	73,9	73,9	85,1	22,0	19,6	14,0	57,1	23,1	14,4	78,7	10,3	4,0	78,7	4,0	6,4
Südergebirge	3013,1	2792,3	2017,6	38,0	35,5	26,8	52,3	37,0	31,5	44,8	55,8	67,1	48,9	26,3	21,1	70,1	11,9	11,8	73,2	5,9	14,0
Mettmann — Mettmann	264,4	233,5	160,4	61,0	53,5	39,4	71,3	74,3	74,3	24,2	24,2	24,2	55,7	24,8	14,3	79,4	9,1	5,2	67,1	12,7	5,9
Remscheid (Stadt) — Remscheid (Stadt)	23,8	18,	17,5	36,8	28,0	23,3	35,4	33,3	32,6	57,1	52,0	66,5	41,6	35,2	21,7	67,8	11,5	19,6	68,9	3,0	25,8
Solingen (Stadt) — Solingen (Stadt)	31,2	32,5	15,9	39,0	40,6	17,9	45,7	23,9	44,0	46,7	47,6	54,7	46,7	35,5	11,7	75,8	10,8	9,3	76,4	2,3	16,9
Wuppertal (Stadt) — Wuppertal (Stadt)	49,2	40,7	28,7	33,0	27,0	17,1	41,3	23,0	38,0	54,6	50,1	60,7	48,5	30,4	16,7	72,4	8,9	9,6	67,2	5,2	19,3
Rhein-W'upper-Kreis	217,3	179,5	–	53,1	49,5	–	50,7	38,8	–	44,7	54,3	–	44,3	31,7	19,3	72,2	14,5	9,4	–	–	–
Rhein.-Berg. Kreis — Rhein.-Berg. Kreis	275,4	282,5	135,1	44,3	45,6	30,8	50,1	22,1	18,2	47,0	67,2	80,6	48,9	29,4	18,8	75,4	17,4	6,0	55,2	6,2	35,9
Oberberg. Kreis — Oberberg. Kreis	234,8	233,0	320,0	41,5	41,2	34,9	12,7	12,7	9,7	55,4	80,0	89,7	40,7	26,6	31,6	57,7	17,1	24,3	57,9	5,2	26,3
Ennepe-Ruhr-Kreis	185,0	168,0	–	44,7	42,1	–	20,1	33,4	–	52,3	58,9	–	47,5	30,1	20,1	78,3	0,3	7,4	–	–	–
Witten (Stadt) — Ennepe-Ruhr-Kreis	18,4	20,1	133,5	39,6	41,5	32,9	66,0	51,7	39,9	28,2	23,4	59,2	46,2	33,4	15,0	78,0	5,9	3,4	73,5	3,6	15,2
Hagen (Stadt) — Hagen (Stadt)	25,8	24,7	23,9	29,5	27,3	14,9	55,7	40,0	47,7	42,2	40,8	50,3	52,5	31,0	11,6	83,6	8,1	3,5	83,5	3,0	10,2

Tabelle 3: (Fortsetzung)

Kreis (vor Reform)	nach Reform	LF 100ha 1950	LF 100ha 1971	LF 100ha 1987	%Kreisfl. 1950	%Kreisfl. 1971	%Kreisfl. 1987	Ackerl. %LF 1950	Ackerl. %LF 1971	Ackerl. %LF 1987	Grünl. %LF 1950	Grünl. %LF 1971	Grünl. %LF 1987	Getr. 1950	Hack. 1950	Fut. 1950	Getr. 1971	Hack. 1971	Fut. 1971	Getr. 1987	Hack. 1987	Fut. 1987
Südergebirge																						
Iserlohn		156,0	145,6	–	43,8	42,9	–	56,7	50,3	–	39,8	40,5	–	54,3	29,3	12,4	86,0	7,4	3,6	–	–	–
Iserlohn (Stadt)		2,9	4,7	–	11,9	15,2	–	45,1	23,4	–	48,2	37,5	–	48,8	33,0	9,7	57,1	3,3	34,4	–	–	–
Lüdenscheid (Altena)	Märkischer Kreis	230,4	219,5	281,7	34,6	32,3	26,6	50,3	24,4	36,0	46,3	70,7	63,0	44,1	25,1	29,3	64,7	12,0	19,0	76,6	2,6	15,3
Olpe	Olpe	189,6	212,1	164,2	30,7	29,2	23,1	49,5	32,2	18,1	48,2	63,2	78,8	43,2	27,9	27,8	54,4	17,7	20,3	75,4	6,9	14,1
Siegen		131,6	108,5	–	20,2	16,6	–	47,3	39,2	–	49,6	52,3	–	47,2	32,0	20,1	47,7	18,1	33,3	–	–	–
Wittgenstein	Siegen-Wittgenstein	148,9	128,3	163,9	30,5	26,3	14,5	41,3	34,6	21,0	57,2	63,0	78,3	47,4	25,0	26,7	53,3	16,1	30,4	71,0	13,9	14,5
Arnsberg		220,3	204,3	–	32,4	30,8	–	51,9	43,1	–	45,8	50,7	–	58,3	26,0	11,4	81,3	7,5	5,6	–	–	–
Brilon		314,4	294,8	–	39,8	37,3	–	58,8	47,8	–	39,5	49,0	–	49,8	25,5	25,5	69,9	11,7	12,5	–	–	–
Meschede	Hochsauerlandkreis	293,7	241,5	572,8	37,5	35,7	29,3	58,1	42,1	36,1	40,1	54,6	61,9	47,2	23,5	23,7	68,0	12,8	15,5	77,5	3,2	12,8
Eifel		462,1	452,7	–	41,6	40,7	–	39,3	32,8	–	58,5	65,3	–	61,6	22,7	14,0	80,7	12,5	6,2	–	–	–
Monschau		107,3	103,0	–	37,6	35,5	–	23,0	8,7	–	74,7	89,3	–	56,7	21,9	22,3	82,3	11,1	6,7	–	–	–
Schleiden[1]		354,8	349,7	–	43,0	42,5	–	44,3	39,9	–	53,6	58,2	–	62,4	22,8	12,7	80,6	12,6	6,2	–	–	–
Vorvorland		229,7	88,8	241,4	72,4	47,7	34,0	57,8	55,6	80,6	51,8	50,2	58,3									
Aachen (Stadt)	Aachen (Stadt)	22,9	17,1	59,4	40,9	29,1	36,9	17,0	10,5	34,8	59,8	70,2	65,0	41,0	33,3	7,7	50,0	16,7	22,2	62,3	21,3	13,5
Aachen	Aachen	202,8	171,7	182,0	79,3	50,9	33,1	40,8	45,1	45,8	49,1	47,1	54,0	60,0	32,5	6,9	73,8	23,0	1,0	62,5	30,1	5,4

1 1987 in Aachen bzw. Euskirchen enthalten

Quelle: Siehe Tabelle 1

Tabelle 4: Der Viehbestand in Nordrhein-Westfalen

Kreise vor der Kreisreform	nach der Kreisreform	Pferde 1950	Pferde 1971	Pferde 1988	Rindvieh in 1.000 1950	1971	1988	% Milchvieh 1950	1971	1988	Schweine in 1.000 1950	1971	1988	auf 100 Rinder 1950	1971	1988
Niederrheinische Bucht		44.938	9.894	17.682	182,7	207,2	234,9	60,6	43,5	40,0	196,5	258,1	200,6	108	125	85
Düsseldorf (Stadt)	Düsseldorf (Stadt)	1.241	515	1.014	2,0	1,2	1,1	70,2	22,5	16,5	5,5	3,7	2,4	275	308	218
Grevenbroich	Neuss	6.235	1.130	2.366	18,7	19,1	12,4	65,8	37,8	36,6	28,3	47,0	32,5	151	246	262
Neuss (Stadt)		467	261	–	0,9	0,4	–	71,7	26,1	–	2,2	1,8	–	244	450	–
Köln (Stadt)	Köln (Stadt)	1.726	1.024	1.428	3,1	0,9	1,1	71,9	33,8	17,2	7,0	3,6	3,5	226	400	318
Leverkusen (Stadt)	Leverkusen (Stadt)	–	99	298	–	0,7	1,5	–	31,2	31,4	–	0,7	1,3	–	100	87
Bonn (Stadt)	Bonn (Stadt)	243	304	164	0,4	1,4	0,8	80,4	37,4	45,6	1,0	1,5	0,7	250	107	88
Siegkreis	Rhein-Siegkreis	4.666	2.347	4.064	30,8	56,0	50,9	60,9	41,7	38,4	19,8	30,5	13,6	64	54	88
Bergheim	Erftkreis	3.532	477	1.722	11,5	9,3	6,9	62,3	42,2	28,7	16,4	16,8	20,2	143	181	293
Bonn		4.386	–	–	13,7	–	–	58,4	–	–	14,1	–	–	103	–	–
Köln		3.715	–	–	5,8	–	–	71,7	–	–	11,9	–	–	205	–	–
Selfkantkreis	Heinsberg	4.397	607	991	20,6	31,9	44,3	56,9	50,0	41,4	22,9	58,1	65,2	111	182	147
Jülich		4.528	249	–	14,8	15,6	–	57,7	48,3	–	15,8	19,1	–	107	122	–
Düren	Düren	–	576	1.233	17,5	19,5	28,8	61,9	41,3	42,8	21,4	26,8	33,0	122	137	115
Euskirchen	Euskirchen	–	705	2.241	21,1	24,0	50,7	57,6	42,3	38,6	19,7	27,3	16,1	93	114	32
Niederrheinisches Tiefland		43.103	8.915	11.025	199,2	251,2	281,5	55,7	39,4	32,7	269,1	636,7	676,4	135	253	240
Kleve	Kleve	5.599	895	2.659	34,3	47,9	135,1	50,2	38,2	32,3	41,2	130,7	364,1	120	273	270
Rees	Wesel	5.430	1.315	3.425	35,4	50,2	93,6	52,1	41,5	30,4	33,7	80,0	188,9	95	159	202
Geldern		6.508	851	–	31,4	43,2	–	55,2	38,0	–	48,6	137,2	–	155	318	–
Moers		6.580	1.290	–	34,5	39,1	–	54,7	39,1	–	48,0	115,7	–	139	296	–
Kempen-Krefeld		7.363	1.381	–	27,5	33,0	–	61,9	39,1	–	42,4	99,7	–	154	302	–
Dinslaken		1.936	665	–	8,7	10,6	–	58,9	41,2	–	13,0	19,4	–	149	183	–
Duisburg	Duisburg (Stadt)	1.241	115	518	1,3	0,6	2,2	71,3	13,7	26,1	4,5	3,8	5,0	346	633	227
Mülheim	Mülheim (Stadt)	688	664	752	1,9	1,5	1,1	62,2	48,0	18,6	3,4	2,8	2,7	179	187	245
Oberhausen	Oberhausen (Stadt)	565	162	152	1,0	0,9	0,7	79,2	30,7	28,7	5,5	2,9	2,1	550	322	300
Erkelenz		3.750	425	–	13,3	15,8	–	59,4	44,8	–	15,2	31,8	–	114	198	–
Mönchengladb. (Stadt)	Mönchengladb. (Stadt)	1.389	505	682	2,9	4,2	5,5	63,9	32,4	35,3	4,3	4,8	7,1	110	114	129
Krefeld (Stadt)	Krefeld (Stadt)	1.205	539	884	3,3	2,8	2,3	62,2	31,1	39,5	5,5	6,8	6,8	167	243	296
Viersen (Stadt)	Viersen	393	–	1.953	1,3	–	41,0	65,5	–	39,2	1,9	–	99,7	146	–	243
Rheydt (Stadt)		456	110	–	1,3	1,4	–	61,5	39,9	–	1,9	1,6	–	146	114	–

Tabelle 4: (Fortsetzung)

Kreise vor / nach der Kreisreform

Kreise vor der Kreisreform	nach der Kreisreform	Pferde 1950	Pferde 1971	Pferde 1988	Rindvieh in 1.000 1950	Rindvieh 1971	Rindvieh 1988	% Milchvieh 1950	% Milchvieh 1971	% Milchvieh 1988	Schweine in 1.000 1950	Schweine 1971	Schweine 1988	auf 100 Rinder 1950	auf 100 Rinder 1971	auf 100 Rinder 1988
Westfälische Bucht		125.545	27.279	29.310	578,3	793,3	964,6	53,1	35,1	21,9	928,2	2287,0	4023,6	160	288	417
Ahaus		7.307	1.539	–	41,2	67,1	–	53,1	34,4	–	49,8	178,2	–	121	266	–
Bocholt (Stadt)		163	21	–	0,5	0,4	–	62,8	36,9	–	1,4	1,4	–	266	350	–
Borken	Borken	6.827	1.229	2.039	42,0	62,7	231,4	56,9	40,8	22,7	50,1	188,9	671,1	119	301	290
Coesfeld		7.531	1.500	–	36,9	50,4	–	51,7	31,5	–	45,0	189,1	–	122	375	–
Lüdinghausen	Coesfeld	8.312	2.135	3.107	34,6	49,2	95,9	54,3	33,1	19,4	57,8	156,3	631,5	167	318	658
Münster		8.705	2.035	–	40,6	54,7	–	53,6	32,9	–	57,5	166,9	–	142	305	–
Münster (Stadt)	Münster (Stadt)	786	293	1.488	2,2	2,2	17,2	64,7	40,6	19,5	4,2	7,1	85,9	187	327	499
Steinfurt		8.768	1.989	–	40,8	62,4	–	53,4	31,5	–	60,0	180,9	–	147	290	–
Tecklenburg	Steinfurt	8.324	1.725	3.336	44,5	66,4	196,0	57,7	32,0	17,8	65,4	12,9	699,4	147	194	357
Beckum		7.916	1.038	–	41,5	47,3	–	52,7	32,1	–	59,0	146,3	–	142	309	–
Warendorf	Warendorf	6.697	1.982	3.328	33,1	44,6	115,5	58,3	36,1	18,6	55,7	149,7	674,0	168	336	584
Halle/Westf.		3.492	1.293	–	20,1	21,7	–	70,1	53,4	–	48,6	72,6	–	242	335	–
Wiedenbrück	Gütersloh	5.648	1.534	2.876	33,1	44,2	89,0	61,0	44,5	29,5	64,1	112,2	272,2	194	254	304
Düren		6.231	617	–	31,6	50,3	–	51,2	33,7	–	47,7	104,5	–	151	208	–
Paderborn	Paderborn	5.103	1.040	1.437	23,5	33,3	72,2	55,7	36,0	28,7	41,4	68,3	292,1	176	205	405
Lippstadt		4.918	506	–	24,5	32,2	–	48,5	27,0	–	37,0	99,1	–	151	308	–
Soest	Soest	6.335	867	2.102	26,0	37,3	60,3	51,9	32,7	24,4	39,3	117,1	338,8	151	314	562
Hamm (Stadt)	Hamm (Stadt)	276	155	581	0,4	1,7	12,9	63,5	33,5	24,1	0,4	3,8	44,0	375	227	341
Lünen (Stadt)		340	94	–	0,7	0,8	–	63,8	36,3	–	2,7	2,4	–	351	288	–
Unna	Unna	6.396	842	1.981	20,8	22,1	26,2	55,2	31,7	18,7	39,7	60,7	109,0	191	275	416
Dortmund (Stadt)	Dortmund (Stadt)	2.774	755	1.094	6,3	5,3	4,4	72,3	33,5	16,3	15,7	13,9	8,0	250	263	182
Castrop-Rauxel (Stadt)		430	83	–	0,8	0,6	–	75,0	34,1	–	3,3	2,0	–	290	349	–
Gladbeck (Stadt)		392	106	–	0,9	0,9	–	73,1	56,1	–	3,3	4,1	–	359	460	–
Recklinghausen	Recklinghausen	6.344	1.550	2.739	22,4	27,4	32,8	65,1	41,9	22,9	41,2	100,6	159,6	184	367	487
Recklinghausen (Stadt)		859	600	–	1,8	2,0	–	77,7	37,1	–	5,2	10,8	–	290	545	–
Herne (Stadt)	Herne (Stadt)	327	71	172	0,4	0,4	0,6	97,0	50,8	25,9	2,6	1,4	1,7	627	335	283
Bochum (Stadt)	Bochum (Stadt)	179	79	–	0,1	0,1	–	81,8	69,4	–	0,9	0,5	–	851	519	–
Wanne-Eickel (Stadt)		1.049	360	–	2,4	0,8	–	85,3	42,5	–	6,5	4,8	–	272	600	–
Wattenscheid (Stadt)	Bochum (Stadt)	241	138	770	0,5	0,3	0,8	62,1	18,4	23,6	1,4	1,7	2,3	256	580	288
Bottrop (Stadt)	Bottrop (Stadt)	289	64	306	0,3	0,2	4,5	82,4	50,6	19,7	3,1	1,2	18,8	881	600	418
Gelsenkirchen (Stadt)	Gelsenkirchen (Stadt)	1.083	703	1.157	1,6	1,2	1,1	74,3	41,5	32,6	6,6	6,3	7,2	415	530	655
Essen (Stadt)	Essen (Stadt)	1.503	339	798	2,4	3,1	3,0	77,6	45,1	20,8	8,6	5,3	7,5	349	173	250

Tabelle 4: (Fortsetzung)

Kreise vor der Kreisreform	nach der Kreisreform	Pferde 1950	Pferde 1971	Pferde 1988	Rindvieh in 1.000 1950	Rindvieh in 1.000 1971	Rindvieh in 1.000 1988	% Milchvieh 1950	% Milchvieh 1971	% Milchvieh 1988	Schweine in 1.000 1950	Schweine in 1.000 1971	Schweine in 1.000 1988	Schweine auf 100 Rinder 1950	Schweine auf 100 Rinder 1971	Schweine auf 100 Rinder 1988
Westfälisches Tiefland		115.162	18.048	—	640,4	921,7	—	49,9	33,0	—	1.501,3	3.455,3	—	234	374	—
Lübbecke		6.324	1.154	—	38,6	43,4	—	58,5	47,9	—	89,6	183,2	—	232	422	—
Minden	Minden-Lübbecke	6.349	1.385	2.258	33,4	39,9	75,1	61,0	41,6	29,9	117,9	193,6	463,3	353	485	617
Weserbergland		48.398	8.732	—	220,7	288,2	—	58,3	36,0	—	598,0	783,2	—	271	272	—
Höxter		6.214	660	—	26,7	40,7	—	49,4	33,9	—	48,4	70,1	—	181	172	—
Warburg	Höxter	5.033	319	1.381	21,5	34,6	62,4	50,6	34,9	30,6	35,2	66,7	249,7	164	193	400
Höxter		4.611	831	—	19,0	23,8	—	56,3	34,3	—	50,3	57,5	—	265	242	—
Detmold	Lippe	5.219	1.051	1.972	21,8	24,5	34,7	59,1	39,4	27,5	67,3	91,6	154,8	309	374	446
Lemgo		1.937	673	—	8,6	9,3	—	66,2	43,3	—	26,0	27,9	—	303	301	—
Bielefeld	Bielefeld (Stadt)	355	23	942	0,6	0,2	5,6	73,3	22,0	34,9	4,3	1,2	24,9	726	600	445
Herford	Herford	5.129	1.078	1.266	20,6	19,7	15,0	67,9	46,2	28,2	84,6	120,2	143,8	411	610	959
Süderbergland		35.155	12.502	16.461	234,9	299,3	280,9	62,7	39,7	37,2	183,2	185,8	156,5	78	62	56
Mettmann	Düsseldorf-Mettmann	3.789	1.522	2.689	12,9	13,6	9,0	67,4	38,0	34,0	15,7	24,9	14,6	121	183	162
Remscheid (Stadt)	Remscheid (Stadt)	365	164	190	2,1	1,9	2,5	71,4	47,5	35,3	6,8	0,9	2,0	42	51	80
Solingen (Stadt)	Solingen (Stadt)	575	310	401	2,3	2,0	2,1	73,9	47,7	40,2	1,7	1,0	0,8	74	53	38
Wuppertal (Stadt)	Wuppertal (Stadt)	993	480	656	4,8	3,5	3,4	70,8	46,3	33,2	3,0	3,3	2,2	63	96	65
Rhein-Wupper-Kreis		3.076	1.028	—	17,1	20,5	—	68,4	50,2	—	1,6	15,4	—	56	75	—
Rhein.-Berg. Kreis	Rhein.-Berg. Kreis	3.442	1.046	1.578	24,7	37,5	23,2	63,5	47,7	45,9	11,1	12,3	5,1	45	33	22
Oberberg. Kreis	Oberberg. Kreis	1.711	1.298	2.350	21,5	30,5	57,2	60,9	37,6	42,2	10,3	3,6	6,4	48	12	11
Ennepe-Ruhr-Kreis		2.747	1.343	—	16,2	17,5	—	68,5	509,1	—	10,3	11,3	—	64	64	—
Witten (Stadt)	Ennepe-Ruhr-Kreis	396	182	1.783	1,0	0,7	17,4	81,4	33,9	42,4	2,6	2,1	11,8	238	300	68
Hagen (Stadt)	Hagen (Stadt)	548	227	602	1,8	1,0	2,2	71,5	38,0	36,1	1,9	1,5	1,6	109	150	73
Iserlohn		2.712	603	—	10,9	11,7	—	60,4	33,3	—	13,0	18,8	—	119	161	—
Iserlohn (Stadt)		60	47	—	0,2	0,2	—	75,8	16,7	—	0,2	0,1	—	122	50	—
Lüdenscheid (Altena)	Märkischer Kreis	2.740	709	1.940	19,2	28,1	36,4	63,0	42,3	35,8	9,2	5,4	37,7	48	19	104
Olpe	Olpe	1.646	613	805	16,4	25,4	23,9	59,4	34,4	30,9	14,3	11,2	12,1	88	44	51
Siegen		690	703	—	12,5	8,8	—	78,0	39,7	—	12,8	3,3	—	103	38	—
Wittgenstein	Siegen	527	416	1.541	14,3	14,6	22,2	54,0	43,3	34,0	9,1	4,1	4,7	64	28	21
Arnsberg		2.878	685	—	15,6	22,2	—	56,0	29,5	—	9,0	24,9	—	58	112	—

Tabelle 4: (Fortsetzung)

Kreise vor der Kreisreform	nach der Kreisreform	Pferde			Viehbestand						Schweine					
					Rindvieh						in 1.000			auf 100 Rinder		
					in 1.000			% Milchvieh								
		1950	1971	1988	1950	1971	1988	1950	1971	1988	1950	1971	1988	1950	1971	1988
Brilon		3.124	537	–	20,0	30,2	–	57,0	34,4	–	25,5	24,6	–	127	81	–
Meschede	Hochsauerlandkreis	3.136	587	1.929	21,4	29,9	81,4	52,8	31,5	33,8	23,1	17,1	57,5	108	57	71
Eifel		3.115	995	–	37,2	48,1	–	53,1	40,7	–	18,0	16,2	–	48	34	–
Monschau		803	411	–	10,9	15,2	–	58,0	44,6	–	4,6	3,2	–	42	21	–
Schleiden		2.312	584	–	26,3	32,9	–	51,1	38,8	–	13,4	13,0	–	51	40	–
Vennvorland		3.138	1.046	2.161	21,8	23,6	36,4	57,8	49,2	45,6	10,5	11,7	12,1	48	50	33
Aachen (Stadt)	Aachen (Stadt)	239	223	701	2,6	2,8	12,0	54,5	53,5	48,2	0,9	0,7	1,3	35	25	11
Aachen	Aachen	2.799	823	1.460	19,2	20,8	24,4	58,2	48,5	44,3	9,6	11,0	10,8	50	53	44

1 1987 in Aachen bzw. Euskirchen enthalten

Quelle: Siehe Tabelle 1

Literaturverzeichnis

Abs, Christoph: Probleme der Wasserversorgung des Verdichtungsraumes Rhein-Ruhr (= Arbeiten zur Rheinischen Landeskunde, H. 52). Bonn 1985

Achilles, Fritz-Wilhelm: Wasserstraßen und Häfen in Mitteleuropa. In: Deutscher Planungsatlas, Bd. 1: Nordrhein-Westfalen (= Veröffentlichungen der Akademie für Raumforschung und Landesplanung, Lieferung 19). Hannover 1979.

Ders.: Wasserstraßen und Häfen im Rhein-Ruhrgebiet. In: Deutscher Planungsatlas, Bd. 1: Nordrhein-Westfalen (= Veröffentlichungen der Akademie für Raumforschung und Landesplanung, Lieferung 20). Hannover 1979.

Alemann, Ulrich von; Heinze, Rolf G.; Hombach, Bodo (Hg.): Nordrhein-Westfalen in Europa. Bonn 1990.

Bauer, Hermann Josef: Naturschutzgebiete, Landschaftsschutzgebiete und Naturparke. In: Deutscher Planungsaltas, Bd. 1: Nordrhein-Westfalen (= Veröffentlichungen der Akademie für Raumforschung und Landesplanung, Lieferung 34). Hannover 1982.

Becker, Günther; Mayr, Alois und Temlitz, Klaus (Hg.): Sauerland–Siegerland–Wittgensteiner Land. (= Spieker, 33). Münster 1989.

Birkenhauer, Josef: Das Rheinisch-Westfälische Industriegebiet. Regionen – Genese – Funktionen. Paderborn–München–Wien–Zürich 1984.

Blotevogel, Hans Heinrich (Hg.): Europäische Regionen im Wandel. Dortmund 1991.

Bochum und das mittlere Ruhrgebiet. Festschrift zum 35. Deutschen Geographentag Bochum 1965 (= Bochumer Geographische Arbeiten, 1). Bochum 1965.

Böttcher, Gregor: Die agrargeographische Struktur Westfalens 1818–1950, erläutert an der pflanzlichen Produktion (= Spieker, 10). Münster 1959.

Boldt, Hans (Hg.): Nordrhein-Westfalen und der Bund (= Schriften zur politischen Landeskunde Nordrhein-Westfalens, Bd. 5). Köln 1989.

Borscheid, Peter: Entwicklungsprobleme einer Region. Das Beispiel Rheinland und Westfalen im 19. Jahrhundert (= Schriften des Vereins für Sozialpolitik, Bd. 119). Berlin 1981.

Brepohl, Wilhelm: Der Aufbau des Ruhrvolkes im Zuge der Ost-West-Wanderung. Recklinghausen 1948.

Buchholz, Hannes Jürgen: Darstellungen und Analysen des Strukturwandels an der Ruhr. In: Westfälische Forschungen, 24, 1972, S. 195–211.

Bundesforschungsanstalt für Landeskunde und Raumforschung (Hg.): Hand-

291

buch der naturräumlichen Gliederung Deutschlands. 9 Lieferungen. Bad Godesberg 1953–1962.

Burberg, Paul-Helmuth: Die westfälische Landwirtschaft im Umbruch – Sozialökonomische Bestandsaufnahme 1963. In: Rösener, H. (Hg.): Strukturwandel der Landwirtschaft. Eine Frage an die Kirche. Witten 1963, S. 9–45.

Burghardt, Oskar: Die wichtigsten Geopotentiale in Nordrhein-Westfalen. Krefeld 1981.

Burkhard, Wolfgang: Abriß einer Wirtschaftsgeschichte des Niederrheins. Strukturelle Wandlungen in Handel und Industrie in Duisburg und in den Kreisen Wesel und Kleve (= Duisburger Hochschulbeiträge, 7). Duisburg 1977.

Burrichter, Ernst: Vegetationsräumliche und siedlungsgeschichtliche Beziehungen in der Westfälischen Bucht – Ein Beitrag zur Entwicklungsgeschichte der Kulturlandschaft. (= Abhandlungen aus dem Landesmuseum für Naturkunde, 38/1). Münster 1976.

Bußmann, Ludwig (Hg.): Die Wirtschaft des Landes Nordrhein-Westfalen (= Schriften zur politischen Landeskunde Nordrhein Westfalens, Bd. 4) Köln 1988.

Cordes, Gerhard: Zechenstillegungen im Ruhrgebiet (1900–1968). Essen 1972.

Cordes, Gerhard und Glathaar, Dieter (Hg.): Nordrhein-Westfalen neu gesehen – Ein Luftbildatlas in Farb-Senkrechtaufnahmen. Berlin 1976.

Deenen, Bernd van (u. a.): Landwirtschaft II (Betriebsstruktur und Standardbetriebseinkommen. In: Deutscher Planungsatlas, Bd. 1: Nordrhein-Westfalen (= Veröffentlichungen der Akademie für Raumforschung und Landesplanung, Lieferung 41). Hannover 1982.

Deenen, Bernd van (u. a.): Landwirtschaft I. In: Deutscher Planungsatlas, Bd. 1: Nordrhein-Westfalen (= Veröffentlichungen der Akademie für Raumforschung und Landesplanung, Lieferung 40). Hannover 1983.

Dege, Wilhelm und Dege, Wilfried: Das Ruhrgebiet (= Geocolleg). 3. erweiterte Aufl. Berlin–Stuttgart 1983.

Deitmar, Ingo: Nordrhein-Westfalen im Binnenmarkt. Analyse der Struktureffekte. Münster 1991.

De Lange, Norbert: Jüngere raumzeitliche Entwicklung multivariat definierter Städtestrukturen am Beispiel Nordrhein-Westfalens (1961–1970) und ihre historischen Einflußfaktoren. In: Teuteberg, H. J. (Hg.): Urbanisierung im 19. und 20. Jahrhundert (Städteforschung, Reihe A, Bd. 16). Köln–Wien 1983, S. 187–212.

Deutloff, Otfried: Erläuterungen zur Karte »Hydrogeologie«. In: Deutscher Planungsatlas, Bd. 1: Nordrhein-Westfalen (= Veröffentlichungen der Akademie für Raumforschung und Landesplanung, Lieferung 18). Hannover 1978.

Deutscher Wetterdienst (Hg.): Klima-Atlas von Nordrhein-Westfalen. Offenbach 1960.

Der Minister für Ernährung, Landwirtschaft und Forsten (Hg.): Wasser- und Abfallwirtschaft in Nordrhein-Westfalen. Düsseldorf 1980/81.

Der Minister für Ernährung, Landwirtschaft und Forsten (Hg.): Forstwirtschaft in Nordrhein-Westfalen. Lippstadt 1981.

Der Minister für Wirtschaft, Mittelstand und Verkehr des Landes Nordrhein-Westfalen (Hg.): Zur Wachstumssituation in Nordrhein-Westfalen. Düsseldorf 1983.

Der Raum Westfalens (Hg. i.A. des Landschaftsverbandes Westfalen-Lippe v. Aubin, H., Petri, Fr., Schlenger, H., Schöller, P. und Hartlieb v. Wallthor, A.). Münster 1958 ff.

Dick, Walter: Die ökonomische Bedeutung der Qualität des Schienengüterverkehrs. Eine Analyse am Beispiel des Landes Nordrhein-Westfalen. Berlin 1980.

Ditt, Hildegard: Struktur und Wandel westfälischer Agrarlandschaften (= Veröffentlichungen des Provinzialinstituts für Westfälische Landes- und Volkskunde, Reihe 1, 13). Münster 1965.

Ditt, Hildegard und Schöller, Peter: Die Entwicklung des Eisenbahnnetzes in Nordwestdeutschland. In: Westfälische Forschungen, 8 (1955), S. 150–180.

Döhne, Ulrich, Gruber, Ralf und Malchus, Viktor Frhr. v.: Megapolis Nordwesteuropa. Strukturelle Entwicklungen und Tendenzen-Verdichtungsphänome, Freiraumfunktionen, Umweltsituation (= Institut für Landesforschung und Stadtentwicklungsforschung. Bd. 1007). Dortmund 1980.

Dopheide, Josef W.: Das System der Raumordnung in der Bundesrepublik Deutschland unter besonderer Berücksichtigung Nordrhein-Westfalens. Münster–Hiltrup 1990.

Düwell, Kurt und Köllmann, Wolfgang (Hg.): Rheinland-Westfalen im Industriezeitalter. 4 Bde. Wuppertal 1984/85.

Europa 2000: Perspektiven der künftigen Raumordnung der Gemeinschaft. Hg. von der Kommission der Europäischen Gemeinschaften. Generaldirektion, Regionalpolitik Brüssel–Luxemburg 1991.

Feige, Wolfgang und Schüttler, Adolf (Hg.): Westfalen in Profilen. Ein geographisch-landeskundlicher Exkursionsführer (= Landschaftsführer des Westfälischen Heimatbundes, 10). Münster 1985.

Fey, Manfred: Geomorphologische Untersuchungen im Bergischen Land (Rheinisches Schiefergebirge) (= Düsseldorfer Geographische Schriften, 1). Düsseldorf 1974.

Först, W. (Hg.): Ruhrgebiet und neues Land (= Beiträge zur Neueren Landesgeschichte des Rheinlandes und Westfalens, Bd. 2). Köln 1968.

Gaebe, Wolf: Die Analyse mehrkerniger Verdichtungsräume. Das Beispiel des Rhein-Ruhr-Raumes (= Karlsruher Geographische Hefte, 7). Karlsruhe 1976.

Garbrecht, D.: Überregional bedeutende Freizeit- und Erholungsanlagen in Nordrhein-Westfalen – eine Bilanz (= Institut für Landesforschung und Stadtentwicklungsforschung, Bd. 1043). Dortmund 1983.

Genßler, Horst (u.a.): Forstwirtschaft (Waldverbreitung, forstliche Wuchsgebiete, Saatgutbestände, Naturwaldzellen und Baumartenverteilung). In: Deutscher Planungsatlas, Bd. 1: Nordrhein-Westfalen (= Veröffentlichung der Akademie für Raumforschung und Landesplanung; Lieferung 38). Hannover 1983.

Geschichtlicher Handatlas von Westfalen. Hg. vom Provinzialinstitut für Westfälische Landes- und Volksforschung des Landschaftsverbandes Westfalen-Lippe. Münster. 1975 ff.

Geschichtlicher Atlas der Rheinlande. Hg. von der Gesellschaft für Rheinische Geschichtskunde. Köln 1982 ff.

Geographisch-landeskundlicher Atlas von Westfalen. Hg. von der Geographischen Kommission für Westfalen und Landschaftsverband Westfalen-Lippe. Münster, 1985 ff.

293

Gesellschaft für Wirtschaftsförderung in Nordrhein-Westfalen (Hg.): Nordrhein-Westfalen – Wirtschaftsraum für Investoren (Perspektiven) Düsseldorf 1984.

Gläßer, Ewald; Vossen, Klaus und Woitschützke Claus P.: Nordrhein-Westfalen. Stuttgart 1987.

Gohl, Dietmar: Strukturen und Skulpturen der Landschaft (= Forschungen zur deutschen Landeskunde, 184). Bonn-Bad Godesberg 1972.

Gorki, Hans Friedrich: Städtische Siedlungen in Lippe – Form und Genese, Funktion und Gefüge. In: Spieker, 28, 1981, S. 11–31.

Grotefels, Susan: Gemeinsame grenzüberschreitende Regionalplanung zwischen den Niederlanden und Nordrhein-Westfalen. Münster 1992.

Haase, Carl: Die Entstehung der westfälischen Städte (= Veröffentlichung des Provinzialinstituts für Westfälische Landes- und Volkskunde, Reihe 1, 11). 2. Auflage Münster 1973.

Hahn, Helmut, und Zorn, Wolfgang: Historische Wirtschaftskarte der Rheinlande um 1820 (= Arbeiten zur Rheinischen Landeskunde, 35). Bonn 1973.

Haufe, Helmut: Die Bevölkerung Europas (= Neue deutsche Forschungen. Bd. 65). Berlin 1936.

Heide, Ulrich von der: Städtetypen und Städtevergesellschaftungen im rheinisch-westfälischen Raum (= Kölner Forschungen zur Wirtschafts- u. Sozialgeographie, 23). Köln 1977.

Heineberg, Heinz und Mayr, Alois (Hg.): Westfalen und angrenzende Regionen. Festschrift zum 44. Deutschen Geographentag in Münster (2 Teile) (= Münstersche Geographische Arbeiten, H. 16). Paderborn 1983.

Helmrich, Wilhelm: Wirtschaftskunde des Landes Nordrhein-Westfalen. Düsseldorf 1960.

Hempel, Ludwig: Erläuterungen zu den Karten »Morphologie« und »Höhenschichten«. In: Deutscher Planungsatlas, Bd. 1: Nordrhein-Westfalen (= Veröffentlichungen der Akademie für Raumforschung und Landesplanung. Lieferung 9). Hannover 1976.

Ders.: Nordwestdeutschland und angrenzende Gebiete – Reliefformen, Reliefgenese, Reliefräume. Münster 1978.

Henning, Friedrich-Wilhelm: Düsseldorf und seine Wirtschaft. Zur Geschichte einer Region. Düsseldorf 1981.

Hesemann, J.: Geologie Nordrhein-Westfalens (= Bochumer Geographische Arbeiten, Sonderreihe, Bd. 2). Paderborn 1975

Hesmer, Herbert: Wald- und Forstwirtschaft in Nordrhein-Westfalen. Hannover 1958.

Hoebink, Hein: Mehr Raum – mehr Macht (= Düsseldorfer Schriften zur Neueren Landesgeschichte und zur Geschichte Nordrhein-Westfalens. Bd. 26). Essen 1989.

Hoebink, Hein (Hg.): Staat und Wirtschaft an Rhein und Ruhr (= Düsseldorfer Schriften zur Neueren Landesgeschichte und zur Geschichte Nordrhein-Westfalens. Bd. 34). Essen 1992.

Hömberg, Albert K.: Wirtschaftsgeschichte Westfalens. Münster 1968.

Hottes, Karl-Heinz; Meynen, Emil; Otremba, Erich (Hg.): Wirtschaftsräumliche Gliederung der Bundesrepublik Deutschland. Geographisch-landeskundliche Bestandsaufnahme 1960–1969 (= Forschungen zur deutschen Landeskunde, Bd. 193). Bonn-Bad Godesberg 1972.

Institut für Landes- u. Stadtentwicklungsforschung des Landes NRW (Hg.):

Tendenzen der Bevölkerungsentwicklung und Infrastrukturversorgung unter Berücksichtigung der Ziele für die Entwicklung der Siedlungsstruktur gemäß Landesentwicklungsplan I/II. (= Schriftenreihe Landes- und Stadtentwicklungsforschung des Landes NRW, Bd. 1020). Dortmund 1982.

Ipsen, Gunther: Verstädterung. In: Medizin und Städtebau. Bd. 1. München 1957, S. 302–317.

Irsigler, F. (Hg.): Geschichtlicher Atlas der Rheinlande. Köln 1982 ff.

Isenberg, Gerhard: Entwicklung und Zukunftsaussichten der Rheinischen Stadtlandschaft. Düsseldorf 1968.

Jahrbuch für Bergbau, Energie, Mineralöl und Chemie. (Hg.) Brecht, Chr.; Goethe, H. G.; Krämer, H.; Reintges, H.; Willing, G., einzelne Jahrgänge; Essen.

Junk, Heinz-K. und Temlitz, Klaus (Hg.): Beiträge zur Kartographie in Nordwestdeutschland (= Siedlung und Landschaft in Westfalen, 20). Münster 1991.

Kayser, Kurt und Kraus, Theodor (Hg.): Köln und die Rheinlande. Festschrift zum 33. Deutschen Geographentag 1961 in Köln. Wiesbaden 1961.

Keßler, Margrit: Touristisches Angebot und Fremdenverkehrsfrequenz. In: Deutscher Planungsatlas, Bd. 1: Nordrhein-Westfalen (= Veröffentlichungen der Akademie für Raumforschung und Landesplanung, Lieferung 24). Hannover 1980.

Keyser, Erich (Hg.): Deutsches Städtebuch. Bd. III/Teil 2: Nordwestdeutschland: Westfälisches Städtebuch. Stuttgart 1954.

Keyser, Erich (Hg.): Deutsches Städtebuch. Bd. III/Teil 3: Nordwestdeutschland: Rheinisches Städtebuch. Stuttgart 1956.

Klahsen, Ernst und Ruhren, Norbert van der: Das Rheinische Braunkohlenrevier (= Materialien 3 »Rheinbraun AG«). 1990.

Kleinebeckel, Alfred: Unternehmen Braunkohle. Geschichte eines Rohstoffs, eines Reviers, einer Industrie im Rheinland. 2. Auflage; Köln 1986.

Kleinert, Uwe. Flüchtlinge und Wirtschaft in Nordrhein-Westfalen 1945–1961. Düsseldorf 1988.

Kluczka, Georg: Nordrhein-Westfalen in seiner Gliederung nach zentralörtlichen Bereichen. Eine geographisch-landeskundliche Bestandsaufnahme 1964–68 (= Landesentwicklung, H. 27). Düsseldorf 1970.

Knop, B.: Die Oberbereiche des Landes Nordrhein-Westfalen (= Schriftenreihe Landes- und Stadtentwicklungsforschung des Landes NRW, Bd. 1046). Dortmund 1986.

Kraus, Theodor: Das rheinisch-westfälische Städtesystem. In: Köln und die Rheinlande. Festschrift zum Deutschen Geographentag 1961 in Köln. Wiesbaden 1961, S. 1–24.

Lamberts, Willi: Nord versus Süd: Ist die Produktionsstruktur Nordrhein-Westfalens veraltet? In: Mitteilungen des Rheinisch-Westfälischen Instituts für Wirtschaftsförderung 35 (1984), S. 175–193.

Landesamt für Datenverarbeitung und Statistik Nordrhein-Westfalens (Hg.): Kommunale Neugliederung in Nordrhein-Westfalen 1961–1976. Entwicklungen von Fläche und Bevölkerung in den Gemeinden. In: Beiträge zur Statistik des Landes NRW, 430 (1980).

Landesentwicklungsbericht Nordrhein-Westfalen 1988 (= Schriftenreihe des Ministerpräsidenten des Landes NRW, Heft 51). Düsseldorf 1989.

Landesentwicklungsbericht Nordrhein-Westfalen. Perspektiven und Initiativen am Beginn der 90er Jahre (= Schriftenreihe des Ministerpräsidenten des Landes NRW, Heft 52). Düsseldorf 1992.

Landesvermessungsamt NRW (Hg.): Topographischer Atlas Nordrhein-Westfalens. Bad Godesberg 1968.

Lichius, W.: Die Rheinschiene – Entwicklungslinie im Wirtschaftsraum NRW. Diss. Köln 1973.

Maas, Hans und Mückenhausen, Eduard: Böden. In: Deutscher Planungsatlas, Bd. 1: Nordrhein-Westfalen (= Veröffentlichungen der Akademie für Raumforschung und Landesplanung, Lieferung 1). Hannover 1971.

Malchus, Viktor von: Tendenzen der Bevölkerungsentwicklung und Bevölkerungsverteilung im Lande Nordrhein-Westfalen. In: Veröffentlichungen der Akademie für Raumforschung und Landesplanung, Forschungs- und Sittungsberichte, 126, Hannover 1978, S. 31–69.

Mayr, Alois: Die Wirtschaftsräume Westfalens im Überblick. In: Westfälische Geschichte, Bd. 3, Düsseldorf 1985, S. 1–39.

Ders. u. a.: Luftverkehr I. In: Deutscher Planungsatlas. Bd. I: Nordrhein-Westfalen (= Veröffentlichungen der Akademie für Raumforschung und Landesplanung, Lieferung 43). Hannover 1985.

Ders. u. a.: Luftverkehr II. In: Deutscher Planungsatlas. Bd. I: Nordrhein-Westfalen (= Veröffentlichungen der Akademie für Raumforschung und Landesplanung, Lieferung 44). Hannover 1990.

Ders. und Temlitz, Klaus (Hg.): Erträge geographisch-landeskundlicher Forschung in Westfalen. Festschrift 50 Jahre Geographische Kommission für Westfalen (= Westfälische Geographische Studien, 42). Münster 1986.

Ders. und Temlitz, Klaus (Hg.): Südost-Westfalen (= Spieker, 35). Münster 1991.

Menschen, Landschaft und Geschichte. (Hg. v. W. Först). Köln 1965.

Meynen, Emil (Hg.): Die Städte in Nordrhein in geographisch-landeskundlichen Kurzbeschreibungen (= Berichte zur deutschen Landeskunde, Bd. 26). Bad Godesberg 1961.

Ders. (Hg.): Die Mittelrheinlande. Festschrift zum 36. Deutschen Geographentag 1967 in Bad Godesberg. Wiesbaden 1967.

Ders. und Müller-Wille, Wilhelm (Hg.): Die Städte in Westfalen in geographisch-landeskundlichen Kurzbeschreibungen (= Berichte zur deutschen Landeskunde, Bd. 34). Bad Godesberg 1965.

Michel, D.: Das System der Entwicklungsachsen und Verdichtungsschwerpunkte im nordwesteuropäischen Kernraum (= Forschungen zur Raumentwicklung, 3). 1976.

Mittmann, D.: Die chemische Industrie im nordwestlichen Mitteleuropa in ihrem Strukturwandel (= Kölner Forschungen zur Wirtschafts- und Sozialgeographie, Bd. 20). Wiesbaden 1974.

Müller-Wille, Wilhelm: Bodenplastik und Naturräume Westfalens. (Text- und Kartenband) (= Spieker, 14). Münster 1966.

Ders.: Nordwestdeutschland – Seine Stellung und Struktur im Nordseesektor. In: Westfälische Geographische Studien, 25 (1971), S. 29–62.

Ders.: Westfalen. Landschaftliche Ordnung und Bindung eines Landes. Münster 1981.

Muuss, Uwe und Schüttler, Adolf: Luftbildatlas Nordrhein-Westfalens. Neumünster 1969.

Niederrheinische Industrie- und Handelskammer (Hg.): Wirtschaft am Niederrhein. Stukturen und Entwicklungen. Duisburg 1973.

Niemeier, Georg: Probleme der Siedlungsgenese in Nordwestdeutschland. In: Göttinger Geographische Abhandlungen 60 (1972), S. 437−466.

Niemeier, Hans-Gerhart: Raumordnung und Verwaltungsgliederung in Nordrhein-Westfalen seit dem 2. Weltkrieg (= Veröffentlichungen der Akademie für Raumforschung und Landesplanung. Forschungs- und Sitzungsberichte, Bd. 63). Hannover 1971.

Niessen, Josef: Geschichtlicher Handatlas der deutschen Länder am Rhein. Mittel- und Niederrhein. Köln 1959.

Noll, W.; Reihmann, B.: Strukturwandel im Ruhrgebiet. Essen 1989.

Nordrhein-Westfalen. Eine politische Landeskunde (= Schriften zur politischen Landeskunde Nordrhein-Westfalens, Bd. 1). Köln 1984.

Paffen, Karl Heinz: Natur- und Kulturlandschaft am deutschen Niederrhein (= Berichte zur deutschen Landeskunde, Bd. 20, H. 2). Bad Godesberg 1958.

Petri, Franz und Droege, Georg: Rheinische Geschichte. Bd. 3: Wirtschaft und Kultur im 19. und 20. Jahrhundert. Düsseldorf 1979.

Ders.: Zur Geschichte und Landeskunde der Rheinlande, Westfalens und ihrer westeuropäischen Nachbarländer. Aufsätze und Vorträge aus vier Jahrzehnten. Bonn 1973.

Ders., Lucas; Otto und Schöller, Peter: Das Siegerland – Geschichte, Struktur und Funktionen (= Veröffentlichungen des Provinzialinstituts für Westfälische Landes- und Volkskunde, R. 1, 8). Munster 1955.

Pfeiffer, Klaus: Die Bevölkerungsentwicklung Nordrhein-Westfalens im 19. und 20. Jahrhundert (Unveröffentlichte Magisterarbeit Philosophische Fakultät Universität Düsseldorf 1982).

Pieper, Bernhard: Lagerstätten I – Steine und Erden. In: Deutscher Planungsatlas, Bd. 1: Nordrhein-Westfalen (= Veröffentlichungen der Akademie für Raumforschung und Landesplanung, Lieferung 5). Hannover 1973.

Poelmann, Heinrich: Westfalen – Erd- und Frühgeschichte. Münster 1953.

Reckers, Stephanie: Die Gebietsentwicklung der Kreise und Gemeinden Westfalens 1817−1967 (= Veröffentlichungen des Provinzialinstituts für Westfälische Landes- und Volksforschung, R. 1, 18). Münster 1977.

Dies.: Westfalens Bevölkerung 1818−1955. Die Bevölkerungsentwicklung der Gemeinden und Kreise im Zahlenbild (= Veröffentlichungen des Provinzialinstituts für Westfälische Landes- und Volkskunde, Reihe 1, 9). Münster 1956.

Reiche, Annemarie und Gorki, Hans Friedrich: Natur- und Landschaftsparke im Nordseesektor. In: Westfälische Geographische Studien 37 (1981), S. 255−280.

Reiners, Herbert: Braunkohle 1 – Lagerstätten, Betriebsflächen, Verarbeitungsindustrie Wiedernutzbarmachung von Bergbauflächen. In: Deutscher Planungsatlas, Bd. 1: Nordrhein-Westfalen (= Veröffentlichungen der Akademie für Raumforschung und Landesplanung, Lieferung 10). Hannover 1977.

Ders.: Braunkohle 2 – Feldbesitz, Umsiedlung, Grundwasser, Flächenbilanz, Kohle-, Abraum- und Energiewirtschaft, künftige Entwicklung. In: Deutscher Planungsatlas, Bd. 1: Nordrhein-Westfalen (= Veröffentlichungen der Akademie für Raumforschung und Landesplanung, Lieferung 11). Hannover 1977.

Rheinische Braunkohlen Werke AG (Hg.): Umsiedlungen im Rheinischen Braunkohlenrevier. 3. Auflage Köln 1981

Rojahn, G.: Der Einfluß von industriellen Großunternehmen auf die raum- und siedlungsstrukturelle Entwicklung im Verdichtungsraum Rhein-Ruhr (= Forschungsberichte des Landes NRW, Nr. 3176). Opladen 1984.

Das Ruhrgebiet im Industriezeitalter. Geschichte und Entwicklung. Hg. v. Petzina, Dietmar u. a. 2 Bde. Düsseldorf 1980.

Runge, Franz: Die Naturschutzgebiete Westfalens und des früheren Reg.-Bez. Osnabrück. Münster 1978.

Ders.: Die Pflanzengesellschaften Westfalens und Niedersachsens. 3. Auflage Münster 1969.

Ruppert, H.-Rasso: Bevölkerungsballungen. Analyse und Vergleich am Bei- spiel der Randstad Holland, der Rhein-Ruhr Ballung und der Rhein-Neckar- Ballung (= Nürnberger wirtschafts- u. sozialgeographische Arbeiten, Bd. 20). Erlangen 1973.

Siebeck, Jürgen Ernst: Die Verkehrsströme des Personenluftverkehrs der Bun- desrepublik Deutschland unter besonderer Berücksichtigung der Verkehrs- flughäfen und deren Einzugsbereichen (= Düsseldorfer Geographische Schriften, Heft 18). Düsseldorf 1981.

Schamp, Elke W.: Persistenz der Industrie im Mittelgebirge am Beispiel des Märkischen Sauerlandes (= Kölner Forschungen zur Wirtschafts- und So- zialgeographie, 29). Köln 1981.

Schanz, H. J. und Tengler, H.: Der niederrheinische Wirtschaftsraum: Stand- ortpotential und Perspektiven (= Schriften und Mittelstandsforschung, NF 14). Stuttgart 1986.

Schepers, Josef: Haus und Hof deutscher Bauern, Bd. 2: Westfalen-Lippe. 4. Auflage Münster 1978.

Schirmer, Wolfgang (Hg.): Rheingeschichte zwischen Mosel und Maas. Han- nover 1990.

Schöller, Peter: Die rheinischwestfälische Grenze zwischen Ruhr und Ebbege- birge. Ihre Auswirkungen auf die Sozial- und Wirtschaftsräume und die zentralen Funktionen der Orte (= Forschungen zur deutschen Landeskunde, Bd. 72). Bad Godesberg 1953.

Schrepfer, Hans: Der Nordwesten. Landeskunde von Deutschland. Hg. von N. Krebs. Bd. I. Darmstadt 1969.

Schulz, Arndt: Erholungsverkehr und Freiraumbelastung im Rheinland (= Beiträge zur Landesentwicklung, Bd. 26). Köln 1973.

Schweizer, W.: Zur Geschichte der Textilindustrie im Euregio-Gebiet. Ensche- de 1976.

Schwerz, Johann Nepomuk von: Beschreibung der Landwirtschaft in Westfa- len und Rheinpreußen. Stuttgart 1836.

Spanger, Uwe und Treuner, Peter: Standortwahl der Industriebetriebe in Nordrhein-Westfalen 1955–1971 (= Schriftenreihe Landes- und Stadtent- wicklungsforschung des Landes NRW, Reihe 1: Landesentwicklung, 1003). Dortmund 1975.

Spethmann, Hans: Das Ruhrgebiet im Wechselspiel von Land und Leuten, Wirtschaft, Technik und Politik. 2 Bde. Berlin 1933

Stachelberg, Fr. von: Die wirtschaftliche Bedeutung des westdeutschen Kanal- netzes. In: Zeitschrift für Binnenschiffahrt und Wasserstraßen 116 (1989), S. 127–132.

Statistisches Landesamt Nordrhein-Westfalen (Hg.): Verwaltungsatlas Nordrhein-Westfalen. Düsseldorf 1967.

Steinberg, Heinz Günter: Die Entwicklung des Ruhrgebietes von 1840 bis heute unter Betonung der Strukturveränderungen. Düsseldorf 1967.

Ders.: Sozialräumliche Entwicklung und Gliederung des Ruhrgebietes (= Forschungen zur deutschen Landeskunde, Bd. 166). Bad Godesberg 1967.

Ders.: Entwicklung und heutige Situation des Siedlungsverbandes Ruhrkohlenbezirk. In: Westfälische Forschungen, 23 (1971), S. 44–56.

Ders.: Zu den Begriffen Stadtregion und Solitärstadt. Sonderveröffentlichung des Landkreises Unna. Kommunale Neugliederung. Unna 1973.

Ders.: Nordrhein-Westfalen als Verdichtungsraum. In: Raumforschung und Raumordnung, 31 (1973), S. 6–14.

Ders.: Bevölkerungsentwicklung des Ruhrgebietes im 19. und 20. Jahrhundert (= Düsseldorfer Geographische Schriften, 11). Düsseldorf 1978.

Ders.: Die geographischen Grundlagen Westfalens. In: Kohl, W. (Hg.): Westfälische Geschichte, Bd. 1, Düsseldorf 1983, S. 35–53.

Ders.: Das Ruhrgebiet im 19. und 20. Jahrhundert. Ein Verdichtungsraum im Wandel. Siedlung und Landschaft in Westfalen (= Landeskundliche Karten und Hefte, 16). Münster 1985.

Ders.: Die »Geographische Lage« Nordrhein-Westfalens und ihre Bedeutung für die Landesentwicklung. In: Westfälische Geographische Studien, 42 (1986), S. 35–47.

Ders.: Die Bevölkerungsentwicklung Nordrhein-Westfalens und seiner Städte im Zweiten Weltkrieg. In: Westfälische Forschungen 41 (1991), S. 9–33.

Ders.: Die Bevölkerungsentwicklung in Deutschland im Zweiten Weltkrieg mit einem Überblick über die Entwicklung von 1945 bis 1990. Bonn 1991 b.

Stoob, Heinz (Hg.): Westfälischer Städteatlas. 1975 ff.

Thome, K. H., u. a.: Erläuterungen zu den Karten »Geologie« und »Geologische Struktur« In: Deutscher Planungsatlas, Bd. 1: Nordrhein-Westfalen (= Veröffentlichungen der Akademie für Raumforschung und Landesplanung, Lieferung 8). Hannover 1976.

Tiggemann, Rolf: Die kommunale Neugliederung in Nordrhein-Westfalen. Möglichkeiten und Grenzen der Anwendung landesplanerischer Entwicklungskonzeptionen und Instrumentarien auf das Zielsystem der Gebietsreform (= Sozialwissenschaftliche Studien zur Stadt- und Regionalpolitik, Bd. 2). Meisenheim 1977.

Trapp, R.: Das Ruhrmündungsgebiet als größtes Binnenhafensystem der Welt und Knotenpunkt für weltweite Verbindungen. Duisburg 1983.

Trautmann, Werner: Erläuterungen zur Karte »Vegetation« (Potentielle natürliche Vegetation). In: Deutscher Planungsatlas, 1: Nordrhein-Westfalen (= Veröffentlichungen der Akademie für Raumforschung und Landesplanung, Lieferung 3). Hannover 1972.

Der Verkehr im Rheingebiet: Ein Gutachten. Raum und Verkehr 5 (= Forschungs- und Sitzungsberichte der Akademie für Raumforschung und Landesplanung, Bd. 13). Bremen–Horn 1959.

Voppel, Götz: Die Aachener Bergbau und Industrielandschaft. Eine wirtschaftsgeographische Studie (= Kölner Forschungen zur Wirtschafts- und Sozialgeographie 3). Wiesbaden 1965.

Ders.: Struktur und Wandel der Industrie seit 1957. In: Deutscher Planungsatlas 1: Nordrhein-Westfalen (= Veröffentlichungen der Akademie für Raumforschung und Landesplanung, Lieferung 47). Hannover 1987.

Wasser- und Schiffahrtsdirektion West (Hg.): Der Rhein und das westdeutsche Kanalsystem im Bereich der Wasser- und Schiffahrtsdirektion West. Münster 1983.

Weber, Peter und Schreiber, Karl-Friedrich (Hg.): Westfalen und angrenzende Regionen. Festschrift zum 44. Deutschen Geographentag in Münster 1983 (2 Teile) (= Münstersche Geographische Arbeiten H. 15). Paderborn 1983.

Wehdekind, R.: Die Viehhaltung in Westfalen 1818–1948. 1. Folge: West- und Ostmünsterland. In: Spieker, 2 (1950), S. 5–54; 2. Folge: Kernmünsterland und Hellwegbörden, in: Spieker, 4 (1953), S. 5–52.

Westfalen und Niederdeutschland. Festschrift 40 Jahre Geographische Kommission für Westfalen (= Spieker 25). 2 Bde. Münster 1977.

Wiel, Paul: Agglomerations- und Dezentralisationstendenzen der nordrheinwestfälischen Wirtschaft seit der Vorkriegszeit (= Forschungsberichte des Landes NRW, Nr. 1075). Köln 1962.

Wiel, Paul: Wirtschaftsgeschichte des Ruhrgebietes. Tatsachen und Zahlen. Essen 1970.

Zielke, E.: Die Japaner in Düsseldorf (= Düsseldorfer Geographische Arbeiten 19). Düsseldorf 1982.

Register: Orte und Landschaften

304